首都流通业研究基地项目 JD－YB－2016－36

2016 年中国农产品电子商务发展报告

洪　涛　洪　勇　著

中国财富出版社

图书在版编目（CIP）数据

2016年中国农产品电子商务发展报告/洪涛，洪勇著．—北京：中国财富出版社，2016.11

ISBN 978-7-5047-6284-9

Ⅰ.①2… Ⅱ.①洪…②洪 Ⅲ.①农产品—电子商务—研究报告—中国—2016 Ⅳ.①F724.72

中国版本图书馆CIP数据核字（2016）第253746号

策划编辑 寇俊玲 **责任编辑** 于 淼 赵 翠
责任印制 何崇杭 **责任校对** 杨小静 **责任发行** 敬 东

出版发行	中国财富出版社		
社　址	北京市丰台区南四环西路188号5区20楼	**邮政编码**	100070
电　话	010-52227568（发行部）		010-52227588转307（总编室）
	010-68589540（读者服务部）		010-52227588转305（质检部）
网　址	http://www.cfpress.com.cn		
经　销	新华书店		
印　刷	中国农业出版社印刷厂		
书　号	ISBN 978-7-5047-6284-9/F·2673		
开　本	787mm×1092mm 1/16	**版　次**	2016年11月第1版
印　张	24	**印　次**	2016年11月第1次印刷
字　数	526千字	**定　价**	120.00元

编辑委员会名单

农产品电子商务是电子商务的“皇冠”

我认为，农产品电子商务是电子商务的“皇冠”，生鲜农产品电子商务是“皇冠”的“皇冠”。为什么这么说？因为相对于工业品电子商务、旅游休闲娱乐电子商务而言，农产品电子商务的农产品标准化交易、物流、配送、供应链的建设等难度相对要大，或者说，电子商务中难度最大的是农产品电子商务，生鲜农产品电子商务尤甚。如果把生鲜农产品电子商务做好了，其他电子商务也就做好了，或者说，其他电子商务存在的问题也就迎刃而解了。

自1994年以来，我国农产品电子商务从信息化开始起步，至今已经发展22年，取得了许多成就，产生了良好的经济效益、社会效益和生态效益。总结起来，我国农产品电子商务也存在许多成功案例，如我们熟悉的淘宝农产品干货、天猫生鲜、京东农产品、乐村淘、我买网、沱沱工社、苏宁易购、供销e家、微农、微粮等，也有一般读者不熟悉的B2B（企业对企业）模式的中华粮网、中国棉花交易市场、广西糖网、长沙沁坤、中国（四川）白酒交易中心等。据悉，三只松鼠成立于2012年，作为一个纯互联网食品品牌，已先后获得四轮融资，2015年9月，三只松鼠获得峰瑞资本3亿元投资，估值40亿元。

但近几年以来，我国农产品电子商务企业的发展并不是一帆风顺的，农产品电子商务企业时刻面临倒闭的风险。比如，2014年及以前倒闭的农产品电商有：小农女（微信上卖菜）、优菜网、谊万家、济南买菜网、上海天鲜配、福州家百福，也有自动下线的永辉“半边天”。2015年倒闭的农产品电商有：水果营行、特土网、采购兄弟、后厨网、土鸡91、花样生活、正源食派果蔬帮、慢品时光、卡卡鲜、菜管家、吉哆生活网等。2016年倒闭的农产品电商有：美味七七、蜜淘网、天天果园（线下店关闭）、果食帮、青年菜君、壹桌网等。

因此，在目前问题与机遇并存的情况下，农产品电子商务需要更多的从事农产品流通的研究人员参与进来，需要不断地实践创新，也需要农产品电子商务理论创新。只有理论与实践相互联动、相互促进，才能使农产品电子商务得到可持续发展，可以这么说，如果农产品电子商务不可持续发展，农资电子商务、日用品电子商务、扶贫电子商务、再生资源电子商务等组成的农村电子商务就不可持续发展。

我最早进行经济研究就是从农产品流通开始的，20世纪80年代初，在经济学家于光远的“政治经济学通信理论讨论会”上，我就撰写了粮食部门的转型问题，建议粮食部门由行政性部门转型为经营性企业。1986年我的一篇农产品流通论文入选在黄山举行的“首届中青年流通经济理论讨论会”。20世纪90年代我开始研究电子商务，后来出版了《高级电子商务教程》（2003年）、《网络营销》（2010年）、《高级电子商务教程（第二版）》（2011年）、《电子商务赢利模式案例》（2011年）、《物联网经济学》（2011年）、《移动商务模式设计》（2012年），2010年荣获电子商务优秀专家并有幸成为移动商务专家委员会委员。《高级电子商务教程》一书荣获中国商业科技进步三等奖。我先后在研究生和大学本科生中开设了电子商务赢利模式实验课程，这在全国还属于首创，并且积累了大量的电子商务赢利及非赢利模式的案例。

2013年起，我每年发布一份《中国农产品电子商务发展报告》，每年在报告形成后举行一个农产品电子商务高层研讨会。报告发布和研讨会举行后，在社会上的效果很好，影响较大，虽然整个研究过程没有一分钱的经费，但在研究过程中取得的成效给我极大的鼓励。每一次的高层研讨会，许多电子商务企业家积极参与，许多部级领导应邀参加，并在研讨会上发言，这给予了我许多启发。在研究和实践过程中，我更加钟情于对农产品电子商务、生鲜农产品电子商务的研究，并且将其作为一个事业来做。2014年2月22日，在中国食品（农产品）安全电子商务高层研讨会上，北京工商大学校长孙宝国、商务部电子商务司副巡视员聂林海为洪涛教授的“中国食品（农产品）安全电子商务研究院”授牌；2016年3月18日，一批有志于农产品电子商务发展的企业家和研究人员成立了中国农产品电子商务联盟，这是一个纯公益性的组织，不收一分钱，也不具有商业性，宗旨就是为农产品电子商务服务。

本书主要由十一章构成，即2016年我国电子商务最新发展报告。2015年我国农产品电子商务发展报告，包括六个方面内容：一是我国农产品电子商务总体发展；二是我国粮食电子商务发展；三是我国果蔬电子商务发展；四是我国畜牧业及猪业电子商务发展；五是我国农产品电子商务园区发展；六是大数据在我国农产品电子商务领域的应用。2013—2014年我国农产品电子商务模式发展报告。2014—2015年我国农产品电子商务发展报告。我国电子商务可持续发展政策建议。2014—2016年我国农产品电子商务相关政策。

本书还包括以下附录内容。

（1）国外生鲜农产品供应链创新模式、长沙沁坤“公共资源互联网＋中国订单农业公共交易平台方案”、乐村淘“抓住‘互联网＋’三农新机遇　开创农村电子商务新天地”、电信进农村案例——发挥电信资源优势　助推农村电子商务发展。

（2）2016 年中国农产品电子商务高层研讨会纪要。

（3）我主持的互联网＋农业＋金融论坛演讲嘉宾的 PPT（演示文稿软件）文件，如：①“农电”模式现状、问题和趋势思考，北京工商大学商业经济研究所所长、教授洪涛；②大宗商品垂直产业生态服务系统，广西糖网食糖市场批发副董事长周广俊；③沁坤“5＋1＋1”商业模式创新：中国订单农业电商平台＋批发市场，沁坤股份董事长钟晓瑜；④农产品电商发展格局与趋势展望——基于阿里平台的实践，阿里数据经济研究中心副主任，阿里研究院高级专家盛振中；⑤农村电商的痛点与破解之道，京东战略研究院闫德利；⑥苏宁“五当”——农村 O2O（线上到线下）电商落地之路，苏宁云商集团总裁办赵海涛；⑦供销合作社农村电子商务发展模式探讨，供销 e 家总裁助理郭荣敏；⑧贵农实践与区域电商咨询，贵农网副总经理张建设；⑨抓住“互联网＋”三农新机遇 开创农村电商新天地，乐村淘商学院毛立斌；⑩互联网＋安全食品的十大痛点，717 安全食品商城董事长张传林；⑪从东莞荔枝看“情怀电商”，问道电商创始人李结林。

《中国农产品电子商务发展报告》第一次以出版的方式问世，要感谢中国财富出版社的积极支持，感谢首都流通业研究基地的出版资助，感谢中国财富出版社寇俊玲主编、北京工商大学经济学院郭馨梅副院长，感谢编辑的认真编辑加工。但愿本书能够为促进中国农产品电子商务可持续发展做出贡献。

由于中国农产品电子商务发展较快，变化日新月异，本书难免存在不妥之处，敬请读者多加指正，促使《2017 年中国农产品电子商务发展报告》更好地呈现给各位读者。

作　者

2016. 08. 17

目　录

1　2016 年我国电子商务最新发展报告 …… 1
1.1　我国电子商务的八大新突破 …… 1
1.2　各类电子商务政策文件纷纷出台 …… 2
1.3　扩大跨境电子商务试点示范 …… 5
1.4　我国电子商务进入转型升级新阶段 …… 6
1.5　我国“十三五”时期电子商务发展趋势 …… 8
1.6　区块链推动电子商务模式创新 …… 11

2　2015 年我国农产品电子商务发展与 2016 年展望 …… 16
2.1　2015 年我国农产品电子商务发展回顾 …… 16
2.2　2016 年我国农产品电子商务的展望 …… 39

3　2015 年我国粮食电子商务发展回顾及 2016 年展望 …… 46
3.1　我国粮油产品电子商务发展过程 …… 46
3.2　我国粮食电子商务模式创新 …… 46
3.3　我国粮油产品电子商务营销国家政策 …… 53
3.4　我国粮油产品电子商务营销和总体框架 …… 55
3.5　我国粮油产品电子商务营销模式创新趋势 …… 56

4　2015 年我国果蔬电子商务发展报告 …… 60
4.1　我国是果蔬生产、流通、消费大国 …… 60
4.2　果蔬电子商务是电子商务的“皇冠” …… 63
4.3　我国果蔬电子商务发展轨迹 …… 64
4.4　我国果蔬电子商务模式多样化发展 …… 65
4.5　成功果蔬电子商务模式的特点及果蔬电子商务“1＋5”赢利模式 …… 68
4.6　需要思考的我国果蔬电子商务问题 …… 70

5　2015 年我国畜牧业及猪业电子商务发展报告 …… 72
5.1　畜牧业及猪业电子商务——亟待开发的蓝海 …… 72
5.2　畜牧业及猪业电子商务模式创新 …… 73
5.3　我国畜牧业电子商务存在的问题及其对策建议 …… 77

6　2015 年我国农产品电子商务园区发展报告 …… 80
6.1　我国农产品电子商务园区的发展背景 …… 80
6.2　我国农产品电子商务园区的发展现状 …… 81
6.3　我国农产品电子商务园区发展中存在的问题 …… 89
6.4　2016 年我国农产品电子商务园区发展展望 …… 91

7　2015 年大数据在我国农产品电子商务领域的应用 …… 93
7.1　农业大数据为我国农产品电子商务奠定了基础 …… 93
7.2　农业大数据的应用要注意 8 个关键点 …… 96
7.3　山东省大数据与农业电子商务融合发展 …… 98

8　2013—2014 年我国农产品电子商务模式发展报告 …… 101
8.1　农产品电子商务发展的背景及发展阶段 …… 101
8.2　农产品电子商务发展现状 …… 102

9　2014—2015 年我国农产品电子商务发展报告 …… 114
9.1　2014 年我国农产品电子商务概述 …… 114
9.2　2014 年我国农产品电子商务主要特点 …… 118

10　我国电子商务可持续发展的政策建议 …… 125
10.1　我国电子商务存在的“乱象”及其 5 个表现 …… 125
10.2　我国电子商务发展的优势 …… 126
10.3　不完善的市场经济背景下我国电子商务立法原则 …… 127
10.4　我国电子商务发展的八大政策建议 …… 128

11　2014—2016 年我国农产品电子商务相关政策 …… 131
11.1　2014—2015 年我国农产品电子商务相关政策 …… 131
11.2　2016 年政府出台的涉农电子商务政策文件 …… 135
11.3　国务院办公厅关于促进农村电子商务加快发展的指导意见 …… 137

11.4 商务部等19部门关于加快发展农村电子商务的意见 …… 139
11.5 农业部 国家发改委 商务部印发《推进农业电子商务发展行动计划》 …… 145
11.6 农村电子商务服务规范（试行） …… 151
11.7 农村电子商务工作指引（试行） …… 159
11.8 农业部关于印发《“十三五”全国农业农村信息化发展规划》的通知 …… 165

附录1 国外生鲜农产品供应链创新模式 …… 180
附录2 互联网+中国订单农业公共交易平台方案——“互联网+中国订单农业” …… 188
附录3 乐村淘“抓住‘互联网+’三农新机遇 开创农村电子商务新天地” …… 194
附录4 电信进农村案例——发挥电信资源优势 助推农村电子商务发展 …… 196
附录5 2016年中国农产品电子商务高层研讨会纪要 …… 201
附录6 2016（第四届）中国大宗商品电子商务与现代物流发展论坛平行论坛 …… 216

参考文献 …… 365

后 记 …… 367

表目录

表 1-1　区块链发展大事记 …… 13
表 1-2　2016 年区块链十大趋势 …… 15
表 2-1　2014—2015 年我国生鲜农产品电商融资一览表 …… 20
表 2-2　我国农产品期货品种 …… 22
表 2-3　2010—2017 年我国生鲜电商交易额及其增长率 …… 22
表 2-4　2015 年我国生鲜电商及其特点 …… 23
表 2-5　2012—2015 年食材 B2B 平台汇总 …… 24
表 2-6　农产品电子商务交易模式 …… 26
表 4-1　2010—2015 年我国农产品产量表 …… 60
表 4-2　亚马逊、天猫、京东三网的冷链物流网络 …… 67
表 4-3　2015 年生鲜农产品电商 O2O 发展现状 …… 68
表 8-1　2013 年度中国农产品网上交易一览表 …… 103
表 8-2　农产品电子商务模式 …… 106
表 9-1　2010—2014 年我国农产品产量 …… 114
表 9-2　2004—2014 年我国农产品物流发展一览表 …… 115
表 9-3　生鲜农产品电商一览表 …… 116
表 9-4　我国农产品电子商务模式 …… 118
表 11-1　农村电子商务发展重点工作 …… 144
表 11-2　“十三五”农业农村信息化发展主要指标 …… 170

图目录

图 1－1　O2O 融合图 …… 7
图 1－2　四方模式 …… 8
图 1－3　区块链机制 …… 11
图 1－4　传统货币交易模式 …… 12
图 1－5　比特币交易模式 …… 12
图 1－6　基于区块链的比特币交易模式 …… 13
图 1－7　区块链应用 …… 14
图 1－8　区块链在 4 个供电市场的应用 …… 14
图 2－1　农产品电子商务结构 …… 21
图 2－2　风铃五大平台 …… 32
图 2－3　淘宝转型升级 …… 33
图 2－4　农村淘宝生态链新模式 …… 33
图 3－1　易粮网交易模式 …… 51
图 3－2　我国农产品电子商务产业链 …… 55
图 3－3　我国粮油产品电子商务总体框架 …… 56
图 4－1　全国骨干流通网络布局示意图 …… 61
图 4－2　全国农产品流通骨干网络规划布局图 …… 62
图 4－3　农村电子商务 …… 63
图 4－4　供销 e 家交易模式 …… 65
图 5－1　畜牧业主要电子商务模式 …… 73
图 5－2　众筹猪肉流程 …… 74
图 5－3　中山市的 IOS 模式示意图 …… 75
图 5－4　竞价模式交易流程 …… 76
图 5－5　生猪市场交易平台 …… 77
图 6－1　区域地理位置分布 …… 81
图 6－2　园区建设投资方式 …… 82
图 6－3　建设投资总额 …… 82
图 6－4　园区的建筑面积 …… 82

图6-5　命名或挂牌的名称 …… 83
图6-6　农产品电子商务园区直接隶属的上级主管部门 …… 83
图6-7　主管单位管理方式 …… 84
图6-8　园区规划机构 …… 84
图6-9　园区赢利模式 …… 85
图6-10　园区物流模式 …… 85
图6-11　园区招商团队人数 …… 86
图6-12　园区对入驻企业销售额的要求 …… 86
图6-13　入驻园区的电商支撑服务商情况 …… 87
图6-14　入驻园区的电商衍生服务商 …… 87
图6-15　入驻园区的电商商务服务商 …… 88
图6-16　入驻园区的企业数 …… 88
图6-17　主营业务收入 …… 89
图6-18　主营业务成本 …… 89
图7-1　"精准农业"大数据 …… 93
图7-2　生产—流通—消费大数据 …… 98
图8-1　农产品电子商务发展的背景 …… 101
图8-2　各类涉农网站 …… 104
图8-3　我国大宗商品交易市场发展 …… 105
图8-4　第三方物流配送模式 …… 110
图8-5　物流一体化模式 …… 111
图9-1　农产品电子商务发展的5个阶段 …… 116
图11-1　农村电子商务六个方面的建设内容 …… 158
图11-2　农村电子商务工作指引（试行）概览（洪涛绘） …… 165

1　2016 年我国电子商务最新发展报告

1.1　我国电子商务的八大新突破

1993 年电子商务概念的引入到 1998 年我国第一笔电子商务交易的出现，再到近年我国电子商务取得的巨大成就，我国电子商务发展可谓成果卓越，具体表现在以下方面。

一是电子商务交易额的发展。2004 年我国电子商务交易额仅为 9293 亿元，而 2015 年则达到 20.8 万亿元，同比增长 27%。2016 年上半年我国电子商务交易额达到 10.5 万亿元，同比增长 37.6%。

二是网络零售交易额的发展。2008 年我国网络零售交易额为 1257 亿元，2015 年达到 3.88 万亿元，同比增加 33.3%，占社会消费品零售总额的 12.88%；2015 年网络实物交易额达到 3.24 万亿元，占社会消费品零售总额的 10.8%。2016 年 1—5 月全国实物商品网上交易额达到 18143 亿元，同比增长 26.6%，占社会消费品零售总额的比重为 11.6%。

三是移动商务得到新发展。广义的移动商务包括移动零售、移动餐饮、移动物流、移动供应链、移动旅游、移动视频、移动医疗、移动教育、移动出租业（首汽约车、滴滴快的、Uber（优步）、神州、易到等），2015 年我国移动商务交易额达到 2.12 万亿元，同比增长 136.7%，约占网络零售额的 54.8%。

四是跨境电子商务得到新发展。2011 年跨境电子交易额达到 1.74 万亿元，2015 年达到 5.4 万亿元，同比增长 44.0%，2016 年 1—6 月我国跨境电子商务交易额达到 2.6 万亿元，同比增长 30%，预计 2016 年将达到 6.5 万亿元。

五是第三方支付得到新发展。2010 年第三方支付交易额达到 1.01 万亿元，2015 年达到 11.86 万亿元，同比增长 47%。

六是快递业得到快速发展。2006—2015 年，我国快递业务量复合增速达 40%；业务量从 2006 年的 10 亿件增长到 2015 年的 206.7 亿件，增长 20 多倍；快递收入规模从 2006 年的 300 亿元增长到 2769.6 亿元；快递从业人员也由 2006 年的 30 多万人，发展到 2015 年年底的 200 万人。2016 年我国快递数量预计超过 300 亿件。

七是电子商务园区得到新发展。电子商务园区在各项政策的指引下可谓发展迅速，截至2015年3月全国有超过510家的园区，到了2016年3月，园区数量达到1122家，同比增长约120%。绝大部分园区分布于浙江省、广东省、江苏省、福建省、山东省五省，其电子商务园区的数量占到总量的70%以上。

八是供销社电子商务发展方兴未艾。2015年全国供销合作社系统开展电子商务的企业达1536家，发展省级电子商务平台14个、县级电子商务平台208个，电子商务交易和在线商品销售总额达到3960亿元，同比增长292.5%。2015年11月5日，“供销e家”正式启动，目前正在稳步推进。

1.2 各类电子商务政策文件纷纷出台

伴随着电子商务的蓬勃发展，近年来，我国政府出台了大量关于电子商务的政策。据不完全统计，截至2015年中央各部委下达的涉农电子商务政策文件就多达75个。出台这些文件的目的主要是为了规范和维护电子商务活动，保护消费者权益，促进电子商务市场健康有序发展。具体法律和政策文件主要有以下内容。

1.2.1 电子商务法律体系加快法律、法规文件的建设进程

2013年12月，电子商务法立法工作启动。2015年11月，电子商务法草案形成，计划2016年出台。

2015年，国家工商总局出台《网络商品和服务集中促销活动管理暂行规定》《关于加强网络市场监管的意见》等政策措施，初步建成“全国网络交易平台监管服务系统”，目前，全国已经建成29个省级网监平台，有效提高了网络交易商品定向监测水平；成功开发“全国企业信用信息公示系统手机版”，并于2016年1月1日投入运行；在2015红盾网剑专项行动中，国家工商总局严厉打击了网络侵权假冒违法行为。

2015年10月26日，国务院办公厅印发《国务院办公厅关于加强互联网领域侵权假冒行为治理的意见》，针对互联网领域侵犯知识产权和制售假冒伪劣商品违法犯罪行为的多发高发态势，部署打击网上销售假劣商品、打击网络侵权盗版、提升监管信息化水平三项重点监管工作。互联网领域侵权假冒专项整治行动自2014年启动以来，已查处侵权假冒案件1.1万余件，关闭、屏蔽网站3400余家。

2015年，商务部制定了《2015年全国打击侵权假冒工作要点》，基本完成行政执法与刑事司法“两法衔接”；中央信息共享平台和26个省级地方信息共享平台，建立了“全国侵权假冒物品数据库”和“全国产品防伪溯源验证公共服务平台”，推进侵权假冒行政处罚信息公开，建立信息公开统计月报与抽查制度。

1.2.2 国务院出台多项电子商务发展的政策文件

2015年5月，为减少电子商务发展的机制体制障碍，进一步发挥电子商务在培育

经济新动力，打造“双引擎”、实现“双目标”等方面的重要作用，国务院制定了《关于大力发展电子商务　加快培育经济新动力的意见》，并提出以下意见：一是营造宽松的发展环境；二是促进就业创业；三是推动转型升级，创新服务民生方式；四是完善物流基础设施；五是提升对外开放水平；六是构筑安全保障防线；七是健全支撑体系。

2015 年 6 月 16 日，国务院办公厅发布《国务院办公厅关于促进跨境电子商务健康快速发展的指导意见》(以下简称《意见》)，《意见》指出，支持跨境电子商务发展，有利于用“互联网＋外贸”实现优进优出，有利于加快实施共建“一带一路”等国家战略；针对制约跨境电子商务发展的问题，有必要加快建立适应其特点的政策体系和监管体系。《意见》提出了五个方面的支持措施：一是优化海关监管措施；二是完善检验检疫监管政策措施；三是明确规范进出口税收政策；四是完善电子商务支付结算管理；五是提供财政金融支持。

2015 年 9 月，国务院办公厅印发《关于推进线上线下互动　加快商贸流通创新发展转型升级的意见》，在文件中提出要落实促进商业模式创新、支持实体店转型的政策措施，加快推进传统零售业、批发业、物流业、生活服务业、商务服务业，深化互联网应用，实现转型升级。该意见明确了三个方面的工作任务：一是鼓励线上线下互动创新；二是激发实体商业发展活力；三是健全现代市场体系。

1.2.3　多项电子商务新标准陆续出台文件

针对电子商务领域交易中的突出问题，商务部加快完善了电子商务法规和相关标准的建设工作。陆续出台的标准有《网络零售第三方平台交易规则制定程序规定》《电子商务物流服务规范》《电子商务商品理赔技术要求》《电子商务商品标价通用技术条件》《电子商务企业认定规范》《贸易融资业务中第三方提供电子贸易信息查询服务规范》等。

1.2.4　国家质检总局加强网络交易的质量监管的文件

国家质检总局为进一步发挥检验检疫职能作用，促进跨境电子商务的发展，提出了改进监管工作的六项具体措施，包括构建符合跨境电子商务发展的检验检疫工作体制机制、建立跨境电子商务清单管理制度、构建跨境电子商务风险监控和质量追溯体系、创新跨境电子商务检验检疫监管模式、实施跨境电子商务备案管理、加强跨境电子商务信息化建设。

1.2.5　中国人民银行加强网络金融监管的文件

2015 年 12 月，中国人民银行出台《非银行支付机构网络支付业务管理办法》，该办法规定我国支付机构大力发展网络支付服务，促进了电子商务和互联网金融的快速发展，对支持服务业转型升级、推动普惠金融纵深发展发挥了积极作用。其主要内容包括业务基本要求、业务客户管理、支付业务管理、风险管理与客户权益保护。

1.2.6 国家食品药品监督管理总局出台的文件

国家食品药品监督管理总局从2015年起，着手起草拟定网络食品监督管理制度，该制度正在进一步修订中，预计近期将会出台。监督管理制度将细化网络销售食品第三方交易平台的监管，加强网络销售食品安全状况抽检和信息公开，充分保障食品安全和消费者权益。

1.2.7 商务部出台《"互联网＋流通"行动计划》的文件

2015年商务部出台了《"互联网＋流通"行动计划》，主要包括五个方面内容。

（1）在全国创建、培育256个电子商务进农村综合示范县，据最新统计，2016年第三批示范县240个县即将启动。

（2）创建60个国家级电子商务示范基地，培育150家国家级电子商务示范企业，打造50个传统流通及服务企业转型典型企业，培育100个网络服务品牌。

（3）推动建设100个电子商务海外仓。

（4）指导地方建设50个电子商务培训基地，完成50万人次电子商务知识和技能培训。

（5）力争在2016年年底，我国电子商务交易额达到22万亿元，网上零售额达到5.5万亿元。

1.2.8 涉及农村电子商务政策的文件

2015年，中央一号文件："支持电商、物流、商贸、金融等企业参与涉农电子商务平台建设，开展电子商务进农村综合示范。"

2015年5月，商务部《"互联网＋流通"行动计划》将电子商务进农村确定为第一大目标。

2015年10月，农业部等制定的《推进农业电子商务发展行动计划》，要求加大农业电子商务技术及应用的示范推广。

2015年11月，国务院办公厅发布《国务院办公厅关于促进农村电子商务加快发展的指导意见》，鼓励引导电商企业开辟革命老区和贫困地区特色农产品网上销售平台。

2015年，农业部确定在已开展试点的10个省（市）中新增试点县（市、区）51个，同时新增天津市等16个试点省（市）、43个试点县（市、区），共计新增试点县（市、区）94个，作为第二批开展信息进村入户工作的试点。

2014—2016年，商务部、财政部累计安排中央财政资金48亿元，带动社会投资约800亿元，推动开展电子商务进农村综合示范工作。

1.3　扩大跨境电子商务试点示范

1.3.1　10 个城市开展跨境电子商务进口试点

2015 年国务院确定的跨境电子商务进口试点城市已达到 8 个，包括上海市、重庆市、杭州市、宁波市、郑州市、广州市、深圳市和天津市。2015 年 3 月，国务院又批准设立中国（杭州）跨境电子商务综合试验区。2015 年 8 月，商务部发布《商务部关于支持自由贸易试验区创新发展的意见》，该意见涵盖统筹协调方案实施、促进外贸转型升级、降低投资准入门槛、完善市场竞争环境和试点总结评估五个方面。

2016 年 1 月，海关总署同意福州市、平潭市的跨境贸易电子商务保税进口试点项目实施方案，至今，试点城市增加到 10 个。

1.3.2　跨境电子商务六大体系建设

2015 年，商务部在东、中、西部地区选择了一批基础条件较好、进出口和电子商务规模较大的城市，拟新设跨境电子商务综合试验区，复制推广中国（杭州）跨境电子商务综合试验区初步探索出的相关政策体系和管理制度；着力推进跨境电子商务六大体系构建：信息共享体系、在线金融服务体系、智能物流体系、电子商务信用体系、统计监测体系、风险防控体系；建设线上“单一窗口”和线下“综合园区”两个平台，实现政府部门间信息互换、监管互认、执法互助，汇集物流、金融等配套设施和服务，为跨境电子商务打造完整产业链和生态圈。

1.3.3　示范城市、示范基地、示范企业稳步推进

2015 年，商务部继续开展国家电子商务示范城市累计达 53 个、示范基地累计达 100 个、电子商务示范企业累计达 298 个。2016 年 5 月 31 日，国家发改委发布《关于推动电子商务发展有关工作的通知》，通知指出，我国将启动第三批电子商务示范城市创建工作；组织开展国家电子商务示范城市电子商务重大工程建设。

1.3.4　农村综合电子商务试点将达 496 个

2014 年开始，商务部、财政部支持 56 个示范县发展农村电子商务。2015 年重点支持中西部地区，其中，国家扶贫开发重点县和集中连片贫困县达到 103 个。2015 年农业部、财政部开展信息化进农村示范，新试点省份 10 个，2016 年扩大到所有省份，2017 年扩大到 1/10 以上县。

1.4 我国电子商务进入转型升级新阶段

从整体来看，我国电子商务进入从“成长期”向“发展期”过渡的关键时期，其主题为“转型升级”，具体表现在以下方面。

1.4.1 网络零售进入“提质升级”新阶段

2009—2015年，我国网络零售企业开展的“双十一”活动已经开展了7年①，但也存在很多问题，比如以价格竞争为主要手段，疲劳促销为发展方式，假冒伪劣产品众多、刷单、服务质量下降等。近年来，许多电商都认识到单一的价格竞争背景下的电商无法持续下去，因此纷纷转型。以天猫生鲜为代表的电商，由生鲜1.0时代转为2.0，其根本转变就是不再以价格为主要竞争手段，而是以品质、品牌、服务为主要竞争手段。

1.4.2 跨境电子商务试点面逐步扩大

跨境电子商务试点由东部沿海城市向东北和西南地区扩展，并取得了良好效应。通关运营仅1年时间的吉林省长春兴隆综合保税区，2015年出口业务规模提升了200倍，每天处理包裹近10万件，业务范围辐射俄罗斯、韩国、德国等190多个国家和地区。在使用海关正规监管系统的试点城市中，长春市以每周50万件的出口业务量，排在广州市和杭州市之后，位居全国第三。2015年1—9月，重庆市跨境电商邮寄的包裹数量是2014年同期的8.9倍，成交额更是达到2014年的7.1倍。至今，跨境电子商务综合试验区达13个。

1.4.3 移动商务得到迅速发展

2015年我国移动商务得到了迅速发展，并在电子商务中发挥着越来越重要的关键性作用，如多种模式的O2O几乎都采取了App（手机软件应用）的方式，并渗透到城乡居民生活的多个领域。

1.4.4 O2O融合成为发展主基调

O2O的融合使当前存在的“两张皮”（线上和线下）正在融为一个有机整体。如图1-1所示。

---

① 2015年11月11日24：00时，全国全社会网络零售一天的交易额突破1000亿元，达到1229.4亿元。其中天猫平台在线交易额达到912.17亿元人民币，刷新全球单个电商24小时零售纪录；无线成交626.42亿元，无线占比68.67%；全网共产生包裹数6.8亿个，广东省、浙江省、江苏省排在全国消费省份前三名；共有232个国家和地区的网民参与了购物节的购物活动。

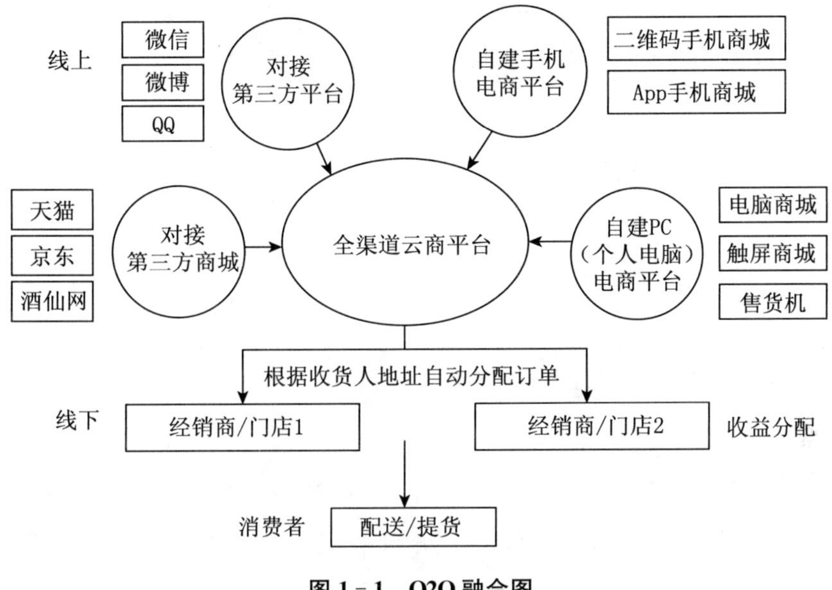

图1－1 O2O融合图

1.4.5 电商投融资活跃，兼并重组进程加快

2015年电商投融资活跃，兼并重组进程加快，主要表现为以下几个方面。2015年2月14日，滴滴打车与快的打车合并。2015年4月17日，58同城战略入股赶集网，两家合并以后将共同占到市场超过80%的份额，成为最大的生活服务业互联网平台。8月7日，京东集团与永辉超市达成战略合作。2015年8月10日，阿里巴巴宣布投资约283亿元入股苏宁云商，成为苏宁第二大股东，同时，苏宁云商以140亿元认购不超过2780万股阿里巴巴新发行股份。2015年10月7日，大众点评与美团网合并实施联席CEO制，占据中国团购领域80%市场份额，成为中国O2O最大平台。

1.4.6 阿里与银联结成联盟

2016年6月，阿里与银联在线就淘宝开放支付渠道的问题达成协议。银联采取的是四方模式，即一笔交易完成，除了银联以外，央行、持卡人、发卡行、收单机构都可以看到交易明细，从持卡人服务的角度来看，信息会更加透明。但支付宝的模式就很像一个资金池，它的内部资金流动，只有它自己知道，客户在消费当下知道，但事后对账单上的交易记录只会显示支付宝（中国）网络科技有限公司。四方模式如图1－2所示。

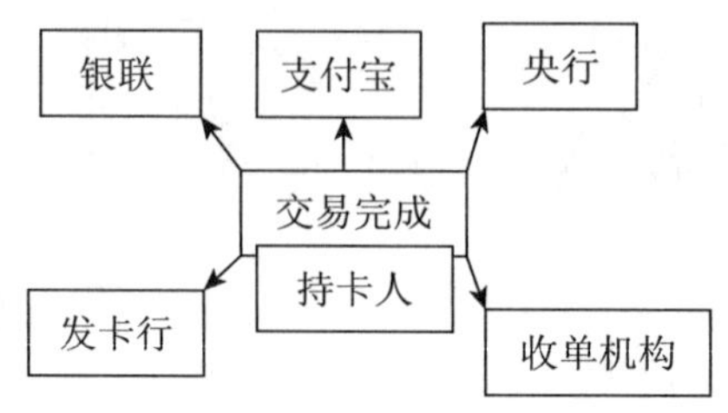

图 1-2　四方模式

1.4.7　京东与沃尔玛结成联盟

2014 年 3 月 10 日，腾讯认购京东 15%的股权，双方达成战略合作关系，2016 年 6 月，沃尔玛和京东宣布结盟，沃尔玛将获得京东新发行的约 1.45 亿股 A 类普通股，约为京东发行总股本数的 5%；京东将全资收购电子商务平台 1 号店，拥有其品牌、网站、App 等资产。

1.4.8　涉农电子商务广泛发展

农村电子商务、农产品电子商务、食材电子商务、农资电子商务、扶贫电子商务等得到了更广泛的发展，2015 年农村电子商务日用品市场规模达到 3530 亿元，农资电子商务交易额达到 150 亿元，农产品电子商务达到 1505 亿元，生鲜农产品电子商务交易额达到 544 亿元，增长 87.7%，农产品大宗商品电子商务交易额突破了 20 万亿元，网上期货交易品种达到 21 个，交易额达到 48.7 万亿元。

1.5　我国“十三五”时期电子商务发展趋势

1.5.1　电子商务在经济社会发展中的作用越来越大

电子商务使流通渠道延伸到全国经济和社会的各个角落甚至世界各地，为各个行业的发展拓展了市场；互联网、物联网、大数据和云计算的应用，提高了生产者与消费者之间的信息交流与流通效率，从而引导各个行业转型升级，转变发展方向，实现精准的按需生产。

电子商务大大提高了流通效率，降低了交易成本。电子商务从商品的网上零售拓展到制造业领域的原材料和半成品流通环节；拓展到服务业领域，如金融、旅游、物流配送、娱乐、交通、医疗、环保等行业的应用。同时，以饿了么、途牛网、爱回收、e 袋洗等为代表的电子商务企业成为青年人创业的标杆性企业，在促进“大众创业、万众创新”中发挥着重要的作用。

信息软、硬件技术在跨境电子商务、互联网金融、O2O、在线教育、智慧医疗、

自媒体等新业态应用领域，为平台经济、分享经济、微经济提供更精准服务。

1.5.2　电子商务的国际化步伐进一步加快

2015 年 11 月第六次中、日、韩领导人会议召开，三国领导人“考虑到电子商务对创造新经济价值的重要性”，将重点推动高附加值产品的电商协作，鼓励三方就电子商务范畴展开信息同享，推动中、日、韩三国“电商—商场—体化”的进程。

国务院在全国试点城市开展跨境电子商务的综合试验，商务部建设海外仓打造境外物流体系，在未来 1～2 年内将实现 100 个电子商务海外仓目标。

2015 年互联网行业为海外并购数量最多的行业。腾讯的海外并购已横跨亚、欧、美三大洲的 10 个国家和地区；苏宁在日本市场新开多家店面，扩大其海外影响；淘宝、天猫和其他在线网站的销售渠道刺激了海外维生素、奶粉、尿片等产品在中国的销售，澳大利亚、韩国和美国的一些海外中小型企业成为中国电子商务企业收购的目标。农林淘宝“走出去”到澳大利亚开拓市场。

1.5.3　电子商务平台的整合作用加大

2015 年电子商务平台不仅在零售业、服务业有出色表现，在 B2B（Business To Business，企业对企业）电子商务中也发挥了越来越大的作用。上海市大宗商品网上交易全年超过 1.3 万亿元，同比增长 6.2%。与此同时，专业配套服务平台也得到长足发展，物流运输服务平台、金融服务平台、外贸服务平台、社交平台也如雨后春笋般出现。

2016 年国家加快完善能源、化工、钢铁、林业等行业电子商务平台规范发展的相关措施；加大政府利用电子商务平台进行采购的力度；支持面向城乡居民社区提供日常消费、家政服务、远程缴费、健康医疗等商业和综合服务的电子商务平台发展；支持文化产品电子商务平台发展；探索建立生产性创新服务平台；建设、完善移动金融安全可信公共服务平台；支持物流配送终端及智慧物流平台建设；同时，加快建立全国性的电子商务治理平台，完善网上交易在线投诉及售后维权机制。以电子商务平台为龙头，涵盖不同领域的行业平台群将会形成，并由此形成平台经济。

1.5.4　网上网下融合发展成为主基调

第一，电子商务显示出强劲的发展后劲，使得越来越多的传统企业认识到转型发展的紧迫性，大量传统企业加快进入电子商务市场的步伐。在工业领域，产品标准不统一、流程不规范、质量难以控制等制约电子商务发展的因素将得到改善，网上采购和网上销售额的占比将大幅度提高，电子商务将从普及率较高的消费品工业和部分装备工业向原材料工业和专业设备制造业扩展。在流通领域，更多的传统流通企业将应用电子商务转变经营模式，与电子商务企业展开激烈的竞争。

第二，电子商务企业加快线下布局的步伐。在许多传统行业纷纷启动电子商务项目的同时，电子商务企业线下体验的短板凸显。因此，布局线下成为电子商务企业未来发展的重要一环。其中，建立体验中心、解决最后一公里问题、树立品牌形象成为电子商务企业线下布局的重要诉求。线上线下全渠道发展成为新的运营模式。

第三，推动传统市场改造，完善新的市场网络。比如，浙江省顺应“互联网+”趋势，大力发展网络市场，推动传统实体市场上网，打造实体经济发展的信息和渠道平台；深入加强网上市场监管，加快建设现代化、标准化、精品化市场网络，实现了网上市场和网下市场的融合发展。2016年，网上市场仍保持市场份额大幅度的增长，实体市场也将通过网络化扩张和连锁化经营走出一条新的发展道路。

1.5.5 电子商务将向规范化、法制化方向发展

2015年，二手车交易平台“车易拍”的违法交易、“饿了么”等平台的刷信用等行为，引起了社会各界的高度关注。对此，国家工商管理部门深入推进重点领域消费维权，积极开展网络交易监管执法，落实消费环节经营者首问制度和赔偿先付制度，商务部牵头进行网上打击假冒伪劣专项行动，收到较好的效果。

2016年，国家工商行政管理总局全面启动“全国第三方网络商品交易平台监管系统”和“全国电子商务网站监管服务系统”的建设，以信用监管为核心，着力构建事中、事后监管新机制，建立健全信用联动监管机制，协调有关部门联合出台惩戒措施；充分运用大数据资源，建立全国统一的“经营异常名录系统库”和“严重失信名单库”，实现部门和地区间对企业严重失信信息的全面共享和有效利用。针对电子商务领域的严重违法违规问题，包括网络欺诈、虚假促销、个人信息泄露等，国家有关部门将强化电子商务监管，借鉴国外先进的互联网管理经验，提升监管层级，建立涵盖互联网资源管理、电子商务、网络信息安全等各个方面完备的互联网规范体系。

电子商务法及其相关的标准与其细则会进一步落实，如网络购买商品七日无理由退货指引、快递条例等也会陆续出台，从而形成较为完善的电子商务监管体系。

1.5.6 涉农电子商务将经历由乱到治的过程

2015年我国网络购物用户规模达到4.13亿元，其中，农村地区网购用户占比达到22.4%，农村网购规模达到3530元，同比增长了60%以上。网购人数和网购销售方面的数据体现了农村电子商务发展的巨大潜力。

阿里、京东、苏宁、供销、乐村淘、邮政、电信已看到这一巨大的市场，通过在农村建立电子商务服务站，招募农村推广员，加快拓展农村市场。供销e站、中农网、中粮我买网、天天果园、中国购肥网、农集网等专业性电子商务网站也加大了市场拓展的力度。

农资交易的第三方电子商务平台，如云农场、农一网等，广泛建设村级加盟服务

点，通过整合区域运营中心、镇级体验中心、村级服务站推广农资电子商务，农资企业电子商务自营模式，如鲁西化工的“中国购肥网”、中化化肥的“买肥网”，相继推出了农村市场的投资计划，线上线下同时拓展，抢占农资电子商务市场。

1.6　区块链推动电子商务模式创新

1.6.1　区块链新技术及其特点

1. 区块链的定义

区块链是2016年流行的一种新的技术，它可以理解为一种公共记账的机制（技术方案），而不是一款具体的产品。其基本思想是通过建立一组互联网上的公共账本，由网络中所有的用户共同在账本上记账与核账，来保证信息的真实性和不可篡改性。如图1-3所示。

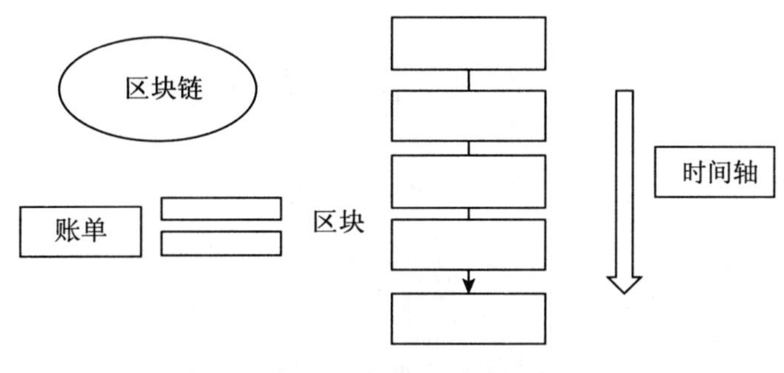

图1-3　区块链机制

2. 区块链特点

为什么要称作区块链，这是因为区块链存储数据的结构是由网络上一个个“存储区块”组成一根链条，每个区块中包含了一定时间内网络中全部的信息交流数据。随着时间的推移，这条链会不断增长。区块链具有去中心化、去信任化、可扩展、匿名化、安全可靠等特点。

（1）去中心化。区块链是靠各个节点共同实现系统的维护和保证信息传递的真实性，基于分布式存储数据，而没有某个中心进行集中管理，因此某一个节点受到攻击和篡改不会影响整个网络的健康运作。

（2）去信任化。任意两个节点之间建立连接不需要确认彼此的身份，双方之间进行数据交换无须互相信任的基础。网络中的所有节点都可以扮演“监督者”的身份，因此不用担心欺诈的问题。

（3）可扩展。区块链是一种底层开源技术，在此基础上可以实现各类扩展和去中心化、去信任化的应用。

(4) 匿名化。数据交换的双方可以是匿名的，网络中的节点无须知道彼此的身份和个人信息即可进行数据交换。

(5) 安全可靠。由于任意节点之间的活动均受到全网的监督，并且数据库采用分布式存储，对于黑客来说，第一，无法伪装和进行欺诈活动；第二，无法仅靠攻克某个节点而控制网络。这就使其安全可靠。

3. 区块链的作用

下面通过传统货币与比特币（数字货币）来介绍区块链所扮演的角色。如图 1-4 所示。

传统货币的交易模式中，银行管理账户采用的是中心化管理。由银行建立中心数据库，每个人的银行账户信息以及账户里的余额都由银行进行集中管理。

举个例子：如 A 要转账一笔钱给 B，需经过银行 O 进行验证、对账，再修改 A、B 的账户才能将钱划给 B。

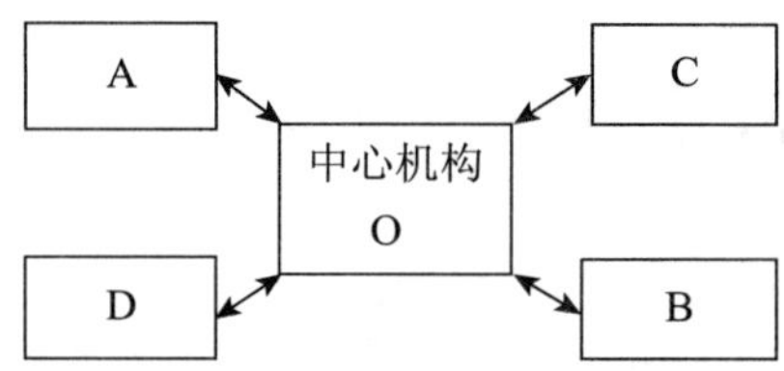

图 1-4　传统货币交易模式

而基于区块链技术的比特币交易模式则剔除了银行作为中心数据库的角色，每个比特币用户的电脑都是一个节点，每个节点都能存储数据，节点和节点之间相连形成了巨大的网络。如图 1-5 所示。

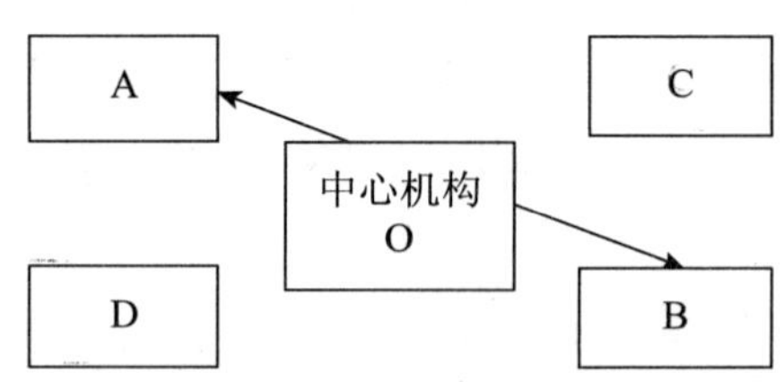

图 1-5　比特币交易模式

例如，以比特币交易为例，首先，A 向周边节点广播：我要转账给 B 一个比特币。其次，A 将比特币的信息发给周边节点进行验证，周边节点确认 A 持有该比特币的合法性。当一定数量的节点验证通过后，交易成立，周边节点记录下这笔交易并确认比特币的新主人是 B。最后，周边的节点再向网络中其他节点进行广播，直至所有

节点记录下这笔交易。如图1－6所示。

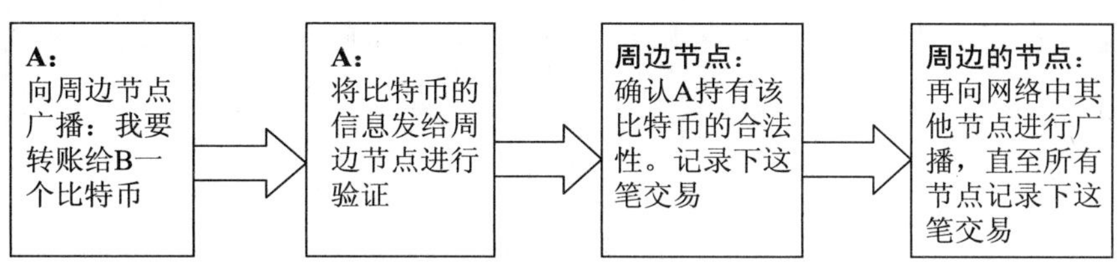

图1－6 基于区块链的比特币交易模式

比特币交易通过区块链技术提升了数据的真实性与不可篡改性。该系统依靠的是网络上多个参与者的公平约束，所以任意几个节点的权利和义务都是均等的，而且每一个节点都会储存这个区块链上的所有数据，即使该节点被损坏或遭受攻击，仍然不会对账簿造成任何威胁。同样的，当发生一笔交易时，全世界的用户都可以担当监管者的角色，如果大家不认可交易的合法性，则交易无法达成，区块链上的数据由大家集体去维护。

1.6.2 区块链新技术的发展和应用

1. 区块链发展的8年

自2008年年底首次提出，区块链技术和以比特币为代表的区块链应用在短短8年间经历了飞速的发展，如表1－1所示。

表1－1 区块链发展大事记

年份	事件
2008	化名为中本聪的澳大利亚人克雷格·史蒂芬·莱特发表了一篇文章《比特币：一种点对点的电子现金系统》，提出区块链的概念，区块链进入人们的视野
2009	比特币作为区块链的首个应用，在链上顺利运行
2012	瑞波（Ripple）系统发布，跨过转账，引入区块链技术
2013	美卡币（MSE）区块链断裂，交易中断，1天后美卡币重新接回，区块链重生
2014	区块链并购投资火热，区块链商Chain获950万美元投资，发布物联网集成实验设备
2015	传统银行等金融机构开始尝试并使用区块链技术
2016	纳斯达克率先推出基于区块链技术的证券交易平台Ling R3CEV（一家总部位于纽约的区块链创业公司）联合微软，与全球40余家大型银行签署区块链合作项目

2. 万能的区块链

区块链未来应用空间巨大，从理论上说，围绕区块链这套开源体系能够创造非常丰富的服务和产品，比特币只是区块链巨大应用空间的一个小案例。区块链应用如图1-7所示。

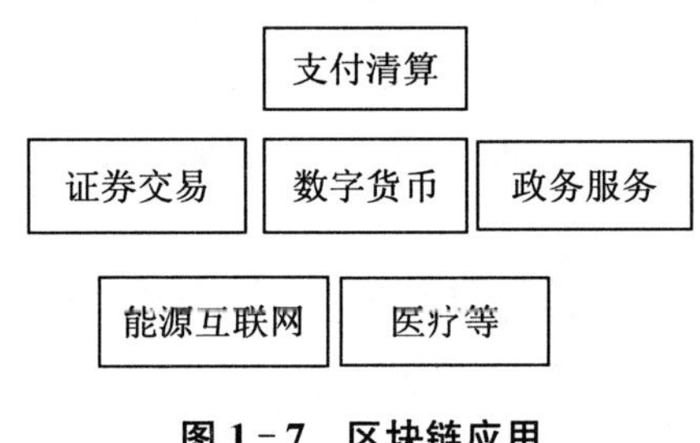

图1-7　区块链应用

1.6.3　区块链在5个现实领域中的应用

1. 共享经济：为平台构建用户信任

在共享经济领域，区块链可用于存储用户身份，而这可以与用户在这些共享经济平台和其他市场平台上相关的评论以及打分相关联。基于这些信息，人们便能够通过用户编号来轻易识别该用户是否能被信任。不同于别的社交网络账号，这个用户身份信息是不能被注销和删除的。这也意味着关于用户身份的所有信息都将被一一记录下来。

2. 供电市场：使建筑通过智能供电系统实现自己发电并进行销售

区块链在4个供电市场中的应用，如图1-8所示。

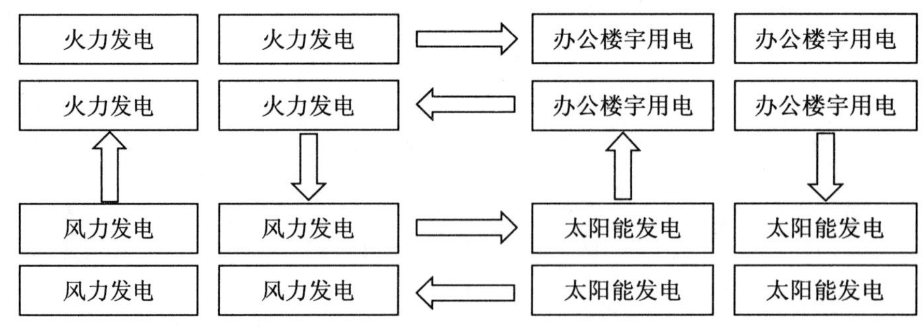

图1-8　区块链在4个供电市场的应用

3. 房地产：通过在区块链中保留记录来降低管理成本

在房地产领域，可以将房产信息保留在区块链中，这样买家便可以快速、简单、低成本地核实房主的真实信息。而现阶段这个过程基本上是由人工完成的。这不仅带来较高的成本，也更容易产生失误，从而进一步增加成本。区块链技术的使用则可以显著地减少失误，降低人工成本。

4. 证券交易：减少错误从而降低成本

虽然股权交易有相比较而言较低的交易成本，但是高达10%的交易中存在失误，因此需要人工干预纠正，从而延长了交易的时间。通过在清算与结算过程对区块链技术的使用，尤其是对股权、回购和杠杆贷款而言，预计整个金融行业能够节约110万～120万美元的成本。

5. 金融领域：促进反洗钱和顾客身份审查

在金融领域，身份数据将被存储在区块链中，这样金融机构就能够简单快捷地识别并审核新顾客身份。在区块链中存储账户以及交易信息将有助于账户数据的标准化，从而改善数据质量，减少可疑交易的错误识别。

1.6.4　2016年区块链十大趋势

2016年区块链技术在我国得到较快的发展，呈现出十大发展趋势。如表1-2所示。

表1-2　　2016年区块链十大趋势

序号	十大趋势
1	比特币区块链的地位不可动摇，可选择的其他区块链如雨后春笋般爆发式增长
2	国外银行在私有链的研究中取得突破性进展，大大提高了区块链技术的性能参数
3	国外商业银行率先引入区块链，进行小范围试点并取得成功
4	以纳斯达克为首的证券交易机构纷纷将区块链技术引入证券市场
5	继英国之后，各国纷纷出台法律，明确认定区块链及比特币的合法地位
6	德勤及普华首次将区块链技术实际运用于金融企业咨询及年度审计项目中
7	中国的区块链创业公司不断涌现，新三板市场中出现第一家区块链概念股的挂牌公司
8	随着“区块链”的知名度越来越高，开始有骗子打着区块链的旗号进行传销、诈骗
9	中国政府及监督机构意识到区块链技术的重要性，出台区块链的技术标准
10	国内的三大互联网巨头开始尝试将区块链技术与自身业务相结合，新的商机正在酝酿

1.6.5　区块链应用的未来发展方向

如此可见，区块链在中国的应用，不应“去中心、无政府化”，而应是向着“弱中心化、联盟成员的互联互通”的发展方向。区块链技术并不神秘，早已经存在网络经济实践中。以上两点是我们对区块链技术客观公正的评价。

2　2015年我国农产品电子商务发展与2016年展望

2015年农产品电子商务进入第六个发展阶段，75项中央政府政策密集出台。本章从6个方面分析了2015年我国农产品电子商务发展现状，总结了2015年我国农产品电子商务的5个方面的特点，提出了我国农产品电子商务正在由“成长期”进入“发展期”的科学判断，研究了与农产品电子商务相关的农资电子商务，扶贫电子商务，淘宝村、镇、县、特色馆建设及转型。本章同时对2016年我国农产品电子商务进行了展望，如2016年中央一号文件、2016年政府工作报告，论述了我国农产品电子商务发展的10个趋势，研究了我国农产品电子商务存在的7个方面问题，提出了5个方面的政策建议。

2.1　2015年我国农产品电子商务发展回顾

2.1.1　2015年农产品电子商务政策密集出台

2015年，我国针对农产品电子商务密集出台了75项政策，其主要政策文件有以下内容。

1. 中央发布一号文件《关于加大改革创新力度加快农业现代化建设的若干意见》

意见内容包括：围绕建设现代农业，加快转变农业发展方式；围绕促进农民增收，加大惠农政策力度；围绕城乡发展一体化，深入推进新农村建设；围绕增添农村发展活力，全面深化农村改革；围绕做好“三农”工作，加强农村法治建设。支持电商、物流、商贸、金融等企业参与涉农电子商务平台建设。开展电子商务进农村综合示范。

2. 国务院发布《推进“互联网＋”行动的指导意见》

意见指出，利用互联网提升农业生产、经营、管理和服务水平，培育一批网络化、智能化、精细化的现代“种养加”生态农业新模式，形成示范带动效应，加快完善新型农业生产经营体系，培育多样化农业互联网管理服务模式，逐步建立农副产品、农资质量安全追溯体系，促进农业现代化水平明显提升。

3. 国务院办公厅发布《关于推进线上线下互动　加快商贸流通创新发展转型升级的意见》

意见主要由18条内容构成。

（1）鼓励线上线下互动创新，包括3个方面：一是支持商业模式创新；二是鼓励技术应用创新，这里提到了“移动互联网、大数据、物联网、云计算、北斗导航、地理位置服务、生物识别等现代信息技术”；三是促进产品服务创新。

（2）激发实体商业发展活力，包括5个方面：一是推进零售业改革发展；二是加快批发业转型升级；三是转变物流业发展方式；四是推进生活服务业便利化；五是加快商务服务业创新发展。

（3）健全现代市场体系，包括3个方面：一是推进城市商业智能化；二是推进农村市场现代化；三是推进国内外市场一体化。

（4）完善政策措施，包括7个方面的保障措施：一是推进简政放权；二是创新管理服务；三是加大财税支持力度；四是加大金融支持力度；五是规范市场秩序；六是加强人才培养；七是培育行业组织。

4. 农业部、国家发改委、商务部联合印发《推进农业电子商务发展行动计划》

计划明确了2016—2018年的总体目标，提出到2018年农业电子商务基础设施条件明显改善，制度体系和政策环境基本健全，培育出一批具有重要影响力的农业电子商务企业和品牌，电子商务在农产品和农业生产资料流通中的比重明显上升，对完善农产品和农业生产资料市场流通体系、提升消费需求、繁荣城乡经济的作用显著增强。

5. 电子商务扶贫成为国家精准扶贫十大工程之一

电子商务扶贫是我国互联网时代扶贫方式的一种创新，可用“互联网＋扶贫”来表示，其主要内涵是政府帮助扶贫对象通过开办网店等电子商务的方式达到减贫、脱贫目的的一种实践活动。在2015年财政部、商务部公布的200个示范县中，中西部县区占82.5％，贫困县占比超过43.5％，赣南、黔东、陇南、陕北等革命老区成片上榜。这也是财政择优支持中西部省份和革命老区的举措，每个试点县将拨款1000万元，并将对考核达到要求的示范县在2016年继续扶持一年。

6. 国务院常务会议审议通过完善电信普遍服务补偿机制

改革创新电信普遍服务补偿机制，支持农村及偏远地区宽带建设，成为弥补公共产品和服务“短板”、带动有效投资、促进城乡协同发展的重要举措。本次实施的电信普遍服务补偿机制是支持农村及偏远地区宽带发展的长效机制，重点支持农村及偏远地区宽带网络建设和运行维护，力争到2020年完成约5万个未通宽带行政村通宽带、约15万个已通宽带的行政村接入能力光纤化，为超过3000万农村家庭提供宽带覆盖升级。缩小城乡数字鸿沟，用信息技术促进农村偏远困难地区群众脱贫致富。

7. 国务院印发《关于促进农村电子商务加快发展的指导意见》

在意见中明确了三方面的重点任务：一是培育农村电子商务市场主体。鼓励电商、物流、商贸、金融、供销、邮政、快递等各类社会资源加强合作，参与农村电子商务发展。二是扩大电子商务在农业、农村的应用：在农业生产、加工、流通等环节，加强互联网技术应用和推广；拓宽农产品、民俗产品、乡村旅游等市场，为农产品进城拓展更大空间。三是改善农村电子商务发展环境。加强农村流通基础设施建设，加强政策扶持和人才培养，营造良好的市场环境。在意见中同时提出了七个方面的政策措施：一是加强政策扶持力度；二是鼓励和支持开拓创新；三是大力培养农村电子商务人才；四是加快完善农村物流体系；五是加强农村基础设施建设；六是加大金融支持力度；七是营造规范有序的市场环境。

8. 国务院发布《关于大力发展电子商务加快培育经济新动力的意见》

意见强调积极发展农村电子商务，并且鼓励农业生产资料企业发展电子商务。

9. 国务院出台的《关于推进国内贸易流通现代化建设法治化营商环境的意见》

该意见特别强调，促进农产品电子商务发展，引导更多农业从业者和涉农企业参与农产品电子商务，支持各地打造各具特色的农产品电子商务产业链，开辟农产品流通新渠道。

10. 商务部等19部门联合发布《关于加快发展农村电子商务的意见》

在意见中提出的主要任务就是推进农村产品电子商务，包括农产品与农村生产的各种手工艺品、制品及乡村旅游等，提高商品化率和电子商务交易比例；发展农业生产资料电子商务，鼓励各类电子商务平台依托现有各部门的农村网络渠道、站点，开展化肥、种子、农药、农机等生产资料电子商务。

11. 农业部发布《国家农业科技服务云平台建设方案（试行）》

在方案（试行）中指出该平台将成为高效便捷的信息化桥梁，全面提升农业科教服务“三农”的信息化水平和效能，实现“互联网＋农业科技”发展的新格局。云平台将以云计算和大数据为支撑，有效整合各类农业科教信息资源，构建起农业科技创新、成果转化、农技推广、农民培训与农业生产各环节上下贯通、优势互补、管理科学、运转高效的现代农业科教信息管理与服务系统，提高农业科教服务信息化水平，全面提升农业科教服务的质量和效率，不断增强农业科教与农业产业的融合度，持续提高农业科技进步贡献率和农业资源利用率，切实保障国家粮食安全和增加农民收入。

12. 农业部发布《开展农民手机应用技能培训提升信息化能力的通知》

在通知中指出，从2015年起，连续3年开展全国农民手机使用技能培训，以加强农民手机应用能力为目标，主要为指导农民和新型农业经营主体利用手机上网提高生产经营能力，开展学习、购物、查询、结算、办事的理论知识和操作技能培训。

13. 商务部、财政部、农业部先后批准设立电子商务综合试点县和信息进农村试点县

2015年商务部、财政部确定200个农村电子商务综合试点县，包括2014年公布的56个试点县，合计256个综合县。2015年年底，农业部公布第二批全国信息进村入户试点县，包括已开展试点的10个省（市）中新增试点县（市、区）51个，同时新增天津市等16个试点省（市）、43个试点县（市、区），共计新增试点县（市、区）94个。确保把益农信息社建设成为大众创业、万众创新的平台，确保把信息进村入户打造成为“互联网＋”行动在农村落地的示范工程。

14. 农业部印发《关于推进农业农村大数据发展的实施意见》

在意见中强调，要按照“着眼长远、突出重点、加快建设、整合共享”的要求，坚持问题和需求导向，坚持创新驱动，加快数据整合共享和有序开放，充分发挥大数据的预测功能，深化大数据在农业生产、经营、管理和服务等方面的创新应用，为政府部门管理决策和各类市场主体生产经营活动提供更加完善的数据服务，为实现农业现代化取得明显进展的目标提供有力支撑。

15. 商务部发布《互联网+流通行动计划》，宣布力推电子商务进农村

发展农业电子商务是农业部2015年20项重点工作之一，强调要充分利用信息进村入户平台，开展产品直配城市社区和农业生产资料下乡试点工作。

2.1.2 我国农产品电子商务发展进入第6个阶段

自1994年以来，我国农产品电子商务经历了22年的发展，2015年进入第6个发展阶段，我国农产品电子商务也正处于转型升级阶段，正如天猫生鲜正在由1.0时代进入2.0时代，以低价、疲劳促销为主要形式的传统农产品电子商务必须加速转型升级。

1. 第一个阶段（1994—1998年）

信息技术的引入阶段。1994年中国农业信息网和1997年中国农业科技信息网相继开通以来，信息技术逐渐被引入农产品电子商务领域。

2. 第二个阶段（1998—2005年）

粮棉网上交易试水阶段。当时形象地称为“粮棉在网上流动起来”。1995年郑州商品交易所集诚现货网（现在叫中华粮网）成立，1998年第一笔粮食交易在网上实现。1998年全国棉花交易市场成立，通过竞卖交易方式采购和抛售国家政策性棉花。

3. 第三个阶段（2005—2012年）

生鲜网上交易的生与死阶段。2005年易果网成立，2008年和乐康、沱沱工社开始做生鲜农产品交易。2009—2012年，涌现了一大批生鲜电商，生鲜农产品能够在网上交易，改写了电子商务交易的客体的定义和内容，在当时称得上是一种“革命”，但是，由于同质化竞争十分激烈，很多企业倒闭。

4. 第四个阶段（2012—2013年）

水果之战迫使电商探索新的运营方式，由此，电子商务发展进入第四个阶段。2012年年底生鲜电商本来生活“褚橙进京”事件，2013年“京城荔枝大战”，使得许多生鲜农产品电商开始探索品牌运营，顺丰优选、1号店、本来生活、沱沱工社、美味七七、甫田、菜管家获得资金注入，2013年年初的北京优菜网曾寻求转让，上海天鲜配被下线等。

5. 第五个阶段（2013—2014年）

新发展、新机遇阶段。这一时期B2C（企业对顾客）、C2C（顾客对顾客）、C2B

（顾客对企业）、O2O等各种农产品电子商务模式竞相推出，宽带电信网、数字电视网、新一代互联网、物联网、云计算、大数据等大量先进信息技术被采用到农产品电子商务中来，2013年微博、微信等工具出现，永辉半边天网上线不足百日下线寻求微商模式等，同时，90%的生鲜电商亏损倒闭等。

6. 第六个阶段（2014—2015年）

资本融资阶段。这两年本来生活、美味七七、京东、我买网、宅急送、阿里、青年菜君、食行生鲜先后获得投融资，农产品电子商务进入融资高峰期：①本来生活、美味七七先后得到融资（美味七七获得亚马逊2000万美元入股）；②京东上市融资17.8亿美元；③我买网融资1亿美元；④宅急送获得10亿美元投资，探索生鲜农产品电子商务物配；⑤阿里巴巴美国上市融资218亿美元；⑥青年菜君获得千万元投融资；⑦以C2B2F（从消费者到企业再到农场/工厂）模式做生鲜的“食行生鲜”宣布获得由天图资本领投，A轮投资方协立投资以及易浮泽跟投的B轮融资（2016年4月，又获得2.49亿元的C轮融资），融资额为1.8亿元人民币；⑧2014—2015年生鲜电商爱鲜蜂已经完成三轮融资；⑨2015年天天果园获得京东集团的战略性投资数千万美元。2014年10月社区物流与生活服务平台收货宝获得千万美元A轮融资。如表2-1所示。

表2-1　2014—2015年我国生鲜农产品电商融资一览表

企业	时间	投资公司	投资金额	估值	单位
我买网	2015.10	百度，泰康人寿	2.2亿	10亿	美元
本来生活	2015.01	高榕资本，鼎辉投资	数千万	7.85亿	美元
	2015.12	九阳股份	1亿		美元
天天果园	2015.05	京东，锴明投资，SIG	7000万		美元
拼好货	2015.04	IDG	数百万	4.8亿	美元
	2015.12	IDG，高榕资本	5000万		美元
Dmall（多点）	2015.04	IDG	1亿		美元
一米鲜	2015.01	红杉资本	数百万		美元
	2015.12	昆仑万维	1500万		美元
每日优鲜	2015.01	光信资本	500万		美元
	2015.12	腾讯，浙江创投	2亿元		人民币
甫田网	2015.05	高鑫零售	数千万		人民币
飞牛网	2015.01	高鑫零售	5亿		人民币
春播网	2015.02	珠海大海国际	3亿		人民币
食行生鲜	2015.05	天图资本，协立投资	1.8亿		人民币

续　表

企业	时间	投资公司	投资金额	估值	单位
我厨	2015.03	新天域资本，谱润投资	数千万		人民币
	2015.12	望湘园	4000 万		人民币
许鲜	2015.11	IDG，辰海资本	数千万		人民币
盛盈汇	2015.10	新三板		2 亿	人民币
沱沱工社	即将	新三板			
爱鲜蜂	2014.05	清流资本	1000 万		美元
	2014.10	红杉资本领投	2000 万		美元
	2015.03	高瓴领投，红杉资本跟投	2000 万		
	2015.09	高瓴资本，钟鼎创投，天投资本，红杉资本	7000 万		
易果生鲜	2014	阿里、云峰资本	未知		人民币
果酷网	2014	A 轮融资	数千万		人民币
我是农民	2015.05	培罗成、滕头控股	2000 万		人民币
嘉言民生	2014	东方财星	1000 万		人民币

2.1.3　2015 年我国农产品电子商务发展的现状及其特点

1.2015 年我国农产品电子商务发展的现状

目前，我国已初步形成了包括期货交易、大宗商品电子交易、农产品 B2B 电子商务网站，以及农产品网络零售平台等在内的、多层次的农产品电子商务市场体系和网络体系，如图 2－1 所示。

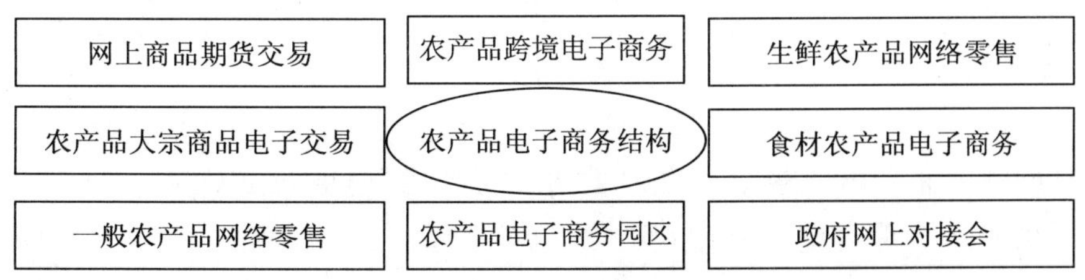

图 2－1　农产品电子商务结构

（1）网上商品期货交易。我国网上农产品商品期货交易总额达 136.47 万亿元，其中，农产品期货交易品种达 21 个，交易额 48.7 万亿元，约占商品期货市场交易总量的 36%。我国农产品期货品种如表 2－2 所示。

表 2-2　　我国农产品期货品种

交易所	交易期货品种
郑州商品交易所	强麦、普麦、棉花、白糖、菜籽油、早籼稻、油菜籽、菜籽粕、粳稻、晚籼稻
大连商品交易所	玉米、玉米淀粉、黄大豆1号、黄大豆2号、豆粕、豆油、棕榈油、鸡蛋、胶合板、纤维板
上海期货交易所	天然橡胶

（2）农产品大宗商品电子交易。我国农产品大宗商品电子交易市场达到402家（农林牧渔副市场），约占全国大宗商品交易市场总量1021家的20%，年交易额超过20万亿元，有广西糖网、中国棉花市场、中华粮网、中国四川白酒交易中心、沁坤农产品、山东寿光蔬菜产业集团（天津）商品交易所、中药材天地网、惠农网、中国-东盟海产品交易所等。

（3）一般农产品网络零售。我国农产品网络零售交易额达到1505亿元，增长超过50%，农产品跨境交易额超过200亿元，其中农产品跨境电商交易额增幅超过100%。

（4）生鲜农产品网络零售。我国生鲜农产品网上交易主要有天猫喵鲜生、本来生活、天天果园、中粮我买网、壹家壹站、一米鲜、伯果儿、沱沱工社、亚马逊（中国）等，2015年交易额达到544亿元，增长90%以上，2018年预计超过1500亿元。

2010—2017年我国生鲜电商交易额及其增长率如表2-3所示。

表 2-3　　2010—2017年我国生鲜电商交易额及其增长率

年份	2010	2011	2012	2013	2014	2015	2016（预计）	2017（预计）
销售额（亿元）	4.2	10.5	40.5	130.2	289.8	544	913.9	1449.6
增长（%）	—	150	285.7	285.7	221.5	87.7	68	56.8

资料来源：易观智库。

生鲜电商主要采取四大模式：①B2C平台型生鲜电商，如天猫、京东商城、1号店、苏宁易购等；②垂直型生鲜电商，如天天果园、易果生鲜、中粮我买网等；③物流企业切入型生鲜电商，如鲜易网、顺丰优选等；④O2O模式，如京东到家、大润发飞牛网、华润万家e万家、沃尔玛、永辉超市等。2015年我国生鲜电商及其特点如表2-4所示。

表2-4 2015年我国生鲜电商及其特点

	生鲜电商	特点
第一梯队（两超）	天猫生鲜	70多个国家在其平台首发，246个城市24小时送达。目前已在北京五环内率先推出了3小时极速冷链送达服务
	京东	食品、酒类、生鲜、特色馆、全球购
第二梯队（多强）	1号店	快速消费品和食品生鲜兼有
	中粮我买网	依托中粮集团，食品、酒类、生鲜、特色馆、全球购
	顺丰优选	从线下走到线上，又从线上走到线下，具有全程冷链优势
	天天果园	以生鲜水果为主，也经营其他进口食品
第三梯队（小众）	易果生鲜网	国产水果、进口水果、肉禽蛋奶
	飞牛网	生鲜食品、冷藏、冷冻食品、百货
	美味七七	蔬菜、水果、肉禽蛋奶
	本来生活	品牌生鲜
	爱鲜蜂App	水果、蔬菜、肉禽蛋奶
	沱沱工社	全程冷链、有机、天然、高品质食品
	一米鲜	专注水果，采用“以销定采”的“轻仓”模式
	优果网	进口水果、水果礼品、精品水果、网购团购
	许鲜网	新鲜、品质、售后强，线下点优势大
	717商城	中国第一家安全食品网站
	中国地理标志产品商城	中国第一家也是唯一一家地理标志产品网站
	每日优鲜	水果、牛奶、海鲜、粮油

（5）食材农产品电子商务。食材农产品电子商务得到迅速发展。2012年以来，我国B2B食材供应平台产生，2014—2015年食材农产品电子商务成为一种比较时尚的电子商务现象，主要针对下游餐厅提供配货服务，通过为多家餐厅集中采购来获得议价权，并提供物流服务，从而为下游降低成本，也提高了餐饮的经济和社会效率。

B2B食材配送的流程：电商每日12点前汇总给多家餐厅上千种订单→平台采购员在经销商处采购→送至分拣中心（通常为5000平方米的仓库）→凌晨4时至6时由分拨人员分拨→打包装车→早高峰前送至各餐厅。

就仓储物流而言，为1000家餐厅配货，需要一个5000平方米仓库（租金大约为150万元/年）用于分拨，一辆金杯汽车可载10～15家货，每车货值0.5万～1万元。

如餐厅退换货，则电子商务平台帮助就近补货，如果服务好，餐厅流失率可降低到5%以内。

就赊销服务而言，B2B食材配送平台暂未向餐厅提供赊销服务，而部分传统经销商会提供赊销服务。2012—2015年食材B2B平台汇总情况如表2-5所示。

表2-5　　2012—2015年食材B2B平台汇总

成立时间	名称	创始人/CEO	总部	融资轮次
2012.02	菜筐子	陈卫华	海口	—
2013.05	小农女	杨威	深圳	A
2014.01	鲜供社	赵雪松	北京	天使
2014.05	饭店联盟	李德全	北京	天使
2014.06	美菜	刘传军	北京	C
2014.08	蔬东坡	罗明	北京	天使
2014.08	天平派	黄礼君	北京	A
2014.08	链农	刘源	北京	B
2014.08	食务链	张颂	上海	天使
2014.10	餐馆无忧	金海燕	北京	A
2015.02	菜哪美	海底捞子公司	北京	—
2015.03	优配良品	史庆东	北京	天使
2015.04	送菜哥	刘文会	深圳	天使
2015.05	餐饮管家	戴佳芳	内蒙古	—
2015.06	菜点点	陈新	苏州	—
2015.07	集食达	李静	北京	—
2015.10	有菜	饿了么孵化	北京	—

①美菜：2014年5月成立，是窝窝团创始团队的二次创业，CEO刘传军是中科院空间物理学硕士，CTO（首席技术官）徐薛胤，18岁于中国科学技术大学少年班毕业，曾为全美最大的电子商务公司提供核心技术服务；2014年6月美菜获得真格基金1000万元的天使投资；2014年11月获得蓝湖资本数百万美元投资；2015年2月获得顺为基金、蓝湖资本数千万美元投资。

②链农：2014年6月成立，现有成员200人，60%是采购、分拣、配送人员；服务对象为没有账期、没有回扣和不靠关系的中小餐饮企业。融资情况：2014年10月获得险峰、华兴100万美元的天使轮投资；2015年3月获得红杉资本800万美元的A轮投资；2015年6月获得大众点评领投，红杉跟投3000万美元的B轮投资。

③大厨网：2014年3月成立，业务地点在北京、上海、天津等；覆盖超过5万家餐厅，让餐厅客单价格提升了80%，而且让退货率降低到6%以内；大厨网与国内最大的肉禽生产企业新希望集团达成战略合作，直接从生产端到餐饮终端，保证供货品

质。2015年2月获得1500万美元的融资。

④小农女：2013年5月成立，2015年由2C转向2B；团队成员有：杨威，小农女联合创始人、CEO，曾为腾讯、1号店骨干，7年电商经验，2014年兼职卖菜，2015年离职专做卖菜；陈楠，小农女副总裁，英国剑桥大学数学系毕业，在摩根士丹利工作3年，参与过很多企业融资和并购。融资：2015年6月8000万元人民币A轮投资；2015年1月1000万元人民币天使投资。

（6）政府网上对接会。商务部两次农产品网上购销对接会交易额达到76.6亿元。

商务部于2015年8月18日至9月18日举办了2015年夏秋季农产品网上购销对接会，共有28个省（自治区、直辖市）的335个县（市、区）商务主管部门上报农产品供求信息43.6万条，涉及农产品品种768种，促成农产品销售47万吨，成交金额36.8亿元。

2015年12月22日至2016年1月22日商务部又举办了冬季农产品网上购销对接会，总体数字未披露，共有28个省（自治区、直辖市）的296个县（市、区）商务主管部门上报农产品供求信息55.1万条，涉及农产品品种809种，促成农产品销售47.5万吨，成交金额39.8亿元。宁夏回族自治区农产品实现成交88笔，成交总额1.2亿元，其中，实际成交69笔，成交额6061万元；意向成交19笔，成交额5939万元，主要涉及28种农产品，包括马铃薯、西芹、西红柿、大白菜、莲花菜、辣椒、稻米、牛羊肉、鲜活鱼等，主要销往黑龙江、浙江、江苏、湖北、陕西、新疆、青海、内蒙古等14个省（自治区）。

2.2015年农产品电子商务的主要特点

（1）我国农产品电子商务进入转型关键期

我国农产品电子商务进入转型的关键期，正在由“成长期”向“发展期”转型，具体来说，表现在六个方面：一是我国农产品电子商务进入品牌经营阶段，低价、低质、假冒伪劣产品的竞争已经影响我国农产品电子商务的可持续发展，但如果农产品“优质”不“优价”，“劣币驱逐良币”的农业电子商务最终也不能够可持续发展；二是与农产品电子商务相关的农资电子商务刚刚开始起步，交易相对滞后，交易量较小，在淘宝网上交易的农资合格率较低；三是与农产品相关的扶贫电子商务得到重视，并进入政府工程，得到社会的响应；四是与农产品电子商务相关的休闲观光电子商务正在创新O2O模式，农产品电子商务＋休闲观光成为主要形式；五是与农产品电子商务相关的智慧农村建设已经广泛地存在于农村并且模式多样化；六是与农产品电子商务相关的电子商务园区得到较快的发展。

（2）我国农产品电子商务交易品种多样

我国农产品电子商务采取了多种电子商务模式：一是粮棉油、麻丝茶、糖菜烟、果药杂等农产品电子商务；二是一般农产品电子商务、食材农产品电子商务、生鲜农产品电子商务；三是农产品电子商务＋农资电子商务；四是农产品电子商务＋扶贫电子商务；五是农产品电子商务＋服务业电子商务；六是农产品电子商务＋休闲观光电子商务等。

在交易品种方面，虽然目前我国涉及电子商务的农产品种类众多，但交易量较大的农产品相对集中，大宗批发类产品主要包括粮食、糖、大豆、土豆、鸡蛋、基酒等，网络零售的包括茶叶、坚果炒货、包装肉食、蜜饯糖果、蜂产品、保健产品、干货及工艺品、水果、蔬菜等生鲜农产品。预计2016年全类目的农产品都将迎来较高速度的增长，其中，更多的农产品初级产品和深加工产品将被列入期货市场和大宗商品交易市场的品种范畴，而在网络零售领域，预计2016年蔬菜、水果、海鲜、水产、南北干货等重点类目增幅将超过300%。

（3）我国农产品电子商务交易模式多样

2015年B2B电子商务模式交易平台崛起，交易模式多种多样，主要有挂牌交易、即期现货、商城交易、现货发售、柜台交易、连续交易、易货交易、竞价交易、现货拍卖、招投标交易、订单交易、专场交易、微盘交易、现货直购、连售交易、现货定制、产品众筹、商品期权、政府抛售等，交易品种发展为652种，其中，农副产品441种。

2015年网络零售的模式更加多样，B2C网站对消费者、C2B消费者集合竞价、B2B2C农产品产业链、C2C农户对消费者以及B2S众筹等19种模式（见表2－6），其中，C2B订单交易是近两年居主导地位的模式，对消费者和农民比较实惠。

表2－6　　农产品电子商务交易模式

模式	主要内容	模式	主要内容
B2C	农产品网站对消费者	C2F	订单农业
C2B	集合竞价订购模式（订单）	B2M	农产品企业根据客户需求建立网站
B2B2C	农产品产业链模式	M2C	农产品加工企业对消费者
C2C	农户对消费者	BMC	企业＋中介平台（网络）＋终端客户的模式
B2F/F2C	生产者（农户）对家庭	SoLoMo	农产品社区化模式
ABC	代理商—商家—消费者	CSA	社区支持农业
娱乐竞拍	农产品秒杀	P2C	生活服务平台
P2P	点对点、渠道对渠道、人对人、贸易伙伴对贸易伙伴	SNS－EC	农产品社交电商
B2S	分享式、体验式电商（俗称众筹）	跨境	跨境电商：海代、海淘、海批（批发）
O2O	线上与线下相融合		

B2S众筹模式是2015年最具创新意义的模式，是农产品电子商务进入品牌阶段的标志。如东方粮仓的众筹模式较好地解决了农产品劣币驱逐良币问题。2015年7月，东方粮仓联手民生易贷大胆尝试首次推出“可以吃的理财产品”即“大米理财”。该次大米理财总额度500万元，项目期为3个月，项目在民生易贷平台发布融资标的，以东方粮仓在五常市自有园区种植的2015年第一批五常有机稻花香Ⅱ号为交易标的。五常有机稻花香Ⅱ号是东方粮仓自主研发培育的有机食品，是优质保真的五常大米。项目到期后，由东方粮仓从原产地直接邮递给消费者。该众筹项目在上线短短5小时内就完成了500万元的销售目标，共有8865个消费家庭参与了该活动。这种全新形式的大米理财在国内尚属首例，其首次将“互联网＋农业＋金融”进行有机结合，是对“互联网＋农业”战略的一次新尝试。

（4）我国农产品电子商务支付模式多样

我国农产品电子商务支付模式主要有互联网支付、移动支付、货到付款POS机支付、卡基支付、礼券支付，也有货到现金付款等，也就是说现代付款方式、传统付款方式、传统＋现代付款方式同时存在。具体来说主要有以下模式。

阿里巴巴1688主要有支付宝快捷支付、余额宝支付、支付宝卡支付、货到付款等，主要采取了线上与线下相结合的模式，线下是货到付款。

天猫生鲜主要有支付宝快捷支付、支付宝余额支付、支付宝卡支付、货到付款等，主要采取了线上与线下相结合的模式，线下是货到付款。

农村淘宝主要有支付宝快捷支付、支付宝余额支付、支付宝卡支付、货到付款支付等，主要采取了线上与线下相结合的模式，线下是货到付款。

京东主要有银行卡支付（支持网银与快捷支付）、支付平台（网银钱包、微信支付、快钱、在线支付、电子钱包）等，主要采取了线上与线下相结合的模式，线下是货到付款。

1号店主要采取了网上支付、银行转账、货到付款、抵用券等，主要采取了线上与线下相结合支付方式，线下是货到付款。

沱沱工社主要有在线支付、账户余额支付、雅高E卡、多种福利卡、货到付款等，主要采取了线上与线下相结合的模式，线下是货到付款。

我买网主要有货到付款、网上支付、礼券支付、我买卡支付等，主要采取了线上与线下相结合的模式，线下是货到付款。

顺丰优选主要有第三方支付平台、网上银行支付、优选卡、货到付款等，主要采取了线上与线下相结合的模式，线下是货到付款。

中国地理标志产品商城主要有账户余额付款、支付宝付款、财付通、礼品卡等，主要采取了线上与线下相结合的模式，线下是货到付款。

717安全食品商城主要有网银、银联、账户余额、支付宝、龙宝卡（券），主要采取了线上与线下相结合的模式，线下是货到付款。

菜管家主要有在线支付、货到刷卡、货到付款等，主要采取了线上与线下相结合的模式，线下是货到付款。

除了在线付款外，线下付款也十分活跃，如拉卡拉进军社区生鲜，依托原有便民服务支付业务，拉卡拉通过拉拢街边小店，绘制社区电子商务版图。2015年1月，拉卡拉电子商务“生鲜速达”频道正式上线。社区居民在拉卡拉移动商城下单后，与拉卡拉合作的社区小店会将生鲜商品送货上门。截至目前，拉卡拉生鲜小店已与万得妙、福成、佳沛等优质品牌商和渠道商合作。2014年年底拉卡拉电子商务公司拉卡拉生鲜小店还只是在北京地区做试点，首期先选客群密度较高的天通苑、回龙观等做试验，但2015年拉卡拉小店在全国已达到15万家。

（5）我国农产品电子商务物流和“物配”模式多样

近年来，我国电子商务专列的开通，广西百色至北京的果蔬冷链动车的开通，沈阳大连至哈尔滨的冷链货运动车的开通，适应了我国农业产业化“7区23带”的发展。农产品物流与配送、生鲜冷链物流模式创新得到较快的发展。2015年我国先后涌现10种农产品物流模式：①自营物流配送模式；②第三方物流配送模式；③联盟物流配送模式；④“O－S－O”物流模式；⑤物流一体化模式；⑥第四方物流模式；⑦自营物流＋第三方物流配送模式；⑧自营物流＋消费者自提/自营配送”；⑨“第三方物流＋消费者自提/第三方配送”；⑩第五方物流。

（6）大型电子商务企业进入农产品电子商务领域

①阿里巴巴。阿里巴巴曾在2014年9月提出“农村、跨境、大数据”的三大战略，计划在3～5年内，投资100亿元，建立1000个县级运营中心和10万个村级服务站，打通电子商务进村的最后一公里，截至2015年9月30日，已经在22个省147个县落地，包括了31个国家级贫困县和42个省级贫困县，贫困县覆盖率达到50%。至2015年年底，农村淘宝村级服务站点已覆盖27个省份，覆盖12000～15000个村。

②京东。2014年12月至今，京东在全国600多个县设立了县级服务中心，并在10万个行政村招募了10万个以上的乡村合作点和推广员。京东帮服务点采用合作模式运作，服务于涵盖大家电、家具在内的所有交付不便利的大件商品业务，是集营销、配送、安装、维修四位于一体的服务店。至2015年年底，在农村布局1600余家“京东帮”家电服务站，已覆盖了全国70%的县级市场。2016年将在全国镇级市场召集约1万个“京东家电专卖店”加盟商。

目前京东在全国拥有7大物流中心，在46个城市运营了196个大型的仓库，还拥有4760个配送站和自提点，覆盖了全国范围的2266个县的公司，在17万个村拥有自己的配送员，而未来京东将覆盖中国60万个村庄中的40万～45万个。

③苏宁。苏宁推出“双百示范工程”，未来三年在100个贫困县建设100家苏宁易购直营店或服务站，在苏宁易购上线100家“地方特色馆”；除此之外，还要在线下实体门店建设农村电子商务扶贫O2O专区。

在渠道层面，苏宁2015年建成1011家苏宁易购直营店，2016年计划建1500家直营店，至2020年计划建立1万家直营店，覆盖全国1/4的乡镇。深入全国乡村，从渠道建设层面打通“农村电子商务”发展壁垒。在经营方面，苏宁超市将通过专业经营采销体系，把大量优质商品带到农村，同时启动农产品直采、农产品众筹等项目，把大量优质农副产品销往全国各地。

自2014年起，苏宁便通过对原先三四级市场的代购点、售后服务网点等进行升级改造，推出一大批集销售、物流、售后、客服、招商等功能于一体的苏宁易购服务站，服务站除销售商品外，还同时具备品牌推广、购物消费、金融理财、物流售后、便民服务、招商六大功能。

④沁坤。沁坤现货大宗商品交易市场股份有限公司采取多元复合集成“5+1+1”沁坤模式，包括五大线上电子商务平台：沁坤商城、沁坤大宗网、沁坤订单网、沁坤社区商城、沁坤微商城；两大线下电子商务服务平台：电子商务区域服务基站和社区实体店。沁坤的运营模式包括品牌运营、品牌输出、订单农业、银行监管仓、供应链金融五个方面。公司的赢利生命线在于线上强大的电子商务平台与线下实体的无缝对接。自2015年沁坤股份计划将在3年内建成3000家区域服务基站，以及覆盖城市的区域服务基站2万家。

⑤乐村淘。乐村淘是中国第一家服务于农村的O2O电子商务平台。仅仅两年多时间，乐村淘在山西省102个县建立了县级管理中心，在11000个村建立了村级体验店；在全国23个省市、自治区建立了省级分公司，分别是山西、北京、河北、河南、山东、陕西、江苏、内蒙古、甘肃、青海、广西、新疆、四川、安徽、湖北、黑龙江、吉林、辽宁、天津、广东、江西、湖南、云南，516个县建立了县级管理中心，60000个村建立了村级体验店，为1亿农民提供了便利服务。到目前为止，乐村淘线下体验店的数量是国内电子商务平台中最多的。2015年，乐村淘平台销售总额达10.59亿元。

针对当前农村的现状，乐村淘制定了一个更适合农村的独特的销售模式“乐6集”。就是逢6赶集，让农民从线下到网上去赶集，每月的6日、16日、26日集中下单，集中销售，集中配送，这大大降低物流成本和采购成本。

除了阿里、京东、苏宁外，慧聪网、沁坤农产品网、遂昌赶街网、福建世纪之村、山西乐春淘农村电子商务平台还从网上走到网下进入农村建设了电子商务基站等网点。

2.1.4 2015年与农产品电子商务相关的农资电子商务模式多样

1. 我国农资电子商务空间较大

农业生资电子商务（含种子电子商务）：我国农资市场容量超过2万亿元，其中化肥7500亿元、农药3800亿元、农机6000亿元、种子3500亿元，农资电子商务相对滞后，农资电子商务网站较少、交易额较小、所占比例较小，但是发展较快，是涉农电子商务的一个蓝海。2015年我国农资电子商务交易额超过150亿元，比2014年增长将近5倍。

自2008年以来，我国品牌农资企业就开始探索电子商务，农资电子商务模式百花齐放，主要有第三方电子商务平台模式（云农场、农一网等）、农资企业自营模式（鲁西化工“中国购肥网”、中化化肥“买肥网”）等。从2014年开始，农化企业相继推出了电子商务领域投资计划，采取线上线下相结合的模式，发展农资电子商务。

2.2015年大量企业进入农资电子商务领域

2015年，随着阿里、京东、诺普信、金正大、云农场等“互联网＋”及“＋互联网”企业的突然发力，农资电子商务异常火爆，2015年可称为我国农资电子商务的元年。但是目前市场空间巨大，电子商务化率依然很低。

2.1.5　与农产品电子商务相关的扶贫电子商务进入新的时期

（1）2014年832个国家级贫困县在阿里零售平台上，共完成消费1009.05亿元，同比增长59.84%；共完成销售119.30亿元，同比增长57.01%，其中农产品销售达到11.80亿元。

（2）2014年832个国家级贫困县中有663个国家级贫困县的经营者，在蚂蚁金服平台申请了阿里小贷，覆盖率达到79.69%。这些贫困县约2.02万名经营者共获得贷款29.73亿元。

（3）至2015年9月底，农村淘宝在31个国家级贫困县、42个省级贫困县上线运营。加入农村淘宝的31个国家级贫困县，其卖出和买入增长率均高于未加入农村淘宝的贫困县。尤其是在买入方面，高出5～8个百分点。

（4）至2015年上半年，832个国家级贫困县在阿里零售平台上，共有用户1972.65万个，共有卖家29.27万人。他们无疑会成为未来更多消贫实践的推动者和践行者，成为消贫创新的源泉。

（5）根据2014年在阿里零售平台上的数据，为832个国家级贫困县排出了“电商创富榜”，河南省镇平县、河北省平乡县、安徽省舒城县位列前三，均成长起超过5亿元规模的网销产业。

（6）京东与国家扶贫办签署协议，建设200个贫困县特产馆。2015年国务院扶贫办提出电子商务扶贫工程，将电子商务纳入扶贫开发体系，能有效提高扶贫绩效，财政资金引领，能鼓励、带动更多社会资本进入，培育农村电子商务环境。2015年财政部、商务部公布了2015年电子商务进农村综合示范工作200个示范县名单，其中国家扶贫开发重点县和集中连片贫困县103个，占40.2%。

（7）许多区域性企业也参与电子商务扶贫领域，如长期致力于电子商务扶贫探索的云飞鹤舞农牧业科技有限公司正在建设“云联乡村”App平台，提供农村电子商务人才培训、农村金融等服务，解决物流、信贷、培训等难题，让扶贫工作更加精准、

给力。

2.1.6 与农产品电子商务相关的智慧农村模式多样

智慧农村由智能农业、智能农村电网、智能农村交通、智能农村家居四大主要业务组成。随着互联网、物联网、手机等信息科技的发展，农村中农民用手机养鸡、养猪、养牛、种菜、种果等，已经成为比较普遍的新事情，随着智能生产的发展，智能流通也悄然在农村时兴起来，如智能农贸市场、智能交易、智能物流、智能支付等，智慧农村也随之出现。

1. 浙江衢州江山市“三大平台”

（1）搭建质量安全追溯管理平台。消费者只需要用手机扫描二维码，就可以了解产品的生产者、产地、生产日期、质量控制措施、检测结果等信息。根据农产品“一物一码”标准，实现“从农田到餐桌”的全程可追溯信息化管理。目前江山市赛华家庭农场、江山市双塔生态农业科技有限公司等4家企业已成为首批纳入该追溯管理平台的企业。

（2）搭建特色农产品网络销售平台。江山市与阿里巴巴集团签订项目合作协议，计划在江山建成180个“村淘”服务站，促进“网货下乡”“农产品进城”双向流通。截至2015年年底，已有32个“村淘”服务站正式投入运营。

（3）搭建农业企业对接资本市场平台。出台相关政策，给予资金奖励，帮扶一批特色农业企业，拓宽融资渠道，对接资本市场。2015年以特色农林养殖、现代农林种植为主业的浙江人尔生态科技股份有限公司正式在省股权交易中心成长板挂牌。“秀地生物”“康瑞生物”等多家农业龙头企业在浙江股权交易中心和上海股权托管交易中心挂牌。

2. 全国首个智能乡村模式

2015年国家信息中心与湖北智城规划设计院联手在湖北省胡桥村打造全国首个“智慧乡村”样本。未来，这个偏僻落后的农村将建有光纤，覆盖移动网络，并提供互联网扶贫、旅游、电子商务、智能化安全监控等信息化服务。目前，湖北智城规划设计院已形成胡桥村“智慧乡村”初步规划方案，基本思路是产业发展、村容整治和精准扶贫“三位一体”，具体建设内容包括智慧农业、智慧村务、智慧医疗、智慧家居、智慧安防、智慧电子商务和智慧旅游七大模块，力争将胡桥村建设成国内首个“智慧乡村”的标杆。

3. “供销e家”——全国供销合作社网络平台

2015年11月5日上午，“供销e家”正式上线，这标志着具有供销合作社特色的知名电子商务综合平台正式启航，将成为引领农村电子商务发展的“国家队”，更好地为供销社系统服务，为“三农”服务。“供销e家”是由中华全国供销合作总社指导创办、中国供销电子商务股份有限公司运营承办的供销社系统电子商务全国平台，它以“互联网+供销社”为核心，发挥供销社四大传统业务领域优势和深入基层的网络优势，打通城乡双向流通，解决电子商务下沉的最后一公里，同时打通农村电子商务外展的第一公里。

4. “风铃双城”模式＝互联网＋乡村、城市

风铃移动互联科技（深圳）有限公司（以下简称风铃双城）在成为腾讯合作伙伴后全力研发移动互联平台的实际应用，2014 年风铃双城第一个打造了微信公众平台的乡村智慧名片、学校智慧名片、医院智慧名片，上千企业智慧名片。风铃双城分支机构遍布全国 70 多个城市。

风铃双城 2015 年 4 月 27 日正式开通“南门村智慧名片”微信公众平台，打造最美南门村智慧名片，利用现代互联网、移动互联网技术，促进最美乡村建设转型升级，拉动农村经济发展；利用移动互联网思维引领农村消费、农村生产，深入新农村的各个领域，让农民全面分享信息化成果；利用乡村智慧名片平台，让村民与政府之间沟通更高效、更便捷，大家集思广益，共建自己的幸福家园等，最终实现智慧乡村。

南门村智慧名片，以满足旅游者现代信息需求为基础，以提高旅游便利化水平和产业运行效率为目标，以实现旅游服务、管理、营销、体验智能化为主要途径，以完成旅游商线上线下结合为根据。风铃双城加强南门村智慧名片设计，提高完善技术水平，多方整合信息资源，有序推进南门村智慧旅游持续健康发展，不断提升南门村旅游信息化发展水平。

南门村智慧名片，是一个界面精美的村级移动互联网站平台，在网站平台中设置多个栏目，既有展示南门村田园风光、古村古镇、民俗文化、风土人情的图文内容，又汇集了该村的餐饮、医疗、学校、农产品、休闲娱乐等信息，实用性和趣味性非常强大。网站内容还包括该村旅游项目图文介绍、720°全景旅游图片与旅游介绍视频、农村政策法规、在线培训等。同时，网站内容支持电脑、平板、智能手机等显示屏，实现多屏互动、随时随地浏览。另外，还能点播观看视频，网页内容可时时更新。其中，最大亮点是乡村农特产商城可实现手机在线支付等功能。风铃五大平台如图 2－2 所示。

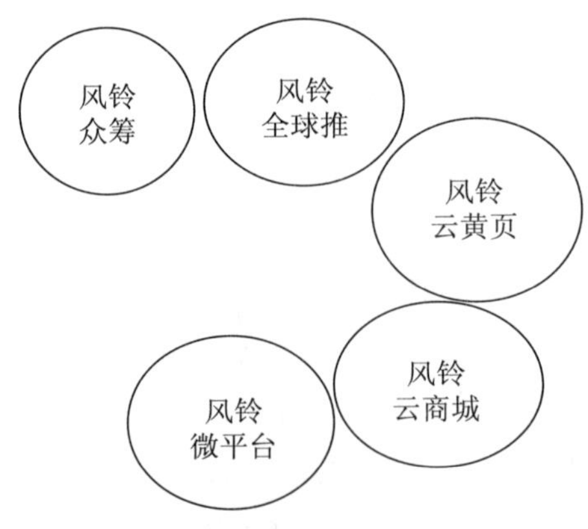

图 2－2　风铃五大平台

风铃双城打造的这张智慧幸福村居名片很好地体现了“移动互联网＋乡村”的新思路，利国利民。由此，我们可以更广泛和明确地发展“移动互联网＋城市”“移动互联网＋医院”“移动互联网＋学校”“移动互联网＋企业”“移动互联网＋……”等多种模式创新。

2.1.7　与农产品电子商务相关的淘宝村、镇、县、特色馆建设

2015年淘宝村、镇、县建设进入新阶段。从2009年开始，至今已经7年，淘宝村经历了萌芽、生长、大规模复制、模式创新4个阶段，2015年全国范围内符合标准的淘宝村达780个，同比增长268%，覆盖活跃网店超过20万家。这些淘宝村分布于17个省、市、区，其中，浙江、广东、江苏淘宝村数量位居全国前三位。浙江有280个淘宝村，广东有157个，江苏有127个，并且发挥着较大的作用。从某种意义而言，淘宝村网下建设比起淘宝网的运营与管理来说，具有更多的正面效应。2015年淘宝网向农村淘宝转型升级，规范化发展农村电子商务。如图2－3所示。

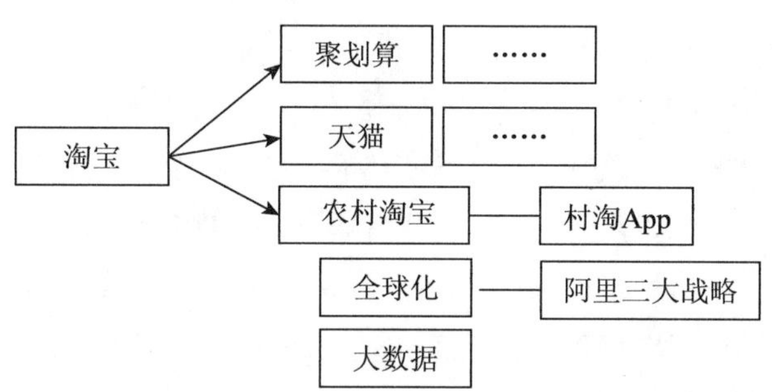

图2－3　淘宝转型升级

探索农村淘宝的生态链新模式：以农村淘宝为核心，形成村淘App的移动商务、满天星计划的农产品溯源、菜鸟农村物流、蚂蚁金服支撑的旺农贷的农村电子商务生态链。如图2－4所示。

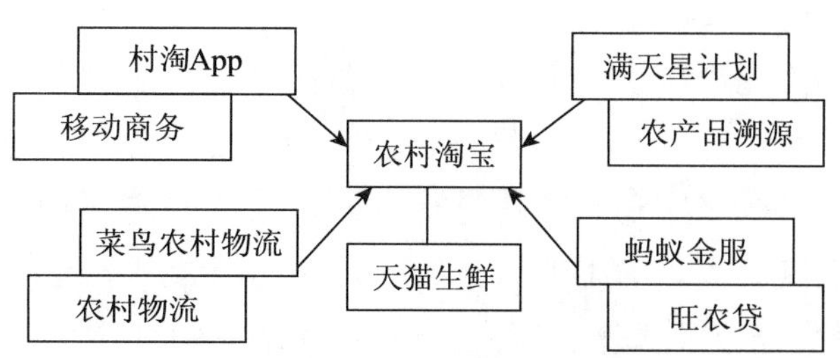

图2－4　农村淘宝生态链新模式

2.1.8 我国农产品电子商务物流得到迅速发展

在农产品电子商务物流产生之前，农产品物流及其冷链物流就已经存在，农产品电子商务产生后，即农产品网上交易、物流配送、电子支付“三位一体”发展，存在一个协同创新发展过程，自建物流、第三方物流以及自建+第三方等出现了多种多样的创新模式。

1. 10种农产品物流模式创新

（1）自营物流配送模式

所谓自营物流配送模式，是指电子商务企业从企业的长远发展考虑，自行组建配送系统，并对整个企业内的物流运作进行计划、组织、协调、控制管理的一种模式。

目前自营物流配送模式主要分为以下两种类型。

一类是资金实力雄厚且业务规模较大的B2C电子商务公司。这种类型的企业自营物流配送也是迫于无奈，主要是因为我国第三方物流发展水平滞后，难以满足B2C电子商务公司的发展需要，所以电子商务公司从长远发展考虑投入巨额资金自建物流。但是，自建物流配送也只是局限于部分大城市的“最后一公里”配送，城市之间的物流和一些小城市的配送还是依赖第三方物流。

另一类是传统的大型制造企业或批发零售企业经营的B2C电子商务网站。这些企业自身就拥有非常强大的物流配送体系，在开展电子商务物流配送时只需结合B2C电子商务特点，在原有基础上稍加改善，就基本可以满足B2C电子商务物流配送需求。这种类型的B2C网站相对于第一类纯粹的电子商务企业来说在物流配送上有很大的优势。

（2）第三方物流配送模式

第三方物流配送模式以签订合同的方式，在一定期限内将部分或全部物流活动委托给专业物流企业来完成，这种模式也称为外包物流配送模式。目前我国的第三方物流配送模式提供商主要包括一些快递公司（如顺丰、申通、圆通等）和国内邮政体系（e邮宝）两种。随着物流业的发展，第三方物流将成为物流业的重要形式及物流社会化、合理化的有效途径。

（3）联盟物流配送模式

物流联盟是指物流配送需求企业或者物流企业之间为了提高配送效率以及实现配送合理化所建立的一种功能上互补的配送联合体。电子商务物流联盟模式主要是指多家电子商务企业与一家或多家物流企业进行合作，或多家电子商务企业共同组建一个联盟企业为其提供物流服务，为了实现长期的合作而组合到一起的组织方式。

物流联盟是一种介于自建物流与第三方物流两者之间的物流配送模式，可以降低前两种模式的风险，且企业更易操作。

（4）“O-S-O”物流模式

“O-S-O”模式即物流外包-自建渠道-渠道外包模式。此模式不是简单的开始、

发展、回归过程，而是符合哲学意义的发展模式。这一模式与中国物流发展水平、电子商务企业自身发展水平、客户需求水平相联系，从最初的业务全部外包到中期的选择性自建，到最后业务趋于平稳，社会化物流服务水平的提升，必然会要求电子商务企业开放自身的物流服务渠道以供全社会使用，同时对于自建渠道的不足又会吸纳优秀供应商进入服务体系，最终形成一个波浪式前进、螺旋上升的发展模式。

（5）物流一体化模式

物流一体化是指以物流系统为核心，由供应商企业、物流企业、销售企业以及消费者组成供应链的整体化和系统化。物流一体化是在第三方物流的基础上发展起来的新的物流模式，其实质也可以说是第三方物流模式，是今后的发展趋势。供应链的一体化是目前很多电子商务企业都在探讨的问题，一体化的供应链解决方案越来越受关注，只是电子商务对于供应链一体化的要求更高。在配送层面，大部分传统行业已经把货物送到了最接近消费者的最后一公里如店面、超市等，仅仅是没有做到宅配而已。所以相对于很多传统行业从订单到配送的供应链一体化已经相对成熟的情况，电子商务则需要延伸传统供应链，直接面对最终消费者，所以需要一体化的物流解决方案。

（6）第四方物流模式

第四方物流主要是指由具有专业化物流知识的咨询公司提供的物流咨询服务，应物流公司的要求为其提供物流系统的分析和诊断，或提供物流系统优化和设计方案等。从某种程度上来说，它也可以算是第三方，因为通常把为买卖双方提供服务的公司叫作第三方。第四方物流公司原则上自己不做实际的操作运营，而是做第三方管理，整合资源和管理资源，但对管理结果和服务结果负责。第四方物流是个大概念，是真正能把众多的、成百上千家第三方整合在一起的供应链管理型公司。

（7）自营物流＋第三方物流配送模式

有经济实力的企业可采取自营物流＋第三方物流配送的模式，即使再有实力，也不可能是“全能企业”，因此与第三方物流企业配合，建立协同关系也是必要的。

（8）自营物流＋消费者自提/自营配送

有经济实力的企业在采取自营物流的同时，也应发挥现有网络渠道企业的作用和消费者的作用，如探讨消费者自提和自营配送的作用，如可以利用便利店、沿街小店、社区店的业态进行创新，如京东集团就采取了自营服务站的模式。

（9）第三方物流＋消费者自提/第三方配送

充分利用第三方物流，同时发挥消费者自提的积极性，发挥第三方配送的作用，直接送到消费者手中，利用第三方配送的作用，发挥其双向积极性，从而扩大物流配送的社会功能。

（10）第五方物流

“第五方物流”（Fifth Party Logistics，5PL）是指从事物流人才培训，为其余四方提供信息支持，为供应链物流系统优化、供应链资本运作等提供全程物流解决方案服务的一方。随着现代综合物流的开展，人们对物流的认知需要有个过程，目前就是处在这样一种状况，当传统的物流方式正在被人们否定的时候，在大量的有关建立新的物流体系的介绍中，人们开始茫然和不知所措。因此，提供现代综合物流的新理念以及实际运作方式便成为物流业的一项重要的使命。

2. 十大生鲜冷链物流模式的创新

（1）顺丰冷运

顺丰冷运是顺丰集团于2014年9月25日正式推出的“冷运”新品牌，它瞄准的是食品生鲜配送市场。顺丰冷运是在整合顺丰现有物流、电商、门店等资源的基础上，为生鲜食品行业客户提供冷运仓储、冷运干线、冷运宅配、生鲜食品销售、供应链金融等一站式解决方案。

如今顺丰在冷链干线上，拥有4条省际干线，6条城际干线，在冷链运力上顺丰拥有120辆自有冷运车，7733辆外包冷运车，在保证冷运安全的前提下，还在不断扩大冷链的规模。在顺丰优选上线一年后，开通顺丰冷运干线，通过自营运输，不但提高效率、节约成本，加快在冷链供应上的布局，在满足自身需求的同时还可以继续分割冷链供应市场。

（2）京东商城

2015年11月，京东物流宣布正式进入国内生鲜冷链物流配送领域，面向京东平台卖家、生鲜垂直电商全面开放，这是京东自2015年1月组建生鲜冷链项目组以来，首次将生鲜冷链物流对外开放，天天果园、沱沱工社、蒙牛、玛氏食品等均已使用京东生鲜冷链物流服务，在品类上，京东生鲜冷链物流支持蔬菜、水果、肉类、食品酒水等。

2015年12月26日，京东商城成立生鲜事业部，主营中高端进口食品，对于生鲜电商而言，物流和供应链最为重要，生鲜品类对时效性要求很高，要求周转快、库存低。

2016年1月16日，京东集团董事长刘强东在京东年会上表示，京东将大力发展生鲜冷链，投入100亿元建立覆盖中国所有大中城市的冷藏冷冻一体化B2C网络，主要是要有自己的配送能力，冷藏冷冻都要有，要送到每个家庭，服务于每个消费者，而不是针对哪个门店或者是哪个代理商。电商在发展到一定规模以后，都会通过自建物流体系来节约成本、提高效率，在这种必然趋势下，京东的自建冷链也就显得不是那么突兀了，至于未来在冷链市场可以抢占多少份额，还是要看服务的质量，以及消费者的体验。

（3）河南鲜易供应链

河南鲜易供应链是一家温控供应链企业，隶属于河南鲜易供应链股份有限公司，成立于2009年4月，主营物流服务、货物冷藏保鲜运输等。

河南鲜易供应链公司依托“云温控供应链系统”，在网络化温控仓储及冷链运输两大模块上，紧密集合大数据信息、物联网技术的优势，利用云端进行温度全程控制，保证运输过程中的安全与时效，同时鲜易供应链还在资源整合方面进行深耕，通过

"云温控供应链系统"将冷链货物在供应商、运输、温控仓储、城市配送、终端方面进行整合，在围绕整个供应链的基础之上，致力于打造一个高效、安全、便捷的平台。

2014年河南鲜易供应链与河南众品股份两家企业共同组建鲜易控股集团，新组建的鲜易控股定位于生鲜供应链解决方案运营商，为餐饮、零售业、终端消费者提供定制式的物流运输、仓储配送的一站式服务。河南众品股份属于传统肉制品制造商，而鲜易供应链属于O2O生鲜供应链服务商，二者的融合也代表了传统企业向"互联网＋"方向的转型升级。

（4）黑狗物流

北京黑狗物流股份有限公司，成立于2015年5月，创始人刘士逸，注册资金1000万元，地址位于北京，公司专注于冷链物流的经营和发展，目前已与国内多家企业建立良好的合作关系。黑狗冷链速递服务是一项针对生鲜食品类商户的专属、专项服务，在冷冻与运输上都采用了专属的定制服务，保证运送产品的新鲜性。

据其官网，黑狗物流目前自建冷库25000平方米，常温库面积29000平方米，公司拥有2吨、5吨、8吨、10吨及40立方冷藏集装箱40余台，拥有新能源小型冷藏车50多台，可控车源200多台，在一定程度上解决了生鲜电商物流配送"最后一公里"的问题。

黑狗物流有限公司虽然成立于2015年6月，但是在2015年1月黑狗冷链宅配项目就已正式启动，通过专业的工具及设备进行同城的全程冷运配送，在2015年8月，开通上海、武汉的冷链速递业务，在2015年10月，黑狗物流实现全北京冷链覆盖。

（5）快行线

北京快行线食品物流有限公司成立于2003年，为民营股份制企业，注册资金500万元，创始人刘培军，公司地址位于北京市，主营业务是为生产厂家、供货商销售渠道进行冷链商品配送。

北京快行线食品物流公司是专业的第三方冷链物流解决方案提供商及运营商，主要有三个业务板块：①冷链城市配送；②冷链零担业务；③冷链宅配。它利用先进的信息管理系统，实现了运单状态、货品温度、库存批次、库存数量的全程可视化，具备为生产厂家、供货商进行速冻食品存储、分拣、配送等现代化物流功能，网络遍及全国43个城市的50000多家超市。

2015年7月，快行线宣布已经完成A轮1000万美元融资，投资方为平安艾格旗下农业基金。2015年9月，快行线与码上配冷链物流华东地区签订战略合作协议，双方将共同打造"华东冷链智能共配O2O平台"，利用各自优势与资源，在冷链系统进行深耕，将更为高效与便捷的服务提供给经销商、批发商以及物流商。

（6）码上配

码上配冷链物流隶属于小码大众（北京）技术有限公司，成立于2015年4月，总部位于北京，现任CEO刘子诚。码上配冷链智能共配平台，是为经销商、批发商、物流商等商贸流通企业提供完整、高效的各地（市）超市、餐厅等渠道冷链共配服务的平台。

码上配建立的是一套冷链门到门的智能物流体系，通过大数据把超市、餐厅、全国社区门店的信息挖掘出来，然后建立订单库，开放给当地物流合作方，为冷链零担和门店提供一套服务体系，以提升客户体验。

码上配冷链物流也因其成本低廉、全网覆盖、渠道齐全等优势迅速在全国发展起来，在2015年7月顺利拿到英诺天使千万元天使轮融资。2015年9月在与快行线冷链物流签订华东区战略合作后，码上配借助快行线的线下物流运作体系和积累的行业经验，为华东地区客户提供更加安全、可靠的物流运输服务，而根据码上配方面的最新消息，码上配与快行线在华东地区的合作将在2016年春节后终止，转而将与波隆以及永贵合作，合作以后在同城以及支线基本能达到日配。

（7）九曳供应链

九曳供应链成立于2014年7月，隶属于上海久耶供应链管理公司，创始人兼CEO张冰，九曳供应链是专注于国内专业服务生鲜冷链电商的第四方物流企业。

自成立以来，九曳供应链开通了北京、上海、广州、成都等冷链集散中心，整合上百条冷链干线，宅配覆盖25个省份近百个城市，初步具备全国生鲜配送能力。目前，九曳供应链通过提供产地仓的生鲜农产品加工、包装、冷链宅配等“一站式”服务，能有效减少物流中转环节，降低物流运输的整个成本。

2015年1月，九曳供应链获得由光合基金的数百万人民币的天使轮投资；2015年11月九曳供应链宣布获得由德同资本独家投资的A轮数千万融资，A轮融资完成后九曳将进一步加大在IT（信息技术）能力、生鲜电商仓储自动化方面的投入。

（8）安家宅配

安家宅配隶属于上海东启供应链管理有限公司，成立于2015年1月，地址位于上海，创始人邱敏枫。安家宅配是一家专门为客户做冷链宅配及线下物流O2O解决方案的服务商，合作商家领域涵盖烘焙类、生鲜类、鲜花类等，主要的服务对象定位在中高端消费水平人群。

目前安家宅配在上海市外环以内有8家门店，覆盖区域为外环内，日送单量可达到1500单，2015年一年内上海门店数量达到25家，一线天使（工作人员）300人左右，日送单量达到10000单，配送范围覆盖上海市全部区域。安家宅配的产品由三个部分组成：物流宅配服务、市场推广服务和卡券代售服务。物流宅配服务是基础，在此基础上通过优质的服务，建立起客户的信任度，进而做到帮商家客户做市场推广服务，并实现卡券代售服务。

在冷链宅配物流方面，安家宅配打造的是标准化仓配冷链体系，采用一体化运输模式，保证商品能及时有效地输送到服务门店，冷藏运输可全程跟踪监控温度变化情况，保证冷链的持续有效性，商品到店后仍有食品用的蓄冷设备，保证商品在配送过程中的状态及安全。在冷链市场的竞争下，没有创新模式，没有高科技的技术，是分

不到市场份额的，安家宅配在这方面充分发挥自身“接地气”的优势，通过技术吸引客户，进而开拓其他业务。

(9) 极客冷链

极客冷链成立于 2015 年 7 月，是一家主打生鲜食品冷链配送的物流公司，提供从云到端的城市冷链配送物流服务，隶属于北京墨南网络科技有限公司，联合创始人兼 CEO 邓晓峰。

据了解，极客冷链以“服务大众”为起点，主打“智慧生活”场景，极客智慧冷链采用“互联网＋智慧冷链”模式，利用数字信息技术、移动互联网通信技术、云计算技术打造了“一个云中心，三个端，四大系统”从云到端的冷链配送专业服务智能化管理平台。极客冷链一直以来注重冷链物流的管理，并对货物进行溯源管理，在温控方面，极客创新冷链快递模式，实现全程冷鲜温控直提直送，在配送过程中全程温度数据监控。

(10) 冷联天下

上海冷联天下供应链管理有限公司成立于 2013 年 6 月，董事长刘建龙，地址位于上海，主营以食品、药品冷链物流为基础，为货主提供一个基于线上和线下的冷链物流采购和管理平台。

上海冷联天下供应链管理有限公司是由多家物流和冷链行业领袖投资的创新型供应链管理、整合服务的第四方物流平台性企业，通过统一信息平台，多级互通的物流信息化体系以及统一的结算平台，使冷链物流各个细分行业龙头企业和区域性龙头企业进行链接，从而可以组织集合众多冷链物流公司，打造一个全国的快速、透明、稳定、高性价比的集约型冷链物流网络。

在市场和政策利好的情况下，冷链物流快速发展，伴随消费模式升级、新型城镇化建设的推进，作为物流行业中进入壁垒较高且市场空间巨大的一个领域，冷链物流成为电商、物流企业抢占的高地，但是在这块市场蛋糕的巨大诱惑下，也有一些企业在大踏步前进的同时没有处理好自身存在的问题，导致资金链条断裂，最终倒闭。据报道“神盾快运因资金链断裂，已全面开始资产清算”。有机遇同时也伴随着挑战，在竞争压力巨大的冷链物流市场，到底可以走多远，资金是一个问题，同样需要时刻留意自身管理。

2.2　2016 年我国农产品电子商务的展望

2.2.1　2016 年中央一号文件及《政府工作报告》

1. 2016 年中央一号文件

2016 年中共中央国务院《关于落实发展新理念加快农业现代化实现全面小康目标的若干意见》勾画出美好蓝图，意见指出：促进农村电子商务加快发展，形成线上线下融合、农产品进城与农资和消费品下乡双向流通格局。加快实现行政村宽带全覆盖，创新电信普遍服务补偿机制，推进农村互联网提速降费。加强商贸流通、供销、邮政等系统物流服务网络和设施建设与衔接，加快完善县、乡、村物流体系。实施“快递下乡”工程。鼓励大型电子商务平台企业开展农村电子商务服务，支持地方和行业健全农村电子商务服务体系。建立健全适应农村电子商务发展的农产品质量分级、采后处理、包装配送等标准体系。深入开展电子商务进农村综合示范活动。加大信息进村入户试点力度。

2015年中央及政府出台的各项涉农电子商务政策，如促进政策、监管政策、长期发展政策将得到进一步落实，在2016年及其未来五年农业电子商务将进入一个新的时期。

农业部、国家发展和改革委员会、商务部共同研究制定的《推进农业电子商务发展行动计划》提出了发展农业电子商务的指导思想、基本原则、总体目标，并明确了5方面重点任务和20项行动计划。

5个方面的重点任务是：①积极培育农业电子商务市场主体；②着力完善农业电子商务线上线下公共服务体系；③大力疏通农业电子商务渠道；④切实加大农业电子商务技术创新应用力度；⑤加快完善农业电子商务政策体系。

20项行动计划是：①能力提升；②平台对接；③电商拓展；④网络集货；⑤产品推介；⑥信息共享；⑦质量监管；⑧运行保障；⑨渠道延伸；⑩市场转型；⑪模式创新；⑫基础支撑；⑬技术创新；⑭示范推广；⑮标准推进；⑯政策研究；⑰智库应用；⑱政策支撑；⑲硬件支撑；⑳运营支撑。

2.《2016年政府工作报告》

《2016年政府工作报告》再次强调要牢固树立和贯彻落实创新、协调、绿色、开放、共享的发展理念，再次提出“双引擎”[①]。提出要推动新技术、新产业、新业态加快成长，以体制机制创新促进分享经济发展，建设共享平台，做大高技术产业、现代服务业等新兴产业集群，打造动力强劲的新引擎。运用信息网络等现代技术，推动生产、管理和营销模式变革，重塑产业链、供应链、价值链，改造提升传统动能，使之焕发新的生机与活力。建设一批光网城市，推进5万个行政村通光纤，让更多城乡居民享受数字化生活。

2.2.2 我国农产品电子商务发展趋势

1.规模化趋势

随着电子商务的越来越成熟，农产品电子商务交易额越来越大。据统计，未来五年我国农产品电子商务交易额占农产品交易额的5%，涉外农产品电子商务交易额将

① “双引擎”：第一引擎即强调“大众创业、万众创新”，充分发挥市场在资源配置中的决定性作用，培育打造新引擎；第二引擎即改造传统引擎，其重点是扩大公共产品和公共服务供给，补齐“短板”。

占1%，农产品移动商务交易额将占2%。同时，我国农资电子商务、农村日用工业品电子商务、农村再生资源电子商务将得到较大的发展，2015年农村供销合作社、邮政、电信等部门在农村领域的发力，将起到重要的推动作用。

2. 标准化趋势

随着电子商务越来越成熟，农产品种养加等全产业链过程的工厂化，农产品电子商务越来越规范、越来越标准，农产品"三品一标"产品占整个电商的比例将超过80%，生鲜农产品电商将实现"三品一标"化，占农产品交易额比例将超过60%。国家工商行政管理总局《网络购买商品七日无理由退货指引》（征求意见稿）拟定四类商品将不退。电子商务交易产品质量网上监测规范标准已经立项，正在撰写。

3. 多功能趋势

随着电子商务的越来越成熟，农产品交易平台的功能越来越多样化，交易功能、展示功能、信息功能、外向型功能、上下延伸的供应链功能、融资功能等将更多地表现出来，经过5～10年的努力，冷链物流效应将得到充分发挥：一是成本降低；二是效率提高；三是品质提高；四是给"新农人"带来新的利润增长点。

4. 全渠道趋势

随着电子商务越来越成熟，网上与网下由相互对立到相互融合，网上渠道更加多样，主要指的是平台、自营、平台＋自营相融合的多种模式创新。网下渠道指社区店、便利店网络及其电子菜箱、智能菜柜等的涌现新型业态。

5. 体系化趋势

网上期货交易、大宗商品交易、各类批发交易、各类零售交易、各类易货贸易等多种方式、多种市场逐渐体系化，期货市场与现货市场形成相互联系、相互融合的关系，而不是"板块化"关系，这样也就促使我国大市场概念的形成。

6. 国际化趋势

随着我国经济的一体化，两个市场和两种资源的充分利用，我国每年有1900亿美元的农产品进出口，2014年、2015年我国粮食进口超过1亿吨（其中大豆2014年7140万吨，2015年8169.4多万吨）。随着电子商务的发展，农产品跨境电子交易将发挥越来越重要的作用，商务部在互联网＋流通行动计划中提出在国外建设100个海外仓的行动计划。

7. 智能化趋势

随着"三网融合"＋物联网＋大数据＋云计算等新技术的应用，移动商务在新一代电子商务中发挥着越来越大的作用，微博、微信、微店"三微"营销，促使农产品电子商务进入一个精准营销新阶段，智能交易、智能支付、智能物流、智能配送、智能仓储等，新的信息技术革命将给我们带来新的机遇和挑战。

8. 区域化趋势

农产品电子商务是电子商务的"皇冠"，生鲜农产品电子商务是"皇冠"的"皇冠”。随着经济和社会的发展，生鲜农产品电子商务的区域化越来越明显，随着区域化电子商务的发展，也使其越来越有效率。农产品电子商务交易通过平台建设，进行专业化分工，基地只负责产品生产环节，电商只管发展用户和服务用户，物流外包给专业生鲜物流企业，可以同时解决标准化、产品安全性、冷链物流三大难题，其业务也越来越区域化。

9. 社区化趋势

随着城镇化和农业现代化的加速推进，社区电子商务将扮演重要的角色，农产品的性价比会很高，比以往传统渠道购买的还要高，生鲜农产品电子商务更被消费者接受、生鲜电子商务企业开始赢利，以社区为主力的移动端涉农电子商务占主体，产地直发影响力降低，生鲜电子商务物流冷链等问题可以得到很好的解决。

10. 法治化趋势

2013年正式启动的电子商务法现已完稿，预计2017年年底出台，与之相适应，我国电子商务法律、法规、标准体系将不断完善。同时，国家工商总局、质监总局、商务部、农业部、海关、税收、银行等相关部门加强电子商务管理，先后出台《流通领域商品质量监督管理办法》《网络销售商品质量抽检有关规范》《电商企业落实新〈消法〉7日无理由退货指引》等，将会促使消费者维权规范化、程序化、法治化。

2.2.3 我国农产品电子商务存在的问题与政策建议

1. 我国农产品电子商务存在的问题

2015年我国农产品电子商务呈现政府推动和市场推动的“双重特征”，一方面，中共中央国务院文件、商务部文件、农业部文件、财政部文件、扶贫办文件、工商总局文件、证监会文件、银监会文件等10多个部委发布了75个文件；另一方面，在市场的驱动下，阿里、京东、苏宁云商等大型企业进入农村，“两超-多强-小众”农产品电子商务市场格局的形成，使得农村电子商务、农产品电子商务、农业电子商务由蓝海变成了红海。

政府“多头”推动和市场“扭曲”混战，使得农产品电子商务市场复杂化，营商环境变得恶劣。优质农产品不能够优价售出，刷单导致的诚信体系的缺失，甚至比农产品电子商务物流配送的滞后更加阻碍着农产品电商的发展。2015年农产品电商出现的问题，在2016年年初迅速表现出来，一些地方大量的果蔬卖不出去，许多农户亏损，一大批农产品电商倒闭，这些要引起我们的深思。

（1）“千网一面”

2015年农产品电子商务还在不断增长，超过了4000家，但是存在突出的问题：趋同投资、重复建设非常普遍，同质化非常严重，导致竞争无序、亏损经营、建站与关站并存。2015年12月水果营行倒闭，特土网、采购兄弟、后厨网、土鸡91、花样生活、正源食派果蔬帮、小农女、慢品时光、卡卡鲜、菜管家、吉哆生活网、优菜网

等也都昙花一现。原因是多样的，但是，在现有的营商环境下，农产品优质不优价是一个十分显著的问题。

（2）成本高

大多数农产品商品价值较低，运输成本较高，甚至超过商品成本的 100%，甚至更多，因此，从某种意义上来说，农产品电子商务不仅没有降低其流通成本，甚至会增加其流通成本，这是导致其价格上涨的一个重要因素。涉农电子商务不仅没有降低成本，提高效率，相反增加了成本，甚至拖累了企业的发展。目前国内农产品电子商务平台 4000 家，但 4000 家中仅有 1%赢利，88%略亏，4%持平，7%巨亏。

（3）标准化不一

农产品的品种类别较多，而且复杂多样，因此相应的标准不统一，难以统一定价，绿色农产品、无公害农产品、有机农产品、中国地理标志产品（“三品一标”）农产品难以确定，“劣币驱逐良币”，导致货真价实的农产品难有市场。

（4）信用缺失

农产品具有周期性、价格波动性，农产品订单农业难以形成，俏销农产品不受订单限制，滞销农产品过多地依赖订单农业，导致市场波动性较大，生产者、经营者、消费者利益均不稳定，难以形成协同关系，优质的“三品一标”农产品卖不出好价钱。

（5）安全性低

许多农产品的安全性不高，农药残留、激素残留等不安全因素大量存在，“三品一标”产品数量及其比例较低。这些问题都困扰着农产品电子商务的发展，如何找到适合自身发展的成功路径，是所有企业需要思考的问题。

（6）营商环境不好

当前农产品电子商务市场是“两超-多强-小众”的扭曲的“寡头市场”格局，除了阿里系、京东系外，其他农产品零售电商主要受两大电商影响，“优质优价”农产品电商优势难以发挥，导致“劣币驱逐良币”，特别是“小众特色”电商难以得到正常发展。

（7）距离目标甚远

国务院颁布的《关于促进农村电子商务加快发展的指导意见》指出：到 2020 年，初步建成统一开放、竞争有序、诚信守法、安全可靠、绿色环保的农村电子商务市场体系，农村电子商务与农村一、二、三产业深度融合，在推动农民创业就业、开拓农村消费市场、带动农村扶贫开发等方面取得明显成效。目前我国农产品电子商务发展与我国政府提出的目标相距甚远。

2. 我国农产品电子商务发展政策建议

（1）加快农产品电子商务的转型升级

①把转变农业生产方式、提高农民收入作为衡量农业电子商务的根本标准，避免搞花架子、形式主义、电子商务泡沫。鼓励电子商务平台加快转型升级，真正解决目前农业由“种（养）得好，向卖得好转型”的问题。

②加强部门协调，探索多部门协调统一的发展，探索建立农产品电子商务的联席会议制度，“将移动互联网、云计算、大数据、物联网等新一代信息技术贯穿到农业电子商务的各领域各环节，切实增强自主创新能力”。

③引导农产品电商认真研究电子商务可持续发展模式，讲究经济效益、社会效益、生态效益，避免脱离实际“传统电商”，探索具有中国特色的农产品电商发展道路。探索农产品电子商务的有效性、可持续性、整体性、差异性、适应性的电子商务模式规律。

④加强农产品电商的诚信体系建设，营造良好的农业电子商务的生态环境，建立和完善与农产品电子商务相适应的法律、法规、标准体系。

（2）政府应逐步加大对农产品电商的监管力度

当前政府对农产品电商的政策是“促进发展政策”“加强监管政策”“长期发展政策”，政府应加快由促进向监管的重心转移。

①加快农产品电商法律法规标准体系建设，共同促进电子商务法等法律规范的尽快出台，并依据《价格法》《公司法》《反不正当竞争法》《消费者权益保护法》《食品安全法》等，依法进行农产品电商的网络监管（以网管网）。加强对大电商垄断行为的监督管理，保护特色电商、小众电商的平等竞争，创造农产品电商优质优价的营商环境。同时，应加强对特大型电商平台规模的控制，平台规模过大也可能出现因网店管理失控带来的负面经济效益和社会效益。

②营造良好的农产品电子商务市场营商环境，严格规制低价竞争、疲劳促销、假冒伪劣产品、刷单等现象。明确网络平台的第一责任人，当出现商品质量问题时，电商平台必须履行实体市场的先行赔付的商业惯例，事后再去追溯商户的责任，而且电商平台应当保全交易数据证据，也要建立前置约束机制。建立电商平台信息通报制度，加强跨地域联动，加强第三方网络平台的监管，把网络打假常态化。

③明确农村电商的重点不是工业品电商下乡，而是农产品进城的电子商务，农产品电商是电商的“皇冠”、生鲜农产品电商是“皇冠”的“皇冠”，因此，农产品电商要真正解决农户的卖难、卖好问题，农产品电商应成为农民增收、创收的重要工具。

（3）充分发挥农产品行业协会

充分发挥农产品行业协会协调、自律、规划、监督、评价、会展、培训等作用，在当前要特别强调行业自律，协调各个职能部门的关系，促进农产品电子商务的可持续发展，整合现有各种电商的交易、物配、支付等资源，通过行业协会来充分发挥资源整合作用。在网络期货交易、大宗商品交易方面，要更多地发挥行业协会作用，减少过多过滥的行政监管。当前电子商务行业协会的地位较低，话语权不强，在农产品电商一些大是大非的问题上缺乏具有行业权威性的声音，中国农产品电子商务行业的正能量还不够强。

（4）加快农产品电子商务企业的转型升级

农产品电子商务企业包括农产品企业和农村合作组织，应积极参与转型升级。各

类电商企业（电子商务交易企业、电子商务支撑企业、电子商务衍生企业）、各类实体企业、农村合作组织、家庭农场、龙头企业，企业和合作组织应大力发展O2O模式创新，推进电子商务企业与传统实体产业的O2O融合发展，避免“两张皮”或相互冲突。探讨“1+5”赢利模式。

“1”是指一个核心框架：

B2B模式的核心框架与网络零售的核心框架是不同的，B2B模式是以供应商和采购商等经济组织“B”为核心的交易、物配、支付“三位一体”（Trinity）的体系框架。各种网络零售是以消费者（顾客）“C”为核心的交易、物配、支付“三位一体”的体系框架。

“5”是指五个基本点：

①明确利润对象，对象群体是谁，不可能是全球70多亿人，也不可能是全中国13.7亿人，也不可能是全国7亿多网民。

②明确利润点，所销售的实物商品和服务商品是什么，不可能什么都卖，京东与天猫所销售的产品和服务是越来越多，越来越相同，越来越同质化，所以竞争越来越激烈。

③明确利润来源，哪些是有偿的，哪些是无偿的，避免“强买强卖”，服务商品如软件服务、平台服务、基础性服务更是如此，如果付了费，没有得到相应的服务，必然会受到服务对象的批评。

④明确利润杠杆，即采取合法、合规、合标的方式吸引自己的对象群体，如有的网站采取“零元售货”的方式就明显违反了《价格法》。

⑤明确利润屏障，指的是一个网站特有的科技、特有的商业模式、特有的文化，即使你想学也学不了，这样才可以避免“千网一面”，避免过度同质价格竞争。

（5）研究人员应认真借鉴其他国家的经验

研究人员应认真研究Fresh Direct（生鲜直达）、PeaPod（最早利用电子商务售卖食品杂货（生鲜）的公司）、RelayFoods（食品食材网站）、Ocado（奥凯多生鲜）、Amazon Fresh（亚马逊生鲜）、Local Harvest（本地农收）、Farmigo（农购）、沃尔玛等美国及英国等国家农产品生鲜电子商务的模式。

另外，还应研究一些国外农产品供应链成功模式，比如，Local Harvest的深度整合行业上下游模式；Farmigo的O2O+B2C社区化导流的团购模式；Whole foodmarket的老牌食品零售供应链模式；Hello Fresh的创新连接形式掌控模式；Blue Apron的周订半成品净菜创新模式延伸整个产业链；Ocado的B2C+O2O模式；Fresh Direct的完善冷链仓配的农产品电子商务模式；Relay Foods的农村包围城市的扩张模式；OISIX日本农产品O2O的精细化管理模式；Amazon Fresh生鲜快递运营模式。

随着我国电子商务法律、法规、标准体系的不断完善，良好的农产品电子商务营商环境的形成，农产品优质且优价，而不是“劣币驱逐良币”，农产品电子商务才能够得到可持续的发展。

3 2015年我国粮食电子商务发展回顾及2016年展望

3.1 我国粮油产品电子商务发展过程

我国农产品电子商务从其产生到发展共经历了6个阶段，而我国粮食电子商务的发展要稍晚于农产品电子商务的发展，目前共经历了5个阶段。

第一阶段（1995—2002年）：1995年郑州商品交易所集诚现货网成立，1998年12月进行了第一笔粮食网上交易。自1998年以来，通过中华粮网电商平台参与网上交易的粮油企业已有3000多家。

第二阶段（2003—2005年）：2003年开始，国家发改委利用国债资金，支持重点粮食批发市场信息化建设，2003年中国（衢州）网上粮食市场建立。

第三阶段（2006年）：2006年《国家临时存储粮食销售办法》出台，国家有关部门第一次明文许可粮食可以在网上进行流通，安徽等地推出网上粮食交易。

第四阶段（2007—2009年）：2007年，国家通过中储粮总公司现代电子交易平台，实现了全年国内小麦市场价格的总体稳定，中储粮总公司网上物资采购平台建立，首次200万条塑料编织袋网上采购顺利完成，粮食电子交易平台逐渐成为国家宏观调控的重要载体。

第五阶段（2010年至今）：2010年中国网上粮食交易市场开办早稻网上交易会，至今已连续举办6届。目前，全国各地粮食批发市场积极利用电子交易手段开展地方粮油的购销交易活动的同时，也在不断创新一些粮食电子交易模式，进行差异化经营。粮食企业通过建立电子商务在网络销售自己的产品；某些贸易商转型的企业建立粮油类等农产品专业电子商务网站提供高端、精品农产品销售等。

3.2 我国粮食电子商务模式创新

近年来，中华粮网、中国网上粮食市场、中国安徽粮食批发市场交易网、中国谷物网、宁波网上粮食市场、台州网上粮食市场、黑龙江中米网、哈尔滨网上粮食交易

市场、北京买粮网、京粮点到网、易谷网、易粮网、粮盟、粮多多等引起关注。这些电商采取的模式不尽相同，并且也在不断创新中。

3.2.1 粮食流通企业电子商务模式创新

1. 中华粮网、郑州粮食批发市场、河南省粮食交易物流市场、易谷网模式

以中华粮网为代表的电子商务服务平台共举办国家临时存储小麦竞价销售交易会 48 场，交易总量 1368 万吨，共成交 670 万吨，总成交率为 49%。郑州粮食批发市场积极开发商品粮场际交易新模式，2014 年成交粮油 100 余万吨，成交金额近 30 亿元；河南省粮食交易物流市场联合相关企业专门经营豆粕现货业务，逐步促进上游企业在电子商务盘中挂单、下游企业通过电子商务埋单，从而推进豆粕电子商务的发展。2014 年 8 月 27 日，中粮招商局（深圳）粮食电子交易中心有限公司——易谷网成立，该网站以服务粮食产业链企业为己任，利用 B2B、O2O 等多种交易模式，搭建起衔接南北产销区、连通国际市场的粮食空中交易平台，利用云计算、物联网等现代信息科技手段，积极打造国内粮食行业信息中心、结算中心、物流中心、定价中心、服务中心、大数据分析中心。

2. 中国网上粮食市场模式

2014 年 8 月 7—8 日，中国网上粮食市场早稻交易会在江西省上饶市举行。当日举行两场网上交易，网上共竞价交易成交 4.27 万吨粮食，成交额 1.23 亿元，网下洽谈成交 10.45 万吨粮食，成交额 3 亿元。

2015 年 8 月 7 日，由江西省上饶市、抚州市，浙江省衢州市、温州市、台州市、绍兴市柯桥区，福建省宁德市、安徽省马鞍山市等 8 市（区）粮食局共同主办的“2015 年中国网上粮食市场早稻交易会”在上饶市举行。当天举行了两场网上竞价投标，共成交早稻 4.38 万吨，成交金额 1.31 亿元。此次早稻网上交易会是上饶与衢州等市第 6 次联合举办的交易会，也是第 5 次在上饶市举办。

3. “我买网”双品牌运营模式

我买网 2014 年完成 B 轮 1 亿美元融资，该笔资金由 IDG 资本领投，赛富基金继 A 轮投资后再次追投，2015 年再次获得百度、泰康人寿领投的 2.2 亿美元融资。2014 年我买网预计销售额在 20 亿元，目前尚未实现赢利。我买网采取“中粮集团”“我买网”双品牌运营模式，主要经营粮油、食品、水果蔬菜及其他产品。

4. 天津粮油商品交易所

2014 年 5 月 9 日，天津粮油商品交易所推出了一种崭新的“OPO”电子商务模式——“找粮网”。这种模式基于绿色产品库，延伸出“委托买”“微顾问”“微行情”“微金融”等新服务。“委托买”是为中小粮油店及超市量身打造的特色服务，基于“永远免费帮买家找到最具性价比的粮油产品”的原则，通过“找粮网”庞大的产品库及粮油企业大数据平台，将小订单汇集成大订单，提高买家的议价能力，为买家提供

精准的交易信息及价值帮助。

5. 淘宝网“吉林大米馆”

2014年，吉林东福米业、梅河大米公司和柳河国信米业8家企业入驻淘宝“吉林大米馆”，2014年网上销售小包装大米超过10万件，共销售大米510吨，销量居全网大米之首。吉林省政府与阿里巴巴签订战略合作协议，合作销售吉林大米。通过参与淘宝“挑食吉林鲜米”等活动，吉林大米一跃升至淘宝大米网页首页，吉林大米“营养、好吃、更安全”的整体形象得到充分展示，品牌影响得到快速提升。在2014年9月淘宝网组织的5省6款大米“秋收新米香”促销活动中，吉林大米（东福有机稻花香）劲销1.2万单，名列第一（黑龙江五常大米5700单排名第二）。

6. 苏州粮食批发交易市场“良粮网”上线

2015年1月苏州市粮食批发交易市场的“良粮网”上线，涵盖门户网站、交易管理、电子结算管理、会员体系等相关子系统。该电子商务系统除了为粮食经营单位提供了储备粮轮换、大宗粮食及农产品采购与销售的交易平台外，还在城乡居民与批发市场之间架起了一座桥梁——当地百姓只要上网点点鼠标，就能浏览市场“良粮网”的最新消息，看到经济实惠的产品、优质的品牌产品，选购到自己需要的放心粮油产品。

7. 盛华宏林粮油批发市场的“盛华宏林购”上线

2015年4月盛华宏林购上线试运行，采取“网上网下一个市场、网上网下一个商铺、网上网下一个商品、网上网下同一个价格”的模式，近期目的是实现粮油、农产品产销对接，实现农产品的产、供、销一体化的交易。远期目标是建设跨行业的全国的电子交易平台、电子商铺，实行网上交易，扩大市场店铺的商品销售，最终要打造成一个服务于全国各类大型批发市场和专业市场的O2O的模式。

8. 杂粮电商平台——饭中有豆上线

2015年8月23日，山西首家杂粮电商平台——“饭中有豆”在忻州市上线。近几年来忻州被授予“中国杂粮之都”称号，饭中有豆平台以家庭厨房服务为核心，开通了PC端、手机端、微信商城等多种网上入口，其主要内容有产地直供、精品馆、团购、今日特惠、健康饮食、供求信息、健康论坛八个模块，发布特色小米、特色杂粮豆、石磨杂粮纯粉、杂粮面条、土特产、大米、小麦面粉、食用油八大系列100多个品种。“饭中有豆”目前体验店已开通忻府区、保德、代县三个区域，下一步将开通忻州市其他区域，最终实现全国1000个体验店的目标。

9. 中米网及其中国大米产业联盟

2015年7月17日，“2015年东北稻米产业营销高峰论坛”在黑龙江省哈尔滨市召开，同期举办了中国电子商务协会东北稻米产业电子商务联盟揭牌仪式。与会专家和近200家企业代表围绕如何通过“互联网＋大米”实现东北大米营销模式升级和瓶颈破解进行了深入的探讨，并宣布组建电子商务联盟。

10. 长春市打造“大米白金城”

长春市农产品电子商务交易平台 2014 年正式上线运营，打造与“汽车城”“电影城”相并列的“白金城”(长春松花江大米)。

11. “左权模式”——“田农宝”网上易货贸易

所谓“左权模式”，就是拿玉米换手机，用高粱换衣服，不出村就能用地头上的庄稼把吃穿用度全部换回家。该模式是由“田农宝”公司首创的一种“以粮换物”的电子商务模式，2015 年左权县被列入国家电子商务进农村示范县后，政府主动抛出合作的“绣球”，并在山西进行推广。

目前田农宝公司在左权县已建起一个运营中心及一个上行下行综合仓储中心，建立 10 个乡镇综合服务站以及 150 多个行政村级服务店，初步实现了以农产品搬到网上叫卖为轴心，让农民通过田农宝这个交易平台支付现金、换农资、换商品、换服务和缴费用的目的。长期以来，在粮食缺少的时候，粮食很容易就能卖完；在粮食供大于求的时候，市场价格不高，“卖粮难”，农民就把粮食压在家里。现在有了田农宝，农民卖粮食不愁了。田农宝切实解决了卖粮难和支付难的问题，让老百姓足不出户就分享到了网络经济的红利。除了田农宝模式外，田农宝公司还衍生推出了田农购（第三方电子商务交易）、田农通（第三方物流配送）等生态交易系统。

12. 东方粮仓的众筹模式——品牌农产品“优质优价”

东方粮仓的众筹模式较好地解决了农产品劣币驱逐良币问题。2015 年 7 月，东方粮仓联手民生易贷大胆尝试首次推出“可以吃的理财产品”，即“大米理财”。该次大米理财总额 500 万元，项目期为 3 个月，项目在民生易贷平台发布融资标的，以东方粮仓在五常市自有园区种植的 2015 年第一批五常有机稻花香Ⅱ号为交易标的。五常有机稻花香Ⅱ号是东方粮仓自主研发培育的有机食品，是优质保真的五常大米。项目到期后，由东方粮仓从原产地直接邮递给消费者。该众筹项目在上线短短 5 小时内就完成了 500 万元的销售目标，共有 8865 个消费家庭参与了该活动。这种全新形式的大米理财在国内尚属首例，首次对“互联网＋农业＋金融”进行有机结合，是对“互联网＋农业”战略的一次新尝试。

13. 国际粮食产业及秦皇岛大宗商品交易中心

2015 年 12 月 14 日，国际粮食产业及秦皇岛大宗商品交易中心项目合作签约仪式在秦皇岛开发区举行。秦皇岛经济技术开发区管理委员会、亚粮基金管理（北京）有限公司、康普华业（北京）科技发展有限公司、中国外运秦皇岛口岸实业公司、香海粮油（秦皇岛）工业有限公司五家机构共同签署合作协议，联合成立亚粮国际储运（秦皇岛）有限公司、亚粮国际工贸（秦皇岛）有限公司、亚粮泰盛秦皇岛大宗商品交易中心股份有限公司三家公司，将依托国家“一带一路”战略，利用“推进国际产能和装备制造合作”等有关政策，致力于亚太地区的粮食安全储备，通过“PPP”及“互联网＋粮食”等方式，打造“从田间到餐桌”的食品安全产业链。

14. 全国粮食统一竞价交易平台

2016年1月8日，“全国粮食统一竞价交易平台”正式上线运行，全国粮食流通工作会议参会嘉宾和代表及全国27个省（区、市）粮食交易中心主任见证了这一时刻。全国粮食统一竞价交易平台的上线运行有助于进一步优化粮食流通环节，提高粮食流通效率，降低粮食交易成本，增强企业竞争力；有助于粮食行政管理部门全面准确掌握粮食交易信息，实施更加精准、科学、高效的市场调控；有助于加快建设统一开放、竞争有序、协同发展的现代粮食市场体系，营造更加公开、公平、公正的市场交易环境。首个交易日，在平台上计划销售国家政策性存储菜油6.8万吨，实际成交3.02万吨，成交率44.48%，成交均价5308元/吨，成交金额16050万元。此外，2015年5月1日，晋中“四农宝”农粮电子交易系统正式上线，8.7万农户上网卖粮。

3.2.2 粮食加工企业电子商务模式创新

目前，大多数粮食加工企业主要通过第三方电子商务平台进行产品交易。因为自建电子交易平台需要大批资金，对于绝大多数中小粮油加工企业来说不易成功。

1. 京粮“点到网”

北京粮食集团于2011年投资上线的食品类B2B电子商务网站“点到网”，于2014年“双十一”当天销售额达500多万元，2015年“点到网”正式上线运营，主要产品为米面、粮油、食品、酒饮等，打破了以往传统商超模式。同进，也促进新产品快速上市，保证了新产品的成功率。依托京粮集团的研发能力，“点到网”也推出了众多特色产品，如冷冻面团、特色进口食品等，用微波炉稍微加热即可进食，方便快捷。因为地处北京，网站内部还做了一个专属频道，叫作“北京味道”，全面服务北京市民，维护北京市场。除点到网以外，其他线上商城包括京粮食品专营店淘宝商城和京粮商务网。

2. 金龙鱼在知名平台上开旗舰店

金龙鱼进军电子商务起步晚，未自建平台，而是采用与1号店、易迅、京东商城等合作的方式，目前在几大电商的粮油份额与实体店份额比较接近。此外，由于豆油等中低端产品进行线上售卖的利润薄，目前阶段金龙鱼主要瞄准中高端产品如橄榄油等。2013年其开通了淘宝旗舰店，发挥传统渠道优势，进展比较顺利。但由于供销体系和传统供销体系需要磨合，为了平衡电子商务和传统渠道的差异，金龙鱼下一步将朝着“定制化”方向发展，对其进行定制化产品、规模、组合，最终把优惠回馈给消费者。

3. 西安爱菊粮油“电商＋店商”O2O模式

2014年9月22日，西安爱菊粮油集团全面启动社区电子商务项目——“电商＋店商”O2O模式，依托西安市700多个连锁网点，按照“预约订货、就近取货、验货付款、买退自由”的原则，消费者可以通过网站、手机、预约机和电话订货的方式任意选择爱菊放心产品，订单下达后，客服中心将根据预订时间分两个时间段安排配送。爱菊集团进入电商，以爱菊系列米、面、油、主食、豆制品为核心产品，并以全国各

地的名牌副食产品作为补充。

4. 恒大粮油自营平台与第三方平台“双运行”

（1）自营平台

2015年4月15日，恒大粮油产品分别在自营平台恒优米App、恒优米官方商城、京东商城、天猫及我买网五大电商平台实现全面上线，构建起传统渠道、商超渠道与电子渠道的立体化的恒大粮油销售体系。

（2）依托第三方平台

恒大粮油在第三方电商平台天猫、京东商城、我买网搭建旗舰店，起到互为补充、最大化整合资源的重要作用。更重要的是，第三方电商平台的成熟运作模式、丰富“实战”经验，对恒大粮油着力打造的自营电子销售服务平台——“恒优米”能够起到积极的借鉴作用。

5. 易粮网——第一家成品粮B2B交易平台（见图3-1）

易粮网是大连粮食批发市场建设的第一家成品粮B2B+O2O交易平台，它将采购方——用户与加工厂、仓库三方通过平台连接起来，然后引入农业发展银行，形成第三方结算关系。2015年交易额达到8665.27万元。

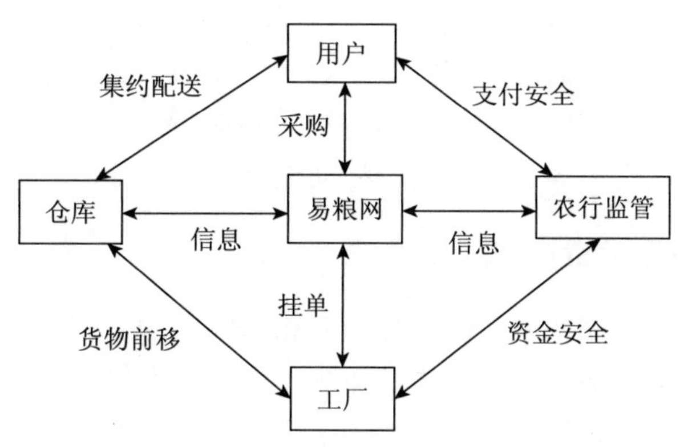

图3-1 易粮网交易模式

6. B2B食材配送平台

2015年我国餐饮业年营业收入超过4万亿元，食材采购规模超过8000亿元。中小餐厅有诸多痛点，例如，采购量小，无法获得议价权，存在采购人力支出以及可能发生的灰色收入支出，采购菜品质量无法保证，等等。针对当前存在的问题，B2B食材配送平台能够较好地解决相应的问题。

3.2.3 网上支付手段不断升级

粮食作为大宗商品，交易额往往比较大，对资金的安全性、到账速度等要求比普通商品贸易更高，因此，解决大额支付问题是中国粮食电子商务发展不可回避的问题。

粮食电子交易市场发展至今，所采取的支付手段经历了从传统的汇票支付到最新的银商通道支付的发展历程。作为电子商务的核心环节，网上支付随着粮食电子商务平台的发展不断优化升级，传统网银这种落后的资金渠道已跟不上现阶段电子商务的奔跑速度，银行和第三方支付机构“快捷支付”的方式应运而生，弥补了网银的不足。未来第三方支付将是促进中国网上支付完善和发展的主要途径和必然趋势，其将成为粮食电子商务发展的助推器。

如西安爱菊进入电子商务后，与电信天翼、拉卡拉进行合作，推行“预约订货、就近取货、验货付款、买退自由”的销售模式，消费者可通过网站、手机、预约机和人工预订等方式任意选购爱菊产品。

3.2.4 移动商务成为粮食电子商务趋势

随着移动通信技术、互联网技术和信息处理技术的快速发展，人们已经不再满足于传统的电子商务活动，而是更加迫切地希望能够随时随地进行各种商务活动，移动电子商务作为一种新型的电子商务方式，利用了移动无线网络的优点，具有不受时间、地点、空间限制，以及灵活、简单、方便等特点，能显著提高电子商务效率，大大节省了客户交易时间。2014年我国手机用户达到12.86亿户，智能手机成为助力电子商务发展的一个重要因素。各类粮食电子商务平台也紧随时代发展，推出手机客户端、微信公共号等服务，实现粮油资讯实时推送、各类信息自由定制、随时查询。通过利用移动设备的扫描特征、图像、语音识别特征、感应特征、地理化、GPS的特征，还将逐步实现移动端在线交易等更加智能的移动电子商务服务。

3.2.5 网络金融满足粮食电子商务需求

网络融资模式是互联网技术、电子商务与银行业务管理系统相结合的产物，目前已经成为我国电子商务行业发展的标志性业务，对我国电子商务业务尤其是B2B大宗商品网上交易的支撑作用效果明显，有效解决了长期以来粮食市场电子交易融资瓶颈问题，助力粮食电子商务的快速发展。

2015年1月9日，中华粮网完成了粮食行业的第一笔网络融资贷款服务，授信总额度为3000万元，首次投放金额500万元，实现了全国粮食行业网络银行业务的新突破。

2015年，地大物博公司全面推出农产品交易＋互联网金融扶持计划，向农产品的供应商、分销商提供全方位的交易担保、保险、授信、支付结算、理财、投融资等金融增值服务，同时9月将正式上线技术领先、功能强大便捷的农产品B2B大型在线交易服务平台，为交易双方提供全方位的线上线下综合保障服务，创新我国农产品大流通的新模式。

3.2.6 “三网融合”＋物联网成为粮食电子商务行业发展新趋势

随着“三网融合”（电信网、广播电视网、互联网的融合）＋物联网，手机下单、手

机销售、手机采购、手机管理、手机发布、手机交流、手机寻找物流都将会实现，并成为一种趋势。智能粮食预订单、智能粮食交易、智能粮食市场、智能粮食支付、智能粮食通关、智能粮食物流、智能粮食仓配一体化、智能快递都将成为发展趋势。随着三网融合＋物联网，移动商务在新一代电子商务将发挥越来越大的作用，微博、微信、微店"三微"营销，也会促进粮食电子商务进入一个精准营销新阶段，如"微粮"的出现。

一些粮油加工企业广泛开展了微信营销，开设微信公众号，将其作为一个展示公司形象与品牌的平台，除了向消费者推送一些了解大米品质的文章外，还适时地推广公司的新品。

未来农产品电子商务发展趋势将由平台型主导，因其商品品类多，交易规模大，服务能力较强如结算、物流、标准化、信用等，平台越强其获得的交易能力越强，未来粮食行业B2B的平台将先"跑起来"。

还可以从不同的角度看交易模式：从平台、驱动、市场体系、B2B、粮食电子商务、淘宝村镇县、生鲜等角度看粮食网上交易模式。

3.3　我国粮油产品电子商务营销国家政策

3.3.1　粮食电子商务促进—监管—长期发展政策

1. 促进方面政策

2014年、2015年、2016年中央连续发布的一号文件都把农产品电子商务作为重要内容；《关于促进内贸流通健康发展的若干意见》《物流业发展中长期规划（2014—2020年）》《关于开展电子商务进农村综合示范的通知》《关于进一步加强农产品市场体系建设的指导意见》《关于促进商贸物流发展的实施意见》《关于大力发展电子商务加快培育经济新动力的意见》《关于建立百家百亿市场联系制度的通知》等相继出台；《"互联网"＋流通指导意见》《"互联网＋"行动指导意见》更是明确了11项重点行动。

2. 监管方面政策

相继出台《关于清理整顿各类交易场所　切实防范金融风险的决定》《关于清理整顿各类交易场所的实施意见》《商品现货市场交易特别规定（试行）》《网络交易管理办法》《关于依法整治利用网络交易平台擅自销售彩票行为的通知》《关于〈禁止价格欺诈行为的规定〉有关条款解释的通知》《关于运用大数据加强对市场主体服务和监管的意见》等。

3. 长期发展政策

长期发展政策主要有《关于加快生态文明建设的指导意见》《社会信用体系建设规划纲要（2014—2020年）》等，对促进我国粮食电子商务生态链建设、诚信体系建设具有重要的指导意义。

3.3.2 2014年以来的涉粮电子商务政策

1.《关于开展电子商务进农村综合示范的通知》

2014年7月24日，财政部、商务部制定《关于开展电子商务进农村综合示范的通知》，在河北、黑龙江、江苏、安徽、江西、河南、湖北、四川进行综合示范，即在8省56个县开展电子商务进农村综合示范，建立适应农村电子商务发展需要的支撑服务体系，发展与电子交易、网上购物、在线支付协同发展的物流配送服务。2015年该政策发展了26个省市的200个综合试点县，投入财政资金总额37亿元。2014—2015年，商务部、财政部联合在256个县开展农村电子商务综合示范活动，并将这一活动延续到2016年。

2. 李克强总理阐述我国农业政策和粮食安全问题

2014年10月15日，李克强总理访问了联合国粮农组织总部，并发表演讲，他指出：36年前中国改革开放从农村开始，30多年来，中国粮食产量由3亿多吨增加到了6亿多吨，成功解决了人们基本的温饱问题，以约占世界9%的土地和约占全世界人均1/3的淡水，养活了全世界约20%的人口。

中国还要进一步促进农业高效集约发展。加强生态保护与建设，实施好退耕还林、天然林保护、防沙治沙、水土保持、草原治理等工程，支持农民改良土壤、减少污染、大规模建设高标准农田。通过努力，促进农业资源的永续利用，既满足当代人需要，也为子孙后代留下良田沃土、碧水蓝天。

3. 连续三个中央一号文件都强调农产品电子商务

（1）2014年中共中央国务院颁布了《关于全面深化农村改革加快推进农业现代化的若干意见》，意见指出，启动农村流通设施和农产品批发市场信息化提升工程，加强农产品电子商务平台建设。

（2）2015年2月1日，中共中央国务院颁布了《关于加大改革创新力度加快农业现代化建设的若干意见》，意见指出，创新农产品流通方式，发展农产品期货交易，开发农产品期货交易新品种；支持电商、物流、商贸、金融等企业参与涉农电子商务平台建设；开展电子商务进农村综合示范。

（3）2016年中共中央国务院颁布《关于落实发展新理念加快农业现代化实现全面小康目标的若干意见》的文件，在文件中指出，促进农村电子商务加快发展，形成线上线下融合、农产品进城与农资和消费品下乡双向流通格局。加快实现行政村宽带全覆盖，创新电信普遍服务补偿机制，推进农村互联网提速降费。加强商贸流通、供销、邮政等系统物流服务网络和设施建设与衔接，加快完善县乡村物流体系。实施“快递下乡”工程。鼓励大型电商平台企业开展农村电商服务，支持地方和行业健全农村电子商务服务体系。建立健全适应农村电子商务发展的农产品质量分级、采后处理、包装配送等标准体系。深入开展电子商务进农村综合示范。加大信息进村入户试点力度。

4. 网上卖食品需先领证，无证经营最高罚三万元

2015年8月，国家食品药品监督管理总局发布《网络食品经营监督管理办法（征求意见稿）》，根据这份意见稿，网络食品经营者需取得食品经营许可或者备案凭证，这意味着粮食生产者和经营者在网上、在微信圈卖食品的经营者也要办证备案了。

5. 国家重视“粮油网络经济”

2016年1月，全国粮食流通工作会议在京召开。会议研究粮食行业“十三五”发展思路，部署2016年粮食流通重点工作。会议提出，2016年突出抓好粮食产业经济发展，加快“互联网+粮食”电子商务平台建设，打造“粮油网络经济”。

3.4 我国粮油产品电子商务营销和总体框架

3.4.1 农产品电子商务产业链

农产品电子商务产业链主要分为产前、产中和产后。产前包括农资生产和农资流通。农资生产主要是指B2C、采购O2O、代购云农场等；农资流通主要有种苗、农药、化肥、饲料、兽药、农机的流通等，甚至还包括种苗流通商、农药流通商、化肥流通商、饲料流通商、兽药流通商、农机流通商等。产中分为农产品生产和农产品加工。农产品生产是指种植业、渔业、林业、畜牧业、农业服务业等；农产品加工包括初加工农产品和深加工农产品。产后包括最终产品流通、零售终端销售、消费者。最终产品流通是指物流服务；零售终端销售是指贸易商；消费者主要包括B2B、批发、B2C、零售、直供淘宝、顺丰优选等。我国农产品电子商务产业链，如图3-2所示。

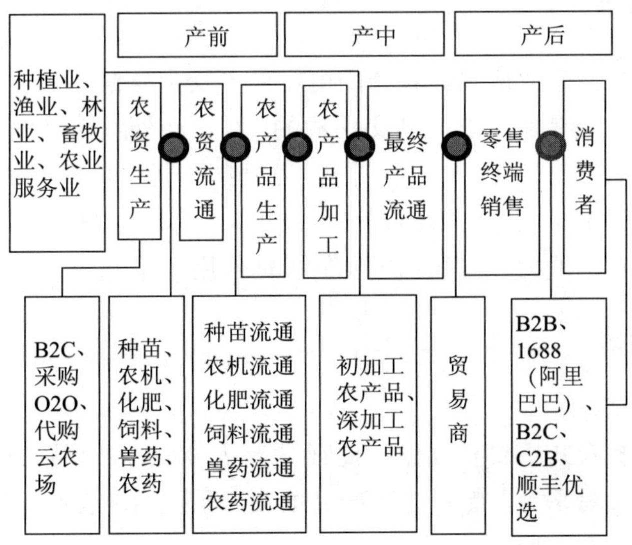

图3-2 我国农产品电子商务产业链

3.4.2 我国粮油产品电子商务营销总体框架

我国粮油产品电子商务总体框架为“借用、引进、培育”，如图3-3所示。“借用”是指借用我买网、天猫生鲜、京东等一些大型的电商平台。“引进”是指引进具有特色的粮油产品电子商务和移动电子商务的人、财、物资源。“培育”主要是指培育本地粮食电子商务，如粮油电商、社区电商和电商园区等本地电子商务。在这里，“培育”本土电子商务具有重要意义。

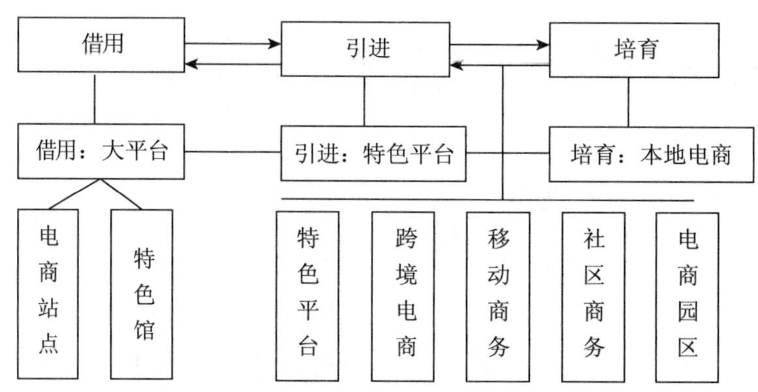

图3-3 我国粮油产品电子商务总体框架

3.5 我国粮油产品电子商务营销模式创新趋势

3.5.1 规模化趋势

随着电子商务的越来越成熟，农产品电子商务交易额越来越大。据统计，未来五年我国粮食电子商务交易额占农产品交易额的5%，涉外农产品电子商务交易额将占1%，农产品移动商务交易额将占2%。同时我国农资电子商务、农村日用工业品电子商务、农村再生资源电子商务将得到较大的发展，2016年农村供销合作社、邮政、电信等部门在农村领域的发力，将起到重要的推动作用。

3.5.2 多样化趋势

1. 从平台角度来看

农产品电子商务模式主要有五种：政府农产品网站、农产品期货市场网络交易平台、大宗商品电子交易平台、专业性农产品批发交易网站、农产品零售网站。

2. 从驱动的角度看

农产品电子商务模式，主要有供应链驱动型、营销驱动型、产品驱动型、渠道驱动型、服务驱动型五大类型。

3. 从生鲜农产品角度看

网上供应链模式，生鲜电子商务从最基本的B2C模式，后来发展衍生出F2C（农场直供）模式、C2B（消费者定制）模式、C2F（订单农业）模式、O2O模式和CSA（社区支持农业）模式等。从采用的网络工具来看，生鲜电子商务常用模式有五种：自建电商平台、借助公共平台、委托电子商务平台代办、合作共建平台（O2O模式）、“三微营销”（如微博、微信、微店营销）。

4. 就B2B角度而言

出现了许多新型的农产品电子商务模式，如广西糖网、中国棉花网、中华粮网、泌坤农产品、B2B食材网、美菜、链农、大厨网、小农女、优配良品、菜管子、饭店联盟、一亩田、中国惠农网等。2014年B2B农产品大宗商品交易平台达219个，交易额突破15万亿元。2015年B2B农产品大宗商品交易平台达402家，交易额突破20万亿元。

5. 从专业电子商务的角度来看

粮食电子商务发展模式也是多样的，比如，中华粮网、中国网上粮食市场、中国安徽粮食批发市场交易网、中国谷物网、宁波网上粮食市场、台州网上粮食市场、黑龙江中米网、哈尔滨网上粮食交易市场、北京买粮网、京粮点到网，虽然模式不同，但都应引起相关者的关注。

6. 从淘宝村的角度看

农产品电子商务模式，2014年主要有淘宝村模式、特色馆模式、O2O模式三种形式，2015年年底全国出现780个淘宝村、71个淘宝镇以及300个亿元淘宝县。这些淘宝村基本上可分为15种模式：①遂昌模式，走生产方＋网络服务商＋网络分销商区道路；②成县模式，走资源整合道路；③通榆模式，走生产方＋电子商务品牌化道路；④沙集模式，走加工厂＋农民网商道路；⑤清河模式，走“专业市场＋电子商务”道路；⑥武功模式，走园区＋龙头＋人才＋政策＋配套（集散地＋电子商务）的道路；⑦临安模式，走科技智慧＋生态宜居＋文化活力＋和谐幸福道路；⑧赶街模式，走“看得到、想要买、买得到”（赶街网＋农村电商代购点＋农户）的道路；⑨货通天下模式，走供应商＋平台商＋采购商道路；⑩桐庐模式，走以选人为中心的“合伙人机制”道路；⑪安溪模式，走网商＋制茶大师＋魅力茶园＋五星茶企＋创新创意道路；⑫江苏模式，走线下与线上交易齐头并进的道路；⑬海宁模式，走跨境外贸电子商务的模式；⑭博兴模式，走引导青年回乡创业道路；⑮成县模式，走农户＋网商的道路等。

7. 从市场体系角度来看

涉农电子商务模式，包括网络期货交易市场、大宗商品交易市场、一般网络现货交易市场。网络期货交易市场现有三大期货交易所17个品种，2014年还增加了夜场网络交易。

并非每种电子商务的运营方式都能称为模式，成功的模式主要表现为6个方面的特征：有效性、整体性、差异性、适应性、可持续性、生命周期性。

3.5.3 融合化趋势

O2O融合是发展趋势，是指网上与网下相互融合，形成一个有机的整体，真正解决现在存在的网上渠道资源与网下渠道资源相互冲突、相互矛盾的问题。推进粮食电子商务模式创新，如平台模式、自营模式、平台＋自营模式多样化发展，引导“平台＋自营模式”主导地位，引导粮食电子商务发展的趋势。

3.5.4 标准化趋势

随着电子商务的越来越成熟，农产品种养加等全产业链过程的工厂化，农产品电子商务越来越规范，越来越标准化，农产品“三品一标”产品占整个电子商务的比例将超过80%，生鲜农产品电商将实现“三品一标”化，占农产品交易额的比例超过60%。

3.5.5 多功能趋势

随着电子商务的越来越成熟，农产品交易平台的功能越来越多样化，交易功能、展示功能、信息功能、外向型功能、上下延伸的供应链功能、融资功能等将更多地表现出来，经过5～10年的努力，冷链物流效应将得到充分发挥：一是成本降低；二是效率提高；三是品质提高；四是给“新农人”带来新的利润增长点。

3.5.6 全渠道趋势

随着电子商务越来越成熟，网上与网下由相互对立到相互融合，网上渠道更加多样，这里指的是平台、自营、平台＋自营相融合的多种模式创新。网下渠道指社区店、便利店网络及其电子菜箱、智能菜柜等新型业态涌现。

3.5.7 体系化趋势

网上期货交易、大宗商品交易、各类批发交易、各类零售交易、各类易货贸易等多种方式、多种市场逐渐体系化，期货市场与现货市场形成相互联系、相互融合的关系，而不是“板块化”关系，这样也就使我国大市场得以形成。

3.5.8 国际化趋势

随着我国经济的一体化，两个市场和两种资源的充分利用，2015年我国2000亿美元的农产品进出口，2014年、2015年我国粮食进口先后超过1亿吨（其中大豆2014年达到7140万吨，2015年达到8169.4万吨）。随着电子商务发展，农产品跨境

电子交易将发挥越来越重要的作用，商务部在互联网＋流通行动计划中提出在国外建设 100 个海外仓的行动计划。

3.5.9　智能化趋势

随着“三网融合”＋物联网＋大数据＋云计算等新技术的应用，移动商务在新一代电子商务中发挥越来越大的作用，微博、微信、微店“三微”营销，促进农产品电商进入一个精准营销新阶段，智能交易、智能支付、智能物流、智能配送、智能仓储等，新的信息技术革命将给我们带来新的机遇和挑战。

3.5.10　区域化趋势

农产品电子商务是电子商务的“皇冠”，生鲜农产品电子商务是“皇冠”的“皇冠”。随着经济和社会的发展，生鲜农产品电子商务的区域化越来越明显，随着区域化电子商务的发展，也使其越来越有效率。农产品电子商务交易中有通过平台建设，进行专业化分工，基地只负责产品生产环节，电子商务只管发展用户和服务用户，物流外包给专业生鲜物流企业，可以同时解决标准化、产品安全性、冷链物流三大难题，其业务也越来越区域化。

3.5.11　社区化趋势

随着城镇化和农业现代化加速推进，社区电子商务将扮演重要的角色，农产品的性价比会很高，比以往传统渠道购买的还要高，生鲜农产品电子商务更被消费者接受、生鲜电子商务企业开始赢利，以社区为主力的移动端涉农电子商务占主体，产地直发影响力降低，生鲜电子商务物流冷链等问题可以得到很好的解决。

3.5.12　品牌化趋势

我国粮食生产、流通、消费的品牌化趋势十分明显，而年产只有 105 万吨的五常大米竟在市场上卖出上千万吨的销售量的现象，应引起人们的高度重视，一方面，需要保护“三品一标”粮食产品的品牌效应；另一方面，要保护我国优质的粮食产品卖出好的价钱来，粮食既要种得好，又要卖得好。

3.5.13　法治化趋势

预计 2017 年年底《电子商务法》出台，与之相适应，我国电子商务法律法规、标准体系将不断完善。同时，国家工商总局、质监总局、商务部、农业部、海关、税收、银行等金融部门加强电管管理，出台《流通领域商品质量监督管理办法》《网络销售商品质量抽检有关规范》《电商企业落实新〈消费者权益保护法〉7 日无理由退货指引》等，会提高消费者维权规范化、程序化、法治化。

4 2015年我国果蔬电子商务发展报告

4.1 我国是果蔬生产、流通、消费大国

4.1.1 我国是一个果蔬生产贸易消费大国

我国是世界上人口最多的国家，一个果蔬生产大国，2015年我国蔬菜产量超过7.6亿吨，水果产量超过2.6亿吨，同时也是一个果蔬贸易大国，2014年我国蔬菜出口125.0亿美元，进口5.1亿美元，水果出口61.8亿美元，进口51.2亿美元；同时也是一个果蔬消费大国，2014年我国有13.7亿人，还有境外游客12849万人次，果蔬消费量巨大，2015年1—10月我国人均生鲜消费达339.7元。2010—2015年我国农产品产量如表4-1所示。

表4-1　2010—2015年我国农产品产量表　单位：万吨/万立方米

产品＼产量＼年份	2010	2011	2012	2013	2014	2015
粮食	54641	57121	58957	60194	60710	62144
水果	20400	22700	24270	24135	26142	26100
肉类	7925	7957	8221	8536	8707	8625
棉花	597	660	684	631	616	561
水产品	5366	5600	5906	6172	6450	6690
油料	3239	3279	3476	3531	3517	3547
禽蛋	2765	2811	2861	2876	2894	2999
糖料	12045	12520	13500	13759	13403	12529
牛奶	3570	3656	3744	3531	3725	3755
烤烟	271	287	320	320	320	320

续 表

产量 年份 产品	2010	2011	2012	2013	2014	2015
蔬菜	63700	67700	70200	72500	70000	76000
茶叶	145	162	170	193	209	224
木材*	7284	7272	8088	8367	8178	6832
合计	174663	184453	191998	196378	194551	203494

注：＊木材单位是“万立方米”，未计入合计。

4.1.2 果蔬产业化引致流通新格局

改革开放以来，我国逐步形成了农产品“7区23带”的产业布局，由此形成了北粮南运、北出南进、中粮西运、南菜北运、南糖北运、西果东运、南果北运、西杂东运的格局。

2015年5月25日，商务部等10部门联合印发《全国流通节点城市布局规划(2015—2020年)》，目的是加快构建全国骨干流通网络，努力提升流通节点城市功能，更好地发挥流通产业的基础性和先导性作用，进一步释放消费潜力。该规划确定“3纵5横”全国骨干流通大通道。如图4-1所示。

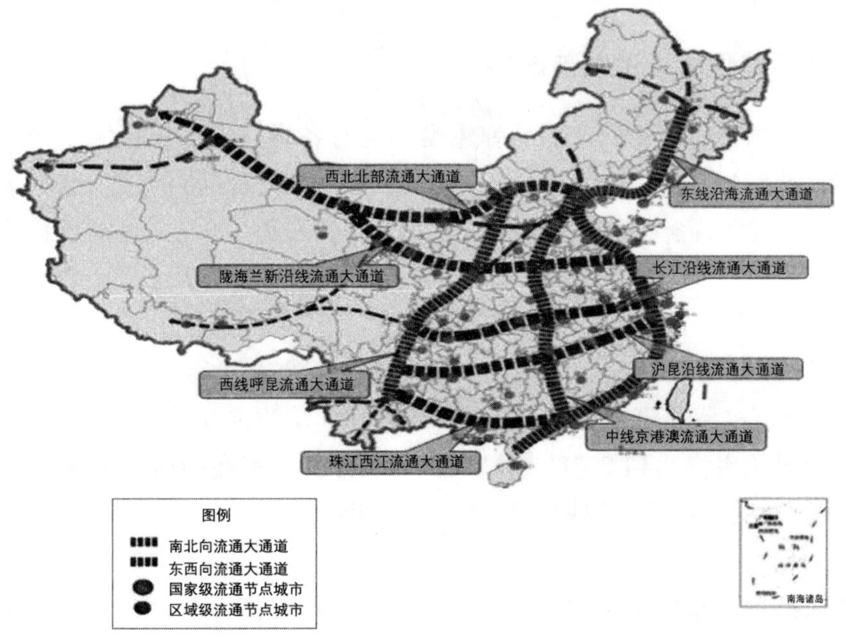

图4-1 全国骨干流通网络布局示意图

2015 年 8 月底商务部等多部门联合印发《全国农产品市场体系发展规划》，该规划绘制了全国农产品流通骨干网络规划布局图（见图 4 - 2），规划了农产品批发市场布局，至今已经形成了东北市场集群、京津冀市场集群、陕甘宁市场集群、中原市场集群、长三角市场集群、长江中游市场集群、成渝市场集群、珠三角市场集群等。北京批发市场外迁主要集中于津冀区域，将改变京津冀市场集群的现状特点。

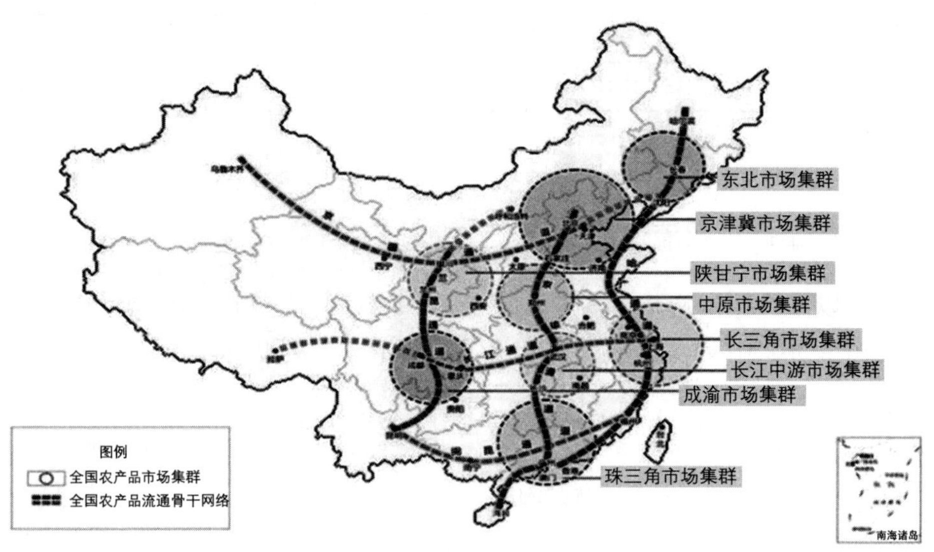

图 4 - 2　全国农产品流通骨干网络规划布局图

4.1.3　果蔬品牌化建设进入新时期

近年来，我国开始注重农产品品牌建设，现有各类“三品一标”农产品，据《全国绿色食品产业发展五年规划》，2015 年年底全国绿色食品企业达 9500 多家，产品 23000 多个，绿色食品企业和产品年均分别增长 8.5%和 7.0%。另据统计，认证有机产品企业 814 家，产品 3342 个，无公害农产品认证产品达 7 万多个，农产品地理标志产品登记总量达 1588 个，全国绿色食品标准化生产基地 1.6 亿亩，有机农业示范基地 17 个，总面积 1000 万亩。2014 年我国现有 95.8 万亩有机蔬菜，有机蔬菜产量达到 205 万吨，国内有机蔬菜消费量达到 97 万吨，其他出口到国外。预计 2020 年之前市场规模的复合增长率将达到 20%，到 2020 年，有机蔬菜在国内的需求将接近一亿吨的规模。《全国蔬菜产业发展规划（2011—2020 年）》制定了以下目标。

1. 生产目标

全国蔬菜播种面积保持基本稳定，单产水平年均提高 1 个百分点以上，2015 年达到 2300 千克/亩，2020 年将达到 2500 千克/亩以上；蔬菜损耗率年均降低 1 个百分点以上。

2. 蔬菜消费目标

2010年，我国人均蔬菜占有量为370千克。据测算，到2020年，我国新增人口近1亿人，人均蔬菜占有量在现有基础上增加30千克，蔬菜加工品增加1000万吨，届时我国蔬菜总需求量为58950万吨，比2010年增加8950万吨。

3. 菜农收入目标

2015年蔬菜商品化处理率提高到50%，2020年提高到60%。2015年蔬菜对全国农民人均纯收入贡献额达到1000元，2020年达到1300元。

4. 蔬菜流通体系目标

蔬菜批发市场、菜市场、社区菜店等市场网店逐步健全，功能进一步完善，产销关系更加紧密，逐步形成立足蔬菜主产区和主销区，覆盖城乡、布局合理、流转顺畅、竞争有序、高效率、低成本、低损耗的现代蔬菜流通体系。

2008年农业部发布了《苹果优势区域布局规划（2008—2015）》，接下来要进一步按照建设现代果业的要求，编制全国水果产业发展规划。

4.2 果蔬电子商务是电子商务的“皇冠”

农产品电子商务是农村电子商务的一个重要组成部分，农村电子商务可以从理论、政策、实际工作来定义。具体来说，农村电子商务是相对城市电子商务而言的，从理论来讲，是指与“三农”相关联的电子商务，包括农产品电子商务、农资电子商务、农村日用品电子商务、农村再生资源服务电子商务等。这个概念涵盖了整个社会对农村范围的电子商务（见图4-3）。

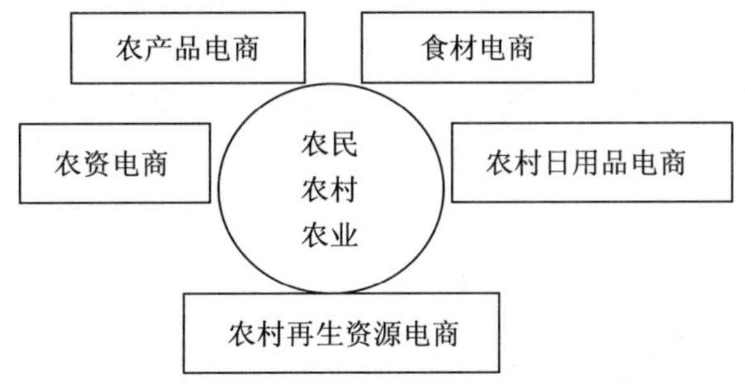

图4-3 农村电子商务

从政策的角度来看，根据国务院颁布的《关于促进农村电子商务加快发展的指导意见》，农村电子商务是指农村日用品电子商务、农产品电子商务、农资电子商务、农村服务业电子商务和农村扶贫电子商务。最近农业部出台的《农业电子商务试点方案》，其重点是生鲜农产品电子商务、农资电子商务、休闲观光农业电子商务。

农村电子商务在实际操作上又有许多新的内容，如以农产品电子商务为核心的，农产品“电商+旅游”，农产品“电商+休闲”，农产品“电商+观光”，农产品“电商+餐饮”，农产品“电商+食品安全”、农产品“电商+农资”等，它往往不是单一的存在，而是以综合性的、相互联系的状态出现。

随着农业产业化的发展，我国果蔬及其相关电子商务也得到了迅速发展。

4.3 我国果蔬电子商务发展轨迹

农村电子商务如果从农业信息化算起，起步于1994年，如果从第一笔农产品电子交易算起，是1998年，至今农村电子商务产业经历了初创期、成长期、成长-发展转型期。具体可以概括为以下几个发展阶段。

4.3.1 初创期

1994年中国农业信息网和中国农业科技信息网相继开通以来，信息技术在农业领域的应用进入发展阶段，其中果蔬市场信息化建设开始起步。

4.3.2 成长期

2006—2011年，生鲜农产品开始在网上进行交易，2008年和乐康、沱沱工社初做生鲜农产品交易。2009—2011年，涌现了一大批生鲜电商。2012年年底生鲜电商本来生活“褚橙进京”事件，2013年6月“京城荔枝大战”，使得许多生鲜农产品电商开始探索品牌运营，顺丰优选、1号店、本来生活、沱沱工社、美味七七、甫田、菜管家获得资金注入，2013年年初的北京“优菜网”曾寻求转让、上海“天鲜配”被“下线”等。

2013—2014年B2C，C2C，C2B，O2O等各种农产品电商模式竞相推出，宽带电信网、数字电视网、新一代互联网、物联网、云计算、大数据等大量先进信息技术被采用到农产品电商中来，微博、微信等应用到农产品电商中。永辉“半边天网”上线不足百日下线寻求微商模式等，同时90%的生鲜电商亏损倒闭等。

4.3.3 成长—发展转型期

2014年至今本来生活、美味七七、京东、我买网、宅急送、阿里、青年菜君、食行生鲜先后获得投融资农产品电商进入融资高峰期。本来生活、美味七七先后得到融资（2014年美味七七获得亚马逊2000万美元入股）。青年菜君获得千万元投融资。2014年和2015年天天果园获得京东集团的战略性投资数千万美元。爱鲜蜂已经完成ABCD轮融资。（2014年、2015年先后4次获得融资）

2015年至今，农村电商融资和兼并重组高潮阶段，一方面，2015年5月中旬，以

C2B2F 模式做生鲜的“食行生鲜”宣布获得由天图资本领投、A 轮投资方协立投资以及易浮泽跟投的 B 轮融资，融资额为 1.8 亿元人民币；2015 年天天果园获得京东集团的战略性投资数千万美元；2015 年生鲜电商爱鲜蜂完成 B 轮融资。另一方面，阿里持股苏宁、京东入股永辉超市、美团与大众点评合并、去哪儿与携程合并、快的打车和滴滴打车合并。

但这一时期许多果蔬电商昙花一现，如 2015 年 12 月倒闭的水果营行，此外还有特土网、采购兄弟、后厨网、土鸡 91、花样生活、正源食派果蔬帮、小农女、慢品时光、卡卡鲜、菜管家、吉哆生活网、优菜网等，昙花一现。同时，果蔬市场告急：××喂鱼、××丰产滞销、××滞销、××价跌，也就是说，我国现有的果蔬流通体系面临着许多的问题，在引导生产、引导流通、引导消费方面存在许多的缺陷。

4.4　我国果蔬电子商务模式多样化发展

4.4.1　交易模式多样

这些年来，我国果蔬电子商务模式已经得到了多样化的发展，具体来说，可以从平台的角度、生鲜角度、驱动角度以及采用的网络工具角度来分析。

1. 从平台的角度来看

各类果蔬网站归纳起来主要有两大类：一是各类政府信息网站，如农业部、商务部、地方政府的信息网站；二是各类交易网站，如大宗商品交易市场、网络批发交易平台网站、实体批发市场的网站、各类零售网站。2015 年 11 月 5 日，全国供销合作社电子商务平台“供销 e 家”正式上线。如图 4－4 所示。

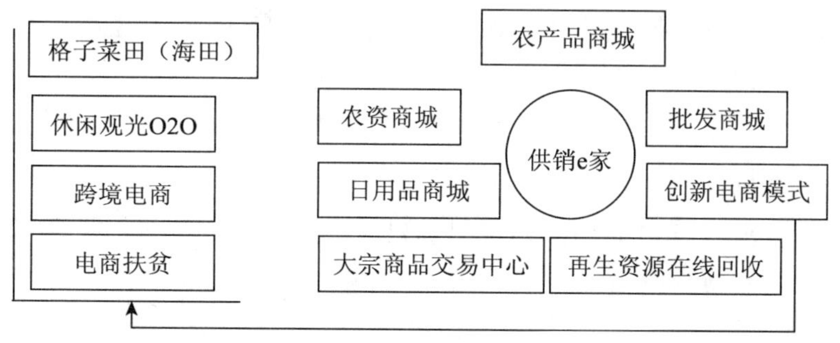

图 4－4　供销 e 家交易模式

2. 从驱动的角度看果蔬电子商务模式

主要有供应链驱动型、营销驱动型、产品驱动型、渠道驱动型、服务驱动型五大类型。

3. 从生鲜农产品角度看

网上供应链模式，生鲜电商从最基本的是B2C模式，后来发展衍生出来F2C（农场直供）模式、C2B（消费者定制）模式、C2F（订单农业）模式、O2O模式和CSA（社区支持农业）模式等。

4. 从采用的网络工具看

生鲜电商常用的模式有五种：①自建电子商务平台；②借助公共平台；③委托电子商务平台代办；④合作共建平台（O2O模式）；⑤“三微营销”（如微博、微信、微店营销）。

4.4.2 支付模式多样

果蔬电子商务作为农产品电子商务的重要组成部分，其支付模式同农产品电子商务支付模式一致，也是多种多样的，主要有互联网支付、移动支付、货到付款POS机支付、卡基支付、礼券支付，也有货到现金付款等，也就是说现代付款方式、传统付款方式、传统＋现代付款方式同时存在。

比如，沱沱工社主要有在线支付、账户余额支付、雅高E卡、多种福利卡、货到付款等，采取了线上与线下相结合以及线下付款方式。

我买网主要有：货到付款、网上支付、礼券支付、我买卡支付等。

中国地理标志产品商城主要有：账户余额付款 、支付宝付款 、财付通 、礼品卡等，主要采取了线上与线下相结合，线下是货到付款。

龙宝溯源商城主要有：网银、银联、账户余额、支付宝、龙宝卡（券），主要采取了线上与线下相结合，线下是货到付款。

菜管家主要有：在线支付、货到刷卡、货到付款等，主要采取了线上与线下相结合，线下是货到付款。

值得一提的是，拉卡拉依托原有便民服务支付业务，通过拉拢街边小店，绘制社区电子商务版图。2015年1月，拉卡拉电商“生鲜速达”频道正式上线。社区居民在拉卡拉移动商城下单后，与拉卡拉合作的社区小店会将生鲜商品送货上门。截至目前，拉卡拉生鲜小店已与万得妙、福成、佳沛等优质品牌商和渠道商达成合作。2014年年底拉卡拉电商公司拉卡拉生鲜小店还只是在北京地区做试点，首期先选客群密度较高的天通苑、回龙观等做试验。2015年拉卡拉小店在全国预计将达到15万家。

4.4.3 物流配送模式多样

农产品尤其是果蔬产品作为易耗品对物流配送的要求非常高。可以说，物流配送模式的选择直接关系到果蔬产品的损耗、电子商务企业的成本及收益。

2013年动车配餐冷链化开通，全国首个“南菜北运”全程冷链果蔬绿色专列——广西百色至北京果蔬绿色专列运营。2014年8月首趟电子商务专列开出，标志着我国

电子商务物流进入新阶段。2014 年 8 月，沈阳局“东北货物快运”专列开通，标志着大连至哈尔滨鲜活货运快车开通。从全国来说，情况如下。

1. 生鲜农产品电子商务冷链物流模式

现有电子商务企业生鲜产品物流模式可归纳为：①自营物流配送；②第三方物流配送；③自营物流＋第三方物流配送模式；④“自营物流＋消费者自提/自营配送”；⑤“第三方物流＋消费者自提/第三方配送”；⑥联盟物流配送；⑦“O－S－O”物流模式；⑧物流一体化模式；⑨第四方物流模式；⑩第五方物流（Fifth Party Logistics，5PL）。要明确的是，并非果蔬冷链都需要自建，相反，自建是一种初级形态。

2. 生鲜农产品冷链物流网络

生鲜农产品冷链物流网络主要有单个经济体的冷链物流网络、区域内的冷链物流网络和跨区域的冷链物流网络，它们各有其特色和适用范围。以下我们以亚马逊、天猫、京东三网的生鲜农产品的物配网络做一个对比分析，如表 4－2 所示。

表 4－2　　亚马逊、天猫、京东三网的冷链物流网络

类型	亚马逊	天猫	京东
自提点数量	100 个	超过 1000 个	8 个
自提点类型	全家便利店	沿街小店铺	京东自营服务站
提供自提服务各类	自营商品	服装、箱包类	数码、电脑
自提时间	24 小时	小店营业时间	9：00—19：00
货到是否有短信提示	是	否	是
是否提供联系电话	否	是	是
是否支持货到付款	是	否	是
是否支持开箱验货	否	是	是
理论上的验证要素	身份证、全名	取货密码、全名	提货密码、订单号、全名
保留时间	三天	四天	三天
是否支持退换货	否	否	是

3. 生鲜农产品物流配送案例

京东商城：2013 年上线生鲜农产品，其物流配送模式是：①上门自提；②211 限时达；③次日达；④2015 年推出两小时送达。

我买网：2009 年上线，其物流配送模式是自建＋第三方物配：自建配送、顺丰速配两种配送方式。

1 号店：2008 年上线，其经营品类包括果蔬、日用品、其他混合经营，生鲜仅是其中的一个品类，其物配模式有：①“慢送返利”；②准时达；③定日达。

沱沱工社：2008年上线，自营全程冷链配送有机食品（农产品）。

顺丰优选：2012年上线，自建物流，全程冷链（智能温控、冷箱护送），产地直供，主要经营高档生鲜产品。

龙宝溯源商城：2013年上线，原产地直配，安全食品第一家。

中国地理标志产品商城：2013年上线，原产地直配，中国地理标志产品第一家，也是唯一一家。

4.4.4 O2O模式多样

2015年许多生鲜电商纷纷从网上走到网下，开展多种形式的O2O，如天天果园上线了天天到家、本来生活上线本来便利、鲜达网、许鲜网等都开展了多种形式的O2O业务，且充分利用了手机App、微信公众号等。这些O2O模式的特征就是生鲜电商通过手机App客户端或微信公众号收到订单信息后，根据消费者定位，依靠门店资源进行短时间的快递上门服务，如表4-3所示。

表4-3　2015年生鲜农产品电商O2O发展现状

生鲜网站	名称	业务平台	配送
顺丰优选	嘿客店	手机App/微信公众	当日达
天天果园	天天到家服务	手机App/微信公众	次日达
本来生活	本来便利	手机App/微信公众	一小时送达
阿里	天猫喵先生	手机App/微信公众	次日达
京东	京东到家	手机App/微信公众	两小时送达
DMALL	生鲜、生活电商	手机App/微信公众	次日达
鲜达网	社区物流一公里	手机App/微信公众	次日达
许鲜网	新鲜、品质、售后	手机App/微信公众	次日达
亚马逊生鲜馆	水果、水产品、生鲜食品	手机App/微信公众	次日达
拉卡拉生鲜达	拉卡拉生鲜达小店	拉卡拉支付	次日达
爱鲜峰	社区小店	手机App/微信公众	一小时送达

4.5 成功果蔬电子商务模式的特点及果蔬电子商务“1+5”赢利模式

4.5.1 成功果蔬电子商务模式的特点

近年来，果蔬电子商务模式层出不穷。从物流配送角度来看，阿里菜鸟物流建设；

3～5年，投资10亿元，建设1000个县、10万个基层服务站。2014年京东发起“向西、向下、向外”发展策略，抢占农村市场和海外市场。京东与四川省仁寿县开创全国第一个电子商务县域战略合作关系。一些大宗商品交易市场出现，如广西糖网、全国棉花交易市场、四川白酒交易中心、中农网、沁坤大宗农产品现货电子交易市场、阿里1688等。农产品网络零售网站更是一个接一个成立，其中，沱沱工社、我买网、本来生活生鲜农产品交易额连年翻番。顺丰优选采取O2O模式，2014年开了518家“嘿客”店，2015年“嘿客”和“顺丰优选”合体推出“顺丰家”：嘿客2.0升级版门店。中国地理标志产品商城、717商城打造特色网站。长沙沁坤农产品5＋1＋1模式：“5”指沁坤商城（B2C平台）建设、沁坤订单网（B2B平台）建设、沁坤大宗网（竞价平台）建设、区域服务基站平台建设、电子商务产业园平台；“1＋1”指建设1000个服务基站建设1000家社区体验店深圳农产品通过“中农网”布局。

我国果蔬电子商务模式较多，但是真正成功的果蔬电子商务模式较少。成功的电子商务模式具有有效性、整体性、差异性、适应性、可持续性和生命周期特性等特点。具体内容如下：

（1）有效性。一是指能够较好地识别并满足客户的需求，做到客户满意，不断挖掘并提升客户的价值。二是通过模式的运行能够提高自身和合作伙伴的价值，创造良好的经济效益。三是包含具有超越竞争者的，体现在竞争全过程的竞争优势，即商业模式应能够有效地平衡企业、客户、合作伙伴和竞争者之间的关系，既要关注客户，又要企业赢利，还要比竞争对手更好地满足市场需求。

（2）整体性。好的商业模式至少满足两个必要条件：一是商业模式必须是一个整体；二是商业模式的组成部分之间必须有内在联系，这个内在联系把各组成部分有机地关联起来，使它们互相支持，共同作用，形成一个良好的循环。

（3）差异性。商业模式的差异性是指既具有不同于原有的任何模式的特点，不容易被竞争对手复制，保持差异，取得竞争优势。这就要求商业模式本身必须具有相对于竞争而言较为独特的价值取向，以及不易被其他竞争对手在短期内复制和超越的创新特性。

（4）适应性。商业模式的适应性是指其“随需应变”的能力，应付变化多端的客户需求、宏观环境变化以及市场竞争环境的能力。商业模式是一个动态的概念，今天的模式也许明天被演变成不适用的，甚至成为阻碍经济组织正常发展的障碍。好的商业模式必须始终保持必要的灵活性和应变能力，具有动态匹配的商业模式的企业才能获得成功。

（5）可持续性。经济组织的商业模式不仅要能够难于被其他竞争对手在短时期内复制和超越，还能够保持一定的持续性。商业模式的相对稳定性对维持竞争优势十分重要，频繁调整和更新不仅增加经济组织成本，还易造成顾客和组织的混乱。

（6）生命周期特性。任何商业模式都有其适合的环境和生存土壤，都会有一个引入、成长、发展、成熟和衰退的过程，电子商务生命周期图完全可以避免电子商务生命周期图中的“中断期”。

根据这些特点，许多电子商务模式都不能称为“模式”。

4.5.2 果蔬电子商务“1+5”赢利模式

“1”是指一个核心框架：B2B模式的核心框架与网络零售的核心框架是不同的，B2B模式采用以供应商和采购商等经济组织“B”为核心的交易、物配、支付“三位一体”（Trinity）的体系框架。各种网络零售采用以消费者（顾客）“C”为核心的交易、物配、支付“三位一体”的体系框架。

“5”是指以下五个基本点：

一是明确利润对象，对象群体是谁，不可能是全球70多亿人，也不可能是全中国13.7亿人，也不可能是全国7亿多网民，不同的果蔬电子商务网站的对象是不同的，需要认真细分。

二是明确利润点，所销售的实物商品和服务商品是什么，不可能什么都卖，京东与天猫所销售的产品和服务是越来越多，越来越相同，越来越同质化，所以越来越竞争激烈。

三是明确利润来源，哪些是有偿的，哪些是无偿的，避免“强买强卖”，特别是服务商品如软件服务、平台服务、基础性服务更是如此，如果付了费，没有得到相应的服务，必然会受到服务对象的批评。

四是明确利润杠杆，即采取合法、合规、合标的方式吸引自己的对象群体，如有的网站采取“零元售货”的方式就是明显地违反《价格法》。

五是明确利润屏障，指的是一个网站特有的科技、特有的商业模式、特有的文化，即使你想学也学不了的东西，这样才可以避免“千网一面”，避免过度同质价格竞争。

4.6 需要思考的我国果蔬电子商务问题

4.6.1 “种得好”与“卖得好”

果蔬种植已经进入买方市场态势，即进入“既要种得好，还要卖得好”的时期，这就需要依赖良好的市场营销和品牌运营做支撑，不能够再搞低价促销。比如智利，虽然直线距离中国1.9万千米（从智利最大的港口瓦尔帕莱索到中国的天津港），但是它却是中国的第二大水果进口国，仅次于中国的近邻泰国。

4.6.2 “日井喷式”电子商务销售发展模式

2009年以来的“双十一”活动，其本质低价竞争，疲劳促销由此带来一系列的违

法、违规、违标现象，导致假冒伪劣产品出现，甚至出现刷单现象，这直接冲击了实体市场，也导致一些电子商务企业的亏损倒闭。

4.6.3　“劣币驱逐良币”

果蔬电商要遵循优质优价原则，使“三品一标”的果蔬产品卖出好价钱，而标榜“三品一标”的假冒伪劣产品最终退出市场，避免经济学“劣币驱逐良币”的结果的出现。

4.6.4　“两超”“多强”“小众”格局

当前我国果蔬电商的格局是“两超”“多强”“小众”，即“三足鼎立”，但是阿里与京东两个超级电商形成的“两超”格局相对较大，占有80%以上的市场份额，其他“多强”，特别是特色“小众”电商所占的比例较小，这种不均衡的市场格局不符合市场经济规律，也不利于企业（平台）的健康发展。

4.6.5　微信卖菜、卖果

微信是电子商务发展的一个趋势，不仅阿里、腾讯、百度在广泛地采用这种方式，实体企业也在广泛地应用移动终端进行着各种商业活动。我们通常把从事这一项活动的叫作微商，即按照一定制度和规则使用微信所进行的一系列商业活动。微商产业由微商平台、微店、微商服务商构成，它需要可持续地发展。用手机微信卖菜、卖果也一样，所不同的是利用了移动商务的工具。

4.6.6　果蔬品牌电商

果蔬品牌电商包括网站品牌，要避免“千网一面”，包括网站上经营的果蔬的品牌，包括在网站平台所提供的各种服务品牌，只有建立在诚信基础上的果蔬电商，才可能可持续发展下去。

4.6.7　政府协同发展

由于电子商务的协同性、复杂性，果蔬电子商务与其他电子商务一样涉及各个政府职能部门，需要相互协同发展，避免相互掣肘，影响综合效率，因此只有交易、物配、支付三位一体发展，网上与网下融合发展，才可能成功。

4.6.8　成功果蔬电子商务模式

成功的果蔬电子商务模式应该符合成功电子商务模式的发展规律，即有效性、整体性、差异性、适应性、可持续性、生命周期性，否则就不可能是成功模式，只会昙花一现。

5 2015年我国畜牧业及猪业电子商务发展报告

5.1 畜牧业及猪业电子商务——亟待开发的蓝海

我国是一个畜牧产品的生产、流通、消费大国，2006年肉菜可追溯食品安全信息平台搭建，至今商务部在50个城市进行可追溯试点，目前已初具雏形。互联网等各种网络技术的发展、二维码等物联网信息技术的普及为肉类、兽药的可追溯提供了便利，现在养殖场通过移动终端等工具记录生猪养殖过程的各类数据，消费者通过扫描二维码时时查询。

根据农业部发布的第2210号公告，到2016年6月30日前将实现所有兽药产品赋二维码出厂、上市销售，有望实现兽药生产、经营和使用全过程追溯管理，由此，饲料生产、流通和使用也将加快实施二维码追溯。届时兽药、饲料、生猪三大信息库整合，生猪养殖生产过程将更加透明，迫使生猪养殖场不断规范生产流程，同时也加速市场优胜劣汰的节奏。生猪产业发展将更加规范化。

从肉菜可追溯体系启动至今以来，可追溯体系建设为畜牧业电子商务奠定了基础，2013年畜牧业“发展农产品网上交易、连锁分销和农民网店”，到2014年“启动农村流通设施和农产品批发市场信息化提升工程，加强农产品电子商务平台建设”，再到2015年“支持电商、物流、商贸、金融等企业参与涉农电子商务平台建设，开展电子商务进农村综合示范”，作为农业信息化的一部分，畜牧电子商务也得到了迅速发展。

2014年畜牧业电子商务进入一个新的时期，如大北农布局“三网一通”，将传统农业与互联网、物联网、优质服务理念、金融平台等结合起来，标志着大北农公司将成为农业产业链运营商。雏鹰农牧不惜关停运营仅5个月的雏鹰在线重织新网，欲用专业电子商务团队打造以社交平台为主，依托粉丝经济，并结合电子商务平台的新型营销模式。2014年新希望六和公司联手京东，为公司农牧产业链上各方主体提供以电子商务为中心、物流及金融为两翼、信息和技术为支撑的综合服务平台。各类畜牧业及猪业企业先后进入网络经济，探索多种电子商务模式。如图5-1所示。

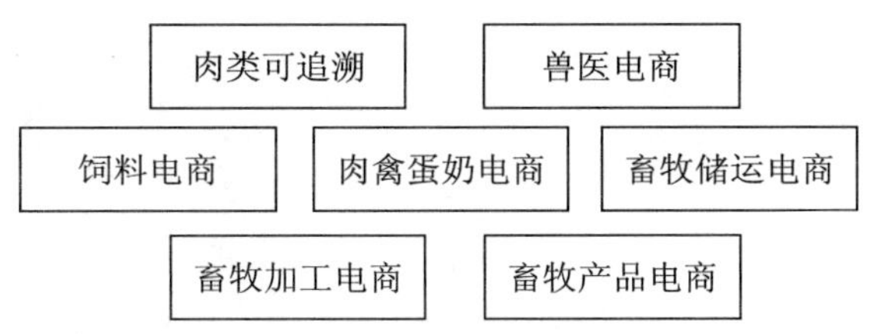

图 5-1 畜牧业主要电子商务模式

总体而言，畜牧业电子商务发展相对滞后，畜牧业电子商务网站不多，发展势头较猛，据统计，2015 年我国畜禽产品类大宗商品交易市场（含肉类、禽蛋、草业等）31 家，2014 年 9 月，全国首家畜牧业电子商务平台在河南省郑州市开通河南省神州牧易电子商务。畜牧业电子商务网站有中国养殖网、麦田计划网、重庆生猪交易市场、湖南生猪交易市场、淮安生猪交易市场及广联生猪交易市场等网站，麦田计划网、知e农网（智农网）。网上交易的主要产品：一是动保产品；二是饲料添加剂；三是预混料；四是多种服务。

5.2 畜牧业及猪业电子商务模式创新

5.2.1 大北农模式

作为大型畜牧企业集团——大北农公司转型目标从单纯的提供饲料、动保和种子等产品的提供商，转变成一个集科技、信息、金融、人才四位一体的现代综合服务型平台企业。未来发展确定的方向是：一是农业科技，将涵盖大北农目前已有的业务；二是信息产业即农业信息，以互联网技术和平台为依托的信息服务领域；三是农村、农业的小微金融，这一领域目前的关注度不高，却有庞大的市场；四是人才的建设，大北农希望能够培养和集聚农业专业人才，未来的农业发展需要有先进理念和专业技术的职业农民。

到 2017 年，通过猪管网能够管理 1 亿头猪，即 500 万头母猪的发展目标。在养猪服务领域，20 年以来积累了大量资源，因此更倾向于以猪为突破口，以已经推广应用的猪管网为主线，力求在养猪领域优先推广其综合服务平台的理念。

未来 2～3 年，大北农还将以养殖链的互联网生态圈建设为核心，致力于打造“三网一通”养猪生态圈，其中包括猪管网（以管理与服务养猪企业的平台）、智农商城（农业电商平台）、农信网（农村互联网金融）、智农通（基于移动端的即时服务系统），而随着公司投资成立北京农信金融信息服务公司、增资北京农博数据科技公司等举措的落地，“智慧大北农”稳步推进，2015 年是其综合服务战略升级落地的开启之年。

5.2.2 麦田计划网模式

麦田计划网由基地直供、采购中心、委托采购、麦田物流、县域商贸中心、麦田农讯等组成，服务和交易的产品包括当季水果、时令蔬菜、米面粮油、鲜活水产、畜牧活禽、肉禽蛋类、坚果干货、名优特产、源产茶叶、园林园艺、苗木直供等。

5.2.3 众筹猪肉模式

“众筹猪肉”C2B模式（见图5-2），最早兴起在遂昌，后来发展到武汉、厦门等，10几个人在网站或者微信公众号上，像买电影票选座一样，选择猪肉的不同部位，“众筹”一头整猪。企业得到订单后，再开始养殖，几个月后，屠宰、冷冻好的鲜猪肉就能快递上门。期间，消费者还可以随时视频查看猪的饲养和成长情况。

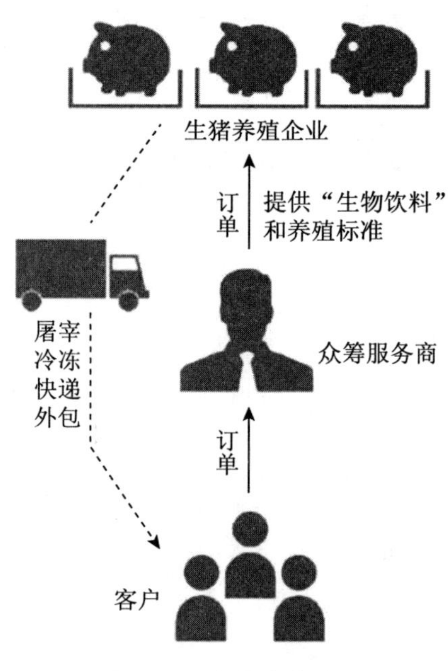

图5-2 众筹猪肉流程

5.2.4 在成熟的平台上开旗舰店模式

2015年，在传统农牧业步履维艰时，基于互联网的农牧业电子商务发展迅猛，据不完全统计，淘宝网上注册的农牧业网店已经达1000多家。北京泽牧久远在淘宝网开有自己的网络旗舰店。近年来，一些企业开始由C2C平台（淘宝），转向B2C平台（天猫、京东）、我买网、中国地理标志产品商城、717商城（原龙宝溯源商城，第一家食品安全网站）。2014年新希望六和与京东达成深度战略合作，共建电子商务综合服务平台。

5.2.5 肉类产品可追溯体系建设模式

广东省中山市被商务部定为全国第 4 批肉类蔬菜流通追溯体系建设试点城市，是广东省目前唯一的试点城市，并于 2014 年年底正式启动肉类蔬菜流通追溯体系建设工作。2014 年达华智能中标成为中山市肉菜追溯体系建设运营主体单位，目前正在打造智能家庭产业生态、智慧城市等生态体系，运用公司业务覆盖物联网、金融支付、系统集成、通信、OTT（Over the Top，通过互联网向用户提供各种应用服务）等，助力推动中山市肉菜溯源项目的运营与建设。未来覆盖范围包括全市 153 个流通节点。

达华智能作为肉类追溯体系的主体供应商，公司帮助中山肉菜流通追溯体系完成了首次试点工作，并将于 2016 年年底在全市全面建成肉菜流通追溯体系。中山市在全国首个采用 IOS 模式，IOS 模式即政府与企业共同投资（Investment），以创新的模式开展运营（Operation）、创新应用服务（Service）推动肉菜蔬菜流通追溯体系的可持续发展。如图 5－3 所示。

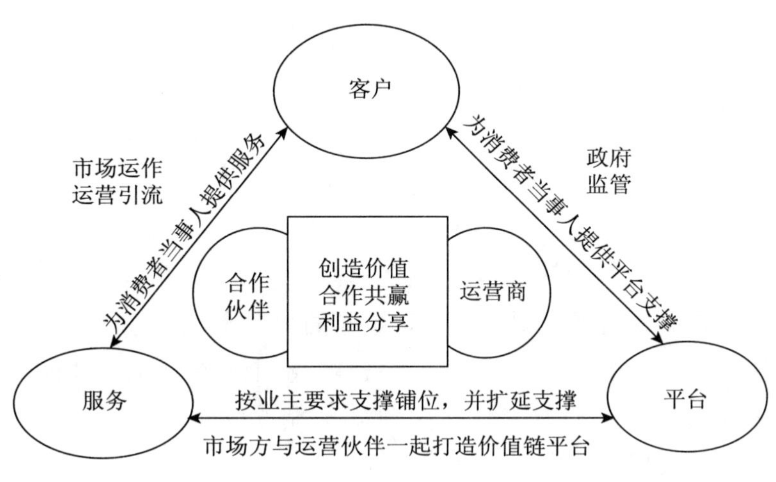

图 5－3 中山市的 IOS 模式示意图

5.2.6 畜牧企业与网站合作模式

2015 年 3 月，北京泽牧久远生物科技研究院与国内浏览量最大的畜牧业网络媒体——中国养殖网达成战略合作。同时，“北京泽牧久远”独家冠名支持“首届 2015 中国农牧电商文化节”的举办，双方联袂重磅打造农牧电子商务的最强模式。首届 2015 中国农牧电商文化节于 2015 年 4 月 24—25 日在江南名城南京市正式开幕，首届农牧电商文化节搭借“2015 中国饲料工业展览会暨畜牧业科技成果推介会”的春风，紧紧围绕推介会“充分展示和大力推介畜牧饲料新技术、新产品、新成果”的主旨，致力打造集产品展示、品牌推广、项目对接、代理合作、投融资洽谈、评奖颁奖等为一体的农牧电子商务盛会，这是行业内一流的推广、合作、交流的创新型平台。

5.2.7 国家生猪市场——竞价交易模式

国家生猪市场致力于打造公正可靠的生猪交易平台，挑选规模猪场的优质猪源，减少中间环节，让买卖双方直接交易；采用竞价模式，以保证金做担保，让双方交易更加可靠放心。

1. 竞价模式交易的优点

（1）猪源稳定：大型规模猪场优质猪源，质量更加稳定可靠。

（2）直接交易：买家直接对接猪场，减少中间环节。

（3）公平竞价：自由报价，价格随行就市，买卖更加公平。

（4）交易保障：预先交付保证金，买卖双方更加放心。

（5）诚信平台：农业部指定的唯一一个国家级生猪平台，更加真实可信。

（6）高效便捷：操作简便，定时竞价，交易需求时时把控。

2. 竞价模式交易流程

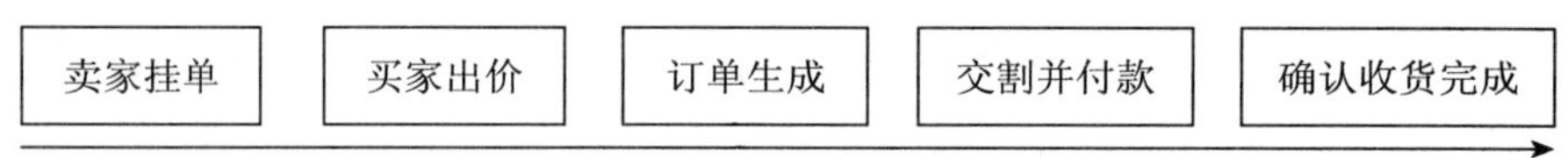

图5-4 竞价模式交易流程

3. 竞价交易规则

（1）买卖双方在交易时都需要冻结一定金额的保证金。

（2）买家按车出价，单位为“头/车”，只有保证金冻结成功，才能成功出价。

（3）竞价时间为每日上午9：00—10：00，只能竞价第二天要交割的生猪。

（4）买家在竞价过程中可以多次出价。

（5）按照价高者先得的原则依次生成订单，生成后的订单不可修改，不可取消。

（6）生成订单48小时后，如买家仍未支付货款，系统将关闭订单，自动将买家冻结的保证金划扣给卖家。

（7）发生违约的情况下，违约方将赔付保证金给未违约方。

国家生猪市场——猪交所是我国农业部按照国家“十二五”规划纲要建设的唯一一个和生猪相关的国家级大市场，目前由北京农信互联科技有限公司旗下重庆农信生猪交易公司作为运营主体，结合生猪业的特点，借助移动互联网及电子商务的先进技术，公司推出网上交易平台——猪交所，有效解决了生猪交易链条较长、品质无法保证、质量不可追溯、交易成本较高、交易体验性较差等问题，有效地解决了我国生猪价格长期剧烈波动的问题，可以提高我国生猪市场竞争力。如图5-5所示。

图5-5 生猪市场交易平台

5.3 我国畜牧业电子商务存在的问题及其对策建议

5.3.1 我国畜牧业电子商务存在的问题

1. 对畜牧电子商务信心不足

“畜牧企业发展电子商务”喊了好多年，也有不少企业在运作，绝大部分持观望态度。一般而言，企业组建一个网络部，招聘5～6个人，设计几个产品，就在网上开始推广，业绩好坏无关紧要，权当公司在培育一个新的利润点。

2. 畜牧企业经营者的“意志力”不足

“意志力”不足的本质是畜牧企业经营者观念没有完全转变的问题。企业经营者对电子商务概念及其发展不重视，只是抱着试水及随大溜的观望态度，并没有真正去了解和实践电子商务的发展态势。所以如果畜牧企业、兽药企业在电子商务的策略上一味地讲究天时地利人和，那可能会由于拖了电子商务的后腿而成为行业的遗憾。

3. 畜牧企业缺乏复合型的电子商务人才

畜牧业运营电子商务不仅需要对畜牧业、兽药行业有所了解，而且要对互联网等网络技术非常熟悉的人才，这样的复合型人才很少，因为畜牧业企业招募的电子商务人员来自互联网企业，而这些人对畜牧业专业知识了解得并不多。即便企业转变了观念，开始以互联网思维来考虑电子商务化，但做成什么样？如何做？由谁来做？这些具体的问题仍是令众多尝试电子商务的畜牧企业、兽药企业负责人头疼的问题。

4. 畜牧业电子商务物流供给不足

目前的城市物流体系的供给已经相当完善，但处于偏远农村养殖场的物流体系都不健全甚至相当缺乏，这也导致畜牧业物流成本居高不下，时间成本也偏高。畜牧企业、兽药企业经不起采购金额较小的购买，需要有一定批量的购买用户群体来支撑，否则，很难分摊由此产生的物流配送的成本。这在很大程度上限制了畜牧业电子商务的发展。

5.3.2 促进我国畜牧业及猪业电子商务政策建议

1. 正确认识畜牧业及猪业电子商务的发展

目前国务院、农业部、商务部、工信部等政府部门十分重视农产品电子商务、农村电子商务、农业电子商务的发展，阿里系、京东系、苏宁云商、邮政、电信、金融等相关企业也十分重视涉农电子商务领域，畜牧业及猪业电子商务发展迎来新的发展机遇。

2. 探索多种畜牧业及猪业电子商务模式

畜牧业电子商务企业应认真探讨畜牧业及猪业电子商务发展，探讨多种模式，如在成熟平台上开网店，自建平台，自建与开放平台相结合，探索网络零售模式，更要探索多种形式的B2B发展模式，还要探索B2B+B2C等模式，并且将网上交易与网下的物流配送、电子支付紧密联系起来。

3. 加快畜牧业电子商务与相关行业电子商务联合

畜牧业电子商务与饲料电子商务、与加工企业电子商务、与畜牧兽医电子商务、与农资电子商务等相互融合发展，联动发展，甚至可以探讨同一平台上的多种模式交易集成创新、多种品种交易的模式集成创新，总结“卖料、卖肉、卖服务”的经验和存在的问题。

4. 畜牧业及猪业电子商务绿色生态链建设

畜牧业及猪业电子商务不仅仅是平台交易，还包括网下物流配送、电子支付，以及网下的基地、农户、加工企业、批发市场、零售店之间的绿色生态链建设，形成以平台为中心的产业链或者供应链，真正为实体经济服务，而且畜牧业及猪业品类也可以形成生态链。

5. 引导畜牧业及猪电子商务发展趋势

（1）联盟化趋势。任何企业都不可能再单打独斗，这是互联网时代畜牧企业转型的核心。

（2）网络化趋势。很多项目可以实现线上线下的整合，畜牧企业O2O发展趋势明显。

（3）金融化趋势。目前整个畜牧企业资金链偏紧，信用体系不健全甚至缺失，加上许多养殖户没有赚到钱，资金就会随之发生困难，在这个时候谁能够利用金融杠杆，谁的发展就会更加主动，某种意义上，养殖企业变成了类金融行业，只有加入社会化的金融杠杆才可以确保持续发展。

6. 政府行业协会应加快试点与示范

农业部、商务部、供销合作总社等政府职能部门应积极引导畜牧业电子商务的发展，鼓励探索多种模式，促进电子商务可持续发展，总结经验，探索新规律、促进网上与网下融合发展，可探索试点、示范基地、园区、网站等示范引导。

6　2015年我国农产品电子商务园区发展报告

6.1　我国农产品电子商务园区的发展背景

6.1.1　农村市场潜力巨大

我国农村市场十分广阔，2015年我国农村消费品零售额达到4.2万亿元，同比增长11.8%，占社会消费品零售总额比重达13.9%，比2014年扩大0.2个百分点，且2012年以来增速保持快于城镇态势。

6.1.2　农村互联网日益普及

截至2015年12月，我国网民规模达6.88亿人，互联网普及率为50.3%，手机网民达到6.20亿人，手机网民占总体网民的比例高达90.1%。我国网民中农村网民占比28.4%，规模达1.95亿人，农村网民在整体网民中占比增加，规模增长速度是城镇的2倍，反映出2015年农村互联网普及工作的成效。

6.1.3　农村电子商务发展环境日益完善

2015年10月31日，国务院办公厅发布《关于促进农村电子商务加快发展的指导意见》，对农村电子商务发展进行部署指导。农村电子商务的发展现状可以总结为“速度快，范围广，竞争热”，农村电子商务发展速度非常快，我国网购用户2015年达到4.13亿人，农村网购用户占比达到22.4%，有9257万人，农村网购规模超过1800亿元，同比增长60%以上。

从人员来看，农村网购用户已占农村网民的47.5%，未来还有很大增长空间；从区域来看，从东部地区农村迅速向中西部农村扩展；从产品来看，从以工业品下乡，正在向农产品进城拓展，2015年我国生鲜农产品网络零售额达到544亿元，已是2014年全年水平的1.5倍。

目前，阿里、京东、苏宁等电商巨头纷纷将竞争重心放在农村，除了这些大型电

子商务平台外，农村传统商贸企业，邮政、供销、万村千乡企业也由线下到线上融合发展，到2015年8月底，中国邮政已上线了10万个服务站点。

6.1.4　电子商务园区整体发展进入高速发展期

2007—2008年，东南沿海地区开始自发出现网商集聚的市场，当时多以网商商城、网商园命名，业态多为网商的自发集聚发展。这些园区历经近10年的发展，商业模式逐渐清晰，产业服务日趋完善，目前已进入高速发展期。以福建幸福里商城和广州岭南国际电子商务产业园为代表的民营电子商务园区，进入了快速发展的黄金期。

2012年5月和2015年5月，商务部分两批共100家电子商务基地开展国家电子商务示范基地创建工作。4年来，各示范基地深入贯彻国家有关电子商务发展的方针和政策，在管理协调机制建立、基地规划建设、政策集成创新、产业集聚发展、创新创业孵化、公共服务平台搭建、基金设立引导等方面取得了良好的建设成效。部分国家电子商务示范基地的农村电子商务工作在稳步推进，基地内的农产品电子商务园区建设已经成为工作重点之一。

6.2　我国农产品电子商务园区的发展现状

据中国电子商务基地联盟不完全统计，截至2016年3月，全国电子商务基地（园区）数量超过1500个，其中农产品电子商务园区占比达到12%，而且农产品电子商务园区的发展速度要高于其他行业的电子商务园区。通过对抽样园区以调查问卷方式进行统计分析，我们得出中国农产品电子商务园区的发展现状。

6.2.1　农产品电子商务园区的基本情况

1. 区域地理位置分布（见图6-1）

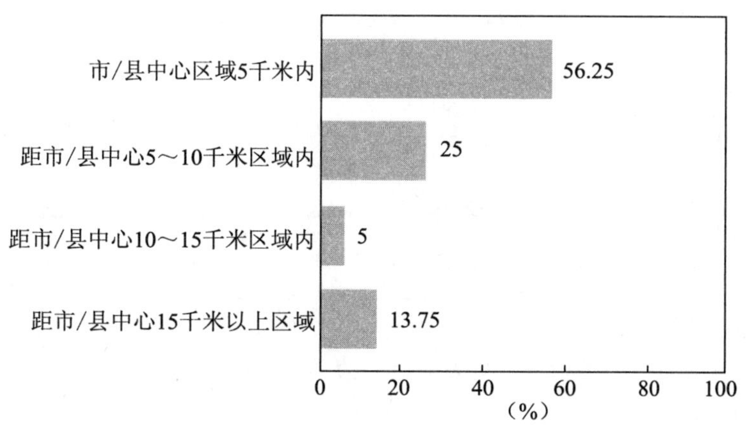

图6-1　区域地理位置分布

2. 园区建设投资方式（见图6-2）

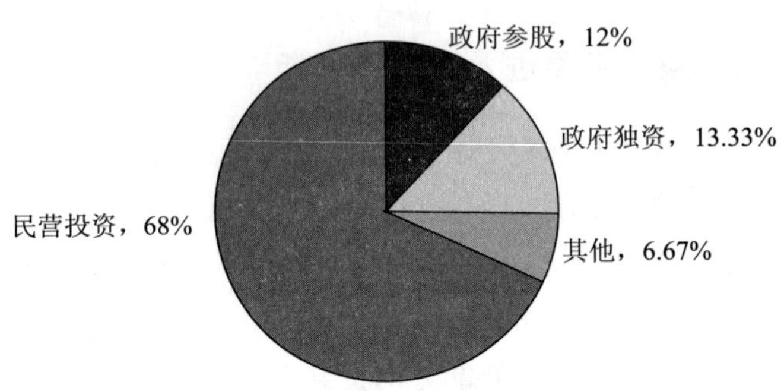

图6-2 园区建设投资方式

3. 建设投资总额（见图6-3）

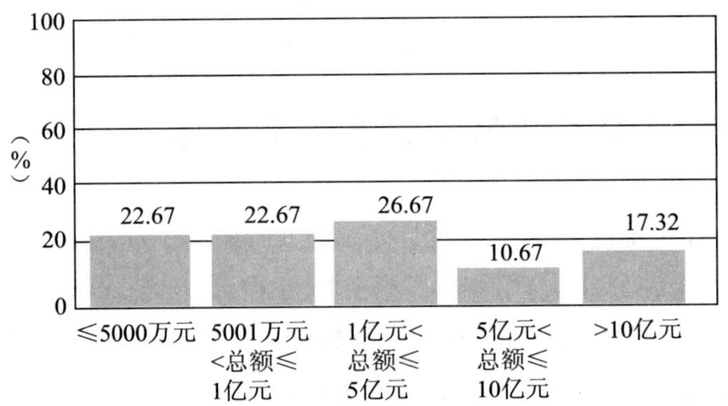

图6-3 建设投资总额

4. 园区的建筑面积（见图6-4）

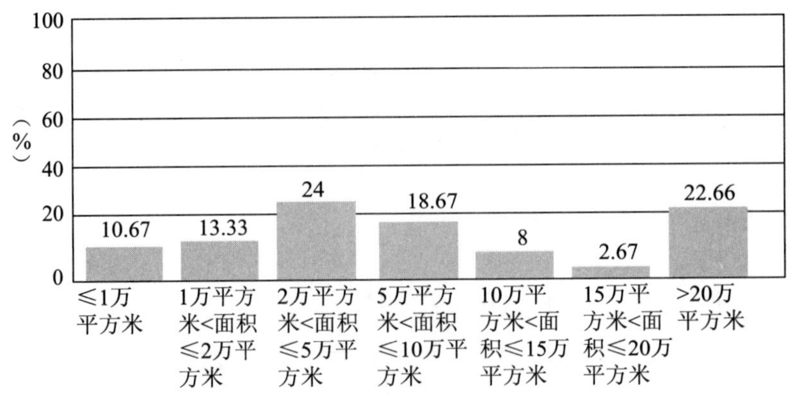

图6-4 园区的建筑面积

5. 命名或挂牌的名称（见图 6 - 5）

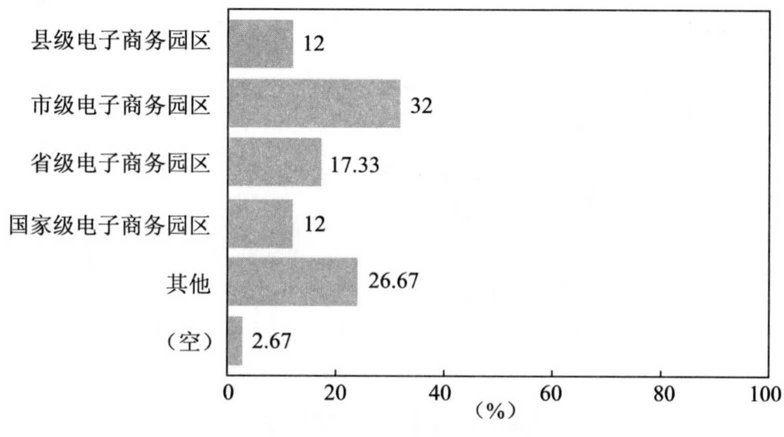

图 6 - 5　命名或挂牌的名称

6.2.2　产品电子商务园区规划建设和管理情况

1. 直接隶属的上级主管单位（见图 6 - 6）

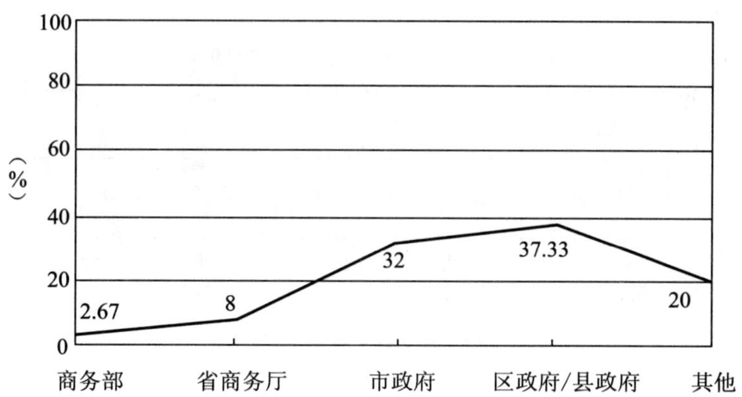

图 6 - 6　农产品电子商务园区直接隶属的上级主管部门

2. 主管单位管理方式（见图6-7）

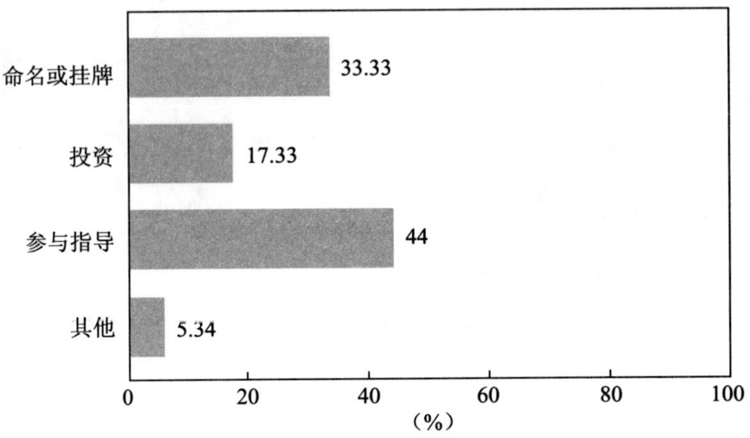

图6-7　主管单位管理方式

3. 园区规划机构情况（见图6-8）

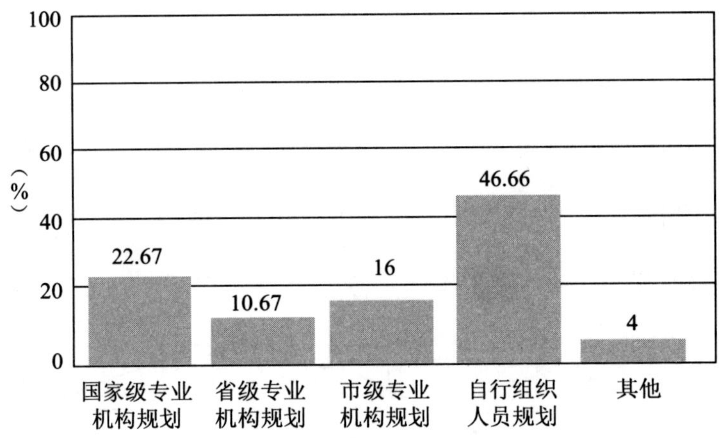

图6-8　园区规划机构

4. 园区赢利模式（见图 6-9，此图根据调查问卷多选题绘制）

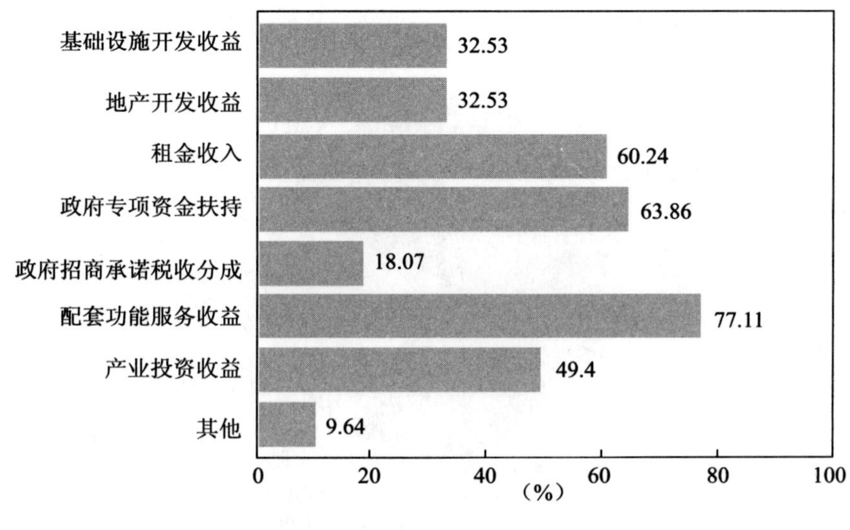

图 6-9 园区赢利模式

5. 园区物流模式（见图 6-10）

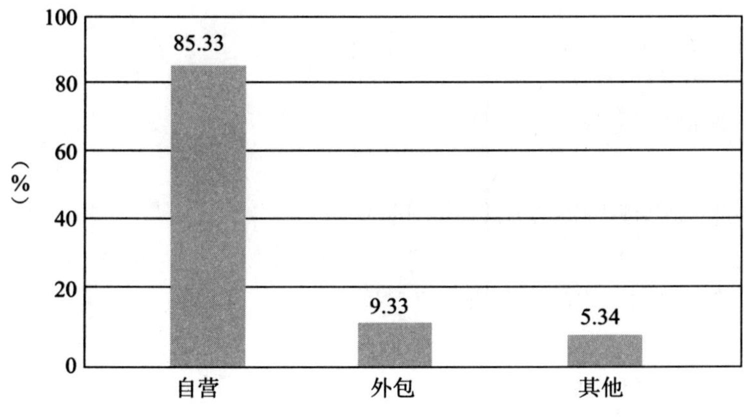

图 6-10 园区物流模式

6.2.3 园区的招商情况

1. 招商团队人数情况（见图 6－11）

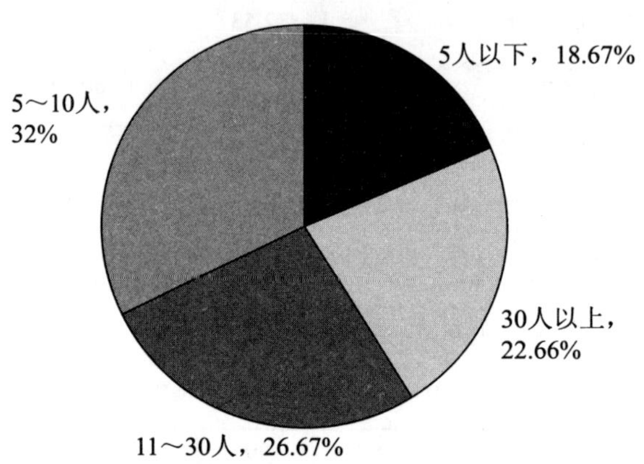

图 6－11 园区招商团队人数

2. 对入驻企业销售额的要求（见图 6－12）

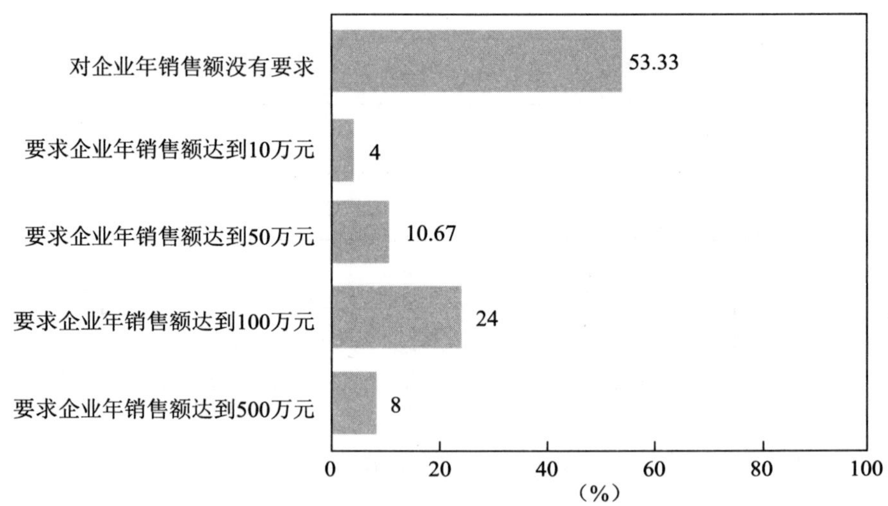

图 6－12 园区对入驻企业销售额的要求

3. 入驻园区的电商支撑服务商情况（见图6－13，此图根据调查问卷多选题绘制）

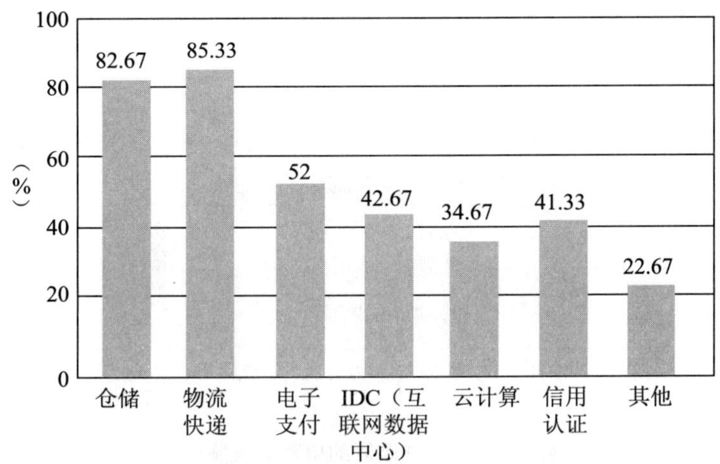

图6－13　入驻园区的电商支撑服务商情况

4. 入驻园区的电商衍生服务商情况（见图6－14，此图根据调查问卷多选题绘制）

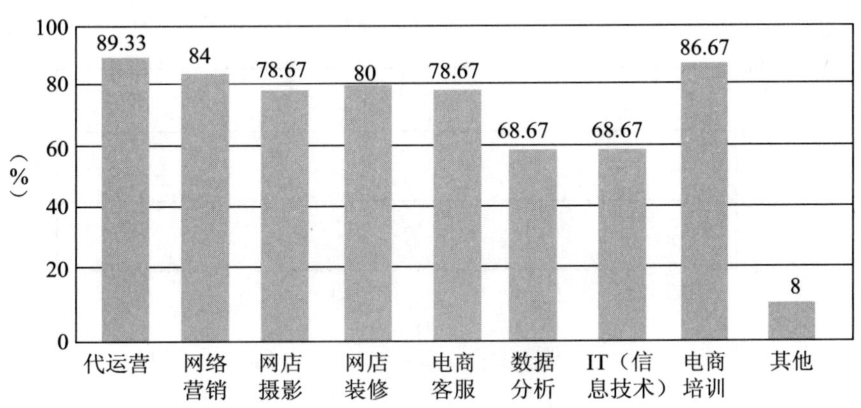

图6－14　入驻园区的电商衍生服务商

5. 入驻园区的电商商务服务商情况（见图6－15，此图根据调查问卷多选题绘制）

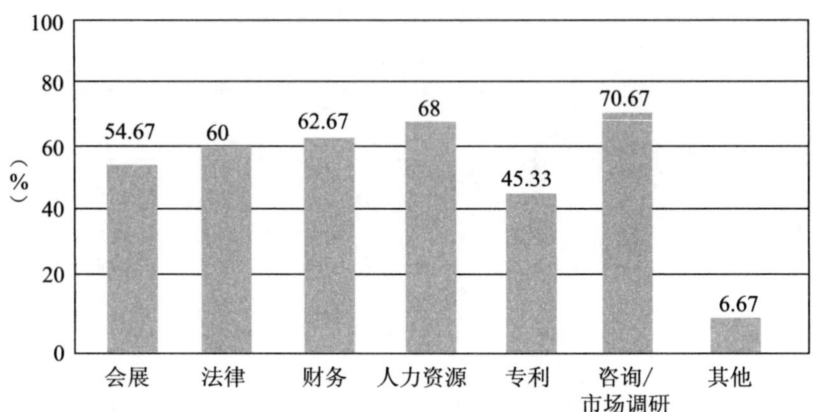

图6－15 入驻园区的电商商务服务商

6.2.4 园区经营情况

1. 入驻园区的企业数（见图6－16）

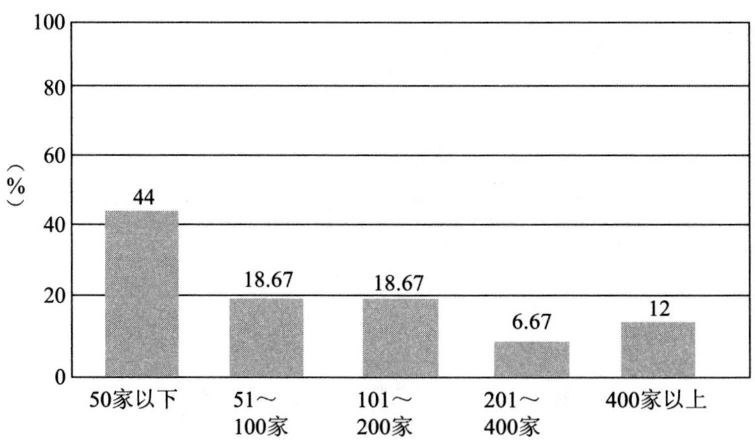

图6－16 入驻园区的企业数

2. 主营业务收入（2015年经济指标）（见图6－17）

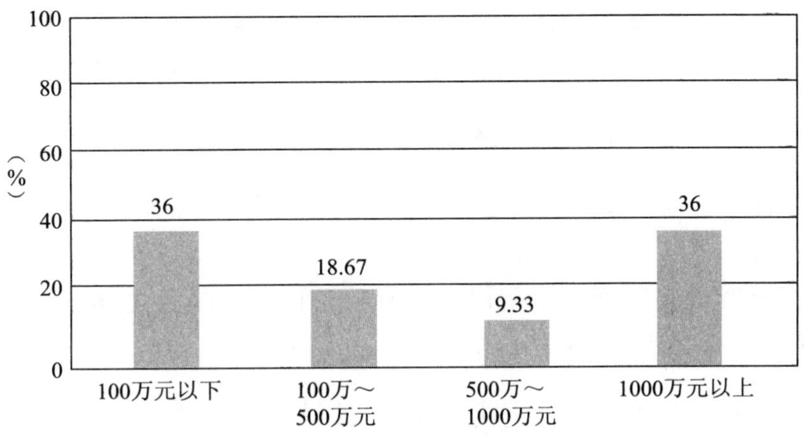

图6－17　主营业务收入

3. 主营业务成本（2015年经济指标）（见图6－18）

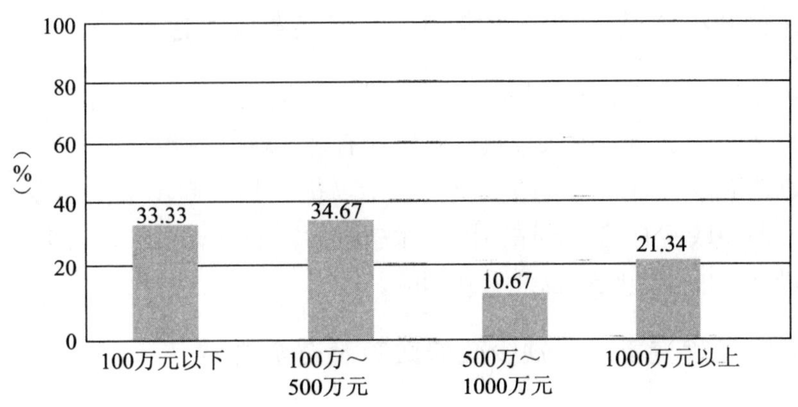

图6－18　主营业务成本

6.3　我国农产品电子商务园区发展中存在的问题

6.3.1　园区商业配套不完善，政府支持的相关配套政策不清晰、不明确

第一，主要问题是园区周边公共交通、治安秩序、物流体系等配套设备不完善；第二，较为明显的问题是园区经营管理缺乏上级政府政策和第三方平台的支持，这一问题越是到中西部地区越明显，因为当地电子商务企业少，农产品电子商务企业更少，形不成规模，发展后劲乏力，亟须当地政府及第三方电子商务平台的大力支持。

6.3.2 招商信息不对称，招商缺乏各方支持，招商困难

我国农产品电子商务园区招商缺乏第三方平台和政府相关部门的数据支撑，因此，信息严重不对称。另外，园区数量过多且同质化现象严重，因此招商比较困难。

6.3.3 区域产业环境不成熟，规模效应弱，两极分化严重

很多农产品电子商务园区所在地的发展环境不完善，在园区自身发展过程中都面临着内部经营管理、财力支撑、融资等方面的相同问题，甚至有些园区步履维艰，这些都需要园区投资者和管理者时刻保持清醒的认识，在园区建设初期做好定位与规划，要有长期发展的充足准备。

6.3.4 电子商务人才缺乏，引进困难，人才培训缺乏资金

超过67%的受访农产品电子商务园区负责人普遍认为，在园区运营方面缺乏人才，越是到三四线城市和一些县域地方，这样的情况越明显，农产品电子商务园区运营人才的匮乏是个亟须解决的问题。

6.3.5 园区赢利模式及运营模式模糊，园区运营成本过高

近1/3的受访农产品电子商务园区都存在着初期投入巨大，后期运营成本过高的问题。即使很多园区是响应国家号召，使用现有老园区和城市三旧（旧城镇、旧厂房、旧村庄）等改造而成，但园区因缺少规划资金，都面临着起步艰难，赢利和运营模式模糊的问题。即使政府有租金补贴但因“撒胡椒面”的形式很难惠及小微企业，因此，大部分园区最基本的租金收益也公受到影响。

6.3.6 政府重视程度不够，缺少政府政策及资金支持

近2/3的受访农产品电子商务园区都表示，当地政府对加强园区建设的重要性和必要性认识不足，相应的重视程度不够，没有进行针对农产品电子商务的顶层设计及规划，相应的支持政策缺失。调研中发现，部分国家电子商务进农村示范县，按要求能够开展相应政府工作形成区域示范，但其他未获批的区域因没有对应的资金支持，对于农村电子商务工作的开展积极性不高。另外，有一部分园区挂牌启动后即处于停滞状态、休眠状态，这一现象应引起各级政府的重视。

6.4　2016年我国农产品电子商务园区发展展望

6.4.1　农产品电子商务园区将是未来农村新消费阵地的引领者

截至2015年12月，中国网民规模达6.88亿人，其中农村网民占比28.4%，规模达1.95亿人，农村经济领域正因为电子商务发生着改变。电子商务不但是打通国内消费品下行和农产品上行的双向通道，也是打通国内和国际的双向通道，跨境农产品电子商务将是下一个消费热点。新消费催生新产业，更多的国际级连锁型、消费型网商将引领新农村的消费潮流，加强对跨境网商服务能力的建设将是下一步农产品电子商务园区发展重点。以黑龙江农垦总局针对北大荒集团的电子商务化支持为例，2007年即成立了北大荒电子商务集团公司，该集团以农副产品的"电商＋物流金融"为核心发展战略，目前在京津塘、长三角、珠三角、中部地区构建了以物流为中心的农产品电子商务园区，下一步将发挥毗邻俄罗斯的优势加大跨境电子商务的投入，打通国内国际的双向通道。

6.4.2　农产品电子商务园区是未来中国农村电子商务重要的互联网基础设施

农村网商年龄在20～29岁的占75.9%，30～39岁的占18.6%，两个年龄段合计近95%。农村网购同样以年轻人为主。目前很多农民工和大学生纷纷返乡创业，这些新农村创业者与他们的父辈相比见识更多，思路更宽，更善于使用互联网。

农产品电子商务园区的发展将为这些新农村网商提供返乡创业空间、人才教育基地；将成为各级政府新型城镇化的抓手，是区域经济转型的助推器和加速器。这样的创新创业新"双创"载体，是未来中国农村电子商务发展的最重要的互联网基础设施。以辽宁省农产品现代流通体系建设为例，中华全国供销合作总社和辽宁省人民政府战略合作，由中国供销集团和辽宁省供销合作社投资建设"中国供销辽宁农产品交易中心（集团）"。交易中心遵循"政府主导、企业运作、整合资源、体现公益"的原则，按照"实体交易中心＋虚拟电子商务平台"的构想，规划建设集农产品电子商务中心、价格形成中心、信息传播中心、结算中心、检验检测中心、农产品展示中心及VIP服务中心等功能于一体的交易集团总部基地，该基地将成为立足辽宁，连接全国，辐射东北亚的国家级农产品交易平台。

6.4.3　农产品电子商务园区是解决"最后一公里"物流制约的有力手段

2015年中央一号文件明确要求"支持电商、物流、商贸、金融等企业参与涉农电子商务平台建设，开展电子商务进农村综合示范"，其中各地政府、电子商务平台都在积极探索物流部分。以陕西省武功县农产品电子商务园区为例，自2013年12月开始以打造西北电子商务人才培训地、西北农产品电子商务企业聚集地、西部农产品物流集散地为目的，走出具有武功特色的“买西北、卖全国”电子商务发展模式，培育出一批西域美农、“马栏红”苹果和十六御等特色农产品品牌，目前武功县2015年电子商务农产品销售名列陕西第一，全国第二，真正实现了全国农产品物流的优势集聚。

6.4.4 农产品电子商务园区推动农业系统的互联网化

2015年是农产品微商的爆发年，农产品通过微商模式销售非常流行，越来越多的新农人投身农产品微商行业，百万千万级的销售经典案例层出不穷。这些新农人的独特销售模式和业绩又带动了传统农业生产基地、农业批发市场、农垦系统的快速互联网化。以规划设计开发运营农产品电子商务微商园的鲜农哥团队为例，他们通过整合政府、协会、生产基地、农产品微商大咖、顺丰和邮政等多方力量，在首届国际草莓微商节期间，依托东港农产品电子商务园区开展培训设立分销统筹物流，在最冷的寒冬里，把微商届里认为最难买、最娇贵的草莓卖爆全国，千万级的销售业绩不但让中国草莓第一县的“东港草莓”品牌度和美誉度刷爆朋友圈，更培养了一批农产品微商创业团队，他们将成为未来中国农村电子商务的新生代力量。

7 2015年大数据在我国农产品电子商务领域的应用

2015年我国粮食产量实现“十二连增”。在我国粮食创下高产量、高库存、高成本、高进口“四高”的背景下，面对粮食、肉类、水产品、禽蛋、蔬菜、水果、油料等多种农产品，农民在生产之前应该考虑生产什么、生产多少，这种考虑过去靠计划，现在靠市场。但在市场经济条件下究竟应该生产什么、生产多少、库存量要有多大、市场需求如何，因市场经济存在信息不对称的问题，此时也经常出现“失灵”。但是当大数据科技工具出现后，大数据就可以帮助解决这样一些问题，这也是笔者撰写“2015年大数据在我国农产品电子商务领域应用”的初衷。

7.1 农业大数据为我国农产品电子商务奠定了基础

农业大数据是大数据理念、技术和方法在农业领域的实践。它涉及农业生产、经营、管理和服务的四个方面，是跨行业、跨专业的数据分析与挖掘的基础。农业大数据可以引导我国农产品生产、流通和消费。

7.1.1 大数据对农产品生产的引导

大数据在农业中的应用主要集中在“精准农业”。“精准农业”是信息技术与农业生产全面结合的一种新型农业，其由6个子系统组成：全球定位系统、农田信息采集系统、农田遥感监测系统、农田地理信息系统、农业专家系统、智能化农机具系统，其核心是建立一个完善的农田地理信息系统，解决一个种的科学性问题。“精准农业”大数据如图7-1所示。

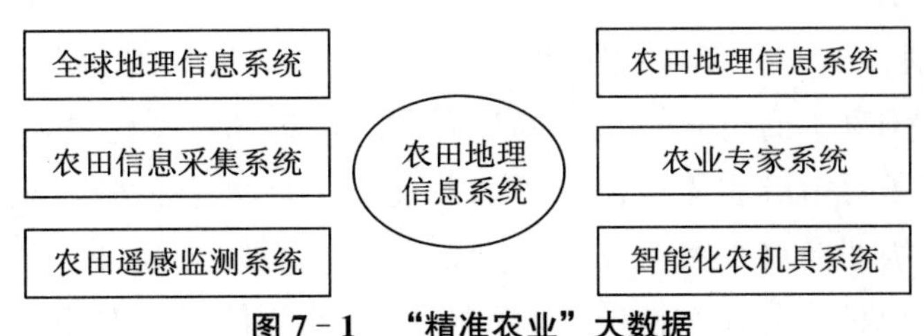

图7-1 “精准农业”大数据

大数据通过以不同系统获取的庞大信息量为基础，为“精准农业”的发展提供了大量的机会，可以用于土壤肥力管理、农田边界图管理、产量分布图管理、精确定位病虫害控制方法和施肥决策管理等，提供高品质的农产品，也能够以有效的需求信息，生成准确的订单，实现供给与需求的无缝对接。

7.1.2　大数据可以引导农产品流通

大数据可以提供经系统整合的相关气候、农产品价格走势、农产品“最前一公里”和“最后一公里”的信息、终端消费需求等相关数据，辅之以菜场超市摊位监测评估数据体系等，通过对这些专业数据的解读，可以判断农产品交易、质量、需求、价格变动等情况。近年来的可追溯体系建设为农产品电子商务奠定了基础。

（1）商务部可追溯体系。2010年以来，商务部分4次在50个城市开展了肉菜可追溯体系建设，利用中央、省、市三级平台，覆盖批发、屠宰、零售、消费环节，利用IC（集成电路卡）、二维码、条码等信息技术，记录肉菜流通的各种信息，消费者可以通过索证索票的方式查询上游产品的来源。目前有1.2万家流通企业纳入可追溯体系建设，平均每天有200多万条信息对3万多吨300多种肉类蔬菜中药材进行追溯，覆盖范围逐渐扩大到中药材、酒类、奶制品、水果及水产品。

（2）农业部会同国家食品药品监督管理总局着力构建产地准出、市场准入的衔接机制，加快国家农产品质量安全追溯信息平台建设，将生猪和无公害、绿色、有机、地理标志产品全部纳入质量追溯试点的范围，通过以点带面，逐步实现农产品的生产、收购、储藏、保鲜、运输、销售和消费全链条可追溯。

（3）国家粮食局重视智慧粮食建设，即运用物联网、云计算、空间地理和遥感信息集成等新一代信息技术，推进粮情监测、预测预警和服务管理的精细化、智慧化。其中，库存粮食识别技术代码及电子标识、追溯技术和标准，已经由13个省区和3个央企单位承担。由中储粮总公司、黑龙江粮食局、江苏省粮食局、深圳粮食集团等部门和各单位承担的“粮食储运监管物联网应用示范工程”，已经建成了47个物联网技术应用库存点。建立食品原产地可追溯制度和质量标识制度，健全农产品质量安全可追溯体系，国家粮食局提出了以库存粮食识别代码为技术载体，建立贯彻收购储存、运输、加工和销售，即从田间到餐桌的全过程质量追溯体系。山东省、江苏省在全国率先启动库存识别代码的试点工作，其中国有企业151家，约占已备案国有企业的1/3，另有民营企业12家，山东省粮食局库存粮食识别代码系统平台已接收各种试点企业上传的3474个货位的库存粮食识别码以及关联信息，涉及粮食367.7万吨。

（4）近年来，国家工商行政管理总局加大了对可追溯体系建设，采取“以网管网”的办法，先后完善了对市场主体进行监管，并建立了以国家工商行政管理总局监管平台为中心，以各省级工商局平台为支撑的全国统一体、统分结合、功能齐全上下联动的网络监管信息系统和平台。这种中央和地方两级监管体系，对市场主体具有最权威

的资料，为可追溯市场主体的管理奠定了基础。

(5) 2015年9月1日，国家质量监督检验检疫总局正式施行新的《食品召回管理办法》。颁布《食品召回管理办法》的目的是加强食品生产经营管理，减少和避免不安全食品的危害，保障公众身体健康和生命安全。

(6) 根据《社会信用体系建设规划纲要（2014—2020年）》《贯彻实施质量发展纲要2014年行动计划》《国务院关于促进市场公平竞争维护市场正常秩序若干意见》的要求，以及中国诚信建设促进会的信用研究成果，由中国搜索和联合东方诚信（北京）数据管理中心建立的国家级可追溯平台——全国商品可追溯信息查验平台，用先进的物联网技术、自动控制技术、自动识别技术、互联网技术，在公用二维码系统平台上增加了cxbz（独立第三方数字化诚信信息查验平台）的自有技术，对单个产品赋予唯一身份，对产品的原料、生产及消费等环节进行数据采集和跟踪，实现产品全链管理展示。全国商品可追溯信息查验平台经营两年来，在12个城市的500多家企业的2000多种产品中采用了可追溯技术。

(7) 国家食品药品监管总局2016年1月出台《关于食用植物油生产企业食品安全追溯体系的指导意见》，意见提出，食用植物油生产企业食品质量安全追溯体系信息记录重点包括原料验收信息、生产过程信息、产品检验信息、产品销售信息、人员设备信息等。特别是针对食用植物油常见风险隐患和掺假造假等，提出了黄曲霉毒素控制、物料平衡等信息记录等要求。生产企业要对物料来源、加工过程和产品去向、数量等信息如实记录，以确保记录真实、可靠、所有环节可有效追溯。同时，食用植物油生产企业可通过模拟演练食品安全问题，检验追溯体系的可操作性和存在的问题，及时纠偏完善，保证发生食品质量安全问题产品可召回、原因可查清、责任可追究。该意见中所指的食用植物油是以菜籽、大豆、花生、葵花籽、棉籽、亚麻籽、油茶籽、玉米胚、红花籽、米糠、芝麻、棕榈果实、橄榄果实（仁）、椰子果实以及其他小品种植物油料制取的原油，经过加工制成的食用植物油。

7.1.3　大数据可以引导对农产品和农业服务的消费

1. 农业气象预测

首先建立天气识别模型，然后将这些模型与当前的气候条件进行比较，再运用预测性分析，进行天气预报。在这种情况下，对气象的预测时间更长、准确度更高，有助于休闲观光电子商务发展，如预报当地农村天气情况，引导顾客参观和考察休闲观光农业项目。

2. 环境预测

进行环境预测需要了解获得区域作物、土壤、水、动物、气候和天气之间的复杂的相互作用，需要对这些不同因素的数据进行分析，大数据技术有助于整合提高不同地区的海量数据。有助于休闲观光电子商务发展，如引导农民种植最合适的农作物，同时把握植物的生长节奏，以满足不同季节和时令农产品、观光农产品的观赏需要。

3. 提升人类健康水平

通过对人和周围生物群落之间的相互作用分析，包括生物群落的基因组、动物的营养、人类的营养状况数据，大数据可以更好地预测人类的健康和幸福感，并通过对农作物的基因组进行测序，从质上改变农作物的质量，培育出营养价值更高的农作物，提升人类健康水平，有助于生产高品质的农产品，同时满足各类、各阶层的消费者的需求。

近年来，随着我国农业信息化建设的加速和农村电子商务的发展，推动了农业大数据的发展和运用。如山东省已经初步建立了化肥、农药、种子等农业投入品，“三品一标”优质农产品，农业统计、实用技术、质量标准、涉农法律法规、农业专家、农业影视和龙头企业等20多个数据库，数据内容包括文本、图片、音视频等多种格式，数据记录300多万条，数据容量已经达到20TB（存储单位）。消费者可以根据大数据进行选择和搜寻消费者所需要的“三品一标”农产品。717安全食品网就真正做到了“先溯源后可购”，也可以“先购买后溯源”。

7.2 农业大数据的应用要注意8个关键点

目前我国大数据产业还处于发展初期，2012年仅为4.5亿元，主导厂商以外企居多，2015年我国大数据应用的市场规模预计1500亿元，2020年将达到8000亿元。农业大数据产业发展面临的现实挑战值得认真分析和对待。我国大数据的发展需要不断地探索并创新模式。将农业大数据与农业电子商务相融合应注意以下8个关键点。

7.2.1 大数据的采集

建立健全农业大数据采集制度，明确信息采集责任。要广泛采用分布式高速、高可靠数据获取或采集/高速数据全映像等大数据收集技术，广泛收集互联网数据，进一步优化涉农数据监测统计系统，完善统计指标，扩大采集监测范围，改进采集监测手段和方式，探索开展统计监测由抽样调查逐步向全样本、全数据过渡试点，完善信息进村入户村级站的数据采集功能，完善相关数据采集共享功能。

7.2.2 大数据的分析

建设国家级、省级的农业大数据交换中心，依托云计算技术，通过基础软硬件资源整合和架构重建，实现资源的统一管理、按需分配、综合利用。形成上下联动、覆盖全面的农产品大数据共享平台，实现数据的互联互通、开放获取、快速访问。

7.2.3 大数据的应用

逐步实施农业智能化行动，利用大数据技术提升农业生产、经营、管理和服务水平，培育一批网络化、智能化、精细化的现代“种养加”生态农业新模式，加快完善

新型农业生产经营体系，培育多样化农业互联网管理服务模式，逐步建立农副产品、农资质量安全追溯体系。定期举办监测预报预警，避免问题农产品“断头案”现象频发。①

7.2.4　大数据的运营

完善大数据的服务体系建设，以龙头企业、合作经济组织、标准化生产基地、农业科技示范园区、种养大户、农产品网站为依托，实现对农产品产供销的“一站式”服务。支持农民专业合作组织和种养大户等加强自身信息服务体系建设，形成电视、电话、网络相互结合、互为补充的多模式信息传播。加强与联通、移动、电信、广播电视等部门的沟通合作，整合分布在不同地点、使用多个服务号码、由不同专家团队支撑的各类为农服务平台资源，建设集热线电话、手机短信、涉农网站、广播电视、App 技术等于一体、多功能并举、覆盖“三农”信息服务系统。

7.2.5　大数据的管理

建立和完善国家级和省农业大数据交换中心平台管理制度，包括应用准入、应用卸载、沙箱开发、安全事故、违规处罚等；建立平台运行制度，依据国家信息安全有关法律法规，对所有农业信息根据职务、服务对象和服务内容进行分级管理，建立和完善平台安全保密制度。

7.2.6　大数据的标准

重点围绕基础数据、数据处理、数据安全、数据质量、数据产品和平台标准、数据应用和数据服务六大类，建立标准体系，并从元数据、数据库、数据建模、数据交换与管理等领域，推动相关标准的研制与应用。

7.2.7　大数据的示范

围绕精准农业、物联网应用、产品质量安全追溯、农产品线上营销等开展试点示范，积极探索农业大数据技术在农业领域集成应用、农产品高标准生产、优质品牌开发和产品网上销售等新途径、新模式。

7.2.8　大数据的人才培养

充分发挥高等院校、高新企业、电子商务园区的人才优势，引进人才与引进智力相结合，促进我国农业大数据运用的档次和水平，选派年轻的农业干部进行进修、培

① 姜刚，陈尚营，毛伟豪，等．问题农产品“断头案”频发　农民喊冤消费者纠结［N］．经济参考报，2015-10-07.

训，促进农业系统人才和知识的更新，提高应用能力和水平。利用农村实用人才、新型职业农民培训等现有培训项目资源，加大培训力度，推广普及农业大数据知识。

7.3 山东省大数据与农业电子商务融合发展

2013年5月17日，山东省大数据产业技术创新战略联盟成立，旨在整合山东省大数据产业研发的人才、设备、网络、用户等企业及团体的资源优势，推进山东省互联网产业和软件与信息服务业的大发展。2015年山东电子商务平台3000家，居全国第4，全省农产品电子商务销售额达到400亿元，增长30%以上，2015年12月的首届“阿里年货节”山东村淘点购买额突破1.22亿元，居全国第1。可以说，走在全国前列的大数据建设为农业电子商务的快速发展提供了多方面的支撑作用，而农业电子商务的发展又丰富了大数据库并促进其不断完善。

7.3.1 大数据的开放共享行动

在顶层设计方面，实现农产品生产在数据、流通的大数据、消费的大数据的互联互通、各农业专业大数据的共建共享和省、市、县一站式服务，开始面向全省提供农业大数据的跨专业查询服务、可视化决策服务以及跨专业的实时数据集成服务。

2016年建成山东省全省农村土地确权颁证数据系统、全省农产品质量安全追溯数据系统、全省农村精准扶贫开发数据系统。到2018年，全省实现数据统一共享交换平台的全覆盖，实现种植业、经管、畜牧、农机、扶贫等信息系统通过统一平台的数据共享和交换。到2020年，“山东省农业大数据交换中心”平台实现各农业专业应用系统整合。生产—流通—消费大数据如图7-2所示。

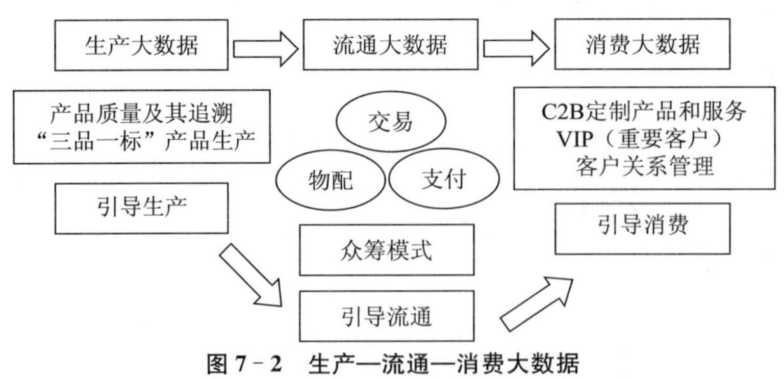

图7-2 生产—流通—消费大数据

7.3.2 大数据资源统筹发展行动

依托山东省农业大数据交换中心，地市级政府集中构建统一的互联网政务数据服务平台和信息惠民服务平台，在基层街道、社区统一应用，并逐步向农村特别是农村

社区延伸。到 2018 年，形成统一的互联网政务数据服务平台；农业大数据应用示范县实现基础信息集中采集、多方利用，实现公共服务和社会信息服务的全人群覆盖、全天候受理和“一站式”办理。到 2020 年，把“山东省农业大数据交换中心”建设成山东省农业农村经济的基础数据存储中心、为农业农村经济提供服务的技术数据支撑中心以及为领导科学决策提供数字依据的分析数据应用中心。同时，按照共享共用、协作协同、分工分流的原则，推进建立完善的数据采集渠道和监测网络。到 2020 年，建成 60 个农业大数据采集重点县。

7.3.3　精准农业应用创新行动

依托现代农业示范园区、绿色食品种植园区，重点打造一批水田物联网应用示范区，建立和完善病虫害在线监测系统，扩大乡村病虫监测点数量，通过智能化监测工具和信息采集传输装备，实现信息自动接收、分析汇总、远程诊断。完善山东省土肥站测土配方施肥信息查询和专家咨询系统，推动互联网技术和土肥技术的集成创新。建立省级测土配方数据库，指导农民精量精准科学施肥，加快实现“三减”目标，保护和改善生态环境。

7.3.4　农业电子商务应用创新行动

努力打造集信息发布、产品交易于一体的山东省农产品电子商务公益性、专业化平台，为全省提供一个门槛低、专业性强、安全性高、能够实现产需有效衔接的高效便捷的农产品电子商务平台；加强与阿里巴巴、天猫、乐村淘等第三方电子商务平台合作，鼓励农业龙头企业、家庭农场、农民专业合作社等新型经营主体登陆“好品山东”，开设专区、专柜；支持农产品电子商务企业建立海外营销渠道，创立自有品牌，推动跨境农产品电子商务发展。实施农村青年网店创业工程和大学生创业工程，支持农村青年、大学生开办网店。支持中国邮政“邮掌柜”“掌上供销”等系统推广应用，推动地方特色农产品销售，实现农村青年创业创收和农产品增值增效。

7.3.5　农产品质量安全追溯应用创新行动

加强山东省级农产品质量追溯平台建设，健全追溯数据录入、监管信息综合统计、追溯码生成、终端查询等功能，为消费者提供系统完备、查询便捷的农产品质量信息服务。引导新型农业经营主体进入省级平台或自建质量追溯体系，通过多种途径，使经过认证的绿色食品生产企业实现产品质量可追溯。以消费者方便查询和重点关注的信息为重点，统一规范农产品质量追溯内容，全面录入农产品产地基本情况，农药、种子、化肥等生产投入品，重要生产过程简短视频及农产品质量标准、营养成分等信息，提升农产品质量追溯的可信度，进一步提高山东省优质农产品市场竞争力。

7.3.6 农村信息服务应用创新行动

以农村信息需求为导向，构建查询便捷、系统完备的农村信息服务网点，加快“12316语音热线”、短信、视频等农业服务方式与手机、掌上电脑等移动终端的融合，实现种植技术、病虫害防治、技能培训、市场供求信息等公益服务，农村电子商务、金融保险等经营性服务，求医问药、水电气话费代缴等便民服务的在线可视化，打通信息服务“最后一公里”。完善全省农产品市场预警信息采集、分析、发布平台，建立预警信息数据库，定期采集合作社、家庭农场（大户）、农产品加工贸易企业以及农资企业生产和销售信息。

建立专家分析师队伍和预警信息分析会商发布制度，分析和发布农产品生产、加工、销售、价格、成本收益、供求趋势等信息，为各类生产经营主体和政府决策提供有效的信息服务。

建立健全县、乡、村三级土地流转服务体系。加快建立农村土地流转信息平台，积极推行土地流转信息网上发布，实现土地流转动态管理，为流转双方提供法律政策咨询、流转信息网上查询、合同签订指导和抵押贷款等服务。到2017年，全省农村土地流转信息平台全面建成应用。

加强生态环境监测数据资源开发与应用，开展大数据关联分析，为生态环境保护决策、管理和执法提供数据支持。统一发布生态环境监测信息，到2020年，生态环境监测网络基本实现环境质量、重点污染源、生态状况监测全覆盖，各级各类监测数据系统互联共享，监测预报预警、信息化能力和保障水平明显提升，监测与监管协同联动，初步建成陆海统筹、天地一体、上下协同、信息共享的生态环境监测网络。

7.3.7 农业大数据应用示范行动

根据各地区域的特点，积极扶持引导山东省农业大数据应用示范县建设，探索信息化与农业现代化融合的路径、模式与经验。坚持政府引导，推进市场化协作，调动社会各方力量积极参与到农业大数据建设、运营中来，以外部协作促进体制内合作。鼓励各地围绕区域主导产业，建设各具特色的农业科技示范基地。加强基地与科研、推广、教育机构的联合协作，实现科技与生产、集成与示范、教育与推广的紧密结合，着力解决全产业链的技术难题。到2020年，在全省建成40个具有带动作用的农业大数据应用示范县。引导推动信息技术与传统农业深度融合，推动物联网、云计算、大数据、移动互联等信息技术在农业领域的广泛运用。

当我国农产品电子商务由价格竞争转向利用大数据进行品质和品牌竞争的轨道后，我国农产品电子商务才可能进入一个良性发展的路径。

8　2013—2014 年我国农产品电子商务模式发展报告

8.1　农产品电子商务发展的背景及发展阶段

改革开放以来，特别是最近几年来，农产品电子商务的发展具有 6 个背景：①广播电视网络覆盖范围进一步扩大（村村通）；②电话网络继续快速向农村延伸覆盖（100%通电话）；③农村网民增长较快（2013 年 12 月，网民达到 1.77 亿人，占 28.6%）；④涉农网站达到 3.1 万家；⑤“三网融合”以及物联网技术广泛应用；⑥冷链物流与配送促进了生鲜电子商务的发展与创新。农产品电子商务的发展背景如图 8-1所示。

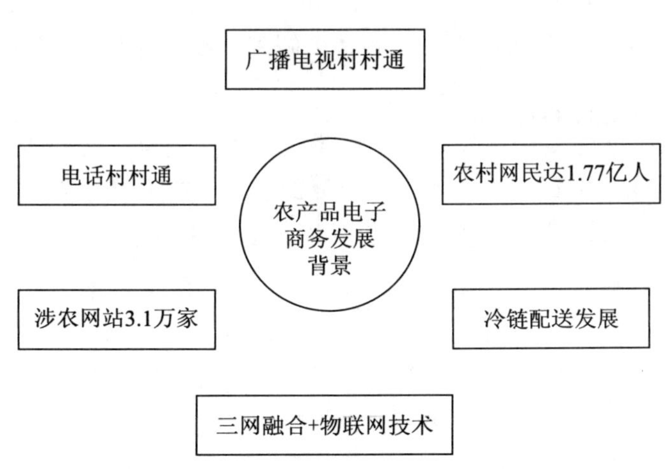

图 8-1　农产品电子商务发展的背景

自 1995 年以来，农产品电子商务发展共经历了 4 个阶段。

8.1.1　第一阶段（1995—2005 年）

1995 年 12 月 12 日，郑州商品交易所集诚现货网成立，开始探索如何使粮食在网上流动起来，至2000年中华粮网（更名）成立，2005年10月中央储备粮网上交易探索开创。1999年全国棉花交易市场成立，1999年12月以来，交易市场接受国家有关部门委托，通过竞卖交易方式累计采购和抛售国家政策性棉花近2000万吨，成交金额近4000亿元。2000年8月至2002年6月，交易市场还接受国家有关部门委托，通过竞卖方式抛售国家储备糖230多万吨。

8.1.2 第二阶段（2005—2012年）

2005年易果网成立，2008年出现了专注做有机食品的和乐康及沱沱工社，这几个企业开始都是做小众市场。在这期间，国内频发食品安全事件，导致很多消费者产生了对品质高、安全性高食材的需求，这使得很多企业看到了这个巨大市场，2009—2012年涌现了一大批生鲜电商。很多的商家进入电子商务行业，导致了行业泡沫的产生，当时的市场需求并没有那么大，而生鲜电子商务的模式也是原封不动地照搬了其他电子商务的模式，最终很多企业倒闭。

8.1.3 第三阶段（2012—2013年）

生鲜电商的转折，也是从2012年年底开始的。当时刚成立一年的生鲜电商“本来生活”凭“褚橙进京”的事件营销一炮走红，随后又在2013年春挑起了“京城荔枝大战”，生鲜电商再度引起人们热议。这期间，社会化媒体及移动互联网的发展也让生鲜电商们有了更多模式的探索，但生鲜农产品电子商务的发展仍然十分艰难，2013年年初的北京“优菜网”曾经寻求转让、上海“天鲜配”被“下线”等。

8.1.4 第四阶段（2013—2014年）

在第三阶段创业的生鲜电商中，以顺丰优选、一号生鲜、本来生活、沱沱工社、美味七七、甫田、菜管家等为代表的商家都获得了强大的资金注入，而且每个企业都有各自的行业资源优势，进而相继进入生鲜电商竞争。在这期间，B2C、C2C、C2B、O2O等各种模式竞相推出，越来越多的网络工具，如宽带电信网、数字电视网、新一代互联网、云计算、大数据及微博、微信等为各商家提供更多的选择工具。中国地理标志产品商城、龙宝溯源商城等特色网站出现，促进了农产品电子商务模式创新。也有一些农产品电子商务下线，如永辉“半边天网”上线不足百日便下线等，也有一些生鲜电商亏损，如电子菜箱等。

8.2 农产品电子商务发展现状

2013年我国农产品继续大丰收，农产品总产量近20亿吨（不含木材），我国农产品电子商务得到了迅速发展，据统计，我国现有各类涉农网站3.1万家，其中农产品

电子商务网站 3000 多家，具体来说，一是农产品网上期货交易，三个期货交易所有农产品期货交易品种 16 个，交易额达 31.53 万亿元，比上年下降 12.2%；二是商务部、农业部、供销合作总社政府信息网站，商务部夏、冬两季组织农产品网上交易会，交易额达到 839.33 亿元；三是我国有大宗商品交易市场 538 个，其中有农产品网上交易市场 161 家，交易额达 10 万亿元；四是淘宝（天猫）有农产品商户 200 多万户，交易额达 500 亿元；五是京东、1 号店、我买网、沱沱工社、顺丰优选、中国地理标志产品商城、龙宝溯源商城、全农汇、菜管家等生鲜农产品交易额达到 250 多亿元。

2013 年度中国农产品网上交易一览表，如表 8－1 所示。

表 8－1　2013 年度中国农产品网上交易一览表

网站/形式	交易额	特色
期货交易所	31.53 万亿元	大连商品交易所、郑州商品交易所、上海期货交易所
网上交易会	840.54 亿元	商务部新农村夏、冬网上交易会等
大宗商品交易市场	10 万亿元	广西糖网、全国棉花市场等 161 家
粮食网上交易市场	2000 亿元	郑州粮食批发市场、黑龙江粮食交易市场网上市场、中华粮网、中国网上粮食市场
阿里	500 亿元	25 个全国特色馆、20 个淘宝村
京东	100 亿元	自营与平台相结合模式，农产品销售
1 号店	105.4 亿元（含其他品类）	开生鲜农产品频道，最大的食品 B2C（企业对顾客），最大的食品进口网上销售企业
我买网	10 多亿元	粮食等食品
顺丰优选	2 亿元	精品果蔬农产品
沱沱工社	2.5 亿元	最大的有机食品网上交易
龙宝溯源商城	0.5 亿元	第一家食品安全电子商务
中国地理标志产品商城	0.5 亿元	第一家地理标志产品商城
电子菜箱	0.5 亿元	面向社区的生鲜 O2O 模式
中华粮网	220 亿元	成交总额 1000 万吨，政府储备粮（小麦稻谷）
黑龙江粮食交易市场	72.4 亿元	成交 167 万吨

资料来源：洪涛根据第一手资料整理。

8.2.1　农产品电子商务框架体系

2013 年我国初步形成了涉农政府信息网、农产品电子交易网等多层次性的电子商务网络体系，如图 8－2 所示。

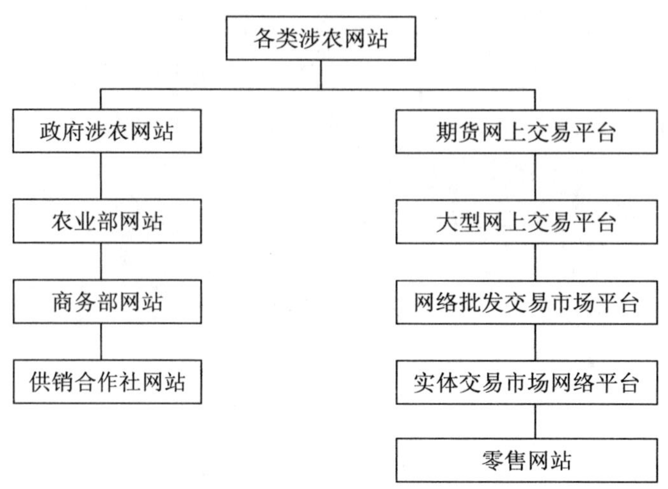

图8-2　各类涉农网站

8.2.2　农产品电子商务

1. 商品期货交易所网上交易

2013年我国累计交易品种达到40个（其中农产品期货品种达到16个），年交易额达到267.4万亿元，较2012年增长56.3%，其中农产品网上期货交易额达到31.53万亿元，比上年下降12.2%。在新品上市的同时，"期货僵尸"也相继出现，许多品种惨淡交易，从目前来看，大连商品交易所的豆二（可以交割转基因大豆和非转基因大豆），郑州商品交易所的普麦、菜籽成交量都十分低迷，甚至有几个品种的日成交量保持在个位数，对经济和社会发展的作用有限。

2. 大宗商品电子交易

我国大宗商品电子类交易市场涉及的行业已包括能源、化工、纺织、金属、酒类、矿产品、农产品、林产品、牧渔产品、医药等十多个行业。其中，农产品161家、金属（含黑色、有色、稀贵）119家、化工59家、能源（含石油、煤炭、天然气）23家、林木（含纸浆）17家、酒类17家、纺织11家、矿产品8家、综合类84家、其他类39家。据不完全统计，大宗农产品电子交易额超过10万亿元。

大宗商品交易模式归纳起来主要有13种，如买方挂牌交易、卖方挂牌交易、电子竞买交易、电子竞卖交易、托管储销交易、RAT（无线接入技术）交易、双向竞价交易、在线洽谈交易、现货递延交易、集合竞价交易、招标拍卖（买）交易、专场交易、中远期交易（期现货式、准期货模式、渤海模式、糖网模式等）。

我国大宗商品交易市场发展情况如图8-3所示。

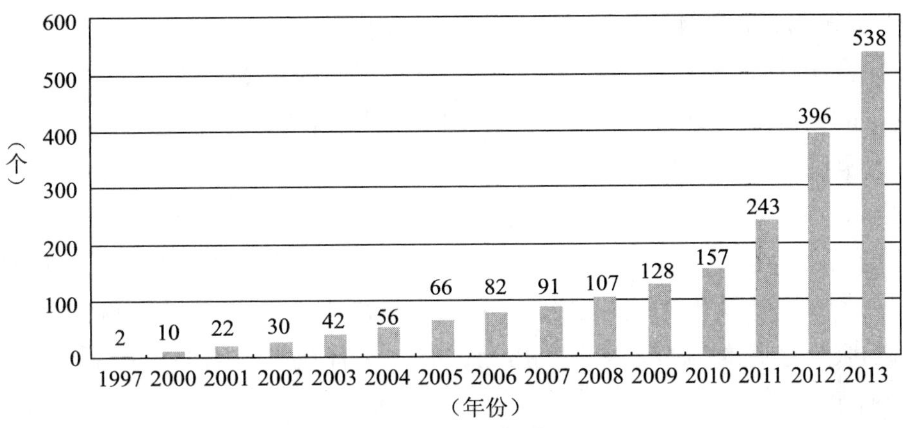

图 8-3　我国大宗商品交易市场发展

3. 粮食网上交易十分活跃

据国家统计局《中国商品交易市场年鉴 2013》，2012 年全国有亿元以上粮食交易市场 111 个，交易额达到 1641.26 亿元；据全国粮食行业协会统计，2013 年国家粮食局系统有粮食市场 65 家（国家粮食交易中心 25 家，其他各类粮食交易市场 40 家），网上交易额接近 2000 亿元，其中，"中华粮网"交易粮食近 500 亿元，郑州粮食批发市场交易量达 1193 万吨，比上年增长 106%，2013 年黑龙江粮食交易市场网上粮食成交数量达 187 万吨（其中小麦 20 万吨，大豆 167 万吨），交易金额 72.4 亿元，温州网上粮食市场 2010 年至 2013 年，积极吸纳全市网上交易粮源，共组织了 318 场次的网上粮食交易，成交量 42.14 万吨，成交额 10.83 亿元，交易成功率为 91%。中国网上粮食市场等也表现突出，主要模式为 G2B（政府抛售）或者 G2B（政府采购），具体模式是网上竞价交易、撮合交易、招投标交易等形式。

4. 政府部门组织网上产销对接交易会

商务部农村商务信息服务先后夏、冬季两次组织农产品网上购销对接会，据统计，2013 年夏季举行农产品网上购销对接会，截至 2013 年 9 月，农村商务信息服务累计帮助农户销售农副产品 2200 多万吨，成交额达 820 多亿元；2013 年冬季举行农产品网上购销对接会，截至 2014 年 1 月 11 日 8 时，商户数 9.1894 万家，供应信息 71.1241 万条，求购信息 10.1095 万条，实际成交额 19.33 亿元，意向成交额 16.99 亿元。

2013 年 8 月 9 日，由上饶市粮食局、衢州市粮食局、温州市粮食局、台州市粮食局和绍兴县粮食局共同主办的中国网上粮食市场早稻交易会，网上早稻交易为期 7 天（8 月 9 日至 15 日），会议当天举办了 3 场网上竞价投标，共成交早稻 4.25 万吨，成交金额 1.21 亿元，此外，还组织网下现场订货洽谈会，成交量 4.76 万吨，成交额 1.33 亿元。

5. 各类农产品网络零售模式

据不完全统计，现有各类农产品生鲜网络零售网站达到上千个。淘宝注册地在农村（含县）的网店达到203.9万个，比2012年增长24.9%，交易额超过500亿元。京东生鲜农产品网络零售交易额超过100亿元。另外，许多生鲜农产品网络公司得到较大的发展，如1号店、我买网、顺丰优选、天猫、龙宝溯源商城、中国地理标志产品商城、沱沱工社、电子菜箱、菜管家、优果网、本来生活、全农汇等，2013年生鲜农产品电子商务得到迅速发展，生鲜农产品成为继图书、3C（即计算机、通信及消费）电子产品、服装之后的第四大类网上热销产品。具有较大影响的农产品电子商务模式如表8-2所示。

表8-2　　农产品电子商务模式

网站	上线及运营时间	交易额	特色
淘宝/天猫	2004年开办	500亿元	干果及其他农产品
易果网（天天果园）	2005年上线		跨境水果交易，自建物流
甫田网	2009年上线		跨境果蔬交易
优果网	2007年创办		国内外水果自建冷库
1号店	2008.07.11上线	105.4亿元	果蔬、日用品、其他
和乐康	2008年上线		有机食品
沱沱工社	2008年上线	1亿元	最大的有机食品网上交易
我买网	2009.08上线	10亿元	粮油食品
优菜网	2010.08上线		果蔬等生鲜，有实体店
菜管家	2010年上线		果蔬等生鲜，有冷库
电子菜箱	2011年上线	0.5	面向社区，果蔬
智能菜柜	2011年上线		面向社区，果蔬
本来生活	2012.12上线		褚橙、肉禽水产等农产品
全农汇（通威集团）	2012.12上线		鱼类等生鲜产品，开实体店
顺丰优选	2012.05.31上线	2亿元	高档生鲜产品
聚划算（生鲜）	2012年上线		生鲜农产品
京东	2013年上线生鲜	100亿元	自营+平台模式，各类农产品
龙宝网	2013年开办	0.5亿元	食品安全电商第一家
中国地理标志产品商城	2013年上线	0.5亿元	中国地理标志产品商城第一家
美味七七	2013年改名		
新发地农产品批发市场牵手京东商城	2013.11.08上线		批发市场+网站模式

续 表

网站	上线及运营时间	交易额	特色
乐农优选	2013年年初上线		打造生鲜全产业链
鲁派E家	2013.12上线		食品加工厂生鲜平台
永辉超市半边天	2013年上、下线	—	O2O模式

(1)“电子菜箱”模式

2012年“电子菜箱”在武汉市悄然流行，上午在网上点击鼠标选好菜，在线支付后，下午就可以在家门口的菜箱里取菜。目前这种无人交付式的“电子菜箱”蔬菜直销零售方式，已经进入武汉市240多个小区，每天为3000多个家庭提供生鲜配送。由于减少了中间流通环节，网上买菜不但更加快捷方便，而且比超市便宜20%。这种模式就是“电商＋冷链快递物流＋智能终端取货”的模式。

(2)智能菜柜模式

智能菜柜模式以B2C电子商务平台为载体构建网上超级生鲜市场，即“产地直供＋电子商务＋智能货柜”模式，如扬州智能菜柜，通过物联网技术实现“产销直达”“农宅对接”，在社区免费安装“智能菜柜”(客户可通过刷用户卡、输入密码或远程开箱等方式在便民菜箱取货，冷链保鲜)，市民只需轻点鼠标或一个电话就能收到干净优质的生鲜农产品，为市民提供生活便利。

(3)中国地理标志产品商城

中国地理标志产品商城是国内首家销售国家认证（注册审定的）地理标志产品的网上商城。商城面向生产经营者和终端消费者，提供地理标志产品线上销售服务，同时还建成了国内首个地理标志文化博物馆。2013年8月销售昌平久保大桃6000多箱，受到城乡居民好评。

(4)中国首家农产品食品安全网站

中国首家农产品安全食品平台网站——龙宝溯源商城，是2012年上线试运营，为食品商家提供安全食品展示和交易的平台，该模式主要采取三种模式：一是商品授权销售服务；二是店铺授权运营；三是商家开店自营。该平台销售有机食品、绿色食品、无公害食品、保健食品、进口食品、安全食品等。

(5)“产地＋平台＋消费者”的模式

这一模式实际上是B2B2C（企业对企业对消费者）模式，使电子商务平台商与农村合作组织（或者其他经济组织）形成合作关系，将农产品销售给消费者或者用户。如京东商城、沱沱工社、1号店、我买网、顺丰优选、本来生活、菜管家、优菜网、全农汇（通威集团）等。

(6)“平台＋自营＋直销”模式

农民在淘宝网上建网店，销售自己生产的农副土特产品，省略了中间环节，也就是产销直接见面，但是，还需要中间物流和配送服务商，或者其他服务商，这里可以衍生出新的服务业。

（7）跨境生鲜电子商务模式

近年来，许多电商探索生鲜农产品跨境电子商务模式，如1号店、顺丰快递、亚马逊、我买网等开展了一些生鲜跨境交易的探索。2013年1号店已引进了全球近70个国家的2万种进口商品，进口量非常大，以进口食品为例，1号店售出的进口食品件数高达2.5亿件，截至2013年11月，1号店进口牛奶的销售量已经占到全国海关进口总额的37.2%。

（8）移动农产品交易平台模式

上海一叶扁舟实业有限公司（以下简称“一叶扁舟”）是一家多元化经营的创新型企业。2013年我国手机用户超过12亿，手机网民超过5亿，“一叶扁舟”迅速选择了与移动互联网主办的“大变革”工程合作，打造“中国农产品”手机平台。这是它在移动互联网上打造的一个大型农产品网络交易第一门户平台，主要采取了B2B、B2C模式。

（9）河北国大集团“36524”模式

“36524”是“四网合一”的模式，即由实体店铺网、互联网、电话网、人力营销网四网并行的混合体。“36524”不仅仅是国家级注册的商标品牌，而且是可以为无数消费者提供小到油盐酱醋，大到租车等6大类30多种服务的家庭生活的“O2O模式”。

（10）湖南怡清源茶业有限公司“6网联动”模式

该公司是安化黑茶唯一中国驰名商标，是集茶叶科研、茶园基地建设、茶叶生产、加工、销售、茶文化传播于一体的大型农产品流通企业。“6网联动”：①公司官方网（语言：中文/英语/俄语）；②在淘宝网开网店；③在天猫上开旗舰店；④在京东商城开网店；⑤在“1号店”上开网店；⑥网下有实体店。

（11）淘宝网上网下联动发展

①在网上，淘宝网平台开设了许多地方特色农产品馆，如遂昌馆、高淳馆、芜湖馆、广元馆、宜城馆、安徽馆、湖北馆、山西馆、海南馆等，形成了特有的淘宝网上的一道亮丽的风景线。

②在网下，淘宝网促进了县域农产品电子商务集群模式，涌现出许多新的电子商务集群模式，如江苏睢宁县的沙集模式、福建南安的世纪之村模式、浙江义乌模式、辽宁省通榆模式、甘肃成县模式等，形成了20个淘宝村，分布在浙江省、河北省、江苏省、山东省、广东省、江西省、福建省、山西省8个省。涌现出了许多模式，如江苏睢宁沙集镇、浙江义乌青岩刘村农产品电子商务等，形成了许多特有的电子商务集散模式，涌现出了一批优秀网商，如王小帮、杜千里、中闽弘泰等。

③网上与网下联动的模式，如“政府＋农户＋合作社＋网店协会＋淘宝网”模式，

以遂昌模式为代表——当地政府为保证遂昌馆运营，支持遂昌网店协会建设了3000平方米的配送中心，投资300万元建设遂昌农产品检测中心，并推动建立了一套“5方”负责机制，以保证食品安全，并已经规划出专门的电子商务产业园，开始投入建设，建成后将实现网商聚合、协同发展。

(12) 三只松鼠天猫旗舰店在“光棍节”销售坚果排名第一

2013年11月11日，天猫双十一购物狂欢节于零点正式拉开帷幕，其中坚果类食品更是吸引了大量买家的疯狂抢购，根据数据显示，以森林坚果、花茶、干果等系列产品为主打的三只松鼠天猫旗舰店，在双十一购物节开启七分钟后，销售额超过125万元，1小时内，累积销售额达到779万元，相当于2012年双十一该店全天交易额，稳居坚果销量排名第一。

(13) 我买网“双品牌运营”模式

我买网是中粮集团旗下的网站，该网站重视“中粮集团”品牌效应，在网站首页采取了“双品牌运营”的模式，即中粮品牌、我买网品牌两个品牌同时运营，在网络平台上形成了双品牌运营的B2B2C供应链模式的效果。

(14) 海西新农村电子商务平台模式

海西新农村电子商务平台模式是门户＋应用模块（1平台＋5模块），“1个平台”是指“中国农户网”所拥有资讯行情、招商展会、供应求购、农业百科、视频图库等综合信息，为涉农企事业单位及个人提供信息发布及浏览等服务；“5模块”是指农乐问的专家咨询模块、农乐买的农资商城模块、农乐卖的订单农业模块、农家乐的休闲农业模块及我家农庄的1＋1直供模块5个模块。

(15) O2C模式

2013年11月，在四川省双流县的一些小区、临街商铺等地出现了储物柜一样的“绿箱子”。这些箱子背后，是一种全新的消费模式——O2C（Office to Customer），即从原产地（或基地）直接将产品送到消费者厨房的预订消费模式。

(16) 农产品批发市场在京东商城开网上旗舰店

2013年11月11日，北京新发地批发市场与京东达成战略合作，新发地京东官方旗舰店即日上线。消费者可通过网上选购精品果蔬、干货干果、海鲜特产、特色礼品等农副产品以及智利蓝莓、美国红提等来自46个国家的优质进口果品。通过与京东合作，可以减少农产品从田间地头到用户餐桌的中间环节。

(17) 农产品流通电子商务化新模式——P2C2B2F模式

P2C2B2F模式是指从农产品传统流通模式的问题出发，深入分析农产品流通电商化一般模式以及存在的问题，创造性地提出解决问题的新模式——P2C2B2F模式，以期为解决农产品流通的问题做出应有的贡献。

(18) 聚划算集合交易模式创新

2013年聚划算探索生鲜品类电子商务集合交易模式，如“农户＋电商”——“遂昌猪”，“经纪人＋电商”——四大鲜果（山东烟台大樱桃、山东胶南蓝莓、广东茂名红荔枝、浙江仙居杨梅），“农企＋电商”——“巴美淖尔羊肉”，“渠道商＋电商”——“双11聚海鲜”4种模式同时并存。

8.2.3 农产品电子商务物流模式

2013年商务部启动第4批肉菜流通追溯体系试点，至今达50个城市。2013年以来，菜鸟网络的出现促进了电子商务物流资源整合，如整合多家冷链物流公司，配送范围覆盖到42个城市，其中有部分线路全程冷链，其他则是半冷链。此外现有生鲜电商探索了多种物流模式：顺丰自建全程冷链物流，覆盖全国11个城市；1号店在北京和上海自营生鲜品类，与第三方冷链物流公司合作；京东在开放平台运营生鲜频道，开始探索自营生鲜，与第三方冷链物流公司合作；一些垂直生鲜电子商务在北京、上海地区自建冷链物流，但在其他城市仍需要采用第三方物流。农产品电子商务物流模式主要如下。

1. 自营物流配送模式

自营物流配送模式是指电子商务企业从企业的长远发展考虑，自行组建配送系统，并对整个企业内的物流运作进行计划、组织、协调、控制管理的一种模式。它有两种模式：一是有资金实力的电子商务公司自建物流；二是实体经济体制造企业、零售企业或者批发企业自建渠道。

2. 第三方物流配送模式

第三方物流配送模式以签订合同的方式，在一定期限内将部分或全部物流活动委托给专业物流企业来完成，这种模式也称外包物流配送模式。目前我国的第三方物流配送模式提供商主要包括一些快递公司（如顺丰、申通、圆通等）和国内邮政体系（e邮宝）两种。第三方物流配送模式如图8-4所示。

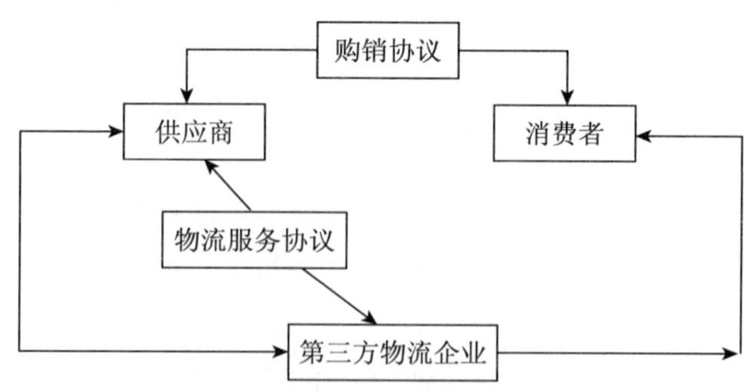

图8-4 第三方物流配送模式

3. 物流联盟配送模式

物流联盟是物流配送需求企业或者物流企业之间为了提高配送效率以及实现配送

合理化所建立的一种功能上互补的配送联合体。电子商务物流联盟模式主要是指多家电子商务企业与一家或多家物流企业进行合作，或多家电子商务企业共同组建一个联盟企业为其提供物流服务，为了实现长期的合作而组合到一起的组织方式。

4. “O-S-O”物流模式

该模式的英文是指“Outsourcing Self-constructed Outsourcing”。此模式不是简单的开始、发展、回归过程，而是与中国物流发展水平、电子商务企业自身发展水平、客户需求水平相联系，从最初的业务全部外包到中期的选择性自建，到最后业务趋于平稳，社会化物流服务水平的提升，必然会要求电子商务企业开放自身的物流服务渠道，以供全社会使用，同时对于自建渠道的不足又会吸纳优秀供应商进入服务体系，最终形成一个波浪式前进、螺旋上升的发展模式。

5. 物流一体化模式

物流一体化模式是指以物流系统为核心，由供应商企业，经由物流企业、销售企业，直至消费者供应链的整体化和系统化。物流一体化是在第三方物流的基础上发展起来的新的物流模式，其实质也可以说是第三方物流模式，是今后的发展趋势。物流一体化模式如图 8-5 所示。

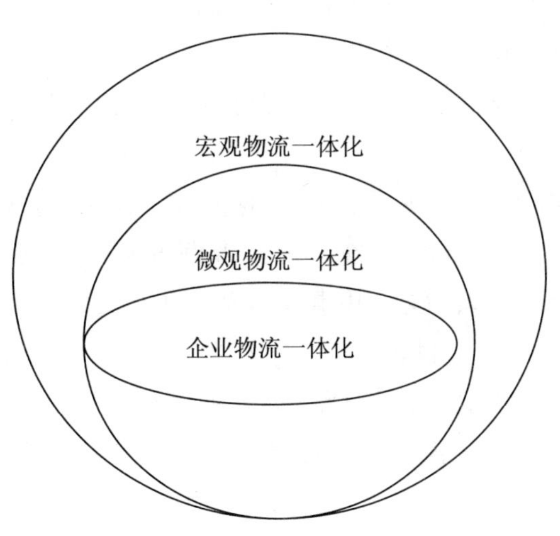

图 8-5 物流一体化模式

6. 第四方物流模式

第四方物流模式主要是指由具有专业化物流知识的咨询公司提供的物流咨询服务，应物流公司的要求为其提供物流系统的分析和诊断，或提供物流系统优化和设计方案等。从某种程度上来说，它也可以算作第三方，因为通常把为买卖双方之间提供服务的公司叫第三方。第四方物流公司原则上自己不做实际的操作运营，而是作为第三方管理、整合资源对管理结果和服务结果负责。第四方物流是个大概念，是真正能把众多的、成百上千家第三方整合在一起的供应链管理型公司。

8.2.4 农产品电子商务支付模式

1. 许多农产品电子商务网推出了支付服务

随着我国第三方支付单位的增加，许多农产品电子商务平台也推出网站支付工具，大多数网站推出了货到付款支付、在线支付和其他支付方式及优惠券的使用，甚至有的网站推出了移动支付方式，使得支付方式越来越多样化，但是也存在一些不规范、不安全的情况。

2. 银联商务创新惠“三农”

在中国人民银行的指导和中国银联的支持下，银联商务充分利用多年来在第三方支付服务领域耕耘积累的支付经验、技术力量和市场资源，不断加大市场投入，通过“全民付”便民缴费、“全民付”助农取款、“全民付”手机客户端等系列项目的实施，在农村打造出了“面”（助农便民缴费点）、“线”（助农取款）、“点”（移动支付）多位一体的“服务三农”新平台。

据统计，截至2013年10月底，银联商务各地分支机构共在20个省（市、自治区）建设了“全民付”助农取款便民缴费点1.7万个，在农村地区共计布放和维护POS终端18.9万台，占整个公司市场终端总数的7.4%。

3. 银联手机支付覆盖16省的农村地区

中国银联自2012年启动农村地区移动支付试点工作，现已将银联手机支付业务延伸到了四川省、湖南省、山西省、江西省、广东省、宁波省、江苏省、山东省、贵州省、福建省、浙江省、安徽省、黑龙江省、海南省、湖北省、河南省16个省份的县乡，服务内容除了跨行转账、小额取现、余额查询等基础性支付功能外，还可实现农资购销、涉农保险、农事查询以及公共事业缴费、手机充值、交通票务等支付应用。

4. 邮储银行推行农村手机支付业务

邮储银行2012年在湖南省衡阳市衡山县云岭村和四川省成都市郫县战旗村试点推广“汇易达”手机支付业务。“汇易达”手机支付服务是将一张与SIM卡形状相同的、可贴在手机SIM卡正面的卡片贴膜卡与手机SIM卡贴合后装回手机，在手机主菜单中预置相关的农村手机支付应用程序，即可办理账户查询、转账、汇款、助农取款、农资结算等多项农村手机支付服务业务。方便、快捷、实惠、安全的服务解决了农民朋友金融消费的问题。

邮储银行四川省分行从2012年7月在成都郫县战旗村开始试点“汇易达业务”以来，截至2013年4月底，共发卡238张，在战旗村的发卡覆盖率达到近60%。客户通过“汇易达”业务渠道办理的行内转账、跨行转账、密码汇款、按址汇款、助农取款、便民缴费等各类转账业务交易笔数485笔，交易总金额25万余元。

5. 推广手机支付业务助力春耕生产

在2013年“春耕备耕”生产之际，中国人民银行福建省建阳市支行组织辖内各涉农银行机构深入企业、农村和农户等涉农生产第一线，全面了解当地春耕生产资金结算方式，以“农保卡”“惠农卡”等涉农银行卡为载体，以手机银行、助农取现服务点等支付结算渠道为平台，向涉农企业和农户重点推出了种子、化肥和农机具等采购领域的手机支付业务，为种粮农户和农资供应商提供方便快捷的资金结算服务。

据统计，截至2013年3月底，建阳市各涉农银行通过手机银行办理春耕备耕资金采购业务1782笔，金额2865万元，有力地服务了当地春耕生产，建阳市是福建省粮食主产区，“全国商品粮基地县”。

6. 乌鲁木齐县联社开通电子商务平台电子支付业务

2013年12月，乌鲁木齐县联社开通新疆农资（集团）有限责任公司电子商务平台电子支付业务，实现了联社电子支付业务零突破。新疆农资集团是新疆区内规模最大，覆盖面最广的农资生产、销售企业。由于历史原因，过去农资集团几十亿元的农资销售资金都归集到其他银行，未能实现全新疆信用社销售资金的体内循环。

乌鲁木齐县联社与农资公司电子商务平台对接后，将实现实时在线支付、安全保密、支付接口等功能，并通过这三种功能使客户在新疆农资集团电子商务平台就能完成B2C 、B2B电子支付业务，为其提供资金结算服务，方便客户网上农资支付需求。此次与农资集团电子商务平台的合作，实现了银企农三方共赢。

9　2014—2015年我国农产品电子商务发展报告

9.1　2014年我国农产品电子商务概述

9.1.1　我国是农产品生产、流通、消费大国

截至2014年我国粮食产量实现“十一连增”，其他农产品产量也呈现增长趋势，据统计，2014年我国农产品产量达到19.46亿吨，仍然是全球最大的农产品生产大国。2010—2014年我国农产品产量，如表9-1所示。

表9-1　　2010—2014年我国农产品产量

产品＼年份	产量（万吨）				
	2010	2011	2012	2013	2014
粮食	54641	57121	58957	60194	60710
水果	20400	22700	24270	24135	24000
肉类	7925	7957	8221	8536	8707
棉花	597	660	684	631	616
水产品	5366	5600	5906	6172	6450
油料	3239	3279	3476	3531	3517
禽蛋	2765	2811	2861	2876	2894
糖料	12045	12520	13500	13759	13403
牛奶	3570	3656	3744	3531	3725
烤烟	271	287	320	320	320
蔬菜	63700	67700	70200	72500	70600
茶叶	145	162	170	193	209
木材万立方	7284	7272	8088	8367	8178
合计	174663	184453	191998	196378	195151

资料来源：洪涛教授根据统计局相关资料整理。

我国也是农产品最大的贸易国，2014 年我国粮食进出口贸易超过 1 亿吨，进口大豆 7140 万吨，进口谷物（玉米、小麦、水稻）1952 万吨，薯类（主要是干木薯）进口 867 万吨。若将 541 万吨玉米酒糟作为玉米制品纳入粮食范畴，粮食进口量 1.06 亿吨。①

我国也是全球最大的消费国，每年消费大量的农产品，包括进口的农产品，将近 14 亿人口的巨大消费量也使我国成为最大的农产品消费大国。

我国农产品物流量较大，但是相对全国全社会物流量来说，相对较小，2014 年我国农产品物流额为 3.3 万亿元，占社会物流的比例仅有 1.5%。如表 9－2 所示。

表 9－2　2004—2014 年我国农产品物流发展一览表

年份	农产品物流额（亿元）	社会物流总额（亿元）	农产品物流所占比例（%）	农产品物流同比增长率（以上年为基准）（%）
2004	11970	383829	3.12	6.3
2005	12748	481983	2.64	6.5
2006	13546	595976	2.27	6.3
2007	15849	752283	2.11	17.0
2008	18638	898978	2.07	17.6
2009	19439	966500	2.01	4.3
2010	22355	1254130	1.78	4.3
2011	23361	1584000	1.47	4.5
2012	24412	1773000	1.38	4.5
2013	25388	1978000	1.28	0.4
2014	33000	2135000	1.55	4.1

资料来源：洪涛教授根据国家发展改革委员会 2011 年资料整理。

9.1.2　农产品电子商务是农村电子商务的重要组成部分

农产品电子商务是农村电子商务的重要组成部分，农产品电子商务、农资电子商务、农村日用工业品电子商务、再生资源电子商务共同构成农村电子商务。

2003—2014 年，我国粮食产量实现“十一连增”，农民收入“十一连增”，2012—2014 年，我国农村社会消费品零售总额连续 30 多个月增幅超过城市，三四线城市成为投资热土，许多零售企业和电子商务企业下沉，2014 年我国网民达到 6.49 亿人，普及率达到 47.9%，手机网民达到 5.57 亿人，网民中手机占有者达到 85.8%，我国

① 2014 年我国农产品进出口情况［N］. 粮油市场报，2015－02－10。

网民中农村网民占比27.5%，规模达到1.78亿人。2014年我国涉农电子商务得到飞跃发展，我国有各类涉农电商3.1万家，其中涉农交易类电商有近4000家，呈现蓬勃发展的态势。

9.1.3 农产品电子商务是继图书、服装、3C电子商务之后的新热点

20多年来，我国电商经历了图书、服装、3C三大电子商务热潮，现进入第四个电子商务热潮，这就是农产品电子商务。自1998年以来，农产品电子商务经历了以下5个发展阶段，如图9-1所示。

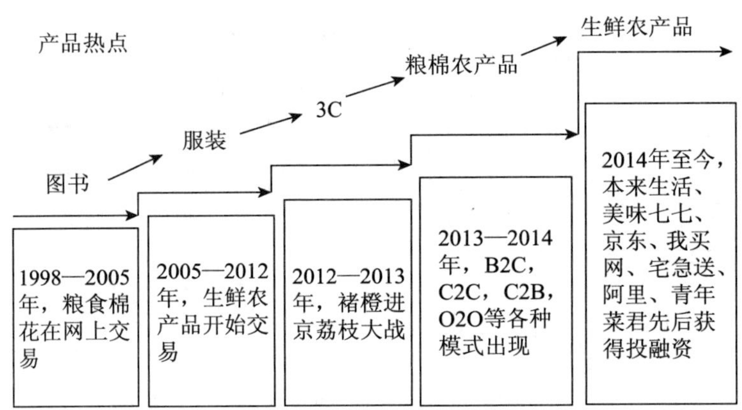

图9-1 农产品电子商务发展的5个阶段

9.1.4 形成了"两超-多强-小众"的农产品特色电商格局

形成了"两超-多强-小众"的农产品电商格局，所谓"两超"就是阿里系、京东系农产品电商，"多强"是指具有较强竞争力的农产品电商，"小众"是指具有成长性的特色农产品电商。生鲜农产品电商如表9-3所示。

表9-3 生鲜农产品电商一览表

淘宝网	沱沱工社	多利农庄
天猫"喵鲜生"	本来生活网	青年菜君
苏宁"苏鲜生"	龙宝溯源商城	15分绿色生活
京东商城生鲜频道	中国地理标志产品商城	鲜码头
1号店	爱鲜蜂	淘常州
顺丰优选+嘿客	社区001	甫田网
电子菜箱	新疆"维吉达尼"	芒果网

注：排名不分先后。

据统计，2010 年至今，阿里平台农产品销售额的年均增速为 112.15%，农产品销售额 2010 年为 37 亿元左右到 2014 年预计突破 800 亿元。2013 年，淘宝网生鲜产品（包括水产、肉类和水果）的增速高达 194.58%，在所有品类中排名首位。2013 年全国生鲜电子商务交易规模 130 亿元，同比增长 221%，预计 2014 年全国将达到 260 亿元，增长 100%。生鲜电子商务被称为电子商务领域的新“蓝海”，也是电子商务的皇冠上的皇冠。

具有特色的大宗商品交易市场有广西糖网、全国棉花交易市场、四川白酒交易中心、中农网、泌坤农产品交易中心等；具有特色的农产品网络零售网站有阿里系列（淘宝、天猫、1688 等）、京东、我买网、沱沱工社、顺丰优选、美味七七、本来生活、淘常州、甫田网、龙宝溯源商城、中国地理标志产品商城、青年菜君、电子菜箱、新疆“维吉达尼”等。

沱沱工社 2014 年日交易超过 1 万单，我买网、本来生活生鲜农产品交易额双双超过 3 亿元，顺丰优选采取 O2O 模式，建了 2000 家“嘿客”店，菜管家在食品质量管控、供应链一体化建设、智能冷链配送等方面摸索 5 年取得优异成绩，中国地理标志产品商城探索特色农产品网站，龙宝溯源商城打造中国第一安全食品网站。

长春市农产品电子商务交易平台 2014 年正式上线运营，打造与“汽车城”“电影城”相并列的“白金城”（长春松花江大米）。湖南宁乡引进湖南现代农商信息有限公司，自 2014 年 5 月平台上线以来，交易额达到 1.3 亿元，日交易额突破 200 万元。

区域性的小众电子商务淘常州平台通过一车（即“小黄蜂”物流）三网（即互联网、移动互联网、广电网）五屏［即电脑屏、手机屏、PAD（Portable android Device，平板电脑）屏、电视屏、触摸屏］的融合，为消费者提供农产品买卖的平台服务。

长沙沁坤大宗农产品现货电子交易市场（以下简称沁坤公司）采取“5＋1＋1”交易集成创新模式，“5”是指：①沁坤商城（B2C 平台）建设；②沁坤订单网（B2B 平台）建设；③沁坤大宗网（竞价平台）建设；④区域服务基站平台建设；⑤电子商务产业园平台建设。“1＋1”是指：①在全国建设 1000 个服务基站；②建设一批沁坤社区商城。2014 年，沁坤公司全年交易额达 10.5 亿元（含大宗商品交易额）。2014 年沁坤商城社区样板 1 号店建成。2015 年 2 月 12 日，沁坤股份第一家社区商城万煦园店正式落成，并进行试营业。

深圳农产品股份有限公司布局多层次电子商务平台。2014 年该公司通过“中农网”布局大宗农产品的 B2B 平台与 B2C 自营业务，通过海吉星商城推广 B2C 平台业务，同时积极布局包括高端宅配、移动售卖车在内的下游物流与服务终端，以公司线下的农批市场资源为其电子商务业务的开展提供了有力的支持。

新疆丰富的特色农产品长期受制于落后的流通体系，电子商务为农牧民增收提供一条新途径。新疆“维吉达尼”农产品网站依托喀什地区的村民互助小组和合作社，已与2000多家农户建立了联系，在线销售当地特产，其中销量最好的一位农户通过网络售出了价值4.8万元的杏干。

龙宝溯源商城是我国第一家安全可信食品网站，具有"先溯源后购买、先购买后溯源"的功能，2014年先后与北京新发地农产品批发市场、河北农经商会、全国人员诚信信息查询平台、吉林和龙市政府等建立了战略合作关系。

中国地理标志产品商城是我国第一家地理标志产品的网站，2014年与北京新发地农产品批发市场建立了合作关系，并且网上网下相结合，建立了第一家中国地理标产品博物馆。

9.2 2014年我国农产品电子商务主要特点

9.2.1 农产品电子商务进入融资高峰期

据统计，本来生活、美味七七、京东、我买网、宅急送、阿里巴巴、收货宝、青年菜君等先后获得了大量的PE/VC（Private Equity，私募股权投资/Venture Capital，风险投资）融资，而且这些融资大都注入农产品电子商务领域。青年菜君以半成品生鲜电商特色获千万元A轮融资——"顾客头天网上下单，次日地铁口自提"模式。

9.2.2 农产品网上交易模式多样

2014年我国农产品电子商务模式进一步创新且模式多样（见表9-4），可以从平台角度、从驱动角度、从生鲜角度、从淘宝村/镇/县角度、从市场体系角度来对农产品电子商务模式进行总结。

表9-4　　我国农产品电子商务模式

角度	模式
从平台角度来看农产品电子商务模式	政府信息网
	涉农期货市场网络交易平台
	专业性涉农批发交易网站
	涉农零售网站
从驱动角度看农产品电子商务模式	供应链驱动型，典型代表为顺丰优选
	营销驱动型，典型代表为本来生活
	产品驱动型，典型代表为沱沱工社
	渠道驱动型，典型代表为天天果园
	服务驱动型，典型代表为遂昌网店协会

续 表

角度	模式	
从生鲜角度看网上供应链模式	B2C模式	自建电子商务平台
	F2C（农场直供）模式	借助公共平台
	C2B（消费者定制）模式	委托电子商务平台代办
	C2F（订单农业）模式	合作共建平台（O2O模式）
	O2O模式	“三微营销”
	CSA（社区支持农业）模式	
从淘宝村/镇/县的角度看农产品电子商务模式	淘宝村（镇）	遂昌模式
	特色馆	成县模式
	O2O市场	通榆模式
从市场体系角度来看农产品电子商务模式	网络期货市场	
	大宗商品交易市场	
	网络零售市场	

1. 从平台角度来看农产品电子商务模式

我国的涉农网站模式有四种：①政府涉农网站；②涉农期货市场网络交易平台；③专业性涉农批发交易网站；④涉农零售网站等。

2. 从驱动的角度看农产品电子商务模式

一是供应链驱动型。典型代表是顺丰优选，背靠顺丰集团的物流与配送优势，可以快速占领全国市场，上游的货源更丰富更标准，下游的配送优势则会更加明显。

二是营销驱动型。典型代表是本来生活网，农产品背后的故事性强，容易制造传播热点，从褚橙、柳桃到潘苹果，从四大美莓到阳澄湖状元蟹，背后都有本来生活网的影子，核心是以营销带动流量和销量，其挑战是需要不断推陈出新。

三是产品驱动型。典型代表是沱沱工社，依靠自建的有机农场坚守高品质产品，并在全国大力发展联合农场，力求通过严控品质获得忠实消费者，以产品驱动消费且稳扎稳打，其挑战的是瞬息万变的市场节奏。

四是渠道驱动型。典型代表是天天果园，依靠自身对水果市场的专业理解，单一聚焦水果品类，力拓天猫、1号店、微信、电视购物、广播电台等各类销售渠道，其挑战是跨区域配送的服务能力。

五是服务驱动型。典型代表是遂昌网店协会，政府倾力支持企业独立运营，他们为本地的中小卖家（农户）提供培训、开店、营销、仓储、配送等标准化服务，凭借自身专业服务赢得市场价值。

3. 从生鲜农产品角度看网上供应链模式

生鲜电子商务从最基本的B2C模式，后来发展衍生出F2C（农场直供）模式、

C2B（消费者定制）模式、C2F（订单农业）模式、O2O模式和CSA（社区支持农业）模式等。后来的这些模式都是对传统B2C模式的补充，真正占据商业主流的依然是传统的B2C模式。

从采用的网络工具来看，生鲜电子商务常用模式有5种：自建电子商务平台、借助公共平台、委托电子商务平台代办、合作共建平台（O2O模式）、"三微营销"（如微博、微信、微店营销）。

具体模式归纳起来有：

一是"电商+冷链快递物流+智能终端取货"的先进商业模式，如在北上广推行的"电子菜箱""智能菜柜"，2014年上海推出的"自动售货机售菜"，都采取"全程冷链+后台管控"模式。

二是特色农产品电子商务的C2B和B2C模式，如中国地理标志产品商城，即是国内首家销售国家认证（注册审定的）地理标志产品的网上商城。商城面向地理标志产品生产经营者和终端消费者，提供线上销售服务，同时还建成了国内首个地理标志文化博物馆。另外还有龙宝溯源商城，可以先溯源后购买，或者先购买后溯源。

三是"产地+平台+消费者"的模式、"自营+直销"模式、跨境生鲜电子商务模式等。尤为引人注意的是，这三种模式发展迅猛，比如"三只松鼠""采集家"。"采集家"品牌成立不过一年的时间，就已经凭借优质的品质和高效又充满人情味的服务，收获了一大批忠诚的消费者，并取得了投资机构的注意。

4. 从淘宝村的角度看农产品电子商务模式

2014年农产品电子商务模式主要有淘宝村模式、特色馆模式、O2O模式三种形式，对于2014年年底的全国212个淘宝村、19个淘宝镇而言，又分为三种模式：

第一种是遂昌模式，走平台化道路。

遂昌位于浙江省丽水市，遂昌馆是国内第一个县级农产品馆，其核心在一个独特的麦特龙分销平台，借助政府的强大支持和自身体系的巨大聚合力，集合了当地千余家小卖家共谋发展。他们为千余家松散且不标准、不专业的小卖家提供专业的培训服务，对上游货源进行统一整合并拟定采购标准，由"遂网"专业团队进行统一运营管理，线下则按照统一包装、统一配送、统一售后等标准化操作执行，遂昌模式更像是一个区域化的Shopping Mall（大型购物中心），他们是一个服务商，售卖的是"标准化"。

第二种是成县模式，走资源整合道路。

成县地处甘肃陇南市，同样成立了电子商务协会，主打核桃、土蜂蜜等地方特产，依托淘宝网店进行销售，建设了"一馆两园一中心"：在淘宝网上建特色中国陇南馆、在当地建陇南电子商务产业孵化园、顺通电子商务物流园、农产品（核桃）交易中心，探索微博、微信、微店营销，至今他们80%的销售额来自这些免费的社会化媒体。

第三种是通榆模式，走品牌化道路。

通榆县为当地的农产品取了一个好名字叫“三千禾”，并进驻天猫旗舰店，成立了县域电子商务协会，有专业的第三方主体进行运营。“遂网”具有典型平台特点，“通网”就是一家 B2C 网站，“三千禾”是一个商品品牌，并在全程产业链上进行标准化运作，统一采购、统一包装、统一运营、统一配送、统一售后等诸多标准化尝试。2014 年 11 月，通榆县作为全国第三个农村淘宝试点县，被阿里巴巴纳入“千县万村”发展战略，在淘宝举办的首个年货节上，通榆县 33 个村级服务站在全国 14 个试点县中，以 24114 单获得了订单总量全国第一，村站平均单数、平均金额全国第一的成绩。

5. 从市场体系角度来看农产品电子商务模式

从市场体系角度来看涉农电子商务模式，包括网络期货交易市场、大宗商品交易市场、一般网络现货交易市场。网络期货交易市场现有三大商品交易所 17 个品种，2014 年还增加了夜场网络交易，大宗商品交易市场涉农达到 300 家，交易额超过 15 万亿元，再就是 B2B 各类网上交易，以及大量的网络零售交易，包括 B2C、C2C、C2B 等交易，其中包括跨境电子商务。

2014 年农产品期货交易品种达到 17 个（2014 年先后有晚籼稻期货、玉米淀粉期货、棉纱期货上市），成交量 21.86 亿手，交易额达到 32.29 万亿元，这些交易都采取了网络期货交易方式。虽然也出现了一些期货僵尸，比如郑州商品交易所的粳稻期货、普麦期货上市之后多个交易日处于零成交量，特别不活跃。但 2014 年出台网上期货交易夜场交易，三家商品期货交易所共计 23 个品种参与连续交易，促进了交易额的增长。

9.2.3 电子商务企业积极开拓农村市场

（1）电子商务企业进入农村进行“电商刷墙”。阿里巴巴率先进入农村推出“随手拍农村刷墙赢奖品”的活动，随之京东、当当先后进入这一领域。京东从 2013 年第四季度开始到 2014 年 3 月，在全国 100 多个乡镇刷了 8000 幅刷墙广告。其广告词分别为：“发家致富靠劳动，勤俭持家靠京东”“生活想要好，赶紧上淘宝”“老乡见老乡，购物去当当”“要想吃得好，就得上龙宝”“邮政物流真可靠，跑了和尚路不了庙”。

（2）电子商务企业进入三四线农村。京东开起了通往三四线城市和农村的“大篷车”，阿里启动了“千县万村”计划，两家更是先后都和中国邮政进行合作，瞄准农村市场。“下乡”成为众多电商的共同目标和新的重要的增长点。

（3）据统计，2014 年农村居民人均纯收入比上一年增长 12.4%，而城镇居民人均可支配收入增长 9.7%。阿里巴巴发布的数据更为直接，2013 年度，中国网购消费额增速，县域市场比城市市场高出了 13.6 个百分点。

9.2.4 政府部门网上购销对接会

2014 年商务部先后组织两次网上购销对接会，成交额达到 110.3 亿元。2014 年 8

月25日至9月25日，商务部举办2014年夏秋季农产品网上购销对接会，全国共有27个省（自治区、直辖市）的625个县（市、区）的商务主管部门上报农产品供求信息近149万条，涉及农产品品种1000多种，促成农产品成交近115万吨、金额55亿元。2014年12月29日至2015年1月29日，商务部举办冬季农产品网上购销对接会，共有25个省（自治区、直辖市）的586个县（市、区）的商务主管部门上报农产品供求信息161.9万条，涉及农产品品种1035种，促成农产品销售85万吨、成交金额55.3亿元。

2014年5月，农业部在成都试点蔬菜产销平台“菜易通”，力图实现产销对接，解决供需信息脱节，盲目种植、“卖菜难买菜贵”等问题。这一平台为成都市5000多家种植大户、专业合作组织、家庭农场建立了资料库，收集其种菜信息、上市时间、预期价格等，还汇集城市超市、菜场的收购信息和实时菜价。这一系统将实现产销对接、生产指导、市场预警、电子商务和蔬菜期货交易五大功能，产、销两头都能受益。

2014年8月7—8日，中国网上粮食市场早稻交易会在上饶市举行。近年来，上饶市与浙江衢州、温州、台州、绍兴四市（县）紧密合作，已成功举办了四届早稻网上交易会，2014年的交易会主办方已增加到7个，吸引了浙江、广东、黑龙江等9个省、近600名粮食部门的领导和粮食企业的负责人参会。近年来，中国网上粮食市场早稻交易会共网上交易粮食17万吨，金额4.5亿元，参会人数2000余人。当日已举行两场网上交易，网上共竞价交易成交4.27万吨粮食，成交额1.23亿元，网下洽谈成交10.45万吨粮食，成交额3亿元。本周内还将举行两次以上交易活动。

9.2.5 电子商务专列开出、冷链动车开出

2014年继续开通动车配餐冷链化，全国首个“南菜北运”全程冷链果蔬绿色专列——广西百色至北京果蔬绿色专列继续运营，百色老区蔬菜水果的专列进入北京，只需要3～4天这些农产品就会出现在北京超市的货架上。

2014年8月，首趟电子商务专列开出，标志着我国电子商务物流进入新阶段。目前，电子商务专列设15～19节车厢，每节车厢核定载重在23吨。而快递干线主力运输车型为9.6米长的货车，载重量约在7吨，同样的波音737全货机载重量约12吨。因此，电子商务专列满载一次，运输量相当于62辆9.6米长的货车，或者36架波音737全货机的运力。

2014年8月，沈阳局“东北货物快运”的特色品牌之一：鲜活货运快车首开，采取发电车供电机械式制冷，每组车编挂冻结式保温车、保鲜式保温车和冷藏式保温2～3辆，适合各种储藏要求的鲜活产品运周输；在大连周水子站和哈尔滨香坊站间循环开行，全程运行时间33小时37分钟，沿途有周水子、沈阳、长春、香坊等9个主要装卸办理站。截至2015年1月11日，沈阳局“鲜活”货运快车已运送鲜活物品18万多件，1300余吨。

9.2.6 移动商务成为农村电子商务发展趋势

2014年我国手机用户达到12.86亿户，移动智能终端用户规模达到10.6亿户，较2013年增长231.7%，智能手机的普及被视为助力农村电子商务的一个重要因素，如青年菜君、一叶扁舟、小茗果控等具有特色。

9.2.7 大宗商品电子商务在清理中规范发展

据中物联大宗商品交易市场流通分会统计，截至2014年年底，目前我国大宗商品电子类交易市场共739家。其中，处于运营状态的市场为661家，处于暂停交易或停业状态的市场为78家。在739家市场中，涉农交易市场有300家：农产品交易市场219家、畜禽产品交易市场27家、酒类产品交易市场22家、林木交易市场18家、渔产品交易市场14家。

2014年，我国大宗商品现代流通行业总体呈现向规范化、专业化和规模化发展的良好态势，行业整体综合实力与市场主体质量有明显提升。大宗商品电子类交易市场与实体经济的联系更加紧密，行业分布更加广泛，市场数量同比增长37.4%，实物交易规模超过25万亿元。2014年涉农电子商务交易额达到15万亿元。

9.2.8 农产品电子商务与农业物联网在五个环节应用明显

（1）在农业资源的精细监测和调度方面，利用卫星搭载高精度感知设备，获取土壤、墒情、水文等极为精细的农业资源信息，配合农业资源调度专家系统，实现科学决策。

（2）在农业生态环境的监测和管理方面，利用传感器感知技术、信息融合传输技术和互联网技术，构建农业生态环境监测网络，实现对农业生态环境的自动监测。

（3）在农业生产过程的精细管理方面，应用于大田种植、设施农业、果园生产、畜禽水产养殖作业，实现生产过程的智能化控制和科学化管理，提高资源利用率和劳动生产率。

（4）在农产品质量溯源方面，通过对农产品生产、流通、销售过程的全程信息感知、传输、融合和处理，实现农产品“从农田到餐桌”的全程追溯，商务部在50多个城市进行肉菜可追溯体系建设试点。

（5）在农产品物流方面，利用条码技术和射频识别技术实现产品信息的采集跟踪，有效提高农产品在仓储和货运中的效率，促进农产品电子商务发展。

9.2.9 农产品电子商务展会、论坛、培训十分火爆

据不完全统计2014年我国各种涉农电子商务展会和论坛共举办500多次，较著名的有2014年中国电子商务创新发展论坛（农产品电子商务分论坛），第十二届中国国

际农产品交易会（设农业信息化展区，展示智慧农业、农产品电子商务等技术、产品及解决方案，并将举办农业信息化高峰论坛），促进了农产品电子商务理论研究和人才培养。阿里巴巴在杭州阿里巴巴西溪园区举办“首届中国县域经济与电子商务峰会”，百余位县长参会，中国食品（农产品）安全电子商务高层研讨会①，2014海峡两岸农产品电子商务发展论坛相继举行。

9.2.10 跨境农产品电子商务是一个新的热点

2014年5月14日，广东省首个农产品跨境电子商务平台试点在广东国通物流城启动，新西兰乳业企业绿优谷成为正式进驻该试点“我要跨境购”电子商务平台的首家国际企业。

2014年10月24日，阿里巴巴启动韩国农产品直批进中国活动，首批主推韩国食品，96种商品几乎覆盖了整个食品大类。作为阿里巴巴旗下的批发平台，40%的1688买家是淘宝天猫卖家，今后从韩国直接批发进货，然后卖给消费者，比以前通过层层代理商节约成本，货源也相对有保障。

2014年上海自由贸易区半年里先后开通两个跨境电子商务平台，分别是“跨境通”和“报税店.com”，而国内电商淘宝、京东商城、我买网等早已开通海外农产品直采或直邮服务。出口方面除了提供综合服务的eBay（美国的一家线上拍卖及购物网站）、亚马逊、阿里巴巴和敦煌网外，还出现了一大批如兰亭集势这样的B2C跨境电子商务平台。

---

① 2014年2月22日中国食品（农产品）安全电子商务高层研讨会在北京召开。会上发布《2013—2014年农产品电子商务模式发展报告》，并宣布中国食品（农产品）安全电子商务研究院正式挂牌成立。

10 我国电子商务可持续发展的政策建议

10.1 我国电子商务存在的“乱象”及其5个表现

10.1.1 我国电子商务存在“四大乱象”

（1）政策乱。2015年中央及其部办委出台的各种政策文件达到75个，还不包括省、市、地、县出台的各种政策文件，但是许多文件发了，并没有真正执行。

（2）秩序乱。电子商务经营秩序相当混乱。

（3）农村/农产品电子商务投资乱。据不完全统计，2015年全国农村/农产品电子商务的各种风险投资基金和私募基金投资超过70多亿元，还不包括政府财政投资、银行贷款融资、证券市场融资、债券融资等。

（4）标准乱。许多产业的标准缺失，特别是农产品电子商务标准缺失十分严重，仅就“三品一标”农产品来说，鱼目混珠。

10.1.2 四大乱象主要表现在5个方面

（1）电子商务泡沫较多。从政府角度来说，许多事情停留在“多头管理”和“文件管理”方面，2015年中央以及各部办委出台的关于农村电子商务的各种文件达到75个，还不包括各省市自治区及地市县的各种文件。

（2）电子商务交易、物配、支付体系分割，不能够形成“三位一体”的整体，许多电商仅仅是交易电商，物流配送相对滞后，支付方式配套也相对不完善。

（3）三大体系缺失，如法制体系、诚信体系、生态体系缺失。从法律体系来说，目前尚未出台电子商务法，相关的专业法律也不完善，实体经济实施多的主体法（如《公司法》）、客体法（如《产品质量法》《食品安全法》等）、运行法（如《反不正当竞争法》《价格法》等）在电子商务领域没有得到实行，许多电商行为置于法律之外。从诚信体系角度来说，在电子商务领域，不诚信现象仍然大量存在。从生态体系来说，电子商务资源分散在不同的时间和空间，电子商务交易产业、支撑产业、衍生产业相对分散，没有形成相互联系、相互依存、共同发展的生态关系。

（4）电子商务企业过度竞争，主要是大量电子商务企业进入，再加上同质化导致其竞争以低价为主要竞争手段，疲劳促销、疲劳消费，资源浪费严重。

（5）农村电子商务已经由“蓝海”变成“运动型的红海”，电子商务的趋同投资、重复建设相当严重，无效的、虚假的电子商务模式较多，电子商务人财物资源浪费严重。

10.2 我国电子商务发展的优势

10.2.1 我国电子商务发展最大的优势是制度优势

我国电子商务最大的优势是社会主义制度的优越性，政府能够集中力量办大事，在短短的20多年时间内，电子商务在我国城乡得到了前所未有的发展。

10.2.2 我国人口众多且是网民第一大国

我国人口众多，2015年仅大陆人口达到13.75亿人，2016年6月底网民达到7.1亿，互联网普及率为51.7%，较2015年年底提升了1.3个百分点。手机网民达到6.56亿，较2015年年底增加3656万人，网民中使用手机上网人群占比由2015年年底的90.1%提升至92.5%。我国成为名副其实的最大的网民大国。

10.2.3 政府乐于推动电子商务的发展

一是2015年我国政府先后颁布各类电子商务的政策法规75个，还不包括省、市、地、县政府颁布的各类电商文件。二是2014年在全国创建培育56个电子商务进农村综合示范县，2015年第二批试点县达到200个，2016年第三批240个示范县已经启动。三是创建60个国家级电子商务示范基地，培育150家国家级电子商务示范企业，打造50个传统流通及服务企业转型典型企业，培育100个网络服务品牌。四是推动建设100个电子商务海外仓。五是指导地方建设50个电子商务培训基地，完成50万人次电子商务知识和技能培训。

10.2.4 形成了以阿里、京东、苏宁、供销社为主导的电子商务企业

2015年阿里巴巴网上年度交易额超过3万亿元，京东自营电子商务年交易额超过4600亿元，苏宁云商网上网下融合发展，2015年交易额达到1586亿元，2015年11月5日全国供销合作社电子商务平台“供销e家”正式上线，标志着中国供销社电子商务一个新的阶段开始。同时2015年乐村淘农村体验店开店超过6万家，采取了每月逢6日、16日、26日赶集的方式，受到农村居民的欢迎。此外，中国邮政、中国电信以及许多电子企业进入农村，形成农村电子商务“红海”。

10.2.5 互联网、物联网、移动网、大数据、云计算、区块链技术不断创新

在新一代互联网、移动网、大数据、云计算技术不断创新的背景下，2016 年区块链新技术浪潮接踵而来，具有去中心化、去信任化、可扩展、匿名化、安全可靠特征的区块新技术广泛地应用在平台交易、证券交易、房地产、金融保险等领域。

10.3 不完善的市场经济背景下我国电子商务立法原则

10.3.1 我国电子商务发展最大的劣势是“不完善的”市场经济

当前我国电子商务发展最大的劣势是“不完善的”市场经济弊端，具体表现在以下几个方面。

（1）我国电子商务发展迅猛，僵硬的体制、机制滞后，改革开放 38 年后还需要继续改革，我国电子商务的飞速发展使许多传统体制和机制不相适应，特别是人们的思想观念更是如此。

（2）法律体系滞后，至今我国没有电子商务法，微商管理标准也相对滞后，而地方性电子商务法律体系走在前头，如香港、广东等地涉及电子商务的地方性法规率先问世，但整体电商法律体系滞后并影响了我国电子商务可持续发展。

（3）诚信体系滞后，改革开放 38 年，我国经济高速发展，但是诚信体系相对滞后，存在严重缺陷，从而使得假冒伪劣产品、偷税漏税等行为反映到网上，如刷单现象普遍、低价竞争，假冒伪劣产品、服务质量打折，劣币驱逐良币，严重影响中国电子商务可持续发展。

（4）电子商务生态体系滞后，电子商务交易产业、支撑产业、衍生产业，没有形成一个统一的整体，电子商务平台、电子商务园区、物流园区、冷链园区、快递等大量资源无序发展，电子商务内部、电子商务之间、电子商务与其他产业之间没有形成一个生态链（圈、区）关系。

10.3.2 当前我国电子商务立法的原则

1. 调整与完善传统商法

我国处于电子商务发展成长期，正在向发展期转变，传统的贸易方式与电子商务形式将长期共存，而传统立法中关于贸易的有关法律条文对网上交易带来的不相一致的问题，同时又派生出许多不相适应的地方。

2. 国内立法与国际立法的协调一致

在网络基础上的电子商务是全球性的商务活动，而不仅仅是某个国家的内部业务，因此电子商务的法律制度既要考虑国内环境的问题，又要考虑国际接轨问题。具体应考虑如下6个基本原则。

①电子商务基本主体应是企业和各类交易当事人，电子商务法应由企业和各类交易当事人来主导；②电子商务法应保护各交易当事人的利益，基本点应是保护消费者、采购商的利益；③电子商务法应保护网上合理的竞争和限制网络垄断；④电子商务离不开政府的推动，电子商务法应明确界定政府的职能；⑤电子商务法应有利于网络经济与传统产业的融合；⑥电子商务的物质技术基础设施应面向全球化。

10.4 我国电子商务发展的八大政策建议

10.4.1 促进发展与加强监管相结合

20多年来，我国电子商务得到较快发展，但是，从电子商务生命周期的规范性来讲，仍然属于“成长期”向“发展期”过渡的关键时期，需要政策培育，需要政府促进发展，也需要政府网络实效监管，但在过渡时期很难做到“无缝连接”，当前正确处理好二者的关系十分重要。

10.4.2 加快电子商务法律体系建设

当前应尽快出台电子商务法，出台微商管理规范行业标准，同时充分发挥现有的实体经济中已经有的主体法、客体法、对象法、行为法、环境法等，促进电子商务良好的营商环境的建设，促进电子商务可持续发展。

10.4.3 充分发挥各类电子商务主体作用，特别是第三方平台的作用

在市场经济条件下，电子商务的主体是企业和经济组织，电子商务管理的主体是政府，但是第三方平台也是电子商务监管的一个重要组成部分，如果没有第三方平台自律和监管，电子商务营商环境是不可能改变的。

10.4.4 用区块链技术推动“守信联合激励和失信联合惩戒制度”

区块链是一种新的网络技术，是采取网络科技的方式形成一个相互监督、相互合作、相互信任的关系，通过探索区块链技术，通过科技方式解决当前电子商务中的守信联合激励和联合惩戒的目的具有意义。

10.4.5 充分发挥市场的基础性作用和政府的宏观调控作用

应充分发挥市场机制在电子商务发展中的基础作用，同时要注重政府对电子商务资源的宏观调控，当前电子商务的交易平台资源、物流配送快递资源、资金支付及其互联网金融的资源结构性不足和闲置浪费同时存在，应引起社会的高度重视。

10.4.6 促进电子商务“吹哨人”制度的健康有序发展

应鼓励电子商务社会共治，特别是促进电子商务“吹哨人”制度的建设，促进社会共治的良好电商环境的形成。

10.4.7 我国电子商务可持续发展的8个具体建议

（1）禁止过高的“日井喷销售”。2009年以来的实践证明，过高的“日井喷销售”，如2015年电商“双十一”“日井喷销售”达1200亿元，带来的资源浪费、疲劳促销、疲劳消费等负面影响很大，应该引起人们的高度重视，禁止过高的“日井喷销售”具有积极意义。

（2）加快推进联合失信惩戒制度。最近国务院出台《关于建立完善守信联合激励和联合惩戒制度，加快推进社会诚信建设的指导意见》具有重要意义，应加快落实，如果守信不能够得到激励，失信得不到惩戒，我国电子商务不可能持续下去。

（3）推动区块链新技术加强监管。近年来，国家推行“以网管网”，即通过推行现代科技来实现对网络经济的监管，2016年形成热点的“区块链技术”值得引起人们高度重视，并将其引入网络实效监管，从而提高监管的效率。

（4）倡导电子商务商业文化。除了法律、法规、标准的监管外，还需要充分利用文化手段来促进电子商务形成良好的营商环境，促进电子商务转型升级。所谓电子商务文化是指电子商务企业具有的文化现象，包括电子商务的商品文化、电子商务的营销文化、电子商务的环境文化、电子商务的伦理道德文化，其中电子商务伦理道德文化是电子商务文化的核心。

（5）尽快出台微商及微商产业标准。微商是指在一定制度和规则下用微信所进行的一切商业活动，它包括由微商平台、微店、微商服务商构成的微商产业，当前微商已经广泛地应用在电子商务的各种领域，特别是农产品的微农、粮食的微粮等领域，微商广泛应用，而相对的微商标准应加快推出，以保证微商的可持续发展。

（6）惩治刷单行为。所谓刷单是指网店为了获得单品或店铺较好的搜索排名而采取的作弊行为，一般可分为单品为做爆款刷销量和以提高店铺整体信誉度刷信誉两种方式，是销售做假的一种行为。刷单是电子商务发展的一个肿瘤，如果不彻底根除，电子商务不可能持续发展下去，应引起人们的高度重视。

（7）完善当前的电子商务市场结构。当前我国电子商务市场结构是“两超-多强-小众”的“三足鼎立”的市场结构，这种市场结构是典型的寡头市场结构，由于阿里、京东两大平台及其市场行为的高度同质化，导致相互竞争非常激烈，经常出现“贴身肉搏”的状态，严重影响了电子商务市场机制的有效发挥，甚至会导致中国电子商务市场的垄断现象。作为国有背景的“供销e家”的出现，如果能够充分发挥作用，可能会对现有不合理市场结构产生改变，但是供销合作社的体制和机制又会限制其真正实力的发挥。

（8）第三方平台应该承担与其交易相关的连带责任，否则会与其“收费”不相匹配，依法、依规、依标准进行平台管理是平台最基本的责任，但更为重要的是作为平台商，为客户及其交易双方提供服务，发挥平台网上与网下相融合发展的优势，将平台的功能向前延伸到基地、生产者（农户），向下延伸到采购商和客户的定制，这才是平台全渠道发展的必然趋势。另外平台管理是政府监管的基础，也是网络实效管理的基础。

11 2014—2016 年我国农产品电子商务相关政策

11.1 2014—2015 年我国农产品电子商务相关政策

11.1.1 促进政策

1. 一般政策

(1) 2014 年、2015 年中央一号文件

①2014 年 1 月 19 日，中共中央、国务院《关于全面深化农村改革加快推进农业现代化的若干意见》

②2015 年 2 月 1 日，中共中央、国务院《关于加大改革创新力度加快农业现代化建设的若干意见》

(2) 2014 年 11 月 16 日，国务院办公厅《关于促进内贸流通健康发展的若干意见》

(3) 2014 年 10 月 4 日，国务院《物流业发展中长期规划（2014—2020 年）》

(4) 2014 年 7 月 14 日，财政部、商务部《关于开展电子商务进农村综合示范的通知》

(5) 2015 年 7 月 13 日，财政部、商务部《关于开展 2015 年电子商务进农村综合示范的通知》

(6) 2014 年 2 月 27 日，商务部《关于进一步加强农产品市场体系建设的指导意见》

(7) 2014 年 9 月 22 日，商务部《关于促进商贸物流发展的实施意见》

(8) 2015 年 5 月 4 日，国务院《关于大力发展电子商务加快培育经济新动力的意见》

(9) 2015 年 7 月 1 日，国务院《关于积极推进“互联网＋”行动的指导意见》

(10) 2015 年 4 月 3 日，商务部办公厅《2015 年电子商务工作要点》

(11) 2015 年 5 月 13 日，商务部《“互联网＋流通”行动计划》

（12）2015年8月28日，国务院《关于推进国内贸易流通现代化建设法治化营商环境的意见》

2015年7月29日，国务院《国内贸易流通体制改革发展综合试点方案》

（13）2015年9月6日，农业部、国家发改委、商务部《推进农业电子商务发展行动计划》

（14）2015年10月26日，国务院《关于促进快递业发展的若干意见》

（15）2015年2月4日，农业部《关于扎实做好2015年农业农村经济工作的意见》

（16）2015年2月11日，农业部、中央农村工作领导小组办公室、财政部、国土部、国务院法制办、国家档案局《关于认真做好农村土地承包经营权确权登记颁证工作的意见》

（17）2015年3月23日，国务院《关于深化供销合作社综合改革的决定》

（18）2015年10月10日，农业部办公厅关于组织开展农业电子商务"平台对接"专项行动的通知

（19）2015年8月7日，国务院《关于加快转变农业发展方式的意见》

（20）2015年5月22日，财政部、农业部《关于调整完善农业三项补贴政策的指导意见》

（21）2015年5月28日，农业部、国家发改委、科技部、财政部、国土资源部、环境保护部、水利部、国家林业局《全国农业可持续发展规划（2015—2030年）》

（22）2015年6月2日，财政部《农业综合开发推进农业适度规模经营的指导意见》

（23）2015年6月17日，农业部《全国农产品产地市场纲要》和《中国农产品批发市场发展研究报告》

（24）2015年6月21日，国务院办公厅《关于支持农民工等人员返乡创业的意见》

（25）2015年6月30日，国家农业综合开发办公室《关于调整和完善农业综合开发扶持农业产业化发展相关政策的通知》

（26）2015年8月17日，农机机械化管理司《主要农作物生产全程机械化推进行动的意见》

（27）2015年8月24日，国务院《关于开展农村承包土地的经营权和农民住房财产权抵押贷款试点的指导意见》

（28）2015年9月1日，商务部、国土资源部、住房城乡建设部、交通运输部、农业部、人民银行、税务总局、质检总局、国家标准委、供销合作总社等10部门《全国农产品市场体系发展规划》

（29）2015年10月28日印发，农业部、共青团、人社部《关于开展农村青年创业富民行动的通知》

(30) 2015 年 11 月 2 日，中共中央办公厅、国务院办公厅《深化农村改革综合性实施方案》

(31) 2015 年 3 月 17 日，国务院《2015 年政府工作报告》

(32) 2015 年 4 月 3 日，商务部办公厅《2015 年电子商务工作要点》

(33) 2015 年 5 月 11 日，海关总署《关于调整跨境贸易电子商务监管海关作业时间和通关时限要求有关事宜的通知》

(34) 2015 年 5 月 14 日，国家质检总局《关于进一步发挥检验检疫职能作用促进跨境电子商务发展的意见》

(35) 2015 年 5 月 15 日，国家工信部推 14 条举措推进网络提速降费

(36) 2015 年 6 月 20 日，国务院办公厅《关于促进跨境电子商务健康快速发展的指导意见》

(37) 2015 年 10 月 26 日，国务院《关于加强互联网领域侵权假冒行为治理的意见》

(38) 2015 年 6 月 24 日，国务院《"互联网+"行动指导意见》

(39) 2015 年 8 月 21 日，商务部等 19 部门《关于加快发展农村电子商务的意见》

(40) 2015 年 8 月 31 日，国务院《促进大数据发展行动纲要》

(41) 2015 年 9 月 29 日，国务院办公厅《关于推进线上线下互动加快商贸流通创新发展转型升级的意见》

2. 扶贫政策

(1) 2015 年 1 月 24 日，习近平主席强调坚决打好扶贫开发攻坚战

(2) 2015 年 5 月 27 日，习近平主席用组合拳确保打赢扶贫开发攻坚战

(3) 2015 年 6 月 18 日，习近平主席扶贫开发"贵在精准、重在精准，成败之举在于精准"

(4) 2015 年 7 月 6 日，财政部、商务部：20 亿元专项资金扶持老区电子商务

(5) 2015 年 7 月 24 日，商务部：第二批电子商务进村示范县倍增每县 1850 万元

(6) 2015 年 7 月 29 日，财政部：财政拨 20 亿元支持农民专业合作组织发展

3. 农业物流政策

(1) 2015 年 3 月 16 日，交通运输部、农业部、供销合作总社、国家邮政局《关于协同推进农村物流健康发展、加快服务农业现代化的若干意见》

(2) 2015 年 7 月 29 日，国务院办公厅《关于同意在上海等 9 个城市开展国内贸易流通体制改革发展综合试点的复函》

(3) 2015 年 8 月 3 日，国家发改委《关于加快实施现代物流重大工程的通知》

(4) 2015 年 10 月 23 日，国务院《关于促进快递业务发展的若干意见》

(5) 2015 年 7 月 7 日，商务部办公厅《关于智慧物流配送体系建设实施方案的通知》

（6）2015年10月23日，国务院《关于促进快递业发展的若干意见》

4. 农村金融政策

（1）2015年1月5日，中国人民银行《关于做好个人征信业务准备工作的通知》

（2）2015年1月13日，中国人民银行《关于推动移动金融技术创新健康发展的指导意见》

（3）2015年2月12日，央行联合银监会、证监会、保监会《关于金融支持南疆四地州经济发展和社会稳定的意见》

（4）2015年7月18日，中国人民银行等十部委发布《关于促进互联网金融健康发展的指导意见》

（5）2015年7月22日，中国人民银行、国家发改委、银监会、证监会、保监会、四川省人民政府会同中央农办、财政部、国土资源部、住建部、农业部《成都市农村金融服务综合改革试点方案》

（6）2015年7月22日，中国保监会《互联网保险业务监管暂行办法》

（7）2015年7月31日，央行《非银行支付机构网络支付业务管理办法（征求意见稿）》

（8）2015年8月6日，最高人民法院《关于审理民间借贷案件适用法律若干问题的规定》

（9）2015年8月13日，国务院《关于促进融资担保行业加快发展的意见》

（10）2015年9月7日，国务院办公厅《关于加快融资租赁业发展的指导意见》

11.1.2 监管政策

（1）2014年1月26日，国家工商行政管理总局《网络交易管理办法》

（2）2015年5月6日，工商总局办公厅《关于整治用网络平台擅自售彩行为通知》

（3）2015年6月15日，国家发改委《关于〈禁止价格欺诈行为的规定〉有关条款解释的通知》

（4）2015年7月1日，国务院办公厅《关于运用大数据加强对市场主体服务和监管的意见》

（5）2015年5月5日，商务部《无店铺经营管理办法（征求意见稿）》

（6）2015年8月18日，国家食药监总局《网络食品经营监督管理办法（征求意见稿）》

（7）2015年4月24日，中华人民共和国第十二届全国人民代表大会常务委员会第十四次会议《食品安全法》

（8）2015年11月7日，国务院《关于加强互联网领域侵权假冒行为治理的意见》

（9）2015年7月31日，中国人民银行《非银行支付机构网络支付业务管理办法

（征求意见稿）》

（10）2015年8月21日，证监会办公厅《贵金属类交易场所专项整治工作安排》

（11）2015年8月20日，清理整顿各类交易场所部际联席会议办公室《关于印发贵金属类交易场所专项整治工作安排的通知》

11.1.3　长期发展政策

（1）2014年6月14日，国务院《社会信用体系建设规划纲要（2014—2020年）》

（2）2015年4月25日，中共中央国务院《关于加快生态文明建设的指导意见》

11.2　2016年政府出台的涉农电子商务政策文件

2016年1月5日，国家食品药品监督管理总局《食用农产品市场销售质量安全监督管理办法》

2016年1月12日，国务院办公厅《关于加快推进重要产品追溯体系建设的意见》

2016年1月27日，中共中央、国务院《关于落实发展新理念加快农业现代化实现全面小康目标的若干意见》

2016年1月，农业部《农业电子商务试点方案》

2016年1月，国务院《加快推进重要产品追溯体系建设意见》

2016年2月26日，商务部办公厅《关于加快推进重要产品追溯体系建设有关工作的通知》

2016年2月29日，国家发改委《关于加强物流短板建设促进有效投资和居民消费的若干意见》

2016年3月，商务部等6部委《全国电子商务物流发展专项规划（2016—2020）》

2016年4月8日，我国跨境电子商务零售进口政策开始实施

2016年4月29日，财政部、商务部、国务院扶贫办公室《关于组织开展2016年电子商务进农村综合示范县竞争性选择的通知》

2016年4月，国务院办公厅《关于深入实施“互联网＋流通”行动计划的意见》

2016年4月，农业部、国家发改委等7部委《“互联网＋”现代农业三年行动实施方案》

2016年5月4日，农业部《京津冀现代农业协同发展规划（2016—2020年）》

2016年5月5日，农业部绿色食品管理办公室《全国绿色食品产业发展五年规划纲要》

2016年5月9日，国务院《关于促进外贸回稳向好的若干意见》

2016年5月，农业部、国家发改委、财政部、中国人民银行、国家林业局、国家旅游局、银监会、保监会、国务院扶贫办《贫困地区发展特色产业促进精准脱贫指导

意见》

2016年6月12日，国务院《关于建立完善守信联合激励和失信联合惩戒制度加快推进社会诚信建设的指导意见》

2016年6月20日，财政部《关于建立玉米生产者补贴制度的实施意见》

2016年6月20日，《国务院办公厅关于发挥品牌引领作用推动供需结构升级的意见》

2016年6月21日，国务院办公厅转发国家发改委制定的《营造良好的市场环境推动交通物流融合发展实施方案》

2016年6月23日，财政部、商务部《关于2016年度外经贸发展专项资金重点工作的通知》

2016年6月，国务院办公厅《关于发挥品牌引领作用推动供需结构升级的意见》

2016年7月13日，国家食药总局《网络食品安全违法行为查处办法》(2016年10月1日实施)

2016年7月14日，商务部《商务发展第十三个五年规划纲要（2016—2020年)》

2016年7月19日，国家粮食局《关于加快推进粮食行业供给侧结构性改革的指导意见》

2016年7月26日，商务部《农村电子商务服务规范（试行)》和商务部《农村电子商务工作指引（试行)》

2016年7月28日，商务部《2016年电子商务进农村综合示范县名单》

2016年8月18日，国家食药总局《网络食品经营监管管理办法（征求意见稿)》

2016年8月，中华全国供销合作总社《2016年度中央财政支持供销合作社综合改革专项资金管理办法（试行)》

2016年9月16日，农业部等14部委《关于大力发展休闲农业的指导意见》

2016年10月1日，国家食品药品监督管理总局《网络食品安全违法行为查处办法》实施

2016年10月18日，商务部、农业部《关于开展农商互联工作的通知》

2016年10月，商务部等《关于促进农村生活服务业发展扩大农村服务消费的指导意见》

2016年10月，农业部《关于推动落实农村一二三产业融合发展政策措施的通知》

2016年10月，农业部《全国农业现代化规划（2016—2020年)》

2016年10月，商务部等部门《关于推进商品交易市场转型升级的指导意见》

2016年，国务院《关于建立完善守信联合激励和失信联合惩戒制度加快推进社会诚信建设的指导意见》

2016年，国家发改委、商务部、中国人民银行、海关总署、税务总局、工商总局、质检总局将启动第三批电子商务示范城市创建工作，并组织实施国家电子商务示

范城市电子商务重大工程

11.3 国务院办公厅关于促进农村电子商务加快发展的指导意见

各省、自治区、直辖市人民政府，国务院各部委、各直属机构：

农村电子商务是转变农业发展方式的重要手段，是精准扶贫的重要载体。通过大众创业、万众创新，发挥市场机制作用，加快农村电子商务发展，把实体店与电子商务有机结合，使实体经济与互联网产生叠加效应，有利于促消费、扩内需，推动农业升级、农村发展、农民增收。经国务院批准，现就促进农村电子商务加快发展提出以下意见。

一、指导思想

全面贯彻党的十八大和十八届三中、四中、五中全会精神，落实国务院决策部署，按照全面建成小康社会目标和新型工业化、信息化、城镇化、农业现代化同步发展的要求，深化农村流通体制改革，创新农村商业模式，培育和壮大农村电子商务市场主体，加强基础设施建设，完善政策环境，加快发展线上线下融合、覆盖全程、综合配套、安全高效、便捷实惠的现代农村商品流通和服务网络。

二、发展目标

到2020年，初步建成统一开放、竞争有序、诚信守法、安全可靠、绿色环保的农村电子商务市场体系，农村电子商务与农村一二三产业深度融合，在推动农民创业就业、开拓农村消费市场、带动农村扶贫开发等方面取得明显成效。

三、重点任务

（一）积极培育农村电子商务市场主体。充分发挥现有市场资源和第三方平台作用，培育多元化农村电子商务市场主体，鼓励电商、物流、商贸、金融、供销、邮政、快递等各类社会资源加强合作，构建农村购物网络平台，实现优势资源的对接与整合，参与农村电子商务发展。

（二）扩大电子商务在农业农村的应用。在农业生产、加工、流通等环节，加强互联网技术应用和推广。拓宽农产品、民俗产品、乡村旅游等市场，在促进工业品、农业生产资料下乡的同时，为农产品进城拓展更大空间。加强运用电子商务大数据引导农业生产，促进农业发展方式转变。

（三）改善农村电子商务发展环境。硬环境方面，加强农村流通基础设施建设，提高农村宽带普及率，加强农村公路建设，提高农村物流配送能力；软环境方面，加强政策扶持，加强人才培养，营造良好市场环境。

四、政策措施

（一）加强政策扶持。深入开展电子商务进农村综合示范，优先在革命老区和贫困地区实施，有关财政支持资金不得用于网络交易平台的建设。制订出台农村电子商务服务规范和工作指引，指导地方开展工作。加快推进信息进村入户工作。加快推进适应电子商务的农产品分等分级、包装运输标准制定和应用。把电子商务纳入扶贫开发工作体系，以建档立卡贫困村为工作重点，提升贫困户运用电子商务创业增收的能力，鼓励引导电商企业开辟革命老区和贫困地区特色农产品网上销售平台，与合作社、种养大户等建立直采直供关系，增加就业和增收渠道。

（二）鼓励和支持开拓创新。鼓励地方、企业等因地制宜，积极探索农村电子商务新模式。开展农村电子商务创新创业大赛，调动返乡高校毕业生、返乡青年和农民工、大学生村官、农村青年、巾帼致富带头人、退伍军人等参与农村电子商务的积极性。开展农村电子商务强县创建活动，发挥其带动和引领作用。鼓励供销合作社创建农产品电子商务交易平台。引导各类媒体加大农村电子商务宣传力度，发掘典型案例，推广成功经验。

（三）大力培养农村电商人才。实施农村电子商务百万英才计划，对农民、合作社和政府人员等进行技能培训，增强农民使用智能手机的能力，积极利用移动互联网拓宽电子商务渠道，提升为农民提供信息服务的能力。有条件的地区可以建立专业的电子商务人才培训基地和师资队伍，努力培养一批既懂理论又懂业务、会经营网店、能带头致富的复合型人才。引导具有实践经验的电子商务从业者从城镇返乡创业，鼓励电子商务职业经理人到农村发展。

（四）加快完善农村物流体系。加强交通运输、商贸流通、农业、供销、邮政等部门和单位及电商、快递企业对相关农村物流服务网络和设施的共享衔接，加快完善县乡村农村物流体系，鼓励多站合一、服务同网。鼓励传统农村商贸企业建设乡镇商贸中心和配送中心，发挥好邮政普遍服务的优势，发展第三方配送和共同配送，重点支持老少边穷地区物流设施建设，提高流通效率。加强农产品产地集配和冷链等设施建设。

（五）加强农村基础设施建设。完善电信普遍服务补偿机制，加快农村信息基础设施建设和宽带普及。促进宽带网络提速降费，结合农村电子商务发展，持续提高农村宽带普及率。以建制村通硬化路为重点加快农村公路建设，推进城乡客运一体化，推动有条件的地区实施农村客运线路公交化改造。

（六）加大金融支持力度。鼓励村级电子商务服务点、助农取款服务点相互依托建设，实现优势互补、资源整合，提高利用效率。支持银行业金融机构和支付机构研发适合农村特点的网上支付、手机支付、供应链贷款等金融产品，加强风险控制，保障客户信息和资金安全。加大对电子商务创业农民尤其是青年农民的授信和贷款支持。简化农村网商小额短期贷款手续。符合条件的农村网商，可按规定享受创业担保贷款及贴息政策。

（七）营造规范有序的市场环境。加强网络市场监管，强化安全和质量要求，打击制售假冒伪劣商品、虚假宣传、不正当竞争和侵犯知识产权等违法行为，维护消费者

合法权益，促进守法诚信经营。督促第三方平台加强内部管理，规范主体准入，遏制“刷信用”等欺诈行为。维护公平竞争的市场秩序，推进农村电子商务诚信建设。

五、组织实施

各地区、各部门要进一步提高认识，加强组织领导和统筹协调，落实工作责任，完善工作机制，切实抓好各项政策措施的落实。

地方各级人民政府特别是县级人民政府要结合本地实际，因地制宜制订实施方案，出台具体措施；充分发挥农村基层组织的带头作用，整合农村各类资源，积极推动农村电子商务发展。同时，加强规划引导，防止盲目发展和低水平竞争。

各部门要明确分工，密切协作，形成合力。商务部要会同有关部门加强统筹协调、跟踪督察，及时总结和推广经验，确保各项任务措施落实到位。

国务院办公厅
2015 年 10 月 31 日

11.4　商务部等 19 部门关于加快发展农村电子商务的意见

近年来，随着互联网的普及和农村基础设施的完善，我国农村电子商务快速发展，农村商业模式不断创新，服务内容不断丰富，电子商务交易规模不断扩大。但总体上我国农村电子商务发展仍处于起步阶段，存在着市场主体发育不健全、物流配送等基础设施滞后、发展环境不完善和人才缺乏等问题。

加快发展农村电子商务，是创新商业模式、完善农村现代市场体系的必然选择，是转变农业发展方式、调整农业结构的重要抓手，是增加农民收入、释放农村消费潜力的重要举措，是统筹城乡发展、改善民生的客观要求，对于进一步深化农村改革、推进农业现代化具有重要意义。根据《中共中央国务院关于加大改革创新力度加快农业现代化建设的若干意见》（中发〔2015〕1 号）和《国务院关于大力发展电子商务加快培育经济新动力的意见》（国发〔2015〕24 号）的要求，为加快推进农村电子商务发展，现提出以下意见：

一、总体要求

（一）指导思想

以邓小平理论、“三个代表”重要思想、科学发展观为指导，深入贯彻落实党的十八大和十八届三中、四中全会精神，按照全面建成小康社会目标和新型工业化、信息化、城镇化、农业现代化同步发展的要求，主动适应经济发展新常态，充分发挥市场在资源配置中的决定性作用，加强基础设施建设，完善政策环境，深化农村流通体制改革，创新农村商业模式，培育和壮大农村电子商务市场主体，发展线上线下融合、覆盖全程、综合配套、安全高效、便捷实惠的现代农村商品流通和服务网络。

（二）基本原则

1. 市场为主、政府引导。充分发挥市场在资源配置中的决定性作用，突出企业的主体地位。加快转变政府职能，完善政策、强化服务、搭建平台，加强事中事后监管，依法维护经营者、消费者合法权益。为农村电子商务发展营造平等参与、公平竞争的环境，激发各类市场主体的活力。

2. 统筹规划、创新发展。将发展农村电子商务纳入区域发展战略和新型城镇化规划，作为农村发展的重要引擎和产业支撑，促进城乡互补、协调发展。以商业模式创新推动管理创新和体制创新，改造传统商业的业务流程，提升农村流通现代化水平，促进农村一二三产业融合发展。

3. 实事求是、因地制宜。结合本地区农村经济社会发展水平、人文环境和自然资源等基础条件，认真研究分析，着眼长远，理性推进。注重发挥基层自主性、积极性和创造性，因县而异，探索适合本地农村电子商务发展的路径和模式。

4. 以点带面、重点突破。先行先试、集中力量解决农村电子商务发展中的突出矛盾和问题，务求实效，对老少边穷地区要重点扶持、优先试点；总结先行地区经验，不断提升示范效应，形成推广机制。

（三）发展目标

争取到2020年，在全国培育一批具有典型带动作用的农村电子商务示范县。电子商务在降低农村流通成本、提高农产品商品化率和农民收入、推进新型城镇化、增加农村就业、带动扶贫开发等方面取得明显成效，农村流通现代化水平显著提高，推动农村经济社会健康快速发展。

二、提升农村电子商务应用水平

（四）建设新型农村日用消费品流通网络

适应农村产业组织变化趋势，充分利用“万村千乡”、信息进村入户、交通、邮政、供销合作社和商贸企业等现有农村渠道资源，与电子商务平台实现优势互补，加强服务资源整合。推动传统生产、经营主体转型升级，创新商业模式，促进业务流程和组织结构的优化重组，增强产、供、销协同能力，实现线上线下融合发展。支持电子商务企业渠道下沉。加强县级电子商务运营中心、乡镇商贸中心和配送中心建设，鼓励“万村千乡”等企业向村级店提供B2B网上商品批发和配送服务。鼓励将具备条件的村级农家店、供销合作社基层网点、农村邮政局所、村邮站、快递网点、信息进村入户村级信息服务站等改造为农村电子商务服务点，加强与农村基层综合公共服务平台的共享共用，推动建立覆盖县、乡、村的电子商务运营网络。

（五）加快推进农村产品电子商务

以农产品、农村制品等为重点，通过加强对互联网和大数据的应用，提升商品质量和服务水平，培育农村产品品牌，提高商品化率和电子商务交易比例，带动农民增收。与农村和农民特点相结合，研究发展休闲农业和乡村旅游等个性化、体验

式的农村电子商务。指导和支持种养大户、家庭农场、农民专业合作社、农业产业化龙头企业等新型农业经营主体和供销合作社、扶贫龙头企业、涉农残疾人扶贫基地等，对接电商平台，重点推动电商平台开设农业电商专区、降低平台使用费用和提供互联网金融服务等，实现“三品一标”“名特优新”“一村一品”农产品上网销售。鼓励有条件的农产品批发和零售市场进行网上分销，构建与实体市场互为支撑的电子商务平台，对标准化程度较高的农产品探索开展网上批发交易。鼓励新型农业经营主体与城市邮政局所、快递网点和社区直接对接，开展生鲜农产品“基地+社区直供”电子商务业务。从大型生产基地和批发商等团体用户入手，发挥互联网和移动终端的优势，在农产品主产区和主销区之间探索形成线上线下高效衔接的农产品交易模式。

（六）鼓励发展农业生产资料电子商务

组织相关企业、合作社，依托电商平台和“万村千乡”农资店、供销合作社农资连锁店、农村邮政局所、村邮站、乡村快递网点、信息进村入户村级信息服务站等，提供测土配方施肥服务，并开展化肥、种子、农药等生产资料电子商务，推动放心农资进农家，为农民提供优质、实惠、可追溯的农业生产资料。发挥农资企业和研究机构的技术优势，将农资研发、生产、销售与指导农业生产相结合，通过网络、手机等提供及时、专业、贴心的农业专家服务，与电子商务紧密结合，加强使用技术指导服务体系建设，宣传、应用和推广农业最新科研成果。

（七）大力发展农村服务业

按照新型城镇化发展要求，逐步增加农村电子商务综合服务功能，实现一网多用，缩小城乡居民在商品和服务消费上的差距。鼓励与服务业企业、金融机构等加强合作，提高大数据分析能力，在不断完善农民网络购物功能的基础上，逐步叠加手机充值、票务代购、水电气费缴纳、农产品网络销售、小额取现、信用贷款、家电维修、养老、医疗、土地流转等功能，进一步提高农村生产、生活服务水平。与城市社区电子商务系统有机结合，实现城乡互补和融合发展。

（八）提高电子商务扶贫开发水平

按照精准扶贫、精准脱贫的原则，创新扶贫开发工作机制，把电子商务纳入扶贫开发工作体系。积极推进电商扶贫工程，密切配合，形成合力，瞄准建档立卡贫困村，覆盖建档立卡贫困户。鼓励引导易地扶贫搬迁安置区和搬迁人口发展电子商务。提升贫困地区交通物流、网络通信等发展水平，增强贫困地区利用电商创业、就业能力，推动贫困地区特色农副产品、旅游产品销售，增加贫困户收入。鼓励引导电商企业开辟贫困老区特色农产品网上销售平台，与合作社、种养大户建立直采直供关系。到2020年，对有条件的建档立卡贫困村实现电商扶贫全覆盖。

三、培育多元化农村电子商务市场主体

（九）鼓励各类资本发展农村电子商务

支持电商、物流、商贸、金融、邮政、快递等各类社会资本加强合作，实现优势资源的对接与整合，参与农村电子商务发展。加快实施“快递下乡”工程，支持快递企业“向下”“向西”发展。支持第三方电子商务平台创新和拓展涉农电商业务。引导涉农信息发布平台向在线交易和电商平台转型，提升服务功能。

（十）积极培育农村电子商务服务企业

引导电子商务服务企业拓展农村业务，支持组建区域性农村电子商务协会等行业组织，成立专业服务机构等。为农村电子商务发展提供咨询、人员培训、技术支持、网店建设、品牌培育、品质控制、营销推广、物流解决、代理运营等专业化服务，引导市场主体规范有序发展，培育一批扎根农村的电子商务服务企业。

（十一）鼓励农民依托电子商务进行创业

实施农村青年电商培育工程和巾帼电商创业行动。以返乡高校毕业生、返乡青年、大学生村官、农村青年、巾帼致富带头人、退伍军人等为重点，培养一批农村电子商务带头人和实用型人才，切实发挥他们在农村电子商务发展中的引领和示范作用。指导具有特色商品生产基础的乡村开展电子商务，吸引农民工返乡创业就业，引导农民立足农村、对接城市，探索农村创业新模式。各类农村电子商务运营网点要积极吸收农村妇女、残疾人士等就业。

四、加强农村电子商务基础设施建设

（十二）加强农村宽带、公路等设施建设

完善电信普遍服务补偿机制，加快农村信息基础设施建设和宽带普及，推进“宽带中国”建设，促进宽带网络提速降费，积极推动4G和移动互联网技术应用。以建制村通硬化路为重点加快农村公路建设，推进城乡客运一体化，推动有条件的地区实施公交化改造。

（十三）提高农村物流配送能力

加强交通运输、商贸流通、农业、供销、邮政各部门和单位及电商、快递企业等相关农村物流服务网络和设施的共享衔接，发挥好邮政点多面广和普遍服务的优势，逐步完善县乡村三级物流节点基础设施网络，鼓励多站合一、资源共享，共同推动农村物流体系建设，打通农村电子商务“最后一公里”。推动第三方配送、共同配送在农村的发展，建立完善农村公共仓储配送体系，重点支持老少边穷地区物流设施建设。

五、创建农村电子商务发展的有利环境

（十四）搭建多层次发展平台

鼓励电商基础较好的地方积极协调落实项目用地、利用闲置厂房等建设农村特色电子商务产业基地、园区或综合运营服务中心，发挥孵化功能，为当地网商、创业青

年和妇女等提供低成本的办公用房、网络通信、培训、摄影、仓储配送等公共服务，促进网商在农村的集聚发展。支持地方依托第三方综合电商平台，开设地方特色馆，搭建区域性电商服务平台。促进线下产业发展平台和线上电商交易平台的结合，推动网络经济与实体经济的融合。研究建立适合农村情况的电子商务标准、统计制度等。发挥各类农业信息资源优势，逐步覆盖农产品生产、流通、销售和消费全程，提高市场信息传导效应，引导农民开展订单生产。

（十五）加大金融支持力度

鼓励有条件的地区通过拓宽社会融资渠道设立农村电子商务发展基金。鼓励村级电子商务服务点、助农取款服务点相互依托建设，实现优势互补、资源整合，提高利用效率。提高农村电商的大数据分析能力，支持银行业金融机构和支付机构研发适合农村特点、满足农村电子商务发展需求的网上支付、手机支付、供应链贷款等金融产品，加强有关风险控制，保障客户信息安全和资金安全。加大对电商创业农民的授信和贷款支持。充分利用各地设计开发的“青”字号专属金融产品，或依托金融机构现有产品，设计“青”字号电商创业金融服务项目，支持农村青年创业。协调各类农业信贷担保机构，简化农村网商小额短期贷款办理手续，对信誉良好、符合政策条件的农村网商，可按规定享受创业担保贷款及贴息政策。

（十六）加强培训和人才培养

依托现有培训项目和资源，支持电子商务企业、各类培训机构、协会对机关、企业、农业经营主体和农民等，进行电子商务政策、理论、运营、操作等方面培训。有条件的地区可以建立专业的电商人才培训基地和师资队伍，努力培养一批既懂理论、又懂业务、会经营网店、能带头致富的复合型人才。引导具有实践经验的电商从业者返乡创业，鼓励电子商务职业经理人到农村发展。进一步降低农村电商人才就业保障等方面的门槛。

（十七）规范市场秩序

加强网络市场监管，打击制售假冒伪劣商品、虚假宣传、不正当竞争和侵犯知识产权等违法行为，维护消费者合法权益，促进守法诚信经营。督促第三方交易平台加强内部管理，规范主体准入，遏制“刷信用”等欺诈行为。维护公平竞争的市场秩序，营造良好创业营商环境。推进农村电子商务诚信建设。加强农产品标准化、检验检测、安全监控、分级包装、冷链仓储、加工配送、追溯体系等技术、设施的研究、应用和建设，提高对农产品生产、加工和流通等环节的质量管控水平，建立完善质量保障体系。

（十八）开展示范和宣传推广

开展电子商务进农村综合示范，认真总结示范地区经验做法，梳理典型案例，对开展电商创业的农村青年、农村妇女、新型农业经营主体和农村商业模式等进行总结推广。加大宣传力度，推动社会各界关注和支持农村电子商务发展。加强地区间沟通与交流，促进合作共赢发展。

电子商务进农村是三农工作的新领域。各地要加快转变政府职能，打破传统观念和模式，大胆探索创新，加强组织领导，加强部门沟通协调，改进工作方式方法，提升政府服务意识和水平，推动农村电子商务健康快速发展，促进农村现代市场体系建立完善，加快推进农业现代化进程。

商务部　发展改革委　工业和信息化部　财政部
人力资源和社会保障部　交通运输部　农业部
人民银行　工商总局　质监总局　银监会　证监会
保监会　邮政局　国务院扶贫办　供销合作总社
共青团中央　全国妇联　中国残联
2015年8月21日

附件：

表11-1　农村电子商务发展重点工作

工作名称	工作内容	牵头部门
农村青年电商培育工程	加强农村青年电子商务培训，引导农村青年运用电子商务创业就业，提高农村青年在县、乡、村电子商务服务体系建设中的作用	共青团中央
“快递向西向下”服务拓展工程	完善中西部、农村地区快递基础设施，发挥电子商务与快递服务的协同作用，提升快递服务对农村电子商务的支撑能力和水平	邮政局
电商扶贫工程	在贫困县开展电商扶贫试点，重点扶持建档立卡贫困村贫困户，推动贫困地区特色农副产品、旅游产品销售	扶贫办
巾帼电商创业行动	建立适应妇女创业的网络化、实训式电子商务培育模式，借助互联网和大数据，助推农村妇女创业致富	全国妇联
电子商务进农村综合示范	培育一批农村电子商务示范县，健全农村电子商务支撑服务体系，扩大农村电子商务应用领域，提高农村电子商务应用能力，改善农村电子商务发展环境	财政部、商务部

11.5 农业部 国家发改委 商务部印发《推进农业电子商务发展行动计划》

按照《国务院关于大力发展电子商务加快培育经济新动力的意见》（国发〔2015〕24号）和《国务院关于积极推进“互联网+”行动的指导意见》（国发〔2015〕40号）的部署要求，发挥电子商务在培育经济新动力、打造“双引擎”、实现“双目标”方面的重要作用，扎实推进农业电子商务快速健康发展，农业部、国家发展和改革委员会、商务部共同研究制定了《推进农业电子商务发展行动计划》，提出了发展农业电子商务的指导思想、基本原则、总体目标，并明确了5方面重点任务和20项行动计划。现印发你们，请认真贯彻落实。

农业部 国家发展和改革委员会 商务部

2015年9月6日

推进农业电子商务发展行动计划

当前，农业电子商务发展迅猛，正在深刻改变着传统农产品流通方式，成为加快转变农业发展方式、完善农产品市场机制、推动农业农村信息化发展的新动力，对发展现代农业、繁荣农村经济、改善城乡居民生活的作用日益凸显。与此同时，我国农业电子商务发展仍处在初级阶段，面临着基础设施条件差、标准化程度低、流通链条不完整、市场秩序不规范、诚信体系不健全、配套政策不完善等困难和问题，亟须提高认识，采取有效措施切实加以解决。为认真贯彻落实2015年中央一号文件、十二届全国人大三次会议和《国务院关于大力发展电子商务加快培育经济新动力的意见》（国发〔2015〕24号）、《国务院关于积极推进“互联网+”行动的指导意见》（国发〔2015〕40号）的部署要求，发挥农业电子商务在培育经济新动力、打造“双引擎”、实现“双目标”方面的重要作用，积极实施“互联网+”现代农业行动，扎实推进农业电子商务快速健康发展，努力把农业电子商务打造成为大众创业、万众创新的平台，提出以下行动计划。

一、深刻认识推进农业电子商务发展的重大意义

（一）推进农业电子商务发展是完善农产品市场机制的重要举措

党的十八届三中全会指出要使市场在资源配置中起决定性作用。实践证明，电子商务可以为传统农产品产销注入信息化元素，以信息流带动物流、技术流、人才流、资金流，实时反映供求状况，解决市场信息不对称问题，提升农产品生产者话语权，拓展新渠道、新客源和新市场；能够有效促进产销衔接，降低流通成本，同时有利于

稳定市场预期、减缓价格波动，是建立健全现代农产品流通体系的必然要求。迫切需要通过加快发展农业电子商务，有效引导市场主体广泛参与，促进资源要素合理有序流动，消除妨碍公平竞争的制约因素，推动全国农产品统一市场的进一步完善，更好地发挥市场配置资源的决定性作用。

（二）推进农业电子商务发展是促进现代农业发展的重要途径

发展现代农业的基础和前提是市场化，农业电子商务是农业市场化的重要组成部分，是现代服务业的重要内容。推进农业电子商务，将产业链、价值链、供应链等现代经营管理理念融入农业，可以促进现代信息技术与传统农业全面深度融合，推动农业生产由以产品为中心转变为以市场为导向、以消费者为中心，倒逼农业生产标准化、品牌化，优化农业生产布局和品种结构，发展高产、优质、高效、生态、安全农业，实现农业发展方式根本性转变，提高农业产业素质和国际竞争力，为新型工业化、信息化、城镇化和农业现代化同步发展拓展新的空间、增添新的动力。

（三）推进农业电子商务发展是扩大和提升消费需求的重要动力

在经济新常态下，扩大和提升消费需求对促进经济发展的关键作用日益凸显。促进电子商务创新发展，是实施“互联网＋”行动的重大举措，对主动适应经济发展新常态、打造经济社会发展新引擎、有效应对经济下行压力具有重要现实意义。推动农业电子商务发展是顺应消费方式、生活方式深刻变化的现实需要，可以满足不同消费群体的个性化、多样化、便捷性需求，能够突破购销的时空限制，进一步挖掘市场需求潜力，促进消费转型升级。同时，农业电子商务的发展，还可以创新流通方式，带动农业生产资料和消费品下乡，加快形成城乡产品和要素市场双向流动的新格局，激活农村消费市场活力，让农村居民分享信息经济发展的成果。

（四）推进农业电子商务发展是加快转变政府职能的客观要求

在充分发挥市场配置资源决定性作用的同时，要更好发挥政府作用，为市场主体创造良好发展环境，切实加强公共服务、市场监管、社会管理等职责。农业部门在继续抓好农业生产的同时，应更加重视搞活农产品流通，创新农业生产资料下乡渠道。农业电子商务作为农产品流通和农业生产资料销售的新业态，在发展的过程中出现了一些新情况新问题，需要政府部门转变观念、转变职能，切实把推进农业电子商务发展作为一项重要工作来抓，加强政策创设和规划制定，健全农产品和农业生产资料市场信息监测预警体系、标准体系、质量安全追溯体系、诚信体系和法律法规建设，强化市场监管和行政执法，努力营造安全可信、规范有序的农业电子商务发展环境。

二、指导思想、基本原则和总体目标

（五）指导思想

全面贯彻党的十八大和十八届三中、四中全会精神，以邓小平理论、“三个代表”重要思想、科学发展观为指导，深入贯彻习近平总书记系列重要讲话精神，按照中央一号文件的部署要求，紧紧围绕农业农村经济发展“两个千方百计，两个努力确保，

两个持续提高”的目标任务，以改革创新为动力，以加快转变农业发展方式、有效提升消费需求为主线，强化顶层设计和政策引导，着力解决农业电子商务发展中的困难和问题，着力完善制度、机制和模式，着力营造开放、规范、诚信、安全的发展环境，为加快实现农业现代化和城乡发展一体化提供新的动力。

（六）基本原则

一是市场主体，政府引导。正确处理好市场与政府的关系，充分发挥市场主体作用，提高农业电子商务资源配置效率，同时加强政策、规划、信息指导，强化制度建设和市场监管，为农业电子商务发展创造良好环境。

二是统筹兼顾，重点突破。注重农村与城市相结合、农产品与农业生产资料和消费品相结合、线上与线下相结合，分类别、分阶段、分区域拓展和推动农业电子商务应用。重点探索鲜活农产品与农业生产资料的电子商务模式，支持发展产地田头市场、城乡仓储、冷链物流、终端配送，突破发展瓶颈。

三是创新驱动，示范引领。推动技术创新、管理创新、服务创新和制度创新，将移动互联网、云计算、大数据、物联网等新一代信息技术贯穿到农业电子商务的各领域各环节，切实增强自主创新能力。注重典型引路和示范带动，因地制宜探索发展适应当地实际的农业电子商务模式。

四是规范有序，健康发展。在发展中求规范，以规范促发展。立足需求导向，坚持必要和可行的原则，明确方向和重点，采取先易后难、循序渐进的策略，找准切入点和突破口，有力有序推进，避免盲目跟风，保障农业电子商务快速健康持续发展。

（七）总体目标

到2018年，农业电子商务基础设施条件明显改善，制度体系和政策环境基本健全，培育出一批具有重要影响力的农业电子商务企业和品牌，电子商务在农产品和农业生产资料流通中的比重明显上升，对完善农产品和农业生产资料市场流通体系、提升消费需求、繁荣城乡经济的作用显著增强。

三、重点任务

（八）积极培育农业电子商务市场主体

围绕提升新型农业经营主体电子商务应用能力、支持农产品和农业生产资料网络营销、推进农业生产性服务线上交流与交易、壮大农业电子商务企业的发展目标，培育农业电子商务市场主体，推动形成各类市场主体竞相发展农业电子商务的新格局。

专项行动1——能力提升行动：积极参与国家电子商务专业技术人才知识更新工程，开展新型农业经营主体培训。充分利用新型职业农民教育、农村实用人才培训等项目，重点组织专业大户、家庭农场、农民合作社等新型农业经营主体和农业企业负责人，联合有关教育培训机构、电子商务企业，开展电子商务平台使用、农产品和农业生产资料网上经营策略和技巧培训，有计划培养一批有理论和实践能力的农业电子商务人才，切实提高新型农业经营主体电子商务应用能力。

专项行动2——平台对接行动：充分发挥农业、商务部门牵线搭桥的作用，积极组织、引导电商企业，加强农业电子商务业务建设。依托各类会展平台和论坛，组织专业大户、家庭农场、农民合作社等新型农业经营主体、农产品经销商、国有农场和农业企业等，开展形式多样的交流活动，对接各类涉农电子商务平台和电子商务信息公共服务平台，有效衔接产需信息，促进农产品和农业生产资料实现网上销售。

专项行动3——电商拓展行动：加强政策和信息引导，鼓励综合型电子商务企业拓展农业电子商务业务，扶持垂直型农业电子商务企业发展壮大，推动电子商务企业适当降低农业电子商务门槛，引导有条件的传统农产品流通企业和农业生产资料生产经销企业发展电子商务。

（九）着力完善农业电子商务线上线下公共服务体系

探索农产品和农业生产资料线上与线下协同发展模式，完善农产品监测预警、质量标准和追溯体系，推动农业电子商务相关数据信息开放共享，实现农业全产业链数据互联互通，完善农业电子商务线上线下公共服务体系，为农业电子商务提供公共服务支撑。

专项行动4——网络集货行动：构建农产品网络集货平台，依托农产品产地市场，完善电子商务平台集货对接功能，引导在集货过程中实现标准化、规模化，提高重复性购买产品的一致性。

专项行动5——产品推介行动：完善农产品展示推介平台，在继续做好农产品营销促销工作的同时，集中打造网上展示大厅，推动“名特优新”“三品一标”“一村一品”农产品上网营销，加强宣传推介，提高农产品网络销售的公信力、信誉度和美誉度。

专项行动6——信息共享行动：健全农产品市场信息监测预警体系，强化农产品产销动态监测统计，拓展信息获取渠道，加强农产品市场信息预警分析，及时全面准确发布农产品生产、消费、贸易、库存、成本收益、价格及未来趋势等市场信息，加大农产品质量安全信息发布公开力度，推动涉农数据信息开放共享。

专项行动7——质量监管行动：完善农产品质量标准和质量安全追溯体系，加快农产品质量、包装标准制修订进程，健全“名特优新”“三品一标”“一村一品”等电子商务基础数据库，健全国家农产品质量安全追溯管理信息系统，推进农药、兽药、肥料等农业投入品追溯系统建设，探索与涉农电子商务企业建立数据共享机制，实现质量可追溯、责任可追查。

专项行动8——运行保障行动：建立农业生产经营全产业链电子商务公共服务平台，在各行业各领域大力推进电子商务发展基础上，实现种植、畜牧、水产以及种子、化肥、农药、兽药、饲料、农机等电子商务信息共享和互联互通，为农业电子商务协同快速发展提供公共服务。健全诚信体系，整合银行、税务、工商、质检、商务等领域和电子商务相关主体的信用信息，推行信用档案制度，净化市场环境，提高农业电

子商务信任度。

（十）大力疏通农业电子商务渠道

加强与相关部门的沟通协调、形成合力，加快推动网络、物流、冷链、仓储等基础设施建设，鼓励相关经营主体开展技术、机制、模式创新，深入推进信息进村入户，开展电子商务进农村综合示范，为全面发展农业电子商务创造良好条件、提供经验。

专项行动 9——渠道延伸行动：深入推进信息进村入户试点，加强部省 12316 三农综合信息服务体系建设，加快村级信息服务站建设，支持开展电子商务业务，为农民提供信息咨询、代卖代购等服务。加快完善农村物流体系布局，实施快递“向西”“向下”工程，推动农村综合服务社、超市、邮政“三农”服务站、村邮站、快递网点等基层农村物流节点建设，鼓励物流快递企业向乡、村延伸业务。

专项行动 10——市场转型行动：指导支持农产品电子商务企业有效衔接农产品品种、产量、产地、收获时期等生产者信息，促进农产品网络销售。鼓励产地和销地农产品批发市场开展信息技术、经营方式、服务模式等创新，充分发挥线上与线下相结合的优势，推动批发市场创新发展农产品电子商务。促进农产品批发市场流通基础设施、质量检测设备、产品流通渠道等应用于农产品电子商务。

专项行动 11——模式创新行动：推动电子商务企业、国有农场、农民合作社与城市社区开展合作，共同设立农产品体验店、自提点和提货柜，试点“基地＋城市社区”的鲜活农产品直配模式。推动销地批发市场发挥优势，支撑电子商务发展，探索满足城市日常消费的“批发市场＋宅配”模式。鼓励种子、农药、化肥等农业生产资料企业，依托各地村级信息服务站探索“放心农资进农家”模式。配合相关部门支持电子商务企业建立海外营销渠道，创立自有品牌，推动跨境农业电子商务发展。

专项行动 12——基础支撑行动：加快农村宽带基础设施建设，扩大第四代移动通信网络在农村的覆盖面。支持农业生产基地加强规模化、标准化、智能化和质量追溯能力建设。鼓励有条件的地方建设农业电子商务产业基地、物流园、创业园。支持电子商务市场主体在农村和城市建设仓储、冷链、分级包装、智能配货等设施设备，改善农业电子商务发展的基础条件。

（十一）切实加大农业电子商务技术创新应用力度

按照“需求牵引、重点跨越、支撑发展、引领未来”的原则，开展农业电子商务发展战略研究，突破核心关键技术，制定完善相关标准、法规，大力推广先进实用信息化技术在流通等领域的应用，全面提升农业电子商务技术创新应用能力。

专项行动 13——技术创新行动：加强农业电子商务核心关键技术研发，着力在核心芯片、射频识别、智能终端、系统集成、网络与信息安全以及大数据处理、应用软件等共性和关键技术研发应用上取得突破，加大自主知识产权保护力度，加快建立以企业为主体、市场为导向、产学研用相结合的技术创新体系。

专项行动 14——示范推广行动：积极参与国家电子商务示范城市建设。继续开展两年一次的农业农村信息化示范基地申报认定工作，并向农业电子商务倾斜，引导各类新型农业经营主体入驻电商平台，树立农业电子商务企业典型。支持移动互联网、云计算、大数据、物联网等新一代信息技术在农业电子商务全链条中的示范应用。鼓励金融机构、非银行支付机构为农业电子商务企业、物流企业及相关用户提供安全、高效的支付服务，在农村地区推广网上支付、手机支付等支付方式。推进农产品批发市场电子商务技术应用，加快推进农产品电子结算、电子交易、电子拍卖、电子商务应用，提高流通效率和信息公开程度。

专项行动15——标准推进行动：鼓励支持电子商务企业制定适应电子商务的农产品产品质量、分等分级、产品包装、物流配送、业务规范等标准，鼓励支持快递企业制定适应农业电子商务产品寄递需求的定制化包装、专业化服务等标准。加快农产品、农业生产资料产品质量国家、行业标准和生产技术规程制修订进程，加快国家农业标准化示范县建设，引导各类电子商务主体共同建立农产品标准化生产示范基地。同时研究制定农业电子商务技术标准和业务规范。

专项行动16——政策研究行动：依托各有关直属单位，与有关科研和教学单位、企业合作开展发展战略研究，追踪热点问题，提出政策建议，编制农业电子商务发展年度报告。鼓励各级发展改革、农业、商务部门会同有关部门组织相关科研、教学单位和企业联合开展农业电子商务重大问题研究，为规划制定和政策措施出台提供决策参考。加快建立以企业为主体、市场为导向、产学研用相结合的技术创新体系，推动农业电子商务相关技术中心、工程中心、重点实验室建设。

专项行动17——智库应用行动：在每年中国电子商务创新发展峰会和农业信息化高峰论坛期间组织举办农业电子商务分论坛，支持地方、行业组织、企业举办论坛、研讨会，总结交流各地推进农业电子商务发展的好做法、好经验、好模式，研究农业电子商务发展过程中遇到的困难和问题，引导农业电子商务快速健康发展。

（十二）加快完善农业电子商务政策体系

按照“政府引导，市场主体”的原则，强化顶层设计和政策创设，配合有关部门优化农业电子商务相关审批事项和流程，推动落实支持农业电子商务发展扶持政策，充分发挥市场在资源配置中的决定性作用，为农业电子商务发展提供良好政策环境。

专项行动18——政策支撑行动：联合相关部门，大力加强农业电子商务政策创新，推动出台并落实支持农业电子商务发展的用地、用水、用电、用网等政策，建立健全适应电子商务发展的多元化、多渠道投融资机制。配合相关部门全面清理农业电子商务领域现有前置审批事项，无法律法规依据的一律取消，严禁违法设定行政许可、增加行政许可条件和程序。

专项行动19——硬件支撑行动：针对农产品流通的特殊性，积极争取各级政府对田头集货、产地预冷、冷藏保鲜、分级包装、冷链物流、运输车辆、集散仓储、城市配送设施等方面建设给予扶持，按照相关规定，对符合条件的纳入农机购置补贴、农

产品产地初加工补助项目等支持范围。鼓励保险公司开展鲜活农产品配送质量保险试点。

专项行动20——运营支撑行动：积极推动成立农业电子商务标准化技术专业委员会、协会。组织相关科研和教学单位、企业开展农业电子商务核心和关键技术研发。经认定为高新技术企业的农业电子商务企业依法享受相关优惠政策。推进信息进村入户，积极争取农村信息服务站建设、信息员培训，以及政府购买公益服务支持。鼓励新型农业经营主体应用电子商务平台开展农产品上线营销、市场推广，指导新型职业农民、大学生村官、返乡农民工、农村经纪人、农村信息员等依托电子商务创业。

四、保障措施

（十三）强化组织领导

各级发展改革、农业、商务部门要进一步提高认识、转变观念，把农业电子商务作为创新农产品流通、建设现代农业、繁荣农村经济的重要举措予以推进。加强相关工作力量，明确负责机构和人员，注重调查研究，制定推进方案，细化政策措施，狠抓任务落实，会同有关部门形成工作合力，为农业电子商务快速健康发展提供组织保障。

（十四）强化制度建设

积极参与电子商务法律法规建设，围绕市场监管和公共服务职能职责，配合有关部门制定完善诚信经营、公平竞争、权益保护、信息公开、网络安全、行政执法等方面的规章制度。严格执法，严厉查处违法违规行为，切实保障相关市场主体和消费者合法权益，同时加强部门合作，避免多头重复执法。引导行业组织制定行业规范和服务要求，加强行业自律和信用评价。

（十五）强化示范宣传

将农业电子商务与“互联网＋”现代农业行动以及农业物联网、大数据应用示范统筹推进，推动农业电子商务纳入国家电子商务示范城市和智慧城市建设内容。将农业电子商务作为农业农村信息化示范基地、国家现代农业示范区、农业社会化服务示范县建设与认定的重要指标，培育和树立一批具有引领示范作用的农业电子商务企业。及时总结农业电子商务发展经验、运行模式，加强先进典型的宣传和推广，努力营造社会各界关注和支持农业电子商务发展的良好氛围。

11.6　农村电子商务服务规范（试行）

前　言

为贯彻落实国务院办公厅《关于促进农村电子商务加快发展的指导意见》（国办发〔2015〕78号）精神，指导各地加快发展农村电子商务，制定本服务规范。

本服务规范就县级人民政府建设农村电子商务公共服务体系，提出了6方面的具体建议，并对功能、建设和服务等要求进行了系统阐述，便于开展农村电子商务的县级人民政府和相关企业参考。本服务规范非强制性要求，各地可结合自身实际情况，进行调整、优化和完善。

各县级人民政府发展农村电子商务要坚持“企业为主、政府推动、市场运作、合作共赢”的原则，搭建综合性的县域农村电子商务公共服务体系，包括县级农村电子商务公共服务中心（以下简称公共服务中心）、农村电子商务培训体系、农村电子商务物流体系、农产品电子商务供应链管理体系、农村电子商务营销体系和农村电子商务服务站体系。

通过县级农村电子商务公共服务中心建设，整合各方资源，构建培训、物流、农村服务站、农村产品营销和供应链体系，解决理念、创业培训、氛围营造、农产品销售、O2O农村消费等问题。提供公共仓储、代发货等基础服务；加强品控，制定标准，建立农村产品供应链上行体系；推动政府制定相关配套政策，整合资源，协助农村群众对接政府相关职能部门及第三方服务商（如：物流、金融）等，让有意参与农村电子商务发展的企业、农户等市场主体能在公共服务中心找到所需要的相应服务。

通过农村电子商务培训体系建设，提供公益性和市场化相结合的电子商务理论及实操培训，提高农村群众电子商务技能。有计划地培养一批理论和实践能力强的农村电子商务专业人才，提高新型农业经营主体电子商务应用能力。

通过农村电子商务物流体系建设，整合县域现有的物流资源，力争实现资源的合理化配置，为农村群众提供快递收发、本地物流配送等服务，为实现“工业品下乡、农产品进城”双向流通奠定基础。

通过农产品供应链管理体系建设，为县域内从事农村电子商务的群众，提供产地预冷、集货仓储、分拣包装、冷链运输、质检追溯等公共服务，指导农民开展标准化生产并根据消费需求变化及时调整生产结构。

通过农村电子商务营销体系建设，为农村群众提供活动策划、产品包装设计与视频拍摄、代运营、分销体系建设等服务，指导创建自有品牌，积极推动“三品一标”“一村一品”农产品网上营销。

通过农村电子商务服务站体系建设，突破农村信息瓶颈，为农村群众提供在线购物、销售、缴费、出行、娱乐、资讯、创业等服务，方便农民生产生活，促进农村消费，带动农村产品销售，促进农民增收，搞活农村经济。

一、县级农村电子商务公共服务中心

在农村，由于受地域、文化、配套设施等因素影响，互联网应用难度较大，必须主动推进。公共服务中心可以采取政府购买服务形式运行，通过公开招标的形式交由具备运营经验及条件的企业运营管理，定期重新招标。也可以由政府招聘一批熟悉电子商务运作的人员，成立或指定专门工作机构，负责运营管理。

公共服务中心应扎根于农村，服务于政府、企业及农民，建设线上线下融合的公共服务体系，提供技术支持、培训孵化、产品对接、品牌建设、网络推广、金融信用和其他衍生增值服务等，使县域电子商务形成抱团合力、区域特点和优势。根据需要可设产品中心、单品（Stock Keeping Unit，SKU）管理中心、品牌中心、二维码中心、质量追溯中心、订单中心、客服中心、移动电子商务中心、O2O中心、商流中心等子中心。

（一）建设内容

1. 一个固定的场地。农村电子商务公共服务中心应因地制宜，由当地政府利用现有资源提供一个固定的场所，配备必要的办公设施。可以统筹考虑物流、培训、交流等需要，预留空间。有条件的地方应建立适应发展农产品电子商务要求的冷链设施，提供低温环境下的分拣、加工、包装、仓储等服务，并做好农产品质量安全检测。场地要交通便利，满足办公接待需求。

2. 一个运营团队。农村电子商务公共服务中心的运营团队必须具备一定的电商公共服务平台运营经验，配备专职运营人员。要具备常规的业务对接、咨询等服务功能，还能根据当地实际提供特色增值服务内容。

3. 一个服务前台和线上体验区。设立一个独立的服务前台和线上体验区，并配备专业服务人员，负责为区域内企业、网商、服务商提供业务咨询和技术服务。在显著位置放置电子商务公共服务中心运营授权标识。

4. 一个线上服务平台系统。具备以下几个功能模块：一是电子商务资讯，统计分析；二是服务内容展示；三是电子商务（远程）培训；四是本地电子商务企业展示。

5. 一套服务管理制度。包括但不仅限于会员服务登记及服务、公共服务中心服务项目公示、服务时间、设备管理、网站平台信息维护、投诉反馈、公共服务中心岗位职责和考核指标等方面的管理制度。每项制度都应具有针对性、可操作性，保证落实到位。

6. 一定的政策支持和运营经费保障。公共服务中心要坚持政府推动和市场运作相结合，通过政府购买服务，或列支专项资金保障运行。基础服务免费，特色增值服务微利，体现公益性。

（二）服务规范

公共服务中心要积极做好服务资源落地和专业服务需求对接工作，加强资源整合，建立服务标准，规范服务流程，确保服务资源有保证、服务质量有保障、服务机制有效率。

1. 决策支持。编制县域农村电商发展规划；监督落实农村电子商务实施方案，会同有关部门对农村电商基础数据进行收集、整理和分析，为政府制定扶持政策、企业开展相关业务等提供支撑。

2. 电商主体发展及管理。公共服务中心是一个面向全县各市场主体的服务机构，针对网商、第三方服务商、有关企业和个人等农村电商发展的重要力量，进行需求挖掘和分析。中心可开展会员服务。

3. 资源整合与统筹。

整合政府资源。将原有的分散在商务等有关部门的政策进行整合，将政府电子商务政策通过一个口落地。

整合行业资源。推动农业龙头企业、农民合作社、种养加专业大户、家庭农场、旅游企业等主体进行市场化整合，引导企业向薄弱、缺失环节投资，推动农村一二三产业融合发展。推动物流资源整合，提供物流解决方案。组织对接活动，协助企业寻找经销（分销）商。

整合第三方服务商资源。为企业提供全产业、全方位电商服务解决方案。将原来分散、自发的第三方服务商有机结合，让电商企业、传统企业和其他有需求的企业能快速地与平台运营商、品牌策划公司、营销公司、本地生活服务企业及电商培训机构建立联系。

4. 农产品供应链管理及营销服务。

推动农业生产、流通数据信息开放共享，探索农业生产资料电子商务与农业生产技术指导协同发展模式，推动农业技术、商业模式集成，加强农产品供应链规划、建设和管理，完善农产品检验检测、质量标准和追溯体系，针对当地特色农产品的生产、分布特点，规划和建设一批物流、初加工节点，建立健全农产品上行渠道，引导农民生产满足消费需求、适合网络销售的产品，提高农业现代化水平，促进农业发展方式转变。

针对当地特色农产品，帮助生产企业、专业合作社、网商、服务商集中产品，做好拍摄、文字编辑，形成县域产品资源库，实现农产品向网销单品SKU的转化。

公共服务中心为当地特色农产品提供品牌、商标注册服务，打造特色品牌。通过全网营销体系进行县域产品整合式网络销售。

5. 电商氛围营造与宣传。为网络创业人员实际创业过程中遇到的各类问题提供咨询与解答；向政府推荐优秀电商创业项目，争取政策扶持；组织开展各类电商文化活动，举办网上创业创新项目大赛等，为创业人员、电商企业和人才之间搭建交流平台。挖掘和培育一批优秀网商、典型网商、创业案例，通过政府网站、电视、报纸、微信、微博等宣传渠道进行宣传，并将本地电子商务氛围营造、平台建设与当地农特产品宣传、休闲旅游产品推介有机结合。

二、农村电子商务培训体系建设

建立覆盖对象广泛、培训形式多样、管理运作规范、保障措施健全的培训体系。

（一）建设内容

1. 一个固定场所。具备办公场地、培训场地和实训机房，可长期实施电商培训，方便停车，电商理念、企业文化、往期培训照片上墙，统一标识标牌。可考虑设在公共服务中心之内，或与本地院校、党校、行政培训机构等紧密合作。

2. 一个专业的培训工作团队和讲师团队。具备电商知识、经验以及教学经验，团队人员需具备常规培训业务接单、培训计划拟定、培训计划对接及培训相关事项咨询能力，还可以根据需求方的实际情况调整培训计划方案。

3. 配备必要的办公设施和培训管理制度。制定讲师管理制度、考核制度、课件研发制度等相应的管理制度及工作流程，每项制度及工作流程都应具有针对性、可操作性，保证后续能落实到位。

4. 一定的政策支持和培训经费保障。当地政府对于培训相关工作在政策及经费上应给予一定支持与保障。

（二）服务规范

组织当地院校、社会组织，或引进培训机构，对合作社农民、创业就业人员、电商转型的企业和政府人员开展电商理念培训、技能方法培训和高技能人才培训等不同层次、公益性和市场化相结合的培训。建立农村电子商务培训实践教育机制，对培训进行跟踪，提供后续实践引导和服务，确保培训实效。

能够提供电商理念和实操培训，实操培训内容包含微商系类、淘宝系类及第三方营销平台和其他新平台的实操。开展现场和网络远程培训。基础公益培训可在网上免费下载。

制定相应的培训计划，对于每月培训场次、人数、培训学员满意度等都要做好规划，并严格执行。严格遵守中央和地方培训管理办法，做好培训情况的记录，加强培训档案和经费管理。严格挑选讲师及工作人员，制定完善工作监督与考核机制。

三、县、乡、村三级电子商务物流体系建设

当前农村收发的物流数量还不多，并且很多农民白天在田间劳作无法收货，物流企业业务收益与支出不相称，不少地区的农村还是快递物流的盲区。可通过整合当地邮政、各大快递物流公司，成立专业的物流公司，负责从县到村的农村物流体系建设，包括建设农村物流仓储中心、农村物流信息管理平台及农村物流运输体系。

农村物流仓储中心和物流运输体系建设，要充分发挥现有资源，避免重复建设和资源浪费，可以以农村电子商务服务站为基础，结合邮政现有的乡镇物流配送网络，交通运输部门的农村公交班线，以及本地货运等各种运输资源，解决物流服务在农村服务能力较弱问题。

农村物流信息管理平台建设，重点解决农村物流资源的协调统筹，降低农村物流成本。快递跟踪信息能够从县级物流仓储中心传达到农村，让农村群众实时查询到包裹在县域内的流转情况，享受包裹到达短信提醒等服务。

（一）建设内容

1. 县、乡、村三级电子商务仓储物流中转。县级电子商务物流仓储中心可建于交通便利处，场地周围便于停放物流运输车。有条件的可设于县级公共服务中心内。乡镇、村的物流中转应在乡镇、村电子商务服务站开辟的物流服务区实现，避免重复浪费。

2. 一个物流体系运营团队。不同范围的工作人员可以给予不同定位，县级工作人员必须配备专业团队，乡村相关工作人员可以兼职。

3. 一套管理制度。针对县乡村三级物流制定相应的管理制度、登记流程、产品货架归类制度、问题件处理流程、配送员考核及其他工作流程。农村物流配送要固定时间、固定地点、明确价格，每项制度及工作流程都应具有针对性、可操作性，保证后续能落实到位。

4. 一个高效机制。县乡村三级物流体系需在现有的基础上充分整合邮政等物流资源，以行政方式推动，采取市场化方式解决，要处理好每个环节的物流中转衔接和每个环节所代表的利益分配。

（二）服务规范

1. 快递收发。对于快递不能直接配送到村的，需要建立县乡村三级物流体系承担快递收发工作，解决农村物流配送最后一公里问题。

2. 本地化物流配送。协助当地村民将农村产品配送到县城。

3. 物流整合。在基于县、乡、村三级物流体系的自有物流配送体系的基础上，需要不断整合市场化的物流资源。

四、农产品电子商务供应链体系建设

农产品具有鲜活易腐性，对外在条件的依赖比较明显。农业生产的区域性、季节性、分散性也十分突出，农产品供应链是一个从田间地头到消费者餐桌的过程，传统的农产品交易是农产品沿着农户、加工企业、配送中心、批发商、零售商，向消费者运动的一个网状链条。开展农产品电子商务，有必要加强农产品供应链管理，统筹资源，加强协作，以信息化带动农产品生产、流通的标准化、规模化和现代化。

（一）建设内容

可建于县级农村电子商务物流中心或农产品批发市场等地。场地应能停放物流配送车。品控部门需要有独立的化验室，场地要位于通风处，配备品控检测的专业仪器和设备、农产品质量安全追溯系统等必要的软硬件设备。拥有专业农产品开发人员、品控人员、仓储配送人员。需建立品控、售后、供应商入驻、产品检测、发货流程、仓储6S管理等各岗位的管理制度。

（二）服务规范

一是建设农产品开发体系，让农产品能实现在线化、互联网化、品牌化；建设农产品品质管理体系，通过集中仓储加强产品品质监控。

二是有条件的地区可以建立农产品溯源系统。健全“三品一标”、“一村一品”等基础数据库，记录农产品种植、加工、包装、检测、运输、销售等关键环节的信息，设置系统预警，并通过互联网、手机App、电话等途径发布信息，增强公众对产品的认可，实现质量可追溯、责任可追查。

三是提供农产品电子商务标准化工作指导。从实际出发、因地制宜，坚持统一、简化、协调和最优化原则，与便民、规范、效益相结合，确立可测量的标准化方针和目标，建立可操作的服务程序和制度，开展多元化、特色化服务。

鼓励农产品企业按照国际、国内相关标准，制定适应电子商务要求的农产品等级划分、包装、物流配送、流程规范等质量规范和质量追溯要求。鼓励支持快递企业制定适应电子商务寄递需求的定制化包装、专业化服务等规范。

四是提供专业的供应链培训服务。构建电子商务平台下的供应链管理模式，要注意保持农产品供需的相对稳定，减少信息不对称，对农产品产销形成稳定预期。

五、农产品电子商务营销服务体系

以电子商务为手段，在农业生产、加工、流通等环节，加强互联网技术应用和推广。运用电子商务大数据引导农业生产，拓宽农产品、民俗产品、乡村旅游等市场。

由公共服务中心牵头，带动和扶持本地网商、农业和旅游企业参与到营销体系建设中来。运用多种电子商务营销手段，如微信营销、微博营销、手机 App、农产品垂直营销平台等，提高农产品的产业化、组织化程度，让更多优质、安全的农产品以便捷的方式、通畅的渠道进入市场，促进农业增效、农民增收。

（一）建设内容

可在交通便利、人流量大、尽量靠近旅游路线附近和有实际需求的地方，建设一个具备网超条件的 O2O 展示展销中心。既在线下推销本地产品，也提供线下展示功能。对于缺乏上述条件的县城，不建议建设线下展示中心。

（二）服务规范

重点在线上进行主题策划、活动策划、媒体策略、品牌塑造、形象打造、市场监测，进行稿件、媒体、活动等公关、推广，渠道维护和拓展。

积极组织、引导合作社与电商平台对接。在继续做好农产品营销促销工作的同时，集中打造网上展示大厅，推动“名特优新”“三品一标”“一村一品”农产品上网营销，加强宣传推介，提高农产品网络销售的公信力、信誉度和美誉度。

引导农民合作社与城市社区建立直供关系，共同设立农产品体验店、自提点和提货柜。推动建立海外营销渠道，推动跨境农业电子商务发展。

六、农村电子商务服务站体系建设

分级建立农村电子商务服务站，为农民提供电子商务基础服务。

（一）建设内容

乡镇、村级电子商务服务站要有固定的经营场所，场地位于村民日常活动集中区，且网络已覆盖，可以选择建于农村商店、村民活动中心、村民自住房等。一个行政村建设服务站点个数尽量不超过一个，已有企业服务站点的，可以考虑合并建设。

至少配备 1 名及以上专职人员，且参加过相应培训，能够熟练操作农村电子商务平台上的各项服务功能，能够对所在服务区域的农民的需求和生产进行摸底统计。

要遵循公平、公正、公开原则，诚信经营，对各个电商平台开放，不能仅为一家平台服务。服务站应定期向县级公共服务中心报送有关信息，并建立日常网络安全管理、考勤、假期管理、货物配送等制度。

（二）服务规范

1. 入户宣传。向村民宣传服务站各项功能、电子商务行业相关资讯，提供农村电子商务普及培训，培育农村群众网上购物、商品销售、购买服务等习惯。

2. 网上代买代卖。帮助村民网上购物，并协助解决购物过程产生的纠纷等问题。公共服务中心组织村级服务站收集当地特色农产品，汇总后对外发布信息、销售。

3. 便民服务。为村民提供水、电、宽带、话费等生活网上缴费，代收代发快递、车票代购、酒店预订、本地资讯等服务。与金融机构合作，提供小额取现、生产贷款等服务。对外发布村级各项服务内容。

4. 创业服务。组织当地青年参加网上创业就业学习、交流，营造氛围，培育人才。

5. 生产服务。与种子、农药、化肥等农业生产资料企业合作，依托村级服务站网上销售，开展技术指导。

6. 依照当地情况其他增值服务。

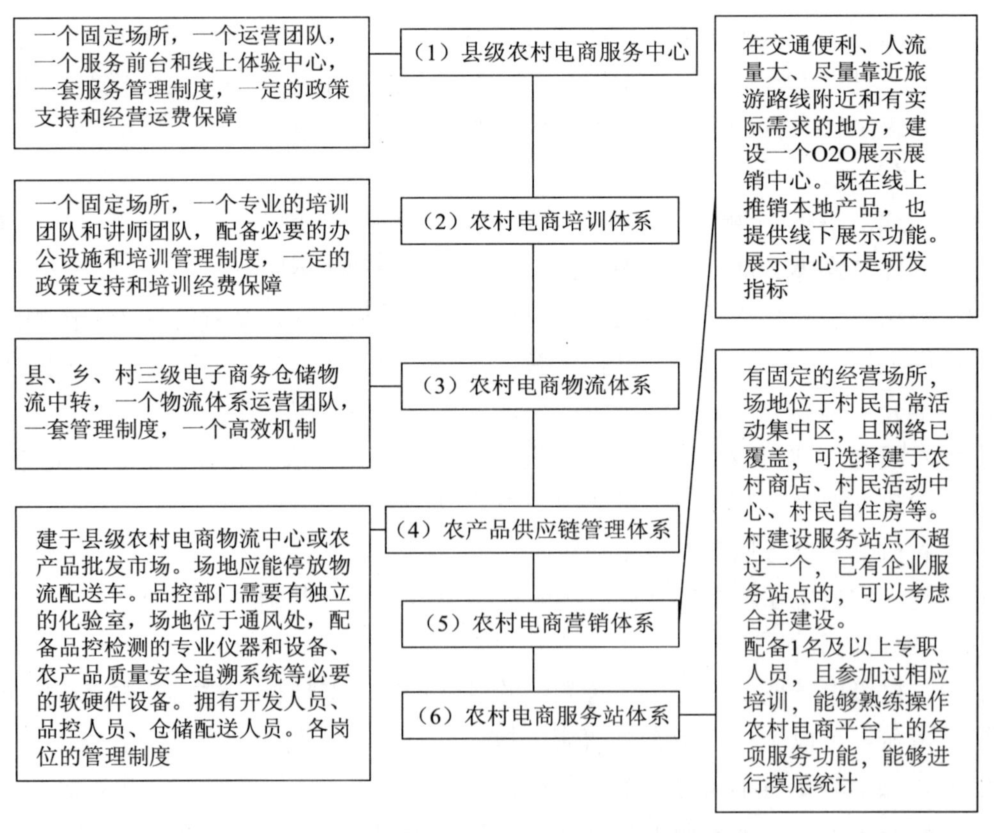

图11-1　农村电子商务六个方面的建设内容

11.7　农村电子商务工作指引（试行）

为贯彻落实《国务院办公厅关于促进农村电子商务加快发展的指导意见》（国办发〔2015〕78号）精神，提高工作的科学性、规范性、操作性，促进农村电子商务加快发展，制定本工作指引。

各地可根据工作指引，结合本地实际情况，创新提出本地具体政策和工作措施。

一、农村电子商务工作的指导思想

全面贯彻党的十八大和十八届三中、四中、五中全会精神，落实国务院决策部署，按照全面建成小康社会目标和新型工业化、信息化、城镇化、农业现代化同步发展的要求，坚持“创新、协调、开放、绿色、共享”的发展理念，深化农村流通体制改革，创新农村商业模式，培育和壮大农村电子商务市场主体，加强基础设施建设，完善政策环境，加快发展线上线下融合、覆盖全程、综合配套、安全高效、便捷实惠的现代农村商品流通和服务网络。

二、农村电子商务工作的基本原则

（一）市场为主，政府扶持。充分发挥市场在资源配置中的决定性作用，突出企业的主体地位。加快转变政府职能，做好引导和扶持，加强基础设施建设，促进资源协作统筹，建立完善农村电子商务公共服务体系，为农村电子商务发展营造平等参与、公平竞争的环境，激发各类市场主体的活力。加强事中事后监管，依法维护经营者、消费者合法权益。

（二）统筹规划，创新发展。将发展农村电子商务纳入区域“十三五”发展规划和新型城镇化规划，作为农村发展的重要引擎和产业支撑，促进城乡互补、协调发展。以商业模式创新，推动管理创新和体制创新，不断改造传统商业的业务流程，提升农村流通现代化水平，促进农村一二三产业融合发展。主动适应互联网经济发展要求，转变传统发展观念，创新工作方式方法。充分利用当地现有资源，建立和完善农村电子商务资源互联互通与共享机制。

（三）实事求是，因地制宜。结合本地区农村经济社会发展水平、人文环境和自然资源等基础条件，认真研究分析，着眼长远，理性推进。注重发挥基层自主性、积极性和创造性，因县而异，探索具有农村特点的电子商务发展路径和模式，改善农村民生条件，让广大农村群众逐步享受到与城市居民一样的公共服务。

（四）以点带面，重点突破。围绕农村电子商务发展的关键问题和环节，紧密结合当地的产业特色和地域优势，选择农民急需的消费品、农产品、农业生产资料等开展农村电子商务试点，集中力量解决物流、人才、金融服务等问题，及时总结经验教训，不断提升示范效应，形成推广机制。

三、农村电子商务的重点任务

（一）积极培育农村电子商务市场主体。充分发挥现有市场资源和第三方平台作用，培育多元化农村电子商务市场主体，鼓励电商、物流、商贸、金融、供销、邮政、快递等各类社会资源加强合作，构建农村电商平台，实现优势资源的对接与整合，参与农村电子商务发展。

（二）扩大电子商务在农业农村的应用。在农业生产、加工、流通等环节，加强互联网技术应用和推广。拓宽农产品、民俗产品、乡村旅游等市场，在促进工业品、农业生产资料下乡的同时，为农产品进城拓展更大空间。加强运用电子商务大数据引导农业生产，促进农业发展方式转变。

（三）改善农村电子商务发展环境。硬环境方面，加强农村流通基础设施建设，提高农村宽带普及率，加强农村公路建设，提高农村物流配送能力；软环境方面，加强政策扶持，加强人才培养，营造良好市场环境。

四、农村电子商务工作的主要内容

（一）建设新型农村日用消费品流通网络。适应农村产业组织变化趋势，推动万村千乡、邮政、供销合作社等传统商贸企业转型升级，创新商业模式，与电子商务平台实现优势互补，增强产、供、销协同能力，实现线上线下融合发展。建立完善覆盖县、乡、村的农村商品流通服务网络体系，为农村提供安全、便利、实惠的消费环境。

（二）加快推进农村产品电子商务。以农产品、农村制品、乡村旅游等为重点，加强对互联网和大数据的应用，引导生产更多的能够满足消费者需求的产品与服务，推动农业供给侧改革。提升农村产品质量和服务水平，提高农村产品的商品化率和电子商务交易比例，培育农村品牌，带动农民增收。

（三）鼓励发展农业生产资料电子商务。鼓励对传统农业生产资料经营网点进行信息化改造，推动化肥、种子、农药等农资产品电子商务。为农民提供优质、实惠、可追溯的农业生产资料。发挥农资生产流通等企业和研究机构的技术优势，将农资研发、生产、销售与指导农业生产相结合，通过现代信息技术提供测土配方施肥、农业网络诊疗等及时、专业、贴心的农业专家服务。

（四）大力发展农村服务业。按照新型城镇化发展要求，逐步增加农村电子商务综合服务功能，大力发展信息进村入户，实现一网多用。鼓励与服务业企业、金融机构等加强合作，提高大数据分析能力，在不断完善农民网络购物功能的基础上，逐步叠加手机充值、票务代购、水电气费缴纳、农产品网络销售、小额取现、信用贷款、家电维修、养老、医疗、土地流转等功能，进一步提高农村生产、生活服务水平。

（五）提高电子商务扶贫开发水平。按照精准扶贫、精准脱贫的原则，把电子商务纳入扶贫开发工作体系。积极推进电商扶贫工程，有关部门密切配合，形成合力，瞄准建档立卡贫困村，覆盖建档立卡贫困户。提升贫困地区交通物流、网络通信等发展水平。探索农村创业新模式，引导农民立足农村、对接城市，推动贫困地区特色农副

产品、旅游产品网络销售，增强贫困地区利用电商创业、就业增收能力。

五、农村电子商务工作的组织开展

（一）加强组织领导

把农村电子商务作为“一把手工程”，在发展初期，坚持“扶上马、送一程”的理念，健全和完善工作协调推进机制，加大扶持力度。根据农村电子商务的不同发展阶段，调整政府定位。

1. 加强领导。成立由政府主要负责同志任组长，分管负责同志任副组长，有关部门负责同志为成员的农村电子商务发展工作领导小组。形成主要领导亲自抓，分管领导具体抓、抓落实的工作机制，统筹协调解决农村电子商务发展中的重大事项和问题。

2. 健全机构。成立专门的工作机构，或指定具体部门，配备熟悉电子商务业务的专业人员，负责拟订当地农村电子商务发展规划和相关政策；协调建设农村电子商务公共服务体系，为当地企业和个人运用电子商务提供支撑；开展电子商务行业统计、监测和分析。建立商务、发展改革、工业和信息化、财政、人力资源和社会保障、交通、农业、金融、工商、旅游、统计、邮政管理、供销、共青团等多部门共同参与的部门协调机制，明确各自责任。电商发展基础较弱的地方，可以采取政府购买服务等方式由行业龙头企业提供相应的公共服务。

3. 制定政策。政府应发挥其公共服务的职能，为市场主体创造良好的政策环境。一是认真贯彻落实上级有关加快农村电子商务发展的政策措施，结合当地地理、产业、人才、发展基础等，统筹谋划农村电子商务发展的思路、重点、措施，研究出台扶持农村电子商务发展的配套政策，在项目、土地、税收、人才、培训等方面加大扶持力度。二是充分发挥政府投入的引领作用，建立健全适应农村电子商务发展的多元化、多渠道投融资机制，积极探索适应农村电子商务发展的风险投资、融资担保、责任保险等模式。三是建立健全相关的日常管理制度、工作推进制度、监管制度、考核制度等，完善相关工作机制，为农村电子商务发展提供强有力的制度保障。

4. 优化环境。以创新的思路，统筹推进各项工作，努力营造农村电子商务最优的发展环境。一是优化政务环境。着力推进简政放权、优化服务、提速增效等工作，进一步简化审批流程，对农村电子商务企业开展的项目开放绿色通道，提高工作效率。二是创新工作载体。通过开展形式多样的活动，服务好农村电子商务企业；当好调研员、服务员，了解农村电子商务发展中存在的困难与问题，切实解决制约企业发展的瓶颈问题。三是转变工作作风。贯彻落实“三严三实”要求，以强烈的务实理念，扎实的作风，严明的纪律保障工作落实，高质量、高标准地完成每一项工作任务，进一步提高干部职工服务农村电子商务发展的能力。

（二）编制规划，制定工作方案

结合实际，厘清思路，立足优势资源和产业，突出特点特色，科学合理编制发展规划，制定切实可行的实施方案。

1. 深入调研，厘清思路。一是认真学习借鉴先行地区的经验做法，与自身实际对照，不断研究完善农村电子商务的发展思路，形成自己的发展特色。二是摸清自家底数。组织职能部门、乡镇村基层组织和有关协会、企业，深入实地专题调研，弄清本地农产品、民俗产品、乡村旅游等资源情况，以及本地产业发展情况。初步确定适合网络销售、能够代表地方特点、具有一定规模的产品。建立动态数据库，定期更新。三是厘清工作思路。结合本地资源禀赋和经济社会发展等实际情况，开展农村电子商务发展战略研究。

2. 描绘蓝图，编制规划。规划是总纲，对农村电子商务的发展具有非常重要的引领作用。要围绕当地资源禀赋、文化特色、产业发展现状和存在问题等，确立农村电子商务的发展战略、总体思路、主要目标、功能布局和重大项目等，明确产业发展重点、工作任务，制定引导与扶持的系列政策和保障措施，科学编制符合实际的农村电子商务发展规划。确保农村电子商务发展规划与区域“十三五”发展规划、县域总体规划和新型城镇化规划等规划有机结合，充分体现当地的发展特色。

3. 结合实际，制定方案。实施方案是规划分步实施的细化，结合农村电子商务发展规划，研究制定切实可行的工作实施方案，从组织机构、宣传及培训工作、电子商务平台建设、品牌建设及产业链整合、完善相关政策及配套服务等方面，对发展农村电子商务做出全面细致的部署。分阶段明确工作要求，细化分解工作任务，落实具体负责人，确保规范操作和项目的顺利实施，保障目标任务的圆满完成。

（三）加强基础设施和物流体系建设

1. 加快农村信息基础设施建设，促进宽带网络提速降费，积极推动4G和移动互联网技术应用，结合农村电子商务发展，持续提高农村宽带普及率。

2. 以建制村通硬化路为重点加快农村公路建设，推进城乡客运一体化，有条件的地区实施公交化改造。加快农村电网改造升级，保障持续供电和电压稳定。

3. 合理规划和建设农产品冷链物流设施，建设适度规模的冷库仓储，发展产地预冷，提高冷链运输能力。加强产地农产品标准化、分级包装、初加工和质量保障等设施建设。

4. 推动交通运输、商贸流通、农业、供销、邮政管理各部门及电商、快递企业的相关农村物流服务网络和设施的共享衔接，鼓励多站合一、资源共享。推动第三方配送、共同配送在农村的发展，建立完善农村公共仓储配送体系。

5. 发挥好邮政点多面广和普遍服务的优势，鼓励物流资源市场化整合，支持邮政、快递物流企业完善自有农村网络或开展网络合作、运输合作、委托专业第三方公司等多种形式的合作，承接从县级到乡镇、村的快递物流业务，政府可在企业运营初期给予阶段性补贴。

6. 探索建立开放、透明、共享的数据应用平台，为电子商务企业、物流公司、仓储企业、第三方物流服务商等各类企业提供服务。

（四）加强宣传和人才培养

1. 开展专题宣传。营造舆论氛围，利用各种媒体大力宣传农村电子商务的相关政策、做法、经验，在全社会形成共识和合力，推动农村电子商务加快发展。进一步引导农民群众更新观念，让广大农民群众意识到电子商务给自己带来的方便和好处，提高农民群众电子商务的参与度。加强地区间沟通与交流，促进合作共赢发展。

2. 建立培训体系。整合资源，建立健全培训体系，研究制定培训计划、落实培训经费。成立专门的培训机构，或利用职业技校、党校等现有资源，或依托第三方培训机构等，以政府购买服务的形式进行培训。建立多层次的农村电商培训机制，针对政府、企业、农民等提供基础普及性的公开、免费培训，针对农村青年等电商创业需求提供公益性或者市场化的增值培训。

提高培训的针对性和有效性。对电子商务职业经理人实施互联网技术、经营销售、财政知识等培训；对网商着重加强网店注册、商品推广、经营管理等培训。邀请专家学者、相关部门专业人员解读最新政策，电商创业成功者介绍网络营销技能技巧、网络创业经历和体会等，提升创业创新实践能力。要将培训与农村电子商务公共服务结合起来，为参训人员提供市场、金融、资金等全链条综合服务，跟踪指导，确保培训产生实效。

3. 加强人才引进。进一步利用人才租借、专家咨询等灵活方式，解决短期临时人才需求。完善人才引进政策，在子女就学、住房租房等多方面为引进人才提供更优惠条件。针对电子商务重在实战的特点，加大电子商务实用型人才的引进。带领企业赴电子商务专业院校和人才集聚地进行推介、招聘，当好企业和电子商务专业人才间的“红娘”。

4. 发掘潜在人才。通过青年电商创新创业大赛等活动，发掘一批年轻且富有创业激情的人才。加强引导，做好当地农村毕业大学生的职业导向。利用农村电子商务迅猛发展的有利时机，在中秋、春节等重要节日前后，通过广泛宣传、登门拜访、电话问询、专题活动等方式，吸引返乡农民工和大学生在家乡创业就业。开展优秀评比，选出一批优秀供应商、服务商、电子商务服务站长等，进一步激发本地电子商务群体的内在动力。

5. 建立人才档案。全面掌握电子商务从业人员情况和企业电子商务人才需求情况，实行动态、分类管理，推动完善人才引进和培养机制。

（五）规范农村电子商务市场秩序

1. 营造规范有序的市场环境。加强网络市场监管，打击制售假冒伪劣商品、虚假宣传、不正当竞争和侵犯知识产权等违法行为。加强本地网商守法诚信教育，建立诚信档案，推进农村电子商务诚信体系建设。

2. 加快农产品质量安全追溯体系建设。完善农产品质量安全追溯系统。对本地生产的农产品进行检验检测，有条件的地方可以聘请第三方机构独立进行，并及时宣布检测结果。逐步建立覆盖生产和流通的信息溯源系统，以农业生产档案信息为基础，实现对产地环境基础信息，病虫害防治、质量检测等生产过程信息，分级包装物流等流通信息的实时登记、生产流通操作指导和预警，信息查询和上传，推进视频实时监控。让消费者了解符合食品安全的生产和流通过程，提高消费者放心程度。

3. 推进农产品标准化建设。支持建立本地特色农产品网上销售的分级、包装、贮存、品控、运输等地方和企业标准体系。覆盖从土壤环境、种养殖操作，到采购、仓储、配送、物流、包装等生产、流通全链条，推动实施农产品良好操作规范，指导和补贴农民开展土壤改良、科学施肥、科学种养殖等。

4. 努力培育本地品牌。对本地特色农产品申请品牌和原产地注册等进行补贴。加强食品安全许可管理，简化程序，强化过程监管。推行政府官方认证，提高本地农产品的信誉，树立良好的品牌形象。

5. 加强农村电子商务的统计分析。整合当地政府部门各类信息资源。加强有关部门的沟通协作，逐步建立规范、系统、科学的统计监测体系。实事求是，循序渐进，不断丰富统计内容，扩大统计覆盖范围，准确把握农村电子商务发展的动态和趋势，推进农村电子商务统计信息的综合利用，更好地服务于当地经济社会发展。

（六）提供农村电商公共服务

1. 提供公共服务是农村电子商务工作的重中之重，是推动其他有关工作的基础。要坚持政府推动和市场运作有机结合、公共服务和增值服务融合互动、丰富内容和提升品牌同步推进，建立农村电子商务公共服务体系，逐步覆盖县、乡、村三级全域。

2. 鼓励以龙头企业为主体牵头搭建行业协会组织，成立农村电子商务公共服务中心。整合本地各类资源，为已经和即将参与农村电子商务的各个主体提供综合业务保障，做到功能完善、体系健全、服务规范、支撑有力，为本地卖家、供应商、服务商以及消费者之间搭建一个交流和沟通桥梁，为销售地方性产品和服务提供一个平台。

3. 有条件的地方，可建设农村电子商务创业孵化平台。充分利用现有闲置厂房等资源，改造建设创业孵化平台，为农村青年、务工回乡人员、电商能人等提供场地、培训、技术、物流、金融等孵化条件。要科学分析、定位和充分发挥孵化平台的作用，不能简单模仿建设电商园区，造成资源浪费和重复建设。

六、加强工作考核评价

对参与农村电子商务工作的政府部门、承担购买服务的协会、企业等主体进行考核，对业绩突出的单位及创业农村青年、返乡农民工等进行奖励。

（一）制定考核机制。将农村电子商务工作纳入政府考核体系，结合实际，制定年度考核标准，并下达考核指标。按照不同阶段的要求，对开展农村电子商务工作分别制定考核目标，细化考核指标，明确各自工作职责，层层分解工作任务，确保年度工作目标的圆满完成。

（二）建立督查机制。设立农村电子商务督查考核组，制定和完善相关督查制度，

定期对农村电子商务工作的开展情况进行督查，及时收集信息，并将督查结果进行通报。原则上每季度进行一次专项督查，每半年召开一次督查通报会，集聚合力，共同推进农村电子商务工作顺利开展。

（三）完善奖惩机制。为进一步激励先进，鞭策后进，要健全和完善农村电子商务的各项奖惩制度，将农村电子商务指标完成情况与奖励进行挂钩。年终按照农村电子商务工作目标责任考核办法，对农村电子商务工作开展情况进行考核，并视情况进行奖励。

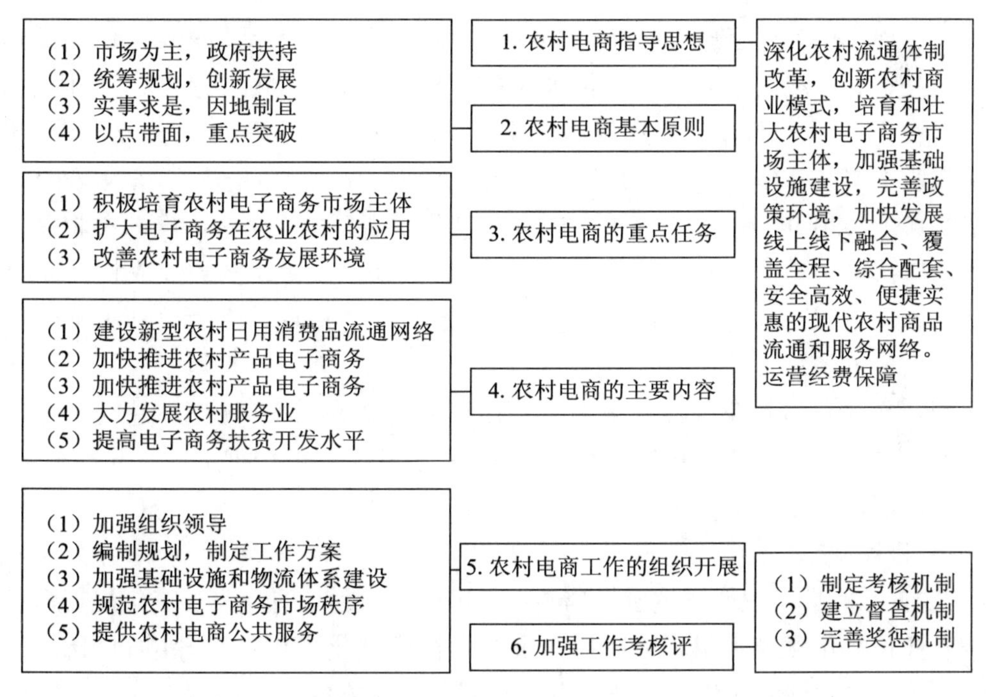

图 11－2　农村电子商务工作指引（试行）概览（洪涛绘）

11.8　农业部关于印发《“十三五”全国农业农村信息化发展规划》的通知

各省、自治区、直辖市及计划单列市农业（农牧、农村经济）、农机、畜牧兽医、农垦、农产品加工、渔业厅（局、委），新疆生产建设兵团农业局，农业部有关司局、直属事业单位：

为贯彻落实党中央、国务院有关决策部署，推动信息技术与农业农村全面深度融合，确保“十三五”时期农业农村信息化发展取得明显进展，有力引领和驱动农业现代化，农业部研究编制了《“十三五”全国农业农村信息化发展规划》。本规划已经农业部常务会议审议同意，现印发给你们，请结合实际，认真组织实施。

农业部

2016年8月29日

“十三五”全国农业农村信息化发展规划

信息化是农业现代化的制高点。“十三五”时期，大力发展农业农村信息化，是加快推进农业现代化、全面建成小康社会的迫切需要。《中华人民共和国国民经济和社会发展第十三个五年规划纲要》提出推进农业信息化建设，加强农业与信息技术融合，发展智慧农业；《国家信息化发展战略纲要》提出培育互联网农业，建立健全智能化、网络化农业生产经营体系，提高农业生产全过程信息管理服务能力；《全国农业现代化规划（2016—2020年）》《“十三五”国家信息化规划》也将对全面推进农业农村信息化作出总体部署。为贯彻落实以上纲要和规划，推动信息技术与农业农村全面深度融合，确保“十三五”时期农业农村信息化发展取得明显进展，有力引领和驱动农业现代化，特制定本规划。

本规划是《全国农业现代化规划（2016—2020年）》的子规划，是“十三五”时期指导农业各行业、各领域和各地方农业农村信息化工作的依据。

一、发展形势

（一）发展基础

“十二五”时期，农业部编制了第一个全国农业农村信息化发展五年规划，成立了农业部农业信息化领导小组，全面加强农业农村信息化工作的统筹协调和组织领导，推动信息技术向农业农村渗透融合，主要目标任务基本完成，为“十三五”发展打下了良好基础。

生产信息化迈出坚实步伐。物联网、大数据、空间信息、移动互联网等信息技术在农业生产的在线监测、精准作业、数字化管理等方面得到不同程度应用。在大田种植上，遥感监测、病虫害远程诊断、水稻智能催芽、农机精准作业等开始大面积应用。在设施农业上，温室环境自动监测与控制、水肥药智能管理等加快推广应用。在畜禽养殖上，精准饲喂、发情监测、自动挤奶等在规模养殖场实现广泛应用。在水产养殖上，水体监控、饵料自动投喂等快速集成应用。国家物联网应用示范工程智能农业项目和农业物联网区域试验工程深入实施，在全国范围内总结推广了426项节本增效农业物联网软硬件产品、技术和模式。

经营信息化快速发展。农业农村电子商务在东中西部竞相迸发，农产品进城与工业品下乡双向流通的发展格局正在形成。农产品电子商务进入高速增长阶段，2015年农产品网络零售交易额超过1500亿元，比2013年增长2倍以上，网上销售农产品的

生产者大幅增加，交易种类尤其是鲜活农产品品种日益丰富。农业生产资料、休闲农业及民宿旅游电子商务平台和模式不断涌现。农产品网上期货交易稳步发展。农产品批发市场电子交易、数据交换、电子监控等逐步推广。国有农场、新型农业经营主体经营信息化的广度和深度不断拓展。

管理信息化深入推进。金农工程建设任务圆满完成并通过验收，建成国家农业数据中心、国家农业科技数据分中心及32个省级农业数据中心，开通运行33个行业应用系统，视频会议系统延伸到所有省份及部分地市县，信息系统已覆盖农业行业统计监测、监管评估、信息管理、预警防控、指挥调度、行政执法、行政办公七类重要业务。农村土地确权登记颁证、农村土地承包经营权流转和农村集体“三资”管理信息系统与数据库建设稳步推进。农业部行政审批事项基本实现网上办理，信息化对种子、农药、兽药等农资市场监管能力的支撑作用日益增强。农产品质量安全追溯体系建设快速推进。建成中国渔政管理指挥系统和海洋渔船安全通信保障系统，有效促进了渔船管理流程的规范化和“船、港、人”管理的精准化。农业各行业信息采集、分析、发布、服务制度机制不断完善，创立中国农业展望制度，发布《中国农业展望报告》，市场监测预警的及时性、准确性明显提高。农业大数据发展应用开始起步。

服务信息化全面提升。“三农”信息服务的组织体系和工作体系不断完善，形成政府统筹、部门协作、社会参与的多元化、市场化推进格局。农业部网站及时准确发布政策法规、行业动态、农业科教、市场价格、农资监管、质量安全等信息，日均点击量860万人次，成为服务农民最有权威性、最受欢迎的农业综合门户网站，覆盖部、省、地、县四级的农业门户网站群基本建成。12316“三农”综合信息服务中央平台投入运行，形成部省协同服务网络，服务范围覆盖到全国，年均受理咨询电话逾2000万人次。启动实施信息进村入户试点，试点范围覆盖到26个省份的116个县，建成运营益农信息社7940个，公益服务、便民服务、电子商务和培训体验开始进到村、落到户。基于互联网、大数据等信息技术的社会化服务组织应运而生，服务的领域和范围不断拓展。

基础支撑能力明显增强。行政村通宽带比例达到95%，农村家庭宽带接入能力基本达到4兆比特每秒（Mbps)，农村网民规模增加到1.95亿，农村互联网普及率提升到32.3%。农业信息化科研体系初步形成，农业信息技术学科群建设稳步推进，建成2个农业部农业信息技术综合性重点实验室、2个专业性重点实验室、2个企业重点实验室和2个科学观测实验站，大批科研院所、高等院校、IT企业相继建立了涉农信息技术研发机构，研发推出了一批核心关键技术产品，科技创新能力明显增强。先后两批认定了106个全国农业农村信息化示范基地。政府引导、市场主体的农业信息化发展格局初步建立，农业互联网企业不断涌现。农业监测预警团队和信息员队伍初具规模。农业信息化标准体系建设开始起步，启动了一批国家和行业标准制订项目。农业信息化评价指标体系研究取得新进展，框架构建基本完成，主要指标通过测试。

（二）机遇与挑战

“十三五”时期，是新型工业化、信息化、城镇化、农业现代化同步发展的关键时期，信息化成为驱动现代化建设的先导力量，农业农村信息化发展迎来了重大历史机遇。同时，面临不少困难和问题，应对挑战的任务相当艰巨。

从信息化发展趋势看，信息社会的到来，为农业农村信息化发展提供了前所未有的良好环境。人类社会经历了农业革命、工业革命，正在经历信息革命。当前，以信息技术为代表的新一轮科技革命方兴未艾，以数字化、网络化、智能化为特征的信息化浪潮蓬勃兴起，为农业农村信息化发展营造了强大势能。党中央、国务院高度重视信息化发展，对实施创新驱动发展战略、网络强国战略、国家大数据战略、“互联网+”行动等作出部署，并把农业农村摆在突出重要位置，为农业农村信息化发展提供了强有力的政策保障。网络经济空间不断拓展，农业农村信息化服务加快普及，网络基础设施建设深入推进，信息消费快速增长，信息经济潜力巨大，为农业农村信息化发展提供了广阔空间。信息技术创新日新月异并加速与农业农村渗透融合，农业信息技术创新应用不断加快，为农业农村信息化发展提供了坚实的基础支撑。

从农业现代化建设需求看，加快破解发展难题，为农业农村信息化发展提供了前所未有的内生动力。资源环境约束日益趋紧，农业发展方式亟待转变，迫切需要运用信息技术优化资源配置、提高资源利用效率，充分发挥信息资源新的生产要素的作用。居民消费结构加快升级，农业供给侧结构性改革任务艰巨，迫切需要运用信息技术精准对接产销、提升供给的质量效益和竞争力，充分发挥信息技术核心生产力的作用。农业小规模经营长期存在，规模效益亟待提高，迫切需要运用信息技术探索走出一条具有中国特色的农业规模化路子，充分发挥互联网平台集聚放大单个农户和新型经营主体规模效益的作用。农产品价格提升空间有限，转移就业增收空间收窄，农民持续增收难度加大，迫切需要运用信息技术促进农村大众创业万众创新、发展农业农村新经济，充分发挥“互联网+”开辟农民增收新途径的作用。

同时，我国农业农村信息化正处在起步阶段，基础相当薄弱，发展相对滞后，总体水平不高。思想认识亟待提升。客观上，我国农业正处在由传统农业向现代农业转变的阶段，信息化对农业现代化的作用尚未充分显现。各级农业部门对发展农业农村信息化的重要性、紧迫性的认识有待深化，关心支持农业农村信息化发展的社会氛围有待进一步形成。基础条件建设亟待加强。农业数据采集、传输、存储、共享的手段和方式落后，农业物联网产品和设备还未实现规模量产，支撑电子商务发展的分等分级、包装仓储、冷链物流等基础设施十分薄弱。农业信息技术标准和信息服务体系尚不健全。重要信息系统安全面临严峻挑战。农村网络基础设施建设滞后，互联网普及率尤其是接入能力还较低。科技创新亟待突破。自主创新能力不足，农业物联网生命体感知、智能控制、动植物生长模型和农业大数据分析挖掘等核心技术尚未攻克，技术和系统集成度低、整体效能差。农业信息化学科群和科研团队规模偏小，领军人才

和专业人才匮乏。农业信息技术成果转化和推广应用比例低。体制机制亟待创新。管理职能和机构队伍建设没有跟上农业农村信息化发展的需要。投融资机制尚不健全，政府与社会资本合作模式尚未破题，市场化可持续的商业模式亟须探索完善。市场服务和监管制度、软硬件产品检验检测体系不健全。

二、指导思想、基本原则、发展目标

（一）指导思想

全面贯彻落实党的十八大和十八届三中、四中、五中全会精神，深入学习贯彻习近平总书记系列重要讲话精神，牢固树立创新、协调、绿色、开放、共享的发展理念，围绕推进农业供给侧结构性改革，构建现代农业产业体系、生产体系、经营体系，把信息化作为农业现代化的制高点，以建设智慧农业为目标，着力加强农业信息基础设施建设，着力提升农业信息技术创新应用能力，着力完善农业信息服务体系，加快推进农业生产智能化、经营网络化、管理数据化、服务在线化，全面提高农业农村信息化水平，让广大农民群众在分享信息化发展成果上有更多获得感，为农业现代化取得明显进展和全面建成小康社会提供强大动力。

（二）基本原则

坚持服务“三农”。紧紧围绕农民群众期待和需求，瞄准农业农村经济发展的薄弱环节和突出制约，把现代信息技术贯穿于农业现代化建设的全过程，充分发挥互联网在繁荣农村经济和助推脱贫攻坚中的作用，加快缩小城乡数字鸿沟，促进农民收入持续增长。

坚持统筹推进。遵循农业农村信息化发展规律，增强工作推进的系统性整体性，加强顶层设计，统筹各级农业部门，统筹农业各行业各领域，统筹发挥市场和政府作用，统筹发展与安全，立足当前、着眼长远，上下联动、各方协同，因地制宜、先易后难，确保农业农村信息化全面协调可持续发展。

坚持创新应用。创新引领，把信息技术创新摆在农业农村信息化发展的核心位置，协同推进原始创新、集成创新和引进消化吸收再创新，全面提升创新能力。应用为要，把农民用得上、用得起、用得好、能致富作为衡量标准，大胆探索创新应用机制和模式，务求信息技术推广应用取得实效。

坚持共建共享。以共享促共建，先内部后外部，推动建立信息系统互联互通、业务工作协作协同、数据资源开放共享的格局。增强互联网思维，坚持政府主导、市场主体、农民主人，充分调动社会各界共同参与的积极性，推动建立多方共赢的可持续商业化运行机制。

（三）发展目标

到2020年，“互联网＋”现代农业建设取得明显成效，农业农村信息化水平明显提高，信息技术与农业生产、经营、管理、服务全面深度融合，信息化成为创新驱动农业现代化发展的先导力量。

——生产智能化水平大幅提升。核心技术、智能装备研发与集成应用取得重大突破，大田种植、设施园艺栽培、畜禽水产养殖、农机作业、动植物疫病防控智能化水平显著提高，适宜农业、方便农民的低成本、轻简化、“傻瓜”式信息技术得到大面积推广应用。农业物联网等信息技术应用比例达到17%。

——经营网络化水平大幅提升。运用互联网开展经营的农民和新型农业经营主体数量大幅上升。农业电子商务快速发展，推动农业市场化、倒逼标准化、促进规模化、提升品牌化的作用显著增强，带动贫困地区特色产业发展取得明显成效。农业生产资料、休闲农业电子商务加快发展。农产品批发市场信息化应用取得新进展。农产品网上零售额占农业总产值比重达到8%。

——管理数据化水平大幅提升。农业农村大数据建设取得重大进展，全球农业数据调查分析系统初步建成，国家农业数据中心完成云化升级。“互联网+”政务服务建设任务全面完成，农业行政审批、农产品种养殖监管和农资市场监管、土地确权和流转管理、渔政管理等信息化水平明显提升，国家农产品质量安全追溯管理信息平台建成运行。

——服务在线化水平大幅提升。农业农村信息化服务加快普及，信息进村入户工程及12316“三农”综合信息服务基本覆盖全国所有行政村，农民手机应用技能大幅提升，农业新媒体建设取得积极进展。信息进村入户村级信息服务站覆盖率达到80%。推动乡村及偏远地区宽带提升工程实施，农村互联网普及率达到52%。

表11-2　“十三五”农业农村信息化发展主要指标

指标	2015年	2020年	年均增速	属性
农业物联网等信息技术应用比例	10.20	17	10.8	预期性
农产品网上零售额占农业总产值比重	1.47	8	40.3	预期性
信息进村入户村级信息服务站覆盖率	1.35	80	126.2	预期性
农村互联网普及率	32.30	>51.6	>9.8	预期性

三、主要任务

（一）加强信息技术与农业生产融合应用

生产信息化是农业农村信息化的短板，亟须加快补齐。加快物联网、大数据、空间信息、智能装备等现代信息技术与种植业（种业）、畜牧业、渔业、农产品加工业生产过程的全面深度融合和应用，构建信息技术装备配置标准化体系，提升农业生产精准化、智能化水平。

1. 突破大田种植业信息技术规模应用瓶颈

充分利用土地承包经营权确权登记成果，在高标准农田、现代农业示范区等大宗粮食和特色经济作物规模化生产区域，构建“天-地-人-机”一体化的大田物联网测控

体系，加快发展精准农业。大力推广水稻智能催芽、测土配方施肥、水肥一体化精准灌溉、航空施药和大型植保机械等智能化技术和装备。加强遥感技术在监测土壤墒情、苗情长势、自然灾害、病虫害、轮作休耕和主要农产品产量等方面的应用。加快基于北斗系统的深松监测、自动测产、远程调度等作业的大中型农机物联网技术推广。加快建立以农作物品种 DNA 身份鉴定制度、标签标示信息代码制度和种子委托生产代销备案制度为基础的种子生产、经营、流通可追溯体系，全面提升种业数据采集、分析能力和信息化水平。

2. 推进设施农业信息技术深化应用

在设施农业领域大力推广温室环境监测、智能控制技术和装备，重点加快水肥一体化智能灌溉系统的普及应用。加强分品种温室作物生长知识模型、阈值数据和知识库系统的开发与应用，不断优化作物的最佳生产控制方案。加强果蔬产品分级分选智能装备、花果蔬采收机器人、嫁接机器人的研发示范，应用推广智能化的植物工厂种植模式。

3. 强化畜禽养殖业信息技术集成应用

以猪、牛、鸡等主要畜禽品种的规模化养殖场站为重点，加强养殖环境监控、畜禽体征监测、精准饲喂、废弃物自动处理、智能养殖机器人、网络联合选育系统、智能挤奶捡蛋装置、粪便和病死畜禽无害化处理设施等信息技术和装备的应用。加强二维码、射频识别等技术应用，构建畜禽全生命周期质量安全管控系统。加强动物疫病监测预警，提升重大动物疫病防控能力。

4. 推动渔业信息技术广泛应用

加快渔业物联网示范应用，在水产养殖重点区域推广应用水体环境实时监控、饵料自动精准投喂、水产类病害监测预警、循环水装备控制、网箱升降控制等信息技术和装备，加强陆基工厂、网箱、工程化池塘养殖的信息技术应用，开展深远海养殖平台的研发与应用，努力实现水产养殖装备工程化、技术精准化、生产集约化和管理智能化。大力推广北斗导航技术在渔船监测调度和远洋捕捞中的应用，为海洋渔船配备卫星通信、定位、导航、防碰撞等渔船用终端，升级改造渔业通信基站，完善全国海洋渔船渔港动态监控管理系统，升级改造中国渔政管理指挥信息平台，提高渔业生产信息服务水平，保障渔业生产安全。

5. 引导农产品加工业信息技术普及应用

完善农产品产地初加工补助政策管理信息系统，探索建立粮食烘干、果蔬贮藏、采后商品化处理等初加工设施大数据平台，加强农产品产地贮藏、加工情况监测。鼓励农产品加工企业推进信息化建设，积极发展智能制造，加强拣选、加工、包装、码垛机器人等自动化设备的研发应用，推广普及智能报警的安全生产风险控制系统，利用大数据实现精准生产、精准营销，加快建立涵盖原料采购、生产加工、包装仓储、流通配送全过程的质量安全追溯体系。

（二）促进农业农村电子商务加快发展

加快发展农业农村电子商务，创新流通方式，打造新业态，培育新经济，重构农业农村经济产业链、供应链、价值链，促进农村一二三产业融合发展。

1. 统筹推进农业农村电子商务发展

注重提高农村消费水平与增加农民收入相结合，建立农产品、农村手工制品上行和消费品、农业生产资料下行双向流通格局，扩大农业农村电子商务应用范围。积极配合商务、扶贫等部门，加强政企合作，大力推进农产品特别是鲜活农产品电子商务，重点扶持贫困地区利用电子商务开展特色农业生产经营活动。鼓励发展农业生产资料电子商务，开展农业生产资料精准服务。创新休闲农业网上营销和交易模式，推动休闲农业成为农业农村经济发展新的增长点。加强农业展会在线展示、交易。

2. 破解农业农村电子商务发展瓶颈

加强产地预冷、集货、分拣、分级、质检、包装、仓储等基础设施建设，强化农产品电子商务基础支撑。以鲜活农产品为重点，加快建设农业农村电子商务标准体系。完善动植物疫病防控体系和安全监管体系，建立全国农产品质量安全监管追溯体系，提升信息化监管能力和水平。加强电子商务领域信息统计监测，推动建立企业与监管部门数据共享机制和标准。开展农产品、农业生产资料和休闲农业试点示范，探索一批可复制可推广的发展模式。

3. 大力培育农业农村电子商务市场主体

开展新型农业经营主体培训，鼓励建立电商大学等多种形式的培训机构，提升新型农业经营主体电子商务应用能力。发挥农业部门的牵线搭桥作用，组织开展电商产销对接活动，推动农产品上网销售。鼓励综合型电商企业拓展农业农村业务，扶持垂直型电商、县域电商等多种形式电商的发展壮大，支持电商企业开展农产品电商出口交易，促进优势农产品出口。大力推进农产品批发市场电子化交易和结算，鼓励新型农业经营主体应用信息管理系统等。

（三）推动农业政务信息化提档升级

政务信息化是提升政府治理能力、建设服务型政府的重要抓手。加强农业政务信息化建设，深化农业农村大数据创新应用，全面提高科学决策、市场监管、政务服务水平。

1. 大力推进政务信息资源共享开放

完善政务信息资源标准体系，推进政务信息资源全面、高效和集约采集，推动业务资源、互联网资源、空间地理信息、遥感影像数据等有效整合与共享，形成农业政务信息资源“一张图”。制定农业政务信息资源共享管理办法和数据共享开放目录，建设政务信息资源共享开放服务平台。推进部省农业数据中心云化升级，提高计算资源、存储资源、应用支撑平台等利用效率。推动形成跨部门、跨区域农业政务信息资源共享共用格局，有序推动数据资源社会开放，逐步实现农业农村历史资料数据化、数据

采集自动化、数据使用智能化、数据共享便捷化。

2. 加快推动农业农村大数据发展

加强农业农村大数据建设，完善村、县相关数据采集、传输、共享基础设施，建立农业农村数据采集、运算、应用、服务体系，统筹国内国际农业数据资源，强化农业资源要素数据的集聚利用。加快完善农业数据监测、分析、发布、服务制度，建立健全农业数据标准体系，提升农业数据信息支撑宏观管理、引导市场、指导生产的能力。推进各地区、各行业、各领域涉农数据资源的开放共享，加强数据资源挖掘应用。

3. 强化农业政务重要信息系统深化应用

建设智能化、可视化政务综合管理（应急指挥）大厅，升级完善全国农业视频会议系统，满足政务综合管理、日常监管、应急处置和决策指挥需要。顺应移动互联网发展趋势，在确保保密和安全的前提下，加快研发运行移动办公系统，深化农业行业统计监测、监管评估、信息管理、预警防控、指挥调度、行政审批、行政执法等重要电子政务业务系统建设，提高农业行政管理效能。建设高效、集约、统一的农业门户网站与新媒体平台、“三农”舆情监测和“三农”综合信息服务系统，提升对外宣传、舆论引导和政务服务能力。构建农业电子政务一体化运维管理体系，实现运维管理由被动向主动转变，确保安全稳定运行、持续可靠服务。

4. 加强网络安全保障能力建设

加快构建农业系统关键信息基础设施安全保障体系，完善网络和信息安全保障管理制度，建立信息安全通报机制，推动信息系统和网络接口整合。加强信息系统等级保护定级、测评和整改，强化重要信息系统和数据资源安全保护。实行数据资源分类分级管理，提高网络信息安全保障能力，实现数据资源安全、高效和可信应用。强化网络信息安全设备和安全产品配备，完善身份鉴别、访问控制、安全审计、边界防护及信息流转控制等安全防护手段，建设信任服务、安全管理和运行监管等系统，科学布局灾备中心。增强网络安全防御能力，全天候全方位感知网络安全态势，确保网络环境安全和网络秩序良好，坚决防止重大网络安全事件的发生。

（四）推进农业农村信息服务便捷普及

加快建立新型农业信息综合服务体系，集聚各类信息服务资源，创新服务机制和方式，大力发展生产性和生活性信息服务，提升农村社会管理信息化水平，加快推进农业农村信息服务普及。

1. 全面推进信息进村入户

坚持把信息进村入户作为现代农业发展的重大基础性工程来抓，将其打造成“互联网+”在农村落地的示范工程。加快益农信息社“整省推进”建设速度。构建信息进村入户组织体系，不断完善部管理协调、省统筹资源、县运营维护、村户为服务主体的推进机制。强化制度规范建设，研究制定管理办法和标准体系，探索将信息进村入户工作纳入地方党委政府绩效考核。建立政府补贴制度，研究出台政府购买服务政策，积极引导电信运营商、电商、IT企业、金融机构等共同推进信息进村入户，健全市场化运营机制，推动组建信息进村入户全国和省级运营实体。突出公益性服务，协同推进经营性服务，不断完善以12316为核心的公益服务体系，丰富便民服务内容，推进电子商务快速发展，提升体验服务效果。上线运行信息进村入户全国平台和家庭版、村社版等移动终端应用系统，支持各省（区、市）建设区域性数据平台。围绕农业农村大数据建设，强化益农信息社的数据采集功能。加大涉农信息资源整合共享力度，协调推动村务公开、社会治理、医疗保险、文化教育、金融服务等领域的信息化建设和应用。

2. 加强农民信息化应用能力建设

面向新型农业经营主体、新型服务主体、新型职业农民和农业部门工作人员开展农业物联网、电子商务等信息化应用能力培训，提升技术水平、经营能力和信息素养。加强新型职业农民培育的信息化建设，为新型职业农民提供在线教育培训、生产经营支持、在线管理考核等服务。加快提升农业技能开发工作信息化水平，提高工作效率。利用各级农业部门现有培训项目、资源和体系，动员企业、行业协会等社会各界力量广泛参与，开展农民手机应用技能培训。组织农民手机使用技能竞赛，推介适合农民应用的App软件和移动终端，为农民和新型农业经营主体构建支持生产、提升技能、学习交流的平台和工具。加强农技推广服务信息化，开展农技人员专业化培训，实现科研专家、农技人员、农民的互联互通，提升农技人员的业务素质，为农民提供精准、实时的指导服务。

3. 促进农业信息社会化服务体系建设

支持农业社会化服务组织信息化建设，支持科研机构、行业协会、IT企业、农业产业化龙头企业、农民合作社等市场主体发展生产性服务，并积极利用现代信息技术开展农业生产经营全程托管、农业植保、病虫害统防统治、农机作业、农业农村综合服务、农业气象“私人定制”等服务，推动分享经济发展。鼓励农民基于互联网开展创业创新，参与代理服务、物流配送等产业基础环节服务。利用“互联网＋”创新农业金融、保险产品，增强信贷、保险支农服务能力。推进农业数据开发利用、农产品线上营销等信息服务业态发展，拓展农业信息服务领域。加强农业博物馆现有实体陈列和馆藏农业文物数字化展示。

（五）夯实农业农村信息化发展支撑基础

加强农业农村信息化发展基础设施建设，加大科技创新与应用基地建设力度，大力培育农业信息化企业，支撑农业农村信息化跨越发展。

1. 加强农业信息技术研发创新

完善农业农村信息化科研创新体系，壮大农业信息技术学科群建设，科学布局一批重点实验室，加快培育领军人才和创新团队，加强农业信息技术人才培养储备。提升农业农村信息化关键核心技术的原始创新、集成创新和引进消化吸收再创新能力，

加快研发性能稳定、操作简单、价格低廉、维护方便的适用信息技术产品，逐步实现重点领域的自主、安全、可控。推动农业信息技术创新联盟建设，搭建农业科技资源共享服务平台，提高农业信息化科研基础设施、科研数据、科研人才等资源的共享水平，实现跨区域、跨部门、跨学科协同创新。加快农业农村信息化技术标准体系建设，强化物联网、大数据、电子政务、信息服务等标准的制修订工作，为深入推进农业信息技术应用奠定基础。

2. 培育壮大农业信息化产业

构建以涉农IT企业、高校、科研院所为主体，以新型农业经营主体为纽带，面向广大农民的农业信息化产业联盟，推动科技创新与农业生产经营有效对接。积极探索农业农村信息化应用新机制、新模式，引导大型传感器制造商、物联网服务运营商、信息服务商等进入农业农村信息化领域，培育和壮大农业信息化产业。推动建立农业软件与农业电子产品质量检测机构，按照国家和行业标准规范，加强农业信息化软硬件产品市场监管，提供产品性能检测服务。加大试点示范力度，强化全国农业农村信息化示范基地和农业信息经济示范区建设，发布适宜推广的农业信息技术和产品目录，引导信息技术在农业生产、经营、管理、服务等领域的应用创新。

3. 加强农业农村信息化基础设施建设

加强农业农村信息化装备建设，不断提升农田水利基础设施、畜禽水产工厂化养殖、农产品加工贮运、农机装备等基础设施信息化水平，加快推进北斗系统在农业农村中的应用。推动智慧城市农业领域的试点示范，加强智慧农业生产、农产品冷链物流与电子商务、休闲农业等的信息化基础设施建设，充分发挥都市现代农业的生产、生活、生态功能。推动“宽带中国”战略在农村深入实施，对未通宽带行政村进行光纤覆盖，对已通宽带但接入能力低于12兆比特每秒的行政村进行光纤升级改造，边远地区、林牧区、海岛等区域根据条件采用移动蜂窝、卫星通信等多种方式实现覆盖，尽快落实农村地区网络降费政策，探索面向贫困户的网络资费优惠。

四、重点工程

围绕智慧农业建设，加快实施“互联网＋”现代农业行动，支撑农业农村信息化主要任务顺利完成，实施以下重点工程。

（一）农业装备智能化工程

研发和推广适合我国国情的传感器、采集器、控制器，推动传统设施装备的智能化改造，提高大田种植、品种区域试验与种子生产、设施农业、畜禽、水产养殖设施和装备的智能化水平。深耕深松、播种、施肥施药等作业机具配备传感器、采集器、控制器，联合收割机配备工况传感器、流量传感器和定位系统，大型拖拉机等牵引机具配备自动驾驶系统。水肥一体机、湿帘、风机、卷帘机、遮阳网、加热装置等配备自动化控制装备。设施化畜禽养殖的通风、除湿、饲喂、捡蛋、挤奶等装备配备识别、计量、统计、分析及智能控制装备。水产养殖增氧机、爆气装置、液氧发生器、投饵机、循环水处理装备、水泵、网箱设备等配备自动化控制装置。

（二）农业物联网区域试验工程

选择基础较好、行业和区域带动性强、物联网需求迫切的地区，以企业为主体，鼓励产学研联合，以“全要素、全过程、全系统”理论为指导，中试和熟化一批农业物联网关键技术、智能装备和解决方案，推广一批节本增效农业物联网应用模式，提高农业产出率、劳动生产率、资源利用率。开展农业物联网技术集成应用示范，构建理论体系、技术体系、应用体系、标准体系。“十三五”期间，选取农产品主产区、垦区、国家现代农业示范区等大型基地，建成10个试验示范省，100个农业物联网试验示范区，建设1000个试验示范基地。

（三）农业电子商务示范工程

以省为单位，以企业为主体，重点开展鲜活农产品社区直配、放心农业生产资料下乡、休闲农业上网营销等电子商务试点，加强分级包装、加工仓储、冷链物流、社区配送等设施设备建设，建立健全质量标准、统计监测、检验检测、诚信征信等体系，完善市场信息、品牌营销、技术支撑等配套服务，形成一批可复制、可推广的农业电子商务模式。在农业农村信息化示范基地认定中强化农业电子商务示范。开展电子商务技能培训，在农村实用人才带头人、新型职业农民培训等重大培训工程中安排农业电子商务培训内容，与电商企业共同推进建立农村电商大学等公益性培训机构，组织广大农民和新型农业经营主体等开展平台应用、网上经营策略等培训。开展农产品电商对接行动，组织新型农业经营主体、农产品经销商、国有农场和农业企业对接电子商务平台和电子商务信息公共服务平台，推动农业经营主体开展电子商务，促进“三品一标”“一村一品”“名特优新”等农产品上网销售。

（四）全球农业数据调查分析系统建设工程

加快建设全球主要农业国农业数据采集、分析和发布系统，实现对40个重点国家重点品种数据信息的监测、挖掘和利用，加强海外农业数据中心建设，推动国家农业数据中心云化升级。充分利用现代信息和网络技术，多渠道开展全球农业遥感、气象、统计、贸易等数据采集，实现监测渠道共建、数据集中共享，稳步建设全球农业资源基础数据库、同城数据级灾备中心和应用级灾备中心，初步建成全球农业调查分析基础支撑平台。加强全球农业数据分析研究应用，完善农业数据分析预警指标体系，研发全球农业数据分析预警模型系统。改造提升中国农业信息网，以品种为主线，打造为农业生产和市场服务的国家农业信息集中发布平台。完善农业对外合作公共信息服务平台，定期发布重点国家、重点产业、重点品种的信息产品，并提供信息服务，为“一带一路”战略和农业走出去战略加快实施提供支撑。

（五）农业政务信息化深化工程

加强农业部门政务信息系统互联互通和农业数据共享开放建设，加快推进农产品优势区生产监测、农业生产调度、农机作业调度、农机安全监理、重大农作物病虫害

和植物疫情防控、农药监管、种子监管、种质资源监测、耕地质量调查监测、动物疫病监测预警、防疫检疫、兽药监管、远程诊疗、渔政执法监管和资源监测、渔政指挥调度、农产品市场价格监管、农产品质量安全监管、农资打假执法监管、农产品加工业运行监测、农业面源污染监管、农村集体“三资”监督管理、农村土地确权登记、农村产权流转交易管理、农民承担劳务及费用监管、新型农业经营主体发展动态监测、新型农业经营主体生产经营直报、农业信用体系建设、网上审批等业务系统建设和共享。加快推进农业行政审批信息等资源共享。建设农业门户网站群和网站智能监测与绩效管理系统、农业网络音视频资源管理系统、新媒体移动门户。建设农业应急管理综合指挥大厅，升级完善全国农业视频会议系统。构建全国统一的农业执法信息平台。构建统一的农业电子政务综合运维管理平台。加强网络安全防护能力建设，完善网络安全设备、防护系统与防护策略，开展信息系统等级保护定级、备案、测评、整改工作。

（六）信息进村入户工程

通过竞争性申报，每年选择10个左右的省份整省推进信息进村入户，到2020年建成益农信息社48万个以上，服务基本覆盖全国所有县、国有农场和行政村。建设益农信息社，配备12316电话、显示屏、信息服务终端等设备，选聘村级信息员，接入宽带网络，提供免费无线上网环境，实现有场所、有人员、有设备、有宽带、有网页、有持续运营能力。建设信息进村入户全国平台，开放平台功能，完善农产品生产信息服务、农业生产资料信息服务、消费信息服务、市场信息服务、“三农”政策服务、农村生活服务等系统和手机App，推进服务手段向移动终端延伸，服务方式向精准投放转变。统筹整合农业公益服务和农村社会化服务资源，推动信息进村入户与基层农技推广体系、基层农村经营管理体系和12316农业信息服务体系融合，就近为农民和新型农业经营主体提供公益服务、便民服务、电子商务和培训体验服务。以智能手机和信息化基础理论、示范应用、典型案例为主要内容，开展农民手机应用技能培训，组织技能竞赛，提高农民利用智能终端学习、生产、经营、购物的知识水平和操作技能。

（七）农业信息化科技创新能力提升工程

联合相关部委，增建农业信息化学科，加大力度建设和完善农业部农业信息技术学科群，稳定支持已有学科群建设布局，新增农业物联网、大数据、电子商务、信息化标准、农业信息软硬件产品质量检测、农业光谱检测技术、农作物系统分析与决策、农产品信息溯源技术、牧业信息技术、渔业信息技术10个专业性重点实验室，在西北、东北、黄淮海、华南、西南、热作等地区新增6个区域性重点实验室，加强野外实验站建设，各省加强省级农业信息化重点实验室、工程中心、试验台站的建设，不断加强学科体系建设和科技创新环境建设。在现代农业产业技术体系中加强农业信息化工作。与相关部委联合，在“十三五”国家重点研发计划中增列一批农业信息化科技攻关项目，鼓励各省农业部门和科技部门，加大农业信息化项目研发，突出加强农业传感器、动植物生长优化调控模型、智能作业装备、农业机器人等关键技术和系统集成研究，突破一批农业信息化共性关键核心技术，形成一批重大科技成果，制订一批技术标准规范。积极利用两院院士增选、千人计划、万人计划、长江学者、杰出青年等国家人才计划和省部级人才计划，加大农业信息化领军人才和创新团队培育力度，不断提升农业信息化创新能力和产业支撑能力。

（八）农业信息经济示范区建设工程

依托国家现代农业示范区，采用政府引导、市场主体的方式，线上农业和线下农业结合，实体经济和虚拟经济结合，建立一批示范效应强、带动效益好，具有可持续发展能力的农业信息经济示范区。全面推进农业物联网、农业电子商务、农业农村大数据、信息进村入户和12316公益服务等信息技术和系统的综合应用与集成示范。完善互联网基础设施，搭建信息服务平台，强化互联网运营和支撑体系，着力实施产业提升工程，努力探索信息经济示范区建设的制度、机制和模式。推进互联网特色村镇建设，构建区域综合信息服务体系对接农业生产、经营、管理、服务、创业，推动农林牧渔结合、种养加一体、一二三产业融合发展，推进线下农业的互联网改造。

五、保障措施

（一）加强组织领导

各级农业部门要强化农业农村信息化工作力量，切实担负起牵头责任，制定工作方案，细化落实措施，明确路线图、时间表，统筹协调相关部门，形成工作合力，切实保障各项政策措施和工程项目顺利实施。农业部各司局、单位要各司其职，协调配合，狠抓落实，确保各项目标任务如期实现。在推进过程中，要把规划实施与助力农业供给侧结构性改革、促进农民持续增收、打赢脱贫攻坚战等决策部署紧密结合，切实发挥信息化的引领和驱动作用，推动形成线上现代农业与线下现代农业协同发展的新局面。

（二）完善政策体系

加强政策创设，创新财政资金支持政策，充分利用现有基本建设和财政预算资金渠道，积极争取新增投资，加大农业信息化产业发展支持力度。积极引导社会资本、金融资本投入农村信息化建设，拓宽资金来源渠道。加强政策措施研究和制定，加大农业物联网、农业电子商务、信息进村入户等政策支持力度。构建激励研发创新的政策措施，鼓励农业信息化软件创新、技术突破和产品研发，鼓励企业加大研发投入。各级农业部门要会同相关部门积极出台配套政策，深入推进简政放权、放管结合、优化服务改革，实行负面清单制度，加强事中事后监管，最大限度减少事前准入限制，破除行业壁垒，为农业农村信息化提供良好宽松发展环境。开展农业信息化立法研究，推动建立依法促进农业农村信息化发展的长效机制。

（三）创新体制机制

加快形成跨界融合、共建共享、众筹共赢的推进格局。探索“政府主导、市场主

体、农民主人”“公投民建、公管民营、先建后补”的可持续发展机制。推动科研体制创新，强化激励机制，促进关键适用技术研发和成果转化，推动建立农业农村信息化技术产品检测认证制度。建立专家咨询机制，扶持建立产业联盟。

（四）开展试点示范

大力推进农业农村信息化试点示范工作。聚焦重点品种、重点地区、重点领域和重点方向，优先在现代农业示范区，组织实施一批基础好、成效高，带动性推广性强的示范项目。创新建立“典型示范、辐射引导、熟化推广、全面发展”的农业农村信息化重大工程示范推广模式，加大在种植业、畜牧业、渔业、质量安全、电子商务和信息综合服务等方面的试点示范力度，以点带面、点面结合，成熟一批推广一批，不断推进农业信息化创新发展。

（五）强化评价考核

坚持以目标为导向，强化过程管理，突出农业物联网等信息技术应用比例、农产品网上零售额占农业总产值比重、信息进村入户村级信息服务站覆盖率、农村互联网普及率等主要指标，构建农业农村信息化绩效管理指标体系，并纳入政府绩效考核。严格绩效评估和督促检查。建立农业信息化监测统计制度，完善农业信息化水平评价指标体系，加强试点测试，增强评价的科学性和有效性。推动各地把农业农村信息化纳入经济社会信息化发展水平评价范围。

附录1　国外生鲜农产品供应链创新模式[①]

生鲜电商一直是电商物流圈里关注的焦点之一，生鲜农产品电商也从诞生之日起一直在尝试，从模式的创新到供应链的构建，每一个点都存在着或多或少的风险和不可控的因素。最近各大生鲜电商的动作也是不断，阿里投资易果生鲜，京东战略入股天天果园等，当我们把目光聚焦到国外，不难发现 Hello Fresh、Blue Apron 等新型农产品模式也完成了相应的融资。我们盘点一下国外十大生鲜农产品的模式与供应链的创新，希望给国内的企业带来借鉴。

（一）Local Harvest 的深度整合行业上下游模式

1. 上游：消费者参与掌握需求

提到国外农产品电商与供应链，就不得不提 Local Harvest，其成立于 1998 年。其基本模式是建立连接本地中小型农场的网购平台，消费者进入网站之后搜索农产品，同时网站利用 Google Maps（谷歌地图）定位消费者的地点找到其周边可提供相应农产品的农场进行在线购买。这种模式得益于美国的中小型农场的形式，在这种模式下，消费者购买到的食物通过本地区宅配的形式即可实现运输，保证食品的新鲜。同时提供了多种消费者参与农产品生产和销售的方式，增强了农产品生产的透明度和信任度。

2. 下游：CSA 管理软件开发

除了提供供售卖的在线交易市场，Local Harvest 还开发了农场管理软件 CSAware（CSA 即 Community Supported Agriculture 的首字母缩写，社区支持农业软件），CSA 的概念于 20 世纪 70 年代起源于瑞士，并在日本得到发展，是一种在农场或农场群及其所支持的社区之间实现风险共担、利益共享的合作形式，极大地提升了农场管理的效率，使农场管理者可以专心致力于农业生产。CSAware 功能主要有在线订单管理、会员管理、配送管理和财务管理。CSAware 是收费软件，在收货季节以后每月固定收取 100 美元使用费，另外还要收取配送食物交易额的 2%作为佣金。通过较低的费率，提高了农场使用 CSAware 的意愿。更重要的是，通过其他渠道而不是 Local Harvest

---

① 陈鹤天．国外十大生鲜农产品供应链创新模式盘点［EB/OL］商道网页，著者在文字上做了一些改动。

网站销售出去的农产品，Local Harvest 同样也会获得收入。Local Harvest 改变了以往销售型网站在售卖端进行收费的方式，而是从源头截流。

如今，Local Harvest 已经覆盖了美国的东部及大部分地区，其可挖掘的创新点实际上是其对供应链上下游的深度整合。上游整合消费端，下游整合供应端，通过 IT 系统完成后勤保证。

（二）Farmigo 的 O2O+B2C 社区化导流的团购模式

说完 Local Harvest 就不得不说 Farmigo，两者其实有着很大的相似性，都是将农场放入平台中供消费者选择购买，但是其方式又有了很大的创新。其首创的社区理念和团购形式解决了生鲜中的物流成本同时让消费者得到了实惠。Farmigo 创造性地打造了“食物社区”的概念，即将地理位置相近的消费者以“食物社区”为单位和当地中小农场连接起来。由发起人向网站申请建立食物社区，这个发起人也是食物社区创建后的“带头人”。Farmigo 会为每一个社区制作专门的购物网页，然后带头人就可以把农场的产品添加到社区来。带头人需要邀请至少 20 个朋友或者邻居加入食品社区，食品社区人数没有上线。带头人每两周要发布一次食品需求征集信息，社区销售的 10%会作为带头人的奖励，此外还可享受食物的折扣，因此带头人一般会非常积极地去发动周围的人加入社区。商品的销售要求有一个最小单位也就是至少要达到 20 人消费，然后才会有折扣。

Farmigo 以社区为单位掌控订单，然后再向农场发出订货需求。同一个食物社区中的成员每周都可以各自在其社区专属的 Farmigo 网页上“点菜”，当地农场则会每周将来自同一个食物社区的单个的订单汇总，每周都要给每个食物社区定点配送一次，随后由消费者自己取回各自订购的食物。

其创新点在于社区化的概念与团购的模式。这两点给国内生鲜电商的宅配和营销体验提出了新的想法。

（三）Whole Foods Market 的食品零售的供应链模式

Whole Foods Market（WFM，全食）是目前世界排名第一的天然有机食品连锁零售商。WFM 成立于 1980 年，到如今除了美国国内，已拓展至加拿大和英国，是一家有着自己独到的经营理念的食品零售公司。WFM 专卖绿色食品，尽量减少加工处理，也不含有转基因、人造色素和防腐剂。其商品品类包括包装食品、海鲜、杂货、肉类家禽、烘焙、加工熟食以及饮料、酒类、咖啡与茶饮、营养补充剂、维生素、身体护理、教育类产品如书籍、花卉用品、宠物用品和家用产品等总共 21000 个 SKU（库存量单位，可以件、盆、托等为单位）。

WFM 的供应链模式，如图附录 1－1 所示。

本地直采为主 ⇨ 体验性经营：超市+餐厅混合模式 ⇨ 定位高端人士

图附录1－1　WFM的供应链模式

WFM吸引顾客的不仅是琳琅满目的商品、宽敞舒服的商店，更重要的是它能够为顾客提供一种新的生活方式，以及顾客认同的价值理念。食品超市本是薄利的商业，但WFM从卖食品变成卖生活方式，成为其独到之处。如此的经营和营销理念及对产品品质的用心保证是其成功的重要因素，值得国内食品公司借鉴。

同时我们要说一下WFM的最新配送，WFM的线上预订、线下配送的形式采用的是Instacart（一家移动端公司）的配送。Instacart采用众包的采购和配送方式，无自建的冷链体系，其与独立的采购员签约，前往最近的WFM店进行商品的采购与配送。

（四）Hello Fresh创新的连接形式掌控模式

Hello Fresh于2011年成立于德国，现在已经扩展至德国、英国、荷兰、澳大利亚以及美国的30个州，其基本模式是在网站上提供各类特色菜的食谱与成品图片，用户在网站上订购其一周的菜单，网站根据订单去合作的商家处购买相应的食材，每周一次寄送到客户家中。Hello Fresh致力于打造一种全新的生活方式和生活体验，通过做饭去切实地感受生活的美好。

Hello Fresh模式如图附录1－2所示。

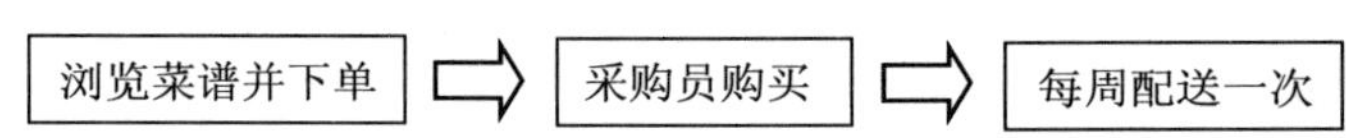

图附录1－2　Hello Fresh模式

在营销方面，Hello Fresh与大量快餐连锁企业建立合作关系，并把快餐连锁企业与消费者连接在一起，通过免费食物的诱惑，让消费者进行更多的消费，从而在短时间内迅速拓展市场。而Hello Fresh支出的免费食物完全可以由快餐连锁企业埋单。按周订购的形式也在很大程度上解决了物流与仓储的费用，同时降低了运营成本。

就目前而言，提供定制食谱以及食材配送服务其实很常见，拿国内来说就有模仿者“爱做饭”“青年菜君”等。但Hello Fresh的营销创新理念非常值得国内创业公司学习。

（五）Blue Apron周订半成品净菜创新模式延伸整个产业链

与Hello Fresh形成竞争关系的是2012年成立的Blue Apron公司，其目前融资1亿美元，市面估值20亿美元。两个公司的基本模式是相似的，那么差异化体现在哪里

呢？最大的区别在于 Hello Fresh 是以与超市及快餐店合作的形式采购原材料，而 Blue Apron 则是自己售卖食材。另外，具体的订阅形式，两个公司也是不同的，Blue Apron 的商业模式为向订阅用户递送提前按量配好的“美食配菜包”，里面包括食材、调味品和配套的食谱。订阅费用每周 60 美元，平均每餐 10 美元，主要用户的订阅套餐为每周 3 顿两人餐。Blue Apron 的菜单包含六种菜谱，并且每周更换。如果订阅用户对本周的菜谱不满意，可以将本周的量挪到以后使用。

Blue Apron 模式如图附录 1－3 所示。

图附录 1－3　Blue Apron 模式

其特色化创新主要包含 3 个方面：第一，其食材采购从供应高档饭店的批发商处采购，因此质量很高。实际上其食材质量比在超市中买到的更好，也更新鲜，因为它们不会在超市货架上摆放一周时间；第二，体现在自营电商的业务，主要售卖食材、厨具以及菜谱，打造一种定制化的消费体验；第三，其食材的丰富性与独特性。

（六）Ocado 的 B2C＋O2O 模式

Ocado 是英国最大的 B2C 零售商，也是世界上最大的网上食品零售商，于 2002 年 1 月正式开始商业运营，除了售卖生鲜外，也卖其他食品、玩具和医药产品等。总部在英国赫特福德郡的哈特菲尔德。Ocado 是独一无二的完全独立的网络食品杂货店，专注于将高端食品、饮料和家庭用品配送至顾客家中。其具体运营模式如下所示。

1. 流量导流——线下的营销模式

（1）开发第一款适用于苹果手表的杂货店 App，消费者可通过语音在线订购商品。

（2）在街道人流集中的地方设置虚拟橱窗，利用智能手机二维码扫码完成下单。

（3）安装 42 寸的触摸屏带动顾客购物体验。

（4）线下社区试吃体验活动。

2. 供应链整合

（1）品类。①生鲜等自有品牌食品；②鲜花、玩具、食品杂货、杂志等其他品牌的产品；③第三方平台商品，如家乐福及 Waitrose 超市的产品也通过 Ocado 平台销售。

（2）供应链。

扁平化的供应链能够使供应商直接把货供应到运营中心 CFC（Central Fulfillment Centre)，然后再直接根据订单配送到客户家里。在英国哈特菲尔德拥有 27406 平方米的运营中心内，85%的入库商品直接由供应商配送至该CFC，15%的入库商品是由维特罗斯超市的区域分发中心RDC（Regional Distribution Center）配送。

3. 冷链仓储物流

（1）强大的物流运营中心：仓储全部采用自动化仓库，同时Ocado物流中心选建在高速公路便捷的中转站，方便所有的客户订在CFC中处理后出库。

（2）配送方面：Ocado能够实现单元化装载、精准温控的物流服务，订单正确率达到99%，配送使用的是其自有定制的冷藏型奔驰卡车，能在次日送达客户的订单占95%，其中95%的订单能准时甚至提前完成。Ocado引以为豪的物流服务的基础是它的物流车辆，它的车辆按照单独的箱体存放，能够根据不同生鲜食品的要求，放在不同的箱体，根据客户要求会以某个特定的温度送达顾客。

（3）物流技术方面：物流中心作业选择标准化的盛具，流水线作业。同时多种机器人技术分别在供应链的各个环节运行，2015年开始Ocado正在研发能承担货物打包和自动配送的新机器人系统以降低对人工的依赖。

（七）Fresh Direct的完善冷链仓配的农产品电商模式

Fresh Direct是一个提供生鲜在线订购服务的农产品电商。公司于2002年成立，2006年开始赢利，现在配送范围已经包括曼哈顿、纽约5个区以及新泽西州和康涅狄格州的部分地区。通过Fresh Direct网站订购的食品，2小时就会送到消费者手中。这样的配送速度基于其配送中心的建立。

在Fresh Direct之前，美国曾有一个失败的案例网站Webvan，其失败的原因其实很简单，模式没有成型就盲目扩张，最终失败。Fresh Direct吸取了Webvan失败的教训，在进入其他地区市场前，耐心地建立了一个可以重复的销售和市场开发模式。此外，其业务拓展具有地区性，围绕长岛配送中心展开，不是长驱直入地进入旧金山地区并开展业务，而是选择围绕其纽约核心市场，慢慢向外扩展业务区域。

（1）品类管理。①常见的蔬菜、水果、肉食、芝士、咖啡、酒水和杂货等；②顾客可以选择本地或外地的货品、有机的还是普通的食物；③菜谱及相关食材；④提供大量犹太教食物Kosher（意为符合犹太教规的、清洁的、可食的食品），其加工方法及操作过程均有严格规定，Kosher证书已成为饮食产品中高品质的标志。

（2）分销中心的建设。①仓库内部共有8个气候区，12个温别，分别设置特定的温度和湿度，实行保鲜度优化管理；②安全严格把控：严格的进货检验；每一生产阶段都进行全面的消毒；③专门计算机分类系统对进货进行分类，按要求打包；④系统的使用：分拣系统和传送系统是由Spring Lake的Ermanco提供，立体旋转货架由Lewiston的Diamond Phoenix提供，库房控制系统采用Pyramid System，实现在生产和分装车间的自动化作业。

（3）配送流程为：农产品货物→分拣区→组装→查车→封口→装运区→扫描确

认→送货。①根据实时仪表板→监控货物是否按时送达；②实地扫描装置→跟踪快递过程情况；③定制地图软件→应对天气及路况指引行进路线。

（4）创新点：强大的客户跟踪服务系统。Fresh Direct 可以通过电子邮件和网页分析来确定有多少顾客在使用他们的移动服务。

（八）Relay Foods 的农村包围城市的扩张模式

Relay Foods 成立于 2009 年，原名 Retail Relay，2010 年改成 Relay Foods，总部位于美国弗吉尼亚州的夏洛特维尔。如今已开通了夏洛特维尔、巴尔的摩、华盛顿和里士满、弗吉尼亚州北部等城市进行生鲜在线订购服务。

Relay Foods 在上线之初并不包含新鲜食材的订购服务，也没有瞄准大都市，而是利用小城市和城镇来扩大规模。2012 年，在收购弗吉尼亚州一家线上食品供应商——Arganica 农场俱乐部后，Relay Foods 开始了它的“农村包围城市”之路。Arganica 带来的供应链加速了 Relay Foods 的扩张。

模式为在线选食品→Relay Foods 告知供货商及时采摘→送至指定提货点→消费者提货。

（1）导流方式：口碑建立在供应商已有的品牌上，与零售商（如全食）、农场主、企业合作。

（2）配送：着力培养独特的本地化能力以尽量减少投资。与各地大约 90 家农场和商店建立了协作网络。①配送中心的设置：在每座城市为逾 1.5 万种商品设置多个配送中心；②对配送站合理选址；③取货点的选址。在家庭成员更容易聚集的地方，通过顾客自提的方式解决“最后一公里”的问题。

（九）Oisix 的日本农产品 O2O 的精细化管理

Oisix 是一家日本企业，成立于 2000 年 6 月，以 O2O 模式运营。Oisix 从顾客接到订单之后向农产地进行商品的收货、采购。农产地是与日本国内 1000 余家农家签订契约，源头只提供有机栽培或低农药栽培的农产品（包括鲜摘野菜、水果还有海鲜等）。这样的经营方式使得 Oisix 不承担任何库存的风险，在价格方面也是比较稳定、低廉的，不通过当中的流通商，最终的销售价格也是比较便宜的，正因为减少了运输时间和成本，保证了所售商品可以以最优惠、合理的价格配送到客户手中。

对于 Oisix 我们可以从中学到更多的是对农产品的标准化管理，在 Oisix 上面卖的每一件商品都会标注食品的名称、净含量、原产地以及种植者的姓名。这一点源于日本对农产品的品质化要求和精细化管理。同时由于福岛核电站事件辐射泄漏之后，民众对于农产品的辐射问题越来越重视，这种标准化管理就显得尤为重要。在这种情况下，其流程图如图附录 1－4 所示。

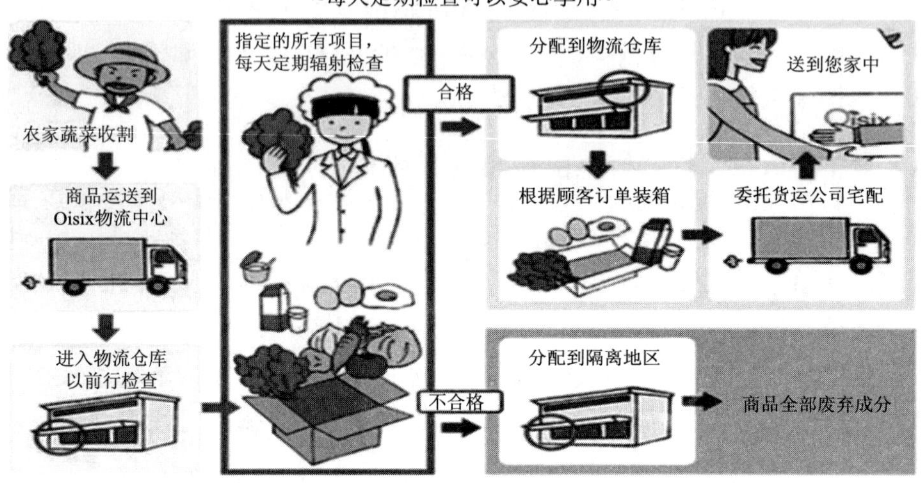

图附录1-4　采收到配送的流程

（十）Amazon Fresh的生鲜快递运营

Amazon的当日送达服务Amazon Fresh已经发展了5年，覆盖了西雅图、旧金山以及南加州三个地区。

（1）品类：自营与第三方。

自营：婴儿用品、饮料、面包、早餐、罐装瓶装食品、调味品沙拉酱、烘焙产品、乳制品、奶酪鸡蛋、熟食、鲜花室内植物、冷冻食品、谷物、健康美容、家居清洁、肉类海鲜、宠物用品、餐厅外卖、小吃饼干糖果、葡萄酒啤酒烈酒。

当地商户：与当地零售商签订了协议，在西雅图、洛杉矶的采购范围包括几十家餐馆、特色超市、鲜肉和海鲜店、面包店和医药用品。

（2）送货模式。

早上10时前下单晚饭前“同日送达”，或晚10时前下单次日早饭前“次日送达”。90天免费使用期以后，用户需交300美元年费。

目前亚马逊正在与美国邮政寻求合作，希望最终能在全美开展亚马逊生鲜的投递业务。

（3）物流与配送方面。

物流：自营的冷链物流体系使产品在仓储、配送过程的各个环节中始终处于规定的低温环境下。

配送：亚马逊生鲜为消费者提供了两种可选的收货方式，即门外配送和在家配送。

特点：①冷藏车直接从冷库对接；②每个冷藏车都内置货架，货架上存放每个订单组合商品；③每箱有独立的封箱标签追踪识别；④单个订单有独立的保温袋装，内

置内藏冰袋。

（4）创新点。①无人机配送；②Amazon Dash 是一款家用产品，该产品支持直接通过语音输入或者扫码将食品杂货添加到网上购物车。

以上国外十大农产品电商的模式，在国内都已具备，但其中的很多细节还需要我们从体系的角度去把控。比如，产品品质如何能从源头把控做到标准化的管理，冷链仓储中的细节都应细化到果蔬进库后的摆放朝向和货架高度的影响等，也唯有此才能从源头把控住电商。同时一定要在首发地区做好首发品类之后才能扩张。深耕供应链，把握住冷链，才能有长远的发展。

附录2　互联网+中国订单农业公共交易平台方案——“互联网+中国订单农业”①

附录2.1　“互联网+”行动计划，“三农问题”是重中之重

2015年是不寻常的一年。李克强总理在政府工作报告中提出“互联网+”概念，对于整个社会及行业来说，都是一种促进及创新。“互联网+”作为第二次工业革命给中国变革带来了翻天覆地的变化，“大众创业、万众创新”像李克强总理所希望的那样，促进社会流动和公平正义，在960万平方千米的土地上激发民族的创业精神和创新基因。

我国是农业大国，农业作为国民经济第一产业，涉及国计民生，互联网作为国民经济效率和创新的引擎，首先要解决“三农问题”：只有“三农问题”解决了，国家才能长治久安，市场经济才能释放出巨大的活力空间，政府才能建造“幸福工程”。总之，“三农问题”是发展我国农业的根本问题。

附录2.2　订单农业是中国农业改革过渡时期的瓶颈问题之一

我国农业发展总体形势看好，在“大变革、大格局”的“互联网+”浪潮中，农业发展在处理政府和市场、中央和地方、整体性和个性化、有形场所和电子化的关系的过渡时期，在“互联、互通、融合”的创新过程中，订单农业存在的问题具有代表性，是中国农业改革过渡时期的瓶颈问题之一。

（一）我国订单农业信息不对称

我国订单农业发展的障碍主要表现为高违约率，这与信息不对称有很大关系。信息的不对称主要表现在合约价格与市场价格的不一致上。以农户为例，当合约价格低于市场价格时，农民可能隐藏产量，以减少履约的数量，而将隐藏的产量按市场价格

① 长沙沁坤大宗农产品现货电子交易市场股份有限公司供稿。

出卖；当合约价格高于市场价格时，农民可能虚报产量，以增加履约数量，增加的部分可以从市场购买，赚取市场价格与合约价格间的差价。

（二）我国订单农业缺乏成熟的产业链支撑

我国的农产品流通尚未形成成熟的产业链，产业链上农产品的生产商、加工商、经销商、分销商、零售商以及衍生环节衔接关系与支持关系比较薄弱，尚未达到运转正常、自我修复、自我再生的生态平衡状态。一旦受到市场价格波动、淡旺季影响，订单农业签约商特别是小型合作社组织、农户散户的利益就会受到较大影响，从而影响各方的积极性。

（三）我国订单农业缺乏第三方载体

订单农业有帮助农户提高福利的潜力，但仍不是充分条件。由于农企倾向于优先选择种植规模较大的农户签订合同，小型农户会被排除在外，被大型农企所控制，受到合同对收入和价格的负面影响，失去讨价还价的能力。这些情况是广大农户实现“大众创业、万众创新”的一些问题。合约之外的市场变窄，引导和扶持订单农业，迫切需要第三方载体平台，使得产销信息更加全面，农民销售收入有保障，利于采购商来年规划，从而稳定市场行情，降低成本，提高运行效率。

（四）我国订单农业缺乏法律保障

政府引导订单农业需要加强抗风险能力，运用法律手段稳定交易秩序、保障各方权益。第一，保障农产品生产签约者权益，监督产业链企业如法履约，不要再出现合约内“果贱伤农”，合约外“物价哄抬”的局面；第二，保障消费者食品安全，从而敦促农产品生产者提供安全的健康食品；第三，最大程度保障流通环节畅通，在农产品送达的及时性、安全性以及仓储财产的保护等方面保障第三方物流配送商、仓储商的利益。

（五）我国订单农业缺乏资金池调节

“互联网＋”行动促使产业链金融趋势更加明显，信息和金融是保证产业链畅通运行的两大重要因素。政府订单农业欣逢“大众创业、万众创新”的利好时机，如保持稳健，需要资金池进行调节，解决供应链上下游中小企业以及个人融资难的问题，这样才能促进货物流通、盘活资金，才能减少短期行为，避免恶性竞争。

附录 2.3　沁坤股份“互联网＋订单农业”战略步骤

沁坤股份实施“互联网＋订单农业”战略分以下三步走。

第一步：强化"互联网＋订单农业"专业功能

沁坤股份致力于打造中国真正体现"互联网＋"思维的订单农业服务平台。"互联网＋订单农业"公共交易平台专业功能分为线下经济实体和线上电商平台搭建两个部分。线下经济实体按照近期、中长期的发展战略规划，以"to B（电商批发市场)"体现"互联网＋"思维，对于农产品流通经营者实施"免租金永久免费入驻"，以线上电商资源为经营特色，良性拉动、催生订单农业，以批发市场建设、冷库建设作为起点，以在线供应链金融服务、冷链物流服务、信息服务、食品安全追溯作为实现企业价值链升级，实现增值的第一步举措。线上电商操作以沁坤订单网为依托，全面展示供销信息、产品信息、政策信息、服务信息，提供多元化、专业化、规范化的服务。

第二步：强化"互联网＋订单农业"社会服务功能

沁坤股份秉承"关注民生、服务三农、大任担当、回报社会"的企业宗旨，致力于打造承担"互联网＋"社会责任的订单农业服务平台。沁坤"互联网＋订单农业"项目在担任区域内储备基地、菜篮子工程、冻品交易中心的重要角色基础之上，增强社会服务功能，建立公共性的信息反馈中心，在食品安全方面形成一系列透明化的操作流程、追溯手段和管理措施；在科研技术方面，向居民提供有机、绿色、无公害养殖和种植的健康农产品；在管理操作过程中应用先进的冷链物流技术和保鲜保活技术；长远规划、规范运作，争取成为大型公共活动、赛事的重要食品供应点，在全国起到首创、示范和带动作用。

第三步：强化"互联网＋订单农业"多点资源配置的功能

沁坤"互联网＋订单农业"最终为农业产业链健康发展服务。首先，推行产业链功能延伸，在生产源头延伸建立运用新技术的微生物农产品生产基地、特色区域农产品生产基地；在消费终端延伸建立社区便民服务中心，使得"互联网＋"思维深入社区；在中间环节延伸增加产业链价值链衍生业务，比如物流、在线供应链金融借贷、批发市场包装加工；在食品安全检测中心，建立检验检疫、食品安全追溯系统，实现对进场交易食品安全的监控，以及对食品安全质量的追溯，为商家和消费者提供安全、卫生、保鲜的冷冻食品。然后，发展文化产业、地区电子商务服务中心、休闲农业和创意农业，成为区域性现代服务业中心、信息中心、金融中心。

附录 2.4　沁坤股份"互联网＋订单农业"实施举措

（一）商业模式创新使得"互联网＋订单农业"信息更通畅

沁坤股份通过"实践＋创新"，打破了传统的农产品流通模式，形成了独特的、适合农产品流通的多元复合集成"5＋1＋1"商业模式，包括电商平台集成创新、在线供应链金融服务创新、电商批发市场"免费入驻"经营模式创新。这些措施有利于整合

农产品流通全链资源，更能够为农产品流通提供一站式服务，信息更全面：面对当前农产品网络零售、大宗农产品电商、政府网上产销对接会等存在散片化的现象，一线整合农户、经纪人、农企、分销商、渠道商、零售商等传统农产品产供销生态链各元素，全面整合买家和卖家，落实到农户和社群。

（二）沁坤电商批发市场为“互联网＋订单农业”提供更成熟的产业链核心节点经济实体支撑

多元复合集成“5＋1＋1”沁坤模式在全国率先打破了传统批发市场的准入机制，实施“永久免费入驻”的农产品电商批发市场经营方式。目前，传统的批发市场由于渠道单一、成本居高不下、中间环节过多，正在从人们的生活中逐渐消失，而逐渐向线上线下小批量、个性化、多元化的电商渠道转变。2015 年 9 月 2 日，沁坤股份正式在全国率先提出“永久免费入驻”经营理念的农产品批发市场。这一“永久免费入驻”的重要举措，有利于整合农产品流通全链资源，对传统城市二级批发市场场地交租金模式的颠覆。

（三）多元复合集成“5＋1＋1”沁坤模式电商平台为“互联网＋订单农业”提供专业载体

沁坤股份独创的多元复合集成“5＋1＋1”沁坤模式电商平台，真正体现了“互联网＋”思维：其一是整体性：O2O 线上线下互动，消费与服务兼顾，一线整合供应链全链资源，买家和卖家，特别是庞大的线下经济实体资源；其二是系统性：具有顾问、代理、客服、配送、仓储、供应等功能；其三是生态成长性：多元复合集成“5＋1＋1”模式包括五个线上商城平台（沁坤商城、订单网、在线供应链金融网、社区商城、微商城）连同两个线下服务平台（即 1 个电商批发市场和 1 个社区便民服务中心）开展经营业务，实现鲜活农产品同城配送，构筑“互联网＋”农业电商生态圈。

（四）沁坤股份“互联网＋订单农业”引入保险机制和平台交易规则，增强法律履约保障和风险转移措施

沁坤股份“互联网＋订单农业”引入保险机制和平台交易规则，是国家农业电商进入成长期后重要的保障交易措施，增强法律履约保障和风险转移：农业险、货运险有助于规避“基地＋城市社区”直配模式商品送达及时性的风险；履约保证保险有助于政府引导订单农业，为产业链企业履约做好保障；线上订单取消险、仓库企业财产险有助于规避“批发市场＋宅配”模式的风险；意外伤害综合保险、公众责任保险有助于健全农产品电商标准体系；食品安全责任险有助于保障食品安全，保护消费者权益。

（五）沁坤股份在线供应链金融为“互联网＋订单农业”提供资金池

沁坤股份进行在线供应链金融服务创新，建立以龙头企业为核心的农产品流通“融资平台”。作为“互联网＋”重大项目，其优势是资金高效、风险可控、线上线下一体化、流程优化，实现农产品电商生态圈合作共赢。沁坤股份是在线供应链金融服务的操作平台、供应链第三方信息服务提供商，同时也是在线供应链金融服务的主导者，提供如下服务：帮助商业银行降低贷款风险、活用应收账款；帮助商业银行确定目标企业、调查目标企业的上下游客户，开发目标企业的上下游强势客户；帮助供应链目标企业解决预付款、盘活企业存货。拉动订单需求，订单只要不断，就可以通过沁坤电商平台的流程控制，获得一笔商业银行的“长期贷款”，间接拉动目标企业上下游客户，达到“多方共赢”。

附录2.5　发展中存在的问题及未来发展展望

（一）存在的问题

1. 农产品流通营商环境造成订单农业计划赶不上变化

目前，沁坤股份已经成为国内知名的农产品网上商城，经营业绩、网站各项运营指标快速增长，但真正体现“互联网＋”思维，实现人性化、系统性，实现生态性可持续发展，尚有待时日。特别是目前的农产品流通营商环境信息不对称，农产品“买难卖难”一直以来的内伤加上中小企业“融资难”的诸多问题，造成订单农业不乐观，急需电商平台解决的问题就是以信息流带动、促进物流与资金流。

2. 电子商务人才与实际需求存在断层

农产品电子商务行业、“互联网＋”技术、冷链物流与技术对人力资源的专业要求和经验要求较高。目前主要存在人才培养、短时间内实现收益，人才流失之间的断层，紧缺具有快速适应行业背景、视野与敏感度的复合型人才。特别是随着当前国内农村电商县域经济的崛起，以及目前沁坤股份产业链核心节点电商批发市场的快速发展建设，需要大量经过实操培训、高质量的电子商务复合型人才。

（二）未来发展展望

沁坤股份致力于加快农业行业与“互联网＋”平台交易发展，推进多元复合集成“5＋1＋1”商业模式进程，形成“互联网＋电商平台创新”“互联网＋在线供应链金融＋保险监管”“互联网＋免费入驻”电商批发市场为主体的“生态成长型”产业链。

加快“互联网＋”重大项目建设的完成进程，加快微商进程。充分利用已有订单网、在线供应链金融服务网、沁坤商城、沁坤社区商城的平台优势，加快微商城建设

与推广，增强社区便民服务功能，加快微信公众号推广，以最快的速度、最有效的方式传播企业文化信息和产品信息，引导居民从传统交易形成“电购”习惯、积极参与互动，形成O2O新兴消费习惯。

农产品流通保障与监管力度加大，在线供应链金融服务与保险服务双管齐下。沁坤股份充分利用技术优势、团队优势、平台优势、商业模式优势，开发并量身定做灵活的、解决中小企业实际问题的在线供应链金融服务产品，加强供应链协作管理、优势互补；引入保险服务机制和平台监管机制，保障食品安全，保护消费者权益，为政府引导订单农业良性运转，为产业链企业履约做好保障，降低物流环节对商品送达的及时性、安全性的风险，最大程度保障仓储财产，为企业融资提供一站式服务，提供积极保障。

沁坤电商批发市场在完成其基本农产品批发零售业务功能之外，着力于产业链向生产源头延伸建立生产基地；向消费终端延伸成立与电商批发市场对接的社区实体店，同时发展信息、物流、包装加工、休闲农业、养生等产业链衍生服务。

附录3 乐村淘"抓住'互联网+' 三农新机遇 开创农村电子商务新天地"

乐村淘是中国第一家服务于6亿农民的村镇O2O电商平台，2014年7月在太原市成立，仅仅两年多时间，乐村淘在山西102个县建立了县级管理中心，在11000个村建立了村级体验店。在全国23个省市建立了省级分公司，分别为山西、北京、河北、河南、山东、陕西、江苏、内蒙古、甘肃、青海、广西、新疆、四川、安徽、湖北、黑龙江、吉林、辽宁、天津、广东、江西、湖南、云南；516个县建立了县级管理中心；60000个村建立了村级体验店；为1亿农民提供了便利和服务。截至2015年，乐村淘线下体验店的数量是国内电商平台中最多的。2015年，乐村淘平台销售总额达10.59亿元，并且，在全球互联网大会上被评为"最具影响力的农村电商平台"、获得了山西省商务厅授予的"山西电子商务示范企业"、高新区授予的"高新技术企业"和"双百企业"等殊荣。

通过一年多的探索，我们已经打造出一个风格独特、更适合农村特点、更接地气的农村电子商务新模式——乐村淘模式。具体有以下三个特点。

一是创立"乐6集"独特的销售模式——走进农村

针对当前农村的现状，乐村淘制定了一个更适合农村的独特的销售模式"乐6集"。就是逢6赶集，把农民在线下的赶集搬到网上去赶集，每月的6日、16日、26日集中下单，集中销售，集中配送，大大降低物流成本和采购成本。

目前，乐6集活动已经开展了25集，第一集"开仓放面"、第二集"开仓放米"、第三集"家电风暴"……

2015年7月26日，乐村淘举办了一次农村千人旅游节，组织近2000名优秀体验店店主到青岛、日照去旅游学习。让农民从山西到山东，从大山到大海，从农村到工厂，参观澳柯玛总部厂房，更深入地了解厂家，此次活动中澳柯玛专门为农民定制了一款冰箱，订单高达12362台。

2015年10月26日，乐6集第20集，乐村淘推出首款自营品牌——乐村淘雪花粉，精选原产地小麦，让农民吃到上等面，首次活动订单突破50多万袋。2015年12月6日，乐村淘相继推出第二款自营品牌——乐村淘珍珠米，来自黑龙江皇家贡米之乡，首次活动销量达20多万袋。

乐村淘将会根据不同节气、不同风俗，制定更接地气、更适合农村特点的网上赶集新模式。

二是建立“乐村淘特色馆”——走出农村

针对每一个县成立一个主题特色馆——“乐村淘特色馆”，打造中国最具乡情的特产平台。通过挖掘每个县的乡魂、乡情、乡味，把当地的人文、历史、故事融入到特色产品中，带到互联网上去，让全国人民更加了解当地的文化与特色，将农村的农产品卖到城市，销往全国。

特色馆从2015年9月上线到现在三个多月时间，山西省已经有近50个县成功开馆，而且各县特色馆均有销量。原平酥梨成功售出千吨，销售额为635万元；襄汾、运城苹果销售额为358万元；静乐、岚县的土豆销售额为459万元；柳林红枣销售额为213万元；阳城陶瓷销售额为43万元等。

乐村淘特色馆帮助农民销售农特产品。这才是刚刚开始！2016年乐村淘将会运用渠道优势，让农民增产增收！也帮助山西省的好产品走出山西，走向全国！

三是发展“乐创客”——打造农民创业就业平台

乐村淘深入贯彻落实“大众创业，万众创新”的精神，推出“乐创客”发展思路，激发农民创业激情，带动农民创业就业。目前，针对众创，乐村淘为鼓励农民工、返乡大学生创业就业，专门建立了一套完整的培训体系。在全国，对省、县级已开展了50次培训会议，对体验店开展了1000次培训会议，对农民进行了5000多次的培训，直接影响1亿多人。让更多的人了解互联网知识，解放思想，增强技能，实现创业梦想。

目前，乐村淘已经成为清徐示范县的落地主体，和武乡示范县战略合作，2016年我们将会大力推动农村电子商务示范县，并打造成为全国电子商务示范县的模范、标杆——乐村淘模式！2016年，乐村淘要覆盖全国30个省、自治区，1000个县，10万个村镇，要在全国建立1000个特色馆，完成100亿元的交易额。另外，2016年与政府相关部门积极联动，重点聚焦农产品上行，以此带动农村经济的发展，把农村电子商务推进工作做稳做实。2018年，乐村淘将覆盖全国20万个村镇，服务于6亿农民，实现在美国纳斯达克上市。

附录4　电信进农村案例[①]——发挥电信资源优势　助推农村电子商务发展

照金是陕甘边革命根据地的创始之地，2015年铜川电信充分发挥自身在网络、渠道、技术人才、服务支撑等方面的优势，联合逛集网在农村区域打造了线下电子商务运营体系，线上打造了“照金商城”模式，取得较好的效果。据统计，通过电子商务创业的人员超过5000人，每年通过电子商务渠道销售的苹果达到30吨以上，樱桃25吨，其中顺丰快递的樱桃发货量达到15吨。

附录4.1　铜川发展农村电子商务主要优势

（1）铜川区位优势明显。铜川是陕西省南北交通的咽喉重地，位距西安市60千米的半小时经济圈内，交通便捷、物流支撑潜力较大。

（2）铜川投资环境良好。铜川已经荣获全国绿化模范城市和宜居生态示范城市称号，城市竞争力提速位列全国294个城市第七名，电子商务发展充满活力和商机。

（3）铜川产品特色明显。铜川是优质苹果适生区和中国甜樱桃之都，有核桃、玉米、花椒、土鸡蛋、绿色蔬菜等土特产品，有以药王孙思邈为代表的养生文化，有以陈炉古镇为代表的耀瓷文化，文化底蕴深厚，在开展电子商务宣传销售中铜川印象和城市名片大有文章可做。

（4）铜川市委市政府高度重视农村电子商务发展。

附录4.2　铜川农村电子商务总体思路及目标

1. 总体思路

坚持“政府牵头、学商协同、企业主导、市场运作”为指导思想，通过互联网＋扶贫模式，助力贫困地区“精准扶贫”，以“农户＋企业＋电商”大力推进“1＋N”电子商务扶贫模式，加快电子商务扶贫步伐，建成以“互联网＋逛集网平台＋照金商

① 中国电信股份有限公司铜川分公司党委书记、总经理延彦斌、办公室主任王静涛供稿。

城研发中心＋线下实体店面（中心，站点）＋产品运营公司（合作社）＋农户＋城市与农村物流配送＋消费者＋互联网”的电子商务体系。全面推进铜川市农村电子商务发展，不断促进农村产业经济发展，实现农民收入持续增长。

2. 总体目标

经过两年时间，分两步在全市各区县、街道办事处和乡镇所有行政村建成县域电子商务运营中心、乡镇电子商务服务站和村级电子商务服务点，为农村老百姓提供电信业务办理、网络代购、农产品销售、物流配送、日常消费、普惠金融等服务，进一步建立完善农村现代物流体系。

第一步：到2016年年底，建立区县级电子商务运营中心5个，建立乡镇、街道办事处电子商务服务站15个，在已建档立卡的208个贫困村全部建立村级电子商务服务点，逛集网“照金商城”交易金额达到一千万元。实现全市行政村光网覆盖，主要乡镇农户光纤宽带入户率达到80％以上。

第二步：到2017年年底，实现乡镇、街道办事处电子商务服务站和行政村电子商务服务点全覆盖。全面达到农民“四个不出村”，即“买卖不出村、办事不出村、金融不出村、创业不出村”。

一是买卖不出村。依托农村电子商务服务点，农民即可享受购物、支付、查询、退换货等“一站式不出村”网络购物服务，实现“工业品下乡”，激活农民巨大的消费潜力。同时，依托农村电子商务服务点，推出适合线上销售的特色农产品，通过网络销售，更好地实现把家乡放在网上，把产品卖向全国的目标。

二是办事不出村。通过农村电子商务服务站点，农民“足不出村”就可在家门口办理电信业务、缴纳水电、养老保险、医疗保险等各类费用，实现话费充值、购买机票、车票、彩票等社会服务，大大降低办事成本。

三是金融不出村。通过农村电子商务服务点，一方面可以为广大农民办理手机应用“翼支付”消费、刷卡消费（缴费）、助农存（取）款、信用卡还款、跨行转账、邮政汇款、保险理财等业务。另一方面根据农村电子商务进农村服务点的交易数据、库存信息等，对服务点店主进行信用评级，为其提供便捷的周转资金贷款，为农民提供个人消费贷款等服务。

四是创业不出村。依托农村电子商务服务点，加强对农民的电子商务业务培训，让农民学会使用电子商务三宝“宽带、手机、电脑”，鼓励农村青年、返乡农民及农村留守妇女开展网上创业，为解决“农村空心化”“农村留守妇女儿童化”等问题做出积极的贡献。

附录4.3 铜川市农村电子商务做法

（一）加快农村电子商务公共服务平台建设和完善。引入逛集网平台，从2015—2018年计划投资3600万元，用2～3年的时间，打造以“照金商城”为基础覆盖全市的区域农村电子商务平台，实现我市特色农产品和生活品在线交易。建好“进城农特产品”和“下乡生活用品”板块，帮助农民把绿色无公害的农产品卖向全国，用最实惠的价格和不变的售后服务买回农民所需的工业品，实现惠农增收、方便生产，改善生活的目的。丰富“本地生活天地”内容，推广“家庭生态领养”即农产品中的私人定制理念，持续完善“逛集网—照金商城”线上四大功能板块。

（二）加快线下电子商务实体店建设。铜川市投资1000万元，全面推进精准扶贫大数据平台建设，全面推进208个扶贫村农村电子商务站点建设。建立1个研发基地，4个县域电子商务运营中心，镇级服务中心达到全覆盖，村级电子商务服务站超过150家。县域电子商务运营中心要具备不少于100平方米的产品展示面积，不少于20平方米的办公区域，配备1条百兆宽带、1台高端照相机、2台电视、3台电脑和统一的装修标准等。镇级农村电子商务服务中心要具备不少于50平方米的产品展示面积，不少于10平方米的办公区域，配备1条百兆宽带、1台电视、1台电脑和统一的装修标准等。村级电子商务服务站不少于20平方米的产品展示面积，不少于5平方米的办公区域，配备1条50兆宽带、1台电视、1台电脑和统一的装修标准等。

（三）加快农村信息化应用普及。充分利用电信资源优势，在全市农村区域广泛带动每一位农民学会使用和利用“电商六宝”：宽带、手机和电脑，平台、产品加渠道，让大家通过网络把自己的农产品卖出去，腰包鼓起来。推进农村地区电信基础设施建设，全面推进农村电信宽带普及，力争2018年实现全市行政村光网覆盖，主要乡镇农户宽带入户率达到40%以上。支持农民使用无线WiFi网络，形成以有线宽带为主、无线为辅的农村通信网络覆盖系统，为农村电子商务的发展提供高速、优质、价廉的通信保障。推出“精准扶贫电子商务手机”，为全市农村区域用户补贴性配置手机终端，并分阶段性开展培训，让农民学会使用。在2016年，全面打造互联网手机五款App应用：逛集网照金商城App，中国电信翼支付App，铜川电视手机台App，铜川信合农村金融App，铜川市便民一卡通App，引导用户通过方便快捷的手机App进行线上交易。创造宽带进屋，商场到家、手机随身、交易随时的电子商务模式。

（四）加快培育农村电子商务龙头企业。鼓励农事龙头企业、农资生产经销企业、农民专业合作社和家庭农场建立独立的行业性电子商务平台，重点打造20～30户具备农产品标准化生产能力、物流配送体系比较完善、能独立开发市场销售终端的农产品电子商务企业，与城乡居民社区对接设立电子商务直营店，进一步拓展农村电子商务服务范围，解决农产品电子商务“最后一公里”问题。引导农事企业、合作社和农户依托第三方平台兴办电子商务示范店，开展网上交易。

（五）强化区域品牌建设。加强对农产品生产、加工和流通等全程质量管控，完善检测、监控设施建设，提高农产品质量安全水平。加强诚信教育、强化市场监管，推进农村电子商务诚信建设。市农业局、林业局和果业局牵头召开铜川市名优农特产品甄选大会，对具有铜川市地理标识的名优农副产品品牌的企业和个人给予支持和奖

励，为打造面向全国的“拳头产品”做好基础工作。市质监局、药监局加快铜川市名优农特产品的品牌商标认证工作，有序推出具有“绿色食品认证”“无公害认证”“有机食品认证”可溯源的名优农副产品。

（六）加快强化技术支撑。继续实施学商合作，着力开展农产品标准化安全生产、产品保鲜、加工与流通质量控制、冷链物流、农产品质量安全追溯等技术的研究与应用，开发适合电子商务网购产品，探索建立网购农产品的生产、加工、包装、储运标准体系，加快建设一批农产品电子商务科技示范工程项目。在铜川市本地选出一家农副产品加工龙头企业，该企业具有完整的自动化生产线、品控质检、包装、冷库仓储体系，把本地相同产品而不同品质品牌的农副产品整合打造成面向全国的“拳头产品”，提供优质的售前、售中、售后一条龙服务。

（七）加快电子商务人才培训。联合人设局建设完善铜川市电子商务人才培训体系，培训面向市县区级政府领导、乡镇第一书记、街道办主任、村（社区）村长、大学生村官、传统企业、电子商务企业、农产品生产加工企业、商贸流通企业、农民专业合作社、农民群体（从事农产品相关产业以及有志于从事农产品开发销售的创业青年、返乡创业人员、退伍军人和农民）；利用电子商务进农村专项资金电子商务培训至少30人场次，政府各级领导全面培训了解铜川农村电子商务推广，农产品代理商、合作社等，农村电子商务覆盖的服务站进行整村现场培训，农村电子商务乡镇电子商务专业人才培养至少100人。

（八）加快物流体系建设。市商务局召开铜川市物流招商大会，发挥政府的资源、政策优势和“四通一达”等第三方物流、快递公司达成战略合作协议，进一步降低物流成本，突破物流是农村电子商务的瓶颈问题。同时引导“村村通”“废旧资源回收车”和海尔售后车等社会车辆资源加入物流环节，搭载“闪电侠”物流App软件，形成具有铜川特色的“定时、定点、定向和支点、节点、中心”相结合的双向物流体系，最大利用资源，降低物流成本，为寻求解决物流是农村电子商务的瓶颈问题做出应有的贡献。

（九）加快建设区域性农副产品仓储物流配送中心。采取政府投资与社会资本合作的方式，在耀州区、印台、宜君县各建设1个区域性农副产品仓储物流配送中心。完善区域工业品仓储基础设施建设，鼓励农村地区具有良好基础和资源优势的农资企业，新建、改造具有区域辐射能力的农资仓储物流配送中心，支持农资龙头企业优化、提升、规范、整合原有营销网络，加大农资销售终端网络化建设，形成流动有序、功能完善、协调一致的农资经营服务网络，提升农资配送网络化服务功能。

附录4.4　铜川电信促进农村电子商务效果

（一）打造农村电子商务精准扶贫四级架构。围绕“逛集网照金商城”建设了完整的农村电子商务服务体系：铜川市农村电子商务研发中心、县级农村电子商务运营中心、镇级农村电子商务服务中心、村级农村电子商务服务站。截至目前，已经建成1平台（照金商城）、1研发基地、1市级运营中心，7个乡镇级服务中心，1个村级服务站、1个农村电子商务培训中心、20个村级服务站。逛集网“照金商城”交易产量达到1000万元。

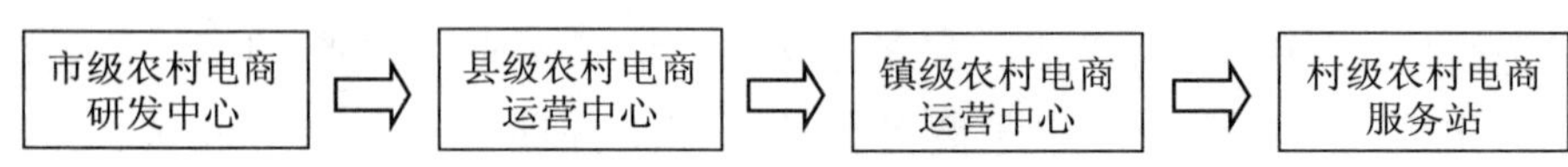

图附录4－1　WFM的供应链模式

（二）跨界合作全面实现八大职能。通过“政府牵头、学商协同、企业主导、市场运作”合作模式，利用社会资源整合实现跨界合作，结合当地现有电信代理服务点和信合金融便利店，整合电信业务代理、电子商务服务站、信合金融便利店为农村电子商务服务站，电信手机融合信息流和进行信合金融App的资金流，实现网上买卖，网上金融的便民服务，并全面延伸至实现跨界合作八大职能：工业品下乡、农产品进城、物流服务、本地生活金融服务、组织培训、再生资源回收及二手销售、发展村级服务点、生态领养。

（三）“逛集网·照金商城”平台全面推进效果初显。“逛集网·照金商城”平台主要分为四大板块，包括“农特产品”“工业品”“本地生活”“生态领养”。通过不断完善，“逛集网·照金商城”全面打造了当地土特产、生鲜水果、耀州瓷、手工艺品、休闲零时等77种网货，合作厂家达38家；2015年年底打造了当地明星农产品的年货礼包，卖出了400多份礼包；2016年4月，经铜川市果业局授权使用铜川地理标识，联合本地两大企业并自己研发网货包装等，以分销模式，获得营业额超过20多万佳绩，目前线上、线下交易额达200多万元，效果初显。

（四）破解电信农村业务发展瓶颈，业务发展显著提升。通过“城市抓光、农村抓商”的发展思路，打造“电商扶贫、电信先行、产业发展、农民增收”的跨界合作模式，充分整合中国电信信息网络平台与实体渠道和陕西逛集网电子商务平台及运营方等方面资源，搭建铜川市农村电子商务平台“逛集网·照金商城”，以“政府牵头、费用补贴，市场运作、商企协同”的运营模式，通过政府补贴一点＋电商投资一点＋电信优惠一点思路，借助电子商务站点建设拉动宽带业务发展；打造电子商务扶贫专属手机，明确电子商务扶贫资费套餐，借助政府补贴提升电信终端销售和流量发展；借助208个扶贫村的精准扶贫以及金融行业社会资源，全面建设电子商务渠道，推进店面开展多种经营，实现电信乡镇店面变脸、换芯、整合、创新，电信代理点巧变为农村电子商务服务中心，达到留店、留人，业务大发展的目的。其中，瑶曲镇级服务中心自2016年5月18日试运营以来，服务中心人员经过耀州区营业厅现场培训，已经能够进行电信各项业务的办理，开业一个月受理100多个电信业务，带动农村业务发展明显。

附录 5　2016 年中国农产品电子商务高层研讨会纪要

2016 年 3 月 18 日，2016 年中国农产品电子商务高层研讨会在北京工商大学举行，研讨会由北京工商大学商业经济研究所、长沙沁坤大宗农产品现货电子交易市场股份有限公司、中国食品业诚信联盟、中国食品（农产品）安全电子商务研究院联合主办，717 商城、《商业经济研究》杂志社协办。

参加高层研讨会的有商务部原部长助理、中国国际经济交流中心学术委员会副主任黄海，北京市商委副主任王洪存，农业部市场与经济信息司信息推进处王松副处长、于海鹏副处长，中国供销合作总社处长齐雪飞，长沙沁坤大宗农产品现货电子交易市场股份有限公司董事长钟晓瑜、福建省海峡两岸农副产品市场运营管理公司总经理吕杰勇，中国食品业诚信联盟副主席张签名，中华粮网总编辑孟凡军，阿里研究中心高级研究员张瑞东，中国地理标志产品商城董事长侯续江，全国智能流通帮扶工程专家委员会执行主任、秘书长韩良晨，中国电子商务基地联盟执行主席马会杰，商务部研究院助理研究员洪勇，中物联大宗商品市场流通分会副会长、秘书长周旭，乐村淘董事长赵士权，山东同盈电子商务有限公司董事长朱巍，北京工商大学教授、中国食品（农产品）电子商务研究院院长洪涛及经济日报、中国商报、国际商报、北京商报、中国食品报、中国食品安全报、商业经济研究杂志社、农产品信息化杂志社、中国粮食经济杂志社等记者 50 多人。

研讨会发布《2015 年中国农产品电子商务发展报告》《2015 年中国粮食电子商务发展报告》《2015 年中国蔬果电子商务发展报告》《2015 年中国畜禽电子商务发展报告》《2015 年中国农产品电子商务园区发展报告》，研讨 2016 年中国农产品电子商务的一些热点问题。研讨会倡议成立中国农产品电子商务联盟，得到了领导和代表的一致同意。

北京工商大学商业经济研究所所长、中国食品（农产品）安全电子商务研究院院长洪涛教授介绍《2015 年中国农产品电子商务发展报告》的基本内容

2013 年以来，我们每年要给社会做一个奉献，发布中国农产品电子商务发展报告。该报告完全是出于我们对社会的一种责任感，同时也得到了各位领导和在座的企业家和媒体的支持。首先由我来给大家介绍《2015 年中国农产品电子商务发展报告》

的基本内容。

2015年中国农产品电子商务发展报告主要由以下几个方面构成。第一个是中国农产品电子商务发展的一个总报告；第二个是中国粮食电子商务发展报告；第三个是中国畜牧业及猪业电子商务发展报告；第四个是中国果蔬电子商务发展报告；第五个是中国农产品电子商务园区发展报告，园区的发展报告是由我们的中国电子商务基地联盟执行主席马会杰先生来给大家做介绍；第六个是2014—2016年中国农产品电子商务的相关政策，我们把87个政策全部搜集集中在一块儿了；第七个是《加快大数据在我国农产品电子商务领域的应用》。

（具体内容省略）

商务部研究院信用与电子商务研究所助理研究员洪勇介绍《2015年中国粮食电子商务发展报告》

第一部分是粮食电子商务的发展过程，可以分为以下几个阶段：第一阶段（1995—2002年），1995年，郑州商品交易所集诚现货网成立，1998年12月第一笔粮食网上交易。自1998年以来，通过中华粮网电子商务平台参与网上交易的粮油企业已有3000多家。这一阶段国有企业首先进入粮食B2B的网上交易，因为他们比较有实力和资源。第二阶段（2003—2005年），2003年开始，国家发改委利用国债资金，支持重点粮食批发市场信息化建设，2003年中国（衢州）网上粮食市场建立。第三阶段（2006年），2006年《国家临时存储粮食销售办法》出台，国家有关部门第一次明文许可粮食可以在网上进行流通，安徽等地推出网上粮食交易。第四阶段（2007—2009年），2007年，国家通过中储粮总公司现代电子交易平台，实现了全年国内小麦市场价格的总体稳定，中储粮总公司网上物资采购平台建立，首次200万条塑料编织袋网上采购顺利完成，粮食电子交易平台逐渐成为国家宏观调控的重要载体。第五阶段（2010年至今），2010年中国网上粮食交易市场开办早稻网上交易会，至今已连续举办6届。目前，全国各地粮食批发市场积极利用电子交易手段开展地方粮油的购销交易活动的同时，一些粮食电子交易模式不断创新，实行差异化经营。粮食企业通过建立电子商务在网络销售自己的产品；某些贸易商转型的企业建立粮油类等农产品专业电子商务网站提供高端、精品农产品销售等。

第二部分是粮食流通领域电子商务模式的创新。从粮食流通的角度来说，第一个是中华粮网、中国郑州粮、河南粮食物流、易谷网，这些都是第一批进入粮食电子商务的。第二个是中国网上粮食市场模式。每年的8月7日，中国网上粮食市场早稻交易会都会如期举办，至今已经举办早稻网上交易会第6届。第三个是我买网双品牌运营模式。我买网采取“中粮集团”“我买网”双品牌运营模式，主要经营粮油、食品、水果蔬菜等，还经营其他产品。第四个是天津粮油商品交易所“OPO”电子商务模式——“找粮网”。这种模式基于绿色产品库，延伸出“委托买”“微顾问”“微行情”“微金融”等新服务。第五个是淘宝网“吉林大米馆”。吉林省政府与阿里巴巴签订战

略合作协议，合作销售吉林大米，吉林大米“营养、好吃、更安全”的整体形象得到充分展示，品牌影响得到快速提升。第六个是苏州粮食批发交易市场“良粮网”，涵盖门户网站、交易管理、电子结算管理、会员体系等相关子系统。第七个是盛华宏林粮油批发市场的“盛华宏林购”，采取“网上网下一个市场、网上网下一个商铺、网上网下一个商品”的模式。第八个是杂粮电子商务平台——“饭中有豆”。平台以家庭厨房服务为核心，开通了 PC 端、手机端、微信商城等多种网上入口。第九个是中米网及其中国大米产业联盟。第十个是长春市打造的“大米白金城”。第十一个是“左权模式”——“田农宝”网上易货贸易。拿玉米换手机，用高粱换衣服，该模式是由“田农宝”公司首创的一种“以粮换物”电子商务模式。第十二个是东方粮仓的众筹模式——品牌农产品“优质优价”。互联网金融与粮食电子商务结合起来形成众筹模式。第十三个是国际粮食产业及秦皇岛大宗商品交易中心。第十四个是全国粮食统一竞价交易平台。

从粮食加工的角度来说，第一个是京粮“点到网”。这是北京粮食集团于 2011 年投资上线的食品类 B2B 电子商务网站，主要产品为米面、粮油、食品、酒饮等，打破了以往传统商超模式，同时也促进新产品快速上市。第二个是金龙鱼在知名平台上开旗舰店。金龙鱼采用与 1 号店、易迅、京东商城、淘宝等合作的方式，发挥传统渠道优势，进展比较顺利。第三个是西安爱菊粮油“电商＋店商”O2O 模式。爱菊粮油集团依托西安市 700 多个连锁网点，按照“预约订货、就近取货、验货付款、买退自由”的原则进行交易。第四个是恒大粮油自营平台与第三方平台“双运行”。第五个是易粮网，第一家成品粮 B2B 交易平台。第六个是 B2B 食材配送平台。

第三部分是我国粮油产品电商营销国家政策，也分为促进方面政策、监管方面政策、长期发展政策（省略）。值得一提的有 2015 年以来的涉粮电子商务政策：商务部、财政部《关于开展电子商务进农村综合示范的通知》；2014—2016 年连续三年一号文件强调农产品电子商务；国家食药监总局发布《网络食品经营监督管理办法（征求意见稿）》。

第四部分是我国粮油产品电子商务营销总体框架。农产品电子商务产业链可以分为产前、产中和产后 3 个阶段，产前包括农资生产和农资流通，产中分为农产品生产和农产品加工，产后包括最终产品流通、零售终端销售和消费者，互联网已经渗透到整个产业链中。

从县域政府角度来说的框架体系：第一是“借用”。借用我买网、天猫生鲜、京东等一些大型的电子商务平台。第二是“引进”，引进具有特色的粮油产品电子商务和移动电子商务的人财物资源。第三是“培育”，培育本地粮食电子商务，如粮油电子商务、社区电子商务和电子商务园区等，具有重要意义。

第五部分是我国粮油产品电子商务发展趋势。粮油电子商务是农产品电子商务的一部分，跟农产品电子商务发展的一些趋势是相同的。农产品电子商务现在的规模比较小，粮油电子商务的规模也非常小，但是增长的速度是非常快的，所以呈现一种规模化的发展趋势。农产品电子商务存在多种多样的发展模式，所以粮油电子商务也呈现出多样化的发展趋势。粮食电子商务的发展还有融合化趋势，比如第一、第二、第三产业的融合及线上与线下的融合。此外，粮食电子商务还呈现出标准化、多功能、全渠道、体系化、国际化、智能化、区域化、社区化、品牌化和法制化的发展趋势。

中国电子商务基地联盟执行主席马会杰介绍《2015年中国农产品电商园区发展报告》

非常感谢洪涛教授这几年来在农产品电子商务方面做的公益报告，今年我们的团队也非常荣幸地受到洪涛教授的邀请在中国农产品电子商务园区这个板块跟大家分享一下。

农产品电子商务园区报告由四个部分组成：发展背景、发展现状、发展中遇到的问题以及2016年中国农产品电子商务园区发展展望。

第一，我们认为发展背景由以下几个部分构成。首先，中国农村市场潜力巨大。其次，农村电子商务发展环境日益完善。最后，电子商务园区整体发展进入高速发展期。2007—2008年，东南沿海地区开始自发出现网商集聚的市场，这些园区历经将近10年的发展，已经进入高速发展期，以福建幸福里商城和广州岭南国际电子商务产业园为代表的民营电子商务园区，进入了快速发展的黄金期。2012年5月和2015年5月，商务部分两批共100家电子商务基地开展国家电子商务示范基地创建工作。部分示范基地的农村电子商务工作在稳步推进，基地内的农产品电子商务园区建设已经成为重点工作之一。

第二，据中国电子商务基地联盟统计，截至2016年3月，全国电子商务基地（园区）数量超过1500个，其中农产品电子商务园区占比达12%，而且农产品电子商务园区的发展速度要高于其他行业的电子商务园区。

第三，中国农产品电子商务园区发展存在的问题。一是园区商业配套不完善，政府支持的相关配套政策不清晰、不明确。二是招商信息不对称，招商缺乏各方支持，招商难。园区招商缺乏第三方平台和政府相关部门的数据支撑。三是区域产业环境不成熟，规模效应弱，两极分化严重。四是电子商务人才缺乏，引进困难，人才培训缺乏资金。五是园区赢利模式及运营模式模糊，园区运营成本过高。六是政府重视程度不够，缺少政府政策及资金支持。

第四，我们对2016年中国农产品电子商务园区的发展进行了展望。一是农产品电子商务园区将是未来农村新消费阵地的引领者，跨境电子商务打通国内和国际的双向通道。二是农产品电子商务园区是未来中国农村电子商务重要的互联网基础设施，更多的主力军进场发挥主力作用。三是农产品电子商务园区集聚涉农公共服务的各类要素，将是解决“最后一公里”物流制约的有力手段。四是农产品电子商务园区推动农业生产基地、农业批发市场、农垦系统的互联网化，孵化新农人、新农品微商成为农

村电子商务的新生代力量。

长沙沁坤大宗农产品现货电子交易市场股份有限公司董事长钟晓瑜做“互联网＋中国订单农业”沁坤模式的主题发言

第一，商业模式创新使得“互联网＋订单农业”信息更通畅。沁坤股份通过实践＋创新，打破了传统的农产品流通模式，形成多元复合集成“5＋1＋1”商业模式，包括电子商务平台集成创新、在线供应链金融服务创新、电子商务批发市场“免费入驻”经营模式创新，有利于整合农产品流通全链资源，为农产品流通提供一站式服务，信息更全面。对当前农产品网络零售、大宗农产品电子商务、政府网上产销对接会等存在散片化的现象，一线整合农户、经纪人、农企、分销商、渠道商、零售商等传统农产品生态链各元素，全面整合买家和卖家，落实到农户和社群。

第二，沁坤电子商务批发市场为“互联网＋订单农业”提供产业链核心节点经济实体支撑。多元复合集成“5＋1＋1”沁坤模式在全国率先打破传统批发市场的准入机制，实施“永久免费入驻”的农产品电子商务批发市场经营方式。目前，传统的批发市场由于渠道单一、成本居高不下、中间环节过多，正在从人们的生活中逐渐消失，而逐渐向线上线下小批量、个性化、多元化的电子商务渠道转变。2015年9月2日，沁坤股份正式在全国率先提出“永久免费入驻”经营理念的农产品批发市场。这一“永久免费入驻”的重要举措，有利于整合农产品流通全链资源，对传统城市二级批发市场场地交租金模式产生颠覆性的影响。

第三，多元复合集成“5＋1＋1”沁坤模式电子商务平台为“互联网＋订单农业”提供专业载体。沁坤股份独创的多元复合集成“5＋1＋1”沁坤模式电子商务平台，真正体现了“互联网＋”思维：其一是整体性：O2O线上线下互动，消费与服务兼顾，一线整合供应链全链资源，买家和卖家，特别是庞大的线下经济实体资源；其二是系统性：具有顾问、代理、客服、配送、仓储、供应等功能；其三是生态成长性：多元复合集成“5＋1＋1”模式包括五个线上商城平台，沁坤商城、订单网、在线供应链金融网、社区商城、微商城、连同两个线下服务平台，电子商务批发市场和社区便民服务中心开展经营业务，实现鲜活农产品同城配送，构筑“互联网＋”农业电子商务生态圈。

第四，沁坤股份“互联网＋订单农业”引入保险机制和平台交易规则增强法律履约保障和风险转移措施。沁坤股份“互联网＋订单农业”引入保险机制和平台交易规则，是国家农业电子商务进入成长期后重要的保障交易措施，增强法律履约保障和风险转移：农业险、货运险有助规避“基地＋城市社区”直配模式商品送达及时性风险；线上订单取消险、仓库企业财产险有助于规避“批发市场＋宅配”模式的风险；履约保证保险有助于政府引导订单农业，为产业链企业履约做好保障；意外伤害综合保险、公众责任保险有助于健全农产品电子商务标准体系；食品安全责任险有助于保障食品安全，保护消费者权益。

第五，沁坤股份在线供应链金融为“互联网＋订单农业”提供资金池。沁坤股份在线供应链金融服务创新，建立以龙头企业为核心的农产品流通“融资平台”。作为“互联网＋”重大项目，其优势是：资金高效、风险可控、线上线下一体化、流程优化，实现农产品电子商务生态圈合作共赢。沁坤股份是在线供应链金融服务的操作平台、供应链第三方信息服务提供商，同时也是在线供应链金融服务的主导者，提供如下服务：帮助商业银行降低贷款风险、活用应收账款；帮助商业银行目标企业的上下游客户“一目了然”；帮助商业银行开发目标企业的上下游强势客户等。

沁坤股份在发展中也存在很多问题。

第一，农产品流通营商环境造成订单农业计划赶不上变化。目前，沁坤股份已经成为国内知名的农产品网上商城，经营业绩、网站各项运营指标快速增长，但真正体现“互联网＋”思维，实现人性化、系统性，实现生态性可持续发展，尚有待时日。特别是目前的农产品流通营商环境信息不对称，农产品“买难卖难”一直以来的内伤加上中小企业“融资难”的诸多问题，造成订单农业不乐观，急需电子商务平台解决的问题就是以信息流带动、促进物流与资金流。

第二，电子商务人才与实际需求存在断层。农产品电子商务行业、“互联网＋”技术、冷链物流与技术对人力资源的专业要求和经验要求较高。目前存在人才培养、短时间内实现收益，人才流失之间的断层，紧缺具有快速适应行业背景、视野与敏感度的复合型人才。特别是随着当前国内农村电子商务县域经济的崛起，以及目前沁坤股份产业链核心节点电子商务批发市场的快速发展建设，大量需要经过实操培训，高质量的电子商务复合型人才。

沁坤股份对于订单农业服务平台近期规划有以下几个方面。

第一，实施“免租金永久免费入驻”拉动订单农业。沁坤股份致力于打造真正体现“互联网＋”思维的订单农业服务平台，包括线下经济实体和线上电子商务平台搭建两个部分。线下实施“免租金永久免费入驻”，以线上平台交易良性拉动、催生订单农业作为实现企业价值链升级赢利的第一步举措。

第二，提供综合服务保障订单农业。沁坤股份订单农业服务平台全面展示供销信息、产品信息、政策信息、服务信息。增加产业链衍生业务，提供多元化、专业化、规范化的服务：包装加工、物流、冷链仓储、食品安全检测、信息服务、在线供应链金融借贷。

第三，强化社会服务功能。沁坤股份订单农业服务平台强化社会责任，在食品安全方面形成一系列透明化的操作流程、追溯手段和管理措施，建立公共信息反馈中心；在管理操作过程中应用先进的冷链物流技术，成为重要的区域食品储备基地、冻品交易中心、菜篮子工程以及大型公共活动食品供应点。

在农产品流通“买难卖难”“互联网＋订单农业”服务升级的关键时期，沁坤股份有一个愿望：让全国所有的农产品从业者在农产品电子商务平台上取得最大的红利，实现中国农业梦。“互联网＋”时代，我们将致力于推动农业升级、农村发展、农民增

收。服务三农、关注民生是我们在“互联网+”时代一如既往的使命。

专家研讨：

中国国际经济交流中心学术委员会副主任　黄海

第一，农产品电子商务发展速度快得益于一个大的背景。第一个背景是经济进入新常态以后，消费已经成为拉动经济增长的主要驱动力。国务院在“互联网+”、内贸和加强国内流通方面发布了一系列文件，特别是中共中央政治局常委会2015年7月专门开会研究了流通体制综合改革的试点。第二个背景是“三农”问题。现在中国粮食“12连增”，但是“12连增”背后的结构性问题、农产品价格问题、农产品国际竞争力问题、农产品质量的问题还是比较突出。这两个背景给农产品电子商务的发展创造了非常好的机会。

第二，农产品电子商务非常复杂。尽管有洪涛教授连续多年越来越深入的研究，但是从实践中来看，农产品电子商务还有一些问题有待讨论。比如说粮食和蔬菜区别非常大，水果又是另外一种情况，不同的农产品在适用政策上有很大差别，农产品电子商务确实还需要进一步研究。

第三，B2B和B2C实际上有很大差别。农产品产业链比较长，特别是原粮，一小部分可能直接卖到消费者手中，但是大部分还是要经历比较长的流通环节。在每个环节是不是都能运用电子商务，还值得进行探讨。

第四，农产品电子商务园区到底是什么概念，是电子商务商业企业园区，还是农业种植园区，抑或加工园区。如果只是在流通环节，电子商务本身的一个特点就是不受地区的限制。所以园区的概念，还是要从产业的角度来看，考虑它的配套设施，考虑它的能源和动力的供应，还要考虑海关的管理。

第五，农产品金融化问题也值得研究，比如大米理财等。这又回到了很多年前的农产品批发市场能不能外资介入，公益性和市场竞争性有没有区别的问题。比如生鲜农产品不全都是公益性，但其中也有公益性的一部分。农产品批发市场的上市也是一个需要慎重考虑的问题。我个人认为，农产品不宜过度金融化。报告中还提到期货的品种和产量。现在国家明确规定只能在四个交易所进行交易，没有“开放”网上期货交易。我认为大宗商品交易和融资租赁，本来都是很好的，但是把其过度金融化，整个融资租赁行业都会受到很大影响，有关金融化的问题还是要慎重。

第六，农产品电子商务的发展前景很光明，但是有两个问题需要解决。一是土地制度的改革。农村土地制度不改革，农产品的规模化、产业化、专业化乃至小生产和大市场的问题肯定会受到影响。二是农民合作组织的问题。发达国家有非常强大的农民合作组织，目前我国的农民合作组织规模太小，制约了农产品电子商务的发展。

农业部市场与经济信息司信息推进处副处长　王松

大家今天集聚在这个会场讨论农业农村电子商务，我想这就体现了农业农村电子商务发展的态势。刚才洪涛教授介绍了他们的研究报告，而且选择这样一个时间开，我觉得也非常特殊。因为“两会”刚结束，两会对农业农村信息化、互联网＋现代农业行动特别是其中的电子商务都给予了很高的关注，在这样大的背景下，我认为近几年农业农村电子商务会有特别迅猛的发展。

电子商务是农业农村信息化和互联网＋现代农业的一个切入点，其实从某种程度上来讲它发展的也是最快的，这既是一个切入点，也是其他农业农村信息化发展的一个牵引动力。因为农业农村信息化比较复杂，尤其是刚刚黄海先生讲的，涉及农产品特别复杂，因为农产品本身类别多，而且又是生命体，相对于工业品来讲更加复杂，因此对于电子商务来讲有很多瓶颈需要突破，所以围绕今天的主题我想简单地讲三点认识。

第一，开展农村农产品电子商务的研究非常有必要。2015年，党中央国务院特别重视农业农村信息化，特别是电子商务这一方面，发布了多个文件，刚才洪涛教授已经讲到了。商务部和农业部也都分别发布了农村电子商务和农业电子商务的文件，来全面推动农业农村电子商务的工作。我觉得这些和在座各位的努力是分不开的，我国电子商务的实践特别是农业农村电子商务的实践主要还是靠企业的推动，因为我们国家是走在世界前沿的，这个领域的探索是核心推动力，实践是走在理论的前沿的，所以在这种大背景下，做好研究工作特别是发展模式的总结和市场发展情况的监测特别重要特别而且有意义，今天报告的发布还是特别重要的。

第二，农产品电子商务是政府工作中特别重要的一个内容。从我国农业部来讲，推动农业电子商务的发展主要体现在三个方面。第一个是农产品进城；第二个是生产资料下乡；第三个是休闲旅游电子商务。从这几个方面来讲，农产品是我们首先要抓的。现在很多人在探讨农产品电子商务的时候可能忽略了大宗农产品就是粮食的电子商务，洪涛教授对这个方面进行专题的研究和发布对于农产品来讲是非常有必要的。就农产品来说，电子商务不只是解决了一个买和卖的问题，更大程度上在农业生产领域起到了一个倒逼标准化、倒逼规模化、倒逼品牌化的作用，对于农业生产、农村生活还有整个农村社会的构建都产生了很大的影响，其中也包括消费品的下乡，给农村带来了很大的变化。在现在已经开始的2016年还有很多工作需要做，也希望大家共同努力。很多电子商务从业者说我国做农村农产品电子商务的人都是一些有情怀的人，因为就目前市场监管的情况看可能赚钱的还不多，可能也是我们现在研究和总结模式的一个重要意义所在。

第三，2016年我们会在2015年的基础上着力于更加精准地推进农产品电子商务。2015年农业部发布了一个农业电子商务行动计划，里面包括了20项特别具体的行动计划，主要围绕农产品、农业生产资料和休闲农业如何为农村农业服务、让农民增收这个角度。其中我们还发了两个具体落地的文件，一个就是要让农村的生产主体与电子商务平台对接，另外就是在2016年1月我们发布了电子商务试点的文件，主要包括三个方面的内容。第一个就是鲜活农产品的直配；第二个是生产资料从生产者如何直

接销售给农业生产者；第三个就是休闲旅游和农村产品如何上网销售。在生产资料方面，农业部和相关企业建立了爱种网，在休闲农业方面我们建了美丽乡村网，都是围绕我们的工作开展的相关活动。

中国供销合作总社经济发展部市场处处长　齐雪飞

很高兴受洪涛教授邀请来参加座谈会。洪涛教授团队的研究非常深入，提出的问题也非常准确，政策建议也非常有操作性。洪涛教授提出的问题与我们供销电子商务在发展过程中存在的问题有很多共性。

全国供销合作总社（以下简称“总社”）介入电子商务不算早，从 2014 年下半年才开始调查研究，整个全国系统的电子商务做得比总社早（1998 年棉花网的推出），我们在调查研究中发现了很多共性的问题。比如说“千网一面”。总社系统也有很多县域社、地级社和省级社自建电子商务平台，有的平台最早从 2009 年就起步了，但是到现在都没有一个很好的赢利模式，基本上变成了一个信息化平台，没有流量，没有交易，这也就不算真正意义上的电子商务平台。从总社的层面，我们还是要建立一个自己的平台，把供销社的资源整合起来。一方面要发挥我们供销社线下资源丰富的优势，另一方面要充分利用各地供销社发展电子商务的经验，形成供销社特色的电子商务发展模式。基于这个想法，我们在 2015 年 1 月下发了加快供销社电子商务发展的指导意见，提出了一套整体发展的思路。在 2015 年 5 月我们注册成立了中国供销电子商务发展公司，着手建设“供销 e 家”——全国的供销电子商务平台。“供销 e 家”在 2015 年 11 月 5 日正式上线，我们的目的不是把它打造成一个综合性平台，是要基于供销社的传统线下网络和业务的优势和基础，主推服务三农，以农产品电子商务为主，B2C 是重点，同时也开展棉花大宗 B2B 的业务。平台的主要作用就是把供销集团的电子商务资源整合起来，同时也要把供销社系统的电子商务资源整合起来，一方面对接已有的省级平台、县级平台，通过总平台把产品销售出去；另一方面还开展专业性的涉农服务，例如金融服务和土地托管。

平台运行半年来有很多困惑。我们是一个接受国务院领导的合作经济组织，平台的目标要体现公益性，基本的理念是不与农争利，但是我们发现供销社对接农户存在困难。专业合作社一方面要找寻农产品的特点把其在网上销售出去，另一方面售后服务也要跟得上，怎样发挥专业合作社的优势，怎样让分散的农户开展农产品网上销售值得进一步研究。在平台试运行的阶段，鲜活农产品物流和包装等存在问题，消费者的满意度不高，这也是我们面临的问题之一。所以今年我们在研究农产品电子商务尤其是鲜活农产品电子商务的可持续发展模式，怎样让农民真正赚到钱，怎样通过电子商务这个手段助力扶贫。希望在座的部委领导和专家能够对供销社电子商务的工作给予更大的支持和关怀！

北京市商委副主任　王洪存

刚刚的报告我听了以后深受启发，内容确实很丰富、专业，资料也是很完整的。

关于农产品，北京市政府是很重视的，从我们的政府文件里就把它定位成公益性，我们对于农产品在流通各个环节都有一些支持政策。从布局上来说，最大的农产品批发市场新发地占的份额比较多，达到70%。因为农产品关系到社会稳定，所以我们在另一个地方又建了一个北京市鲜活农产品流通中心。从政策上来说，北京市政府有支持电子商务的政策，有支持农产品的政策，同时，为了发展农产品，我们还设立了农产品流通发展基金，这个工作也得到商务部的大力支持。这几个方面都反映出地方政府对农产品流通，包括农产品电子商务是非常重视的，对于农产品的销售特别是像蔬菜，我们对超市都是有补贴有支持的，就是为了降低菜价。研究流通的全部核心就是买和卖，涉及农业就更重要了。

我觉得农产品+电子商务的前景非常广阔。首先，在消费不是很景气的情况下，对于吃的消费还是很稳定的，我认为在农产品这方面比较有前景。其次，电子商务的前景。2015年北京的电子商务在零售方面就超过了2000亿元，跟5年前相比，电子商务的销售速度增长了16倍。由此可见，如果没有电子商务，站在一个城市零售额的角度，也很难见到这么大幅度的增长，科技确实推动了方方面面的进步。原来我们倡导的晚间消费，结果都是不成功的，成本太高，销量又低，但是电子商务的发展实现了24小时销售。所以电子商务的发展前景也很广阔。最后是消费前景。现在中央的政策把消费的地位抬到了最高的程度，虽然消费正面临着困难，但是从“三驾马车”（消费、投资、出口）来说，对消费的依赖性越来越大。农产品前景+电子商务前景+消费前景，我觉得农产品电子商务的前景非常好。当然，洪涛教授也说了，现在面临的问题也非常多，仅仅一个农产品+电子商务面临的制度、环境、诚信、金融等方面的事情就非常复杂，在产业链高度融合的情况下，任重而道远。

乐村淘董事长　赵士权

乐村淘是中国第一家村镇O2O电子商务平台，乐村淘在2014年7月召开新闻发布会，2014年10月26日成立了第一家农村体验店。通过一年的探索，打造出一套自己的独特模式。到目前为止，乐村淘的线下体验店已经涉及了23个省，建立了省级分公司，在全国516个县建立了县级运营中心，在全国6万个村建立了线下体验店。目前我们的线下规模在中国农村最大，阿里和京东线下体验店加起来没有我们的线下体验店流量大。同时在2015年，在全球互联网大会上被评为中国最具影响力的农村电子商务平台，也成为高新技术企业和国家电子示范企业。

我们现在有两种模式，一种是工业品进农村模式，我们把它叫作独特销售模式，就是网上赶大集。农民一般在县里或镇上赶集，我们把这种模式放到了线上，让他们在线上赶集。赶集就是采用波峰销售预购模式，每个月的6日、16日、26日为一个节点，进行波峰销售，集中下订单和集中发货，所以我们的采购成本降低了，物流成本降低了，送货成本也降低了。农民有时在乐村淘商城赶集买东西，比城市的批发价还便宜，因为我们一车一车地送到农村，米、油、冰箱、洗衣机等家电，量大且成本低，

所以真正帮老百姓省了很多钱。另一种模式就是农特产进城。我们成立了一个B2B平台——乐淘天下，在我们县域的每个县成立一个线上的特色馆，有部分县也成立线下特色馆，利用乐村淘现在的规模和渠道，成立一个B2B平台，从这个县的信息到商品到物流运输到另一个县。比如说柳林的红枣，前段时间滞销，我们在春节的活动中帮他们卖了200多万斤，这个活动把柳林红枣卖到了广西、山东和内蒙古。很多人卖特产是一件一件卖，而我们是一车一车卖，就是利用了我们在全国线下渠道的优势，所以今年我们会在全国建立100000个体验店、1000个县级运营中心，打通县域和县域的信息，促进县域和县域之间特产的流通。

最后说一下做农村电子商务的感受。2015年很多人在做农村电子商务，我们要发自内心真正喜欢这个行业，真正地发自内心对农民对百姓有一种情感，这是一种使命。农村电子商务任重而道远，希望各位专家、各位朋友和我们一起推动农村电子商务的发展。

山东同盈电子商务有限公司董事长　朱巍

我现在做的是农产品非常细分的一个产品品类，也就是调味品：葱、生姜、大蒜和花椒四种产品，也就是“三辣一麻”，“三辣”是指葱、姜、蒜，“一麻”指的是花椒。现在我们也正在丰富这个产品线，包括把辣椒和其他调味品也纳入进来。我们现在做两个方面的事情。第一，做精，聚焦调味品这个领域。第二，做C端（客户端），重点在从田间到餐桌的这个过程控制，在做好控制的同时我们还要做好服务体验。我们每个月为一户家庭配送调味品的同时，会给大家传递一些关于如何科学合理用好这些调味农产品的技巧以及如何从养生和健康这种角度使用调味品等，来提高家庭厨房生活的品质，也通过这种方式不断培养粉丝群体。我们计划在2016年能达到1万户忠诚度比较高的用户，同时利用这些用户对我们产品的信任，采取订单＋众筹的形式，在我们平台直接对接到标准化基地。目前，我们也是考虑到生姜和大蒜这种产品，平时用量比较少，但是每户家庭都得用，所以品质安全是我们非常关心的问题。我们希望通过这种方式，让大家对调味品从原料种植到成品食用这个过程都可以放心，引导更多的基地参与到我们中间来，让他们按照我们的标准化要求去做。希望通过这样的方式，从我们的C端慢慢地形成合作种植的规模化的发展主体。我们现在有合作基地，他们对种植过程的控制是比较严格的，产品出口至日本、韩国、欧美，我们用的是他们同批次产品的库存。我们的产品是一个套装，有生姜，有大蒜，有花椒，大概30元，客户可以有个性化需求。我们的销售半径覆盖全国，目前把快递的成本控制在4元左右，因为快递有首重，比如首重是4元，后面每增加一千克，可能只增加2元，所以如果我们量多的话，快递成本可能降到2元。

中国地理标志产品商城董事长　侯续江

农产品电子商务具有良好的发展前景。由近几年的发展来看，资金逐步聚集到农产品电子商务领域，竞争也将会更加激烈，农产品电子商务必将由“蓝海”转变为

"红海"。

但是，做农产品电子商务这一行，除了赢利这一目标，更重要的是有一种情怀和社会责任在里面，亟待解决的是食品安全的问题。如果食品安全的问题得不到有效解决，那么发展农产品电子商务就失去了意义。如果单纯为了盈利，完全可以响应国家"一带一路"战略去发展工业，既然选择了农产品这一领域就要切实为农民、消费者谋福利，由此倒逼农产品电子商务逐步实现规范化、产业化、标准化。

此外，当前农产品电子商务整体面临的问题之一是"卖难买难"，实际上，就电子商务企业而言，主要问题在于"卖易买难"，这里就涉及供应链、供应体系问题。

北京地大物博电子商务有限公司董事长助理　刘飞云

首先，我要说的是农产品电子商务的模块问题。第一个模块是生产端；第二个模块是仓储标准化，这是流通领域缺失的环节；第三个模块是长途物流，包括常温和冷链；第四个模块是销地分拣配送中心；第五个模块是城际物流；第六个模块是销售端。另外，根据我们地大物博总结的经验，我认为B2C模式成功的希望很小，基本要以B2B模式为主。因为在B2C模式中，有很多问题是解决不了的，比如鲜活农产品的物流配送就是一个比较棘手的问题。

接下来我想说的是农产品供应链的建设问题，分为以下几个部分。一是农产品食用安全；二是仓储标准化和产品差异化；三是损耗最小化；四是诚信问题。2008年以后，消费趋势不断地向关注农产品的安全、营养、口感和健康的方向转变，但是目前市场上能够达到以上标准的农产品很少。地大物博在做地理标志农产品的过程中，用农业技术把地标农产品又筛选了一遍，大大提高了农产品的品质。

中物联大宗商品市场流通分会副会长、秘书长　周旭

洪涛教授每一年的农产品电子商务发展报告我都参加了，第一年是一个薄报告，现在成了一个厚本子，而且深度、广度都有很大提高，报告的影响也越来越大。就这个报告我有几点建议，供洪涛教授参考。

第一，在农产品电子商务政策方面。国务院办公厅发布《关于推进线上线下互动加快商贸流通创新发展转型升级的意见》，文件中提到了我国大宗商品市场和生产企业怎样进行线上线下融合，所以我认为应该补充进去。

第二，在平台建设方面。通过对全国市场体系的规划研究，我们认为市场的发展中，平台、体系和环境非常重要。我们现在所说的电子商务平台，包括乐村淘、沁坤或者大宗商品交易市场，未来都要把它定位成电子商务综合服务平台。怎样去保护交易商和市场参与者的公众利益，这是我们应该思考的问题。在未来的发展中，涉及第三方的公众利益，应该有完善的法律法规进行保障。

第三，在支撑体系方面。报告中提到了物流，但是农产品电子商务发展的支撑体系不仅有物流还有信息、金融以及质检等，我建议在2016年的报告中专门对支撑体系进行一个深入研究。

第四，在农产品跨境电子商务方面。农产品跨境电子商务目前发展迅速，国务院、发改委等部门也出台一系列政策促进跨境电子商务的发展，希望跨境电子商务的研究也可以补充进报告中。

第五，政策建议方面。首先，我建议把加快我国农产品交易市场转型升级放在第一条。目前我国传统农产品交易市场是农产品流通的主流，如何促进这些市场的转型升级，对于我国农产品电子商务的发展是最重要的。其次，建议把促进农产品电子商务模式创新放在第二条。农产品电子商务模式在不断创新中，比如东北的黑木耳，有很多商户以原本的定价为基准，要求提供黑木耳的套装，与我们的商品市场联系很紧密。再次，金融的发展是一个必然。证监会的专家曾提出，去中心化、金融化和标准化是未来我国经济体制改革的方向。我国现行的金融监管体制没有跟上实体经济的发展，这也是在农产品电子商务模式创新中需要考虑的问题。最后，我们国家行业协会没有发挥作用是一个非常大的问题。在发达国家，行业协会在金融领域的监管作用是非常大的。我国行业协会在金融领域不能充分发挥其作用，是阻碍我国实体经济发展的重要原因。如何去构建科学的监管体系、发挥行业协会的作用，需要提出对策来。

第六，建议把农产品进城抬到一个更高的位置。目前我国农村电子商务的发展重点不在于工业品下乡，而在于农产品进城，需要在报告中提到一个新的高度。

中华粮网总编辑　孟凡军

非常感谢洪涛教授为我提供这个学习的机会！结合各位领导、专家的发言，以及我们本身的发展，我来谈一些自己的感想。

第一，中华粮网从2001年成立以来（最早是1995年成立的集信诚现货网），高举粮食电子商务的大旗，一直在流通领域从事与电子商务相关的服务型工作。我们在批发市场等的信息化建设方面做了很多工作，向全国上百家农副产品批发市场提供电子商务解决方案，开发并运营粮食的多模式交易系统。我们本身侧重粮油方面的流通，面向很多企业，而目前很多农产品电子商务直接面向千家万户的终端消费，所以我建议按照对象和特点对农产品电子商务进行细分。

第二，我国政府大力支持粮食电子商务的发展，但是，粮食作为大宗农产品，有其自身的特点，很难全部实现网上交易。2015年、2016年乃至接下来的几年是中国粮食市场值得纪念的年份，是政策转型的关键时期，在当前的政策氛围之下，完全实现粮食电子商务交易是非常困难的。

第三，科技发展改变我们的生活方式、消费方式和信息获取方式，移动客户端给农产品电子商务带来巨大的转变，我认为在推动电子商务发展的过程中，应该对移动电子商务做一些探索和研究。

阿里研究中心高级研究员　张瑞东

洪涛教授跨多个平台，把每一个品类都做得很细致，并且涉及服务体系和物流，所以这是一份非常有价值的行业报告，我们也会继续向洪涛教授学习。接下来我简单介绍一下阿里对于农产品电子商务的思路。

阿里研究院从 2012 年开始对农产品电子商务进行了梳理，阿里在 2012 年只有 200 亿元的农产品交易规模，2014 年接近 500 亿元，2015 年的交易规模将近 700 亿元。近几年农产品电子商务发生了巨大变化，随着 80 后、90 后成为消费的主体，粮油米面、生鲜、绿植、鲜花等农产品的线上交易规模的增长速度加快。

第一，阿里自身包括多个农产品电子商务平台，例如淘宝 C2C 平台、天猫 B2C 平台等。2014 年阿里的农村战略发布以后，农村淘宝也成为一个新的农产品电子商务平台。这些平台在阿里内部也形成了竞争，加快了整合业务的发展。目前它们更加关注在农产品供应链的梳理，如果不能有效地控制前端，就无法建立产品的质量标准，因此各平台都在向生产的前端延伸，与农户或网商进行深入交流，以达到生产标准化。这也契合了前段时间国家提出的供给侧改革。

第二，在物流方面。阿里组织了一批生鲜物流服务商，搭建了物流平台。在金融方面，向没有在互联网上经营的普通农户提供贷款，帮助其发展生产。这也是从产业链的另一个前端为农产品电子商务的发展助力。

第三，在扶贫方面。很多贫困地区借助阿里的平台销售农产品获得收益，但大多数的贫困户还无法具有这样一种数字能力。所以阿里接下来会探索分享电子商务的溢出效应，使农民受益。例如，养殖土猪的普通农户不具备上网能力，但通过农村淘宝合伙人帮助其发布商品信息，同时对商品进行溯源监管，最终把商品销售出去，这样就将普通农户养殖的土猪与淘宝的消费对接起来了。

第四，希望洪涛教授在报告中丰富物联网的相关内容。目前，物联网是一个热门领域，希望洪涛教授站在一个更高的角度呼吁各方对农产品物联网进行深入研究。

福建省海峡两岸农副产品市场运营管理公司总经理　吕杰勇

首先感谢洪涛教授为我们提供这个学习的平台。

我们公司切入农业的时间不长，也涉及农产品跨境电子商务，主要是把台湾的农产品销售到大陆，包括种植、农产品深加工、农产品贸易以及农业技能培训，引进台湾先进的农产品加工技术。

为了推动这个产业，由我们的董事长吕双辉先生发起，于 2012 年 12 月 11 日在香港注册成立了海峡两岸中小企业联合促进会，整合台湾 3 万多家从事农产品相关产业的企业，共同推动产业的发展。海峡两岸中小企业联合促进会每年会通过我们公司在台湾和泉港举办大型论坛，泉港的论坛是每年的 6 月 6 日，台湾的论坛是每年的 10 月 10 日，目前已经举行了两届。第一届是以农产品的深加工技术为主题，第二届主要涉及跨境电子商务，促进两岸农业交流，推动农业经济发展。今年我们还将会在泉州举办大型的论坛活动，欢迎大家参与。

全国实体流通业智能化帮扶工程委员会执行主任、秘书长　韩良晨

关于报告我有以下几个心得跟大家分享。第一，纵横多维，报告从纵向横向多个

维度做了全面分析。第二，数据翔实，对我们行业从业者和政策制定者都有很大的借鉴意义。第三，观点鲜明，提出了包括趋势分析在内的很多有价值的内容。

关于农产品电子商务，我将从三个角度提出我的观点。第一，农产品电子商务的人才应该是第一位的，农产品电子商务人才稀缺，特别是运营管理人才，我们接下来会研究针对这一问题的解决方案。第二，农产品电子商务模式同质化偏多，整体还呈现粗放型的特征，在赢利模式和如何解决客户需求方面应该继续进行创新。第三，资金短缺限制了农产品电子商务的发展，所以应着力解决资金问题。但是解决资金问题不能只靠政府，还需要整合社会资源。

中国食品业诚信联盟副主席　张签名

第一，生鲜问题。生鲜农产品电子商务面临两个问题：一个是冷链，另一个是标准化。因为生鲜电子商务没有冷链物流就是一个传说，没有标准化也是一个传说。这两个问题不解决，是不可能存在生鲜农产品电子商务的。2016年中央一号文件指出完善农产品冷链物流体系，开展冷链物流标准化示范等工作。

第二，组建中国农产品电子商务联盟。现在全国各地，特别是南方，组建了很多地区性农产品电子商务联盟，但是受到了地域上的限制。如何把区域性的联盟整合成全国性的农产品电子商务联盟，还需要洪涛教授的号召。

洪涛教授宣读关于建立中国农产品电子商务联盟的倡议书

为了促进我国农产品电子商务的发展，加强农产品电子商务网站的合作，监督和治理农产品电子商务交易市场的行为，创造良好的中国农产品电子商务法制环境，我们特倡议建立中国农产品电子商务联盟。

中国农产品电子商务联盟采取主席和轮值主席的模式，设立中国农产品电子商务联盟秘书处，秘书处负责联盟的日常事务工作。联盟坚持以公益性、开放性、中立性的原则开展工作，为中国农产品电子商务可持续发展、为两岸三地的合作交流、为国际合作做一些具体工作。经过协商和推荐，我们特别邀请海峡两岸中小企业促进会主席吕双辉同志担任第一任轮值主席。以下同志担任副主席：长沙沁坤大宗农产品现货电子交易市场股份有限公司董事长钟晓瑜，福建省海峡两岸农副产品市场运营管理公司总经理吕杰勇，全国实体流通业智能化帮扶工程委员会执行主任、秘书长韩良晨，中物联大宗商品市场流通分会副会长、秘书长周旭，山东同盈电子商务有限公司董事长朱巍，乐村淘董事长赵士权，买粮网CEO杨芸，问道电商董事长李结林，中国商品交易市场杂志社社长金陆成，辽宁省电子商务协会副会长马会杰，粮多多网董事长王玉宝，北京工商大学教授、中国食品（农产品）安全电子商务研究院院长洪涛，中国地理标志产品商城董事长侯续江。秘书长是北京工商大学教授、中国食品（农产品）电子商务研究院院长洪涛，副秘书长是福建省海峡两岸农副产品市场运营管理公司总经理吕杰勇。

附录 6　2016（第四届）中国大宗商品电子商务与现代物流发展论坛平行论坛

附录 6.1　洪涛论坛 PPT

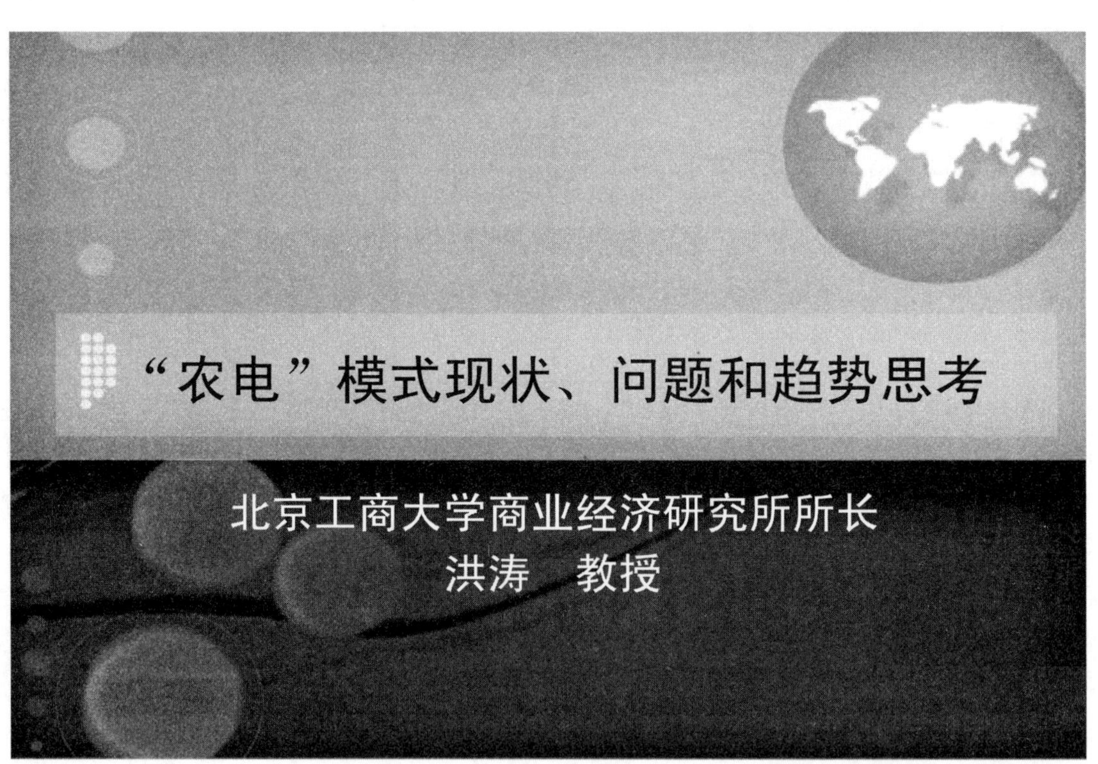

主要内容

- 一、“农电”模式现状
- （一）“农电”多重概念
- （二）农村电子商务正处于“关键期”
- （三）“农电”模式结构
- （四）“农电”模式创新评价
- 二、“农电”模式存在的问题
- （一）存在的问题
- （二）近几年倒闭或经营不善的农产品电子商务
- 三、“农电”模式理论
- （一）成功农村电子商务模式特点
- （二）“1+5”赢利模式
- 四、“农电”模式趋势
- （一）转型什么
- （二）升级什么
- （三）补什么短板
- （四）发展方向

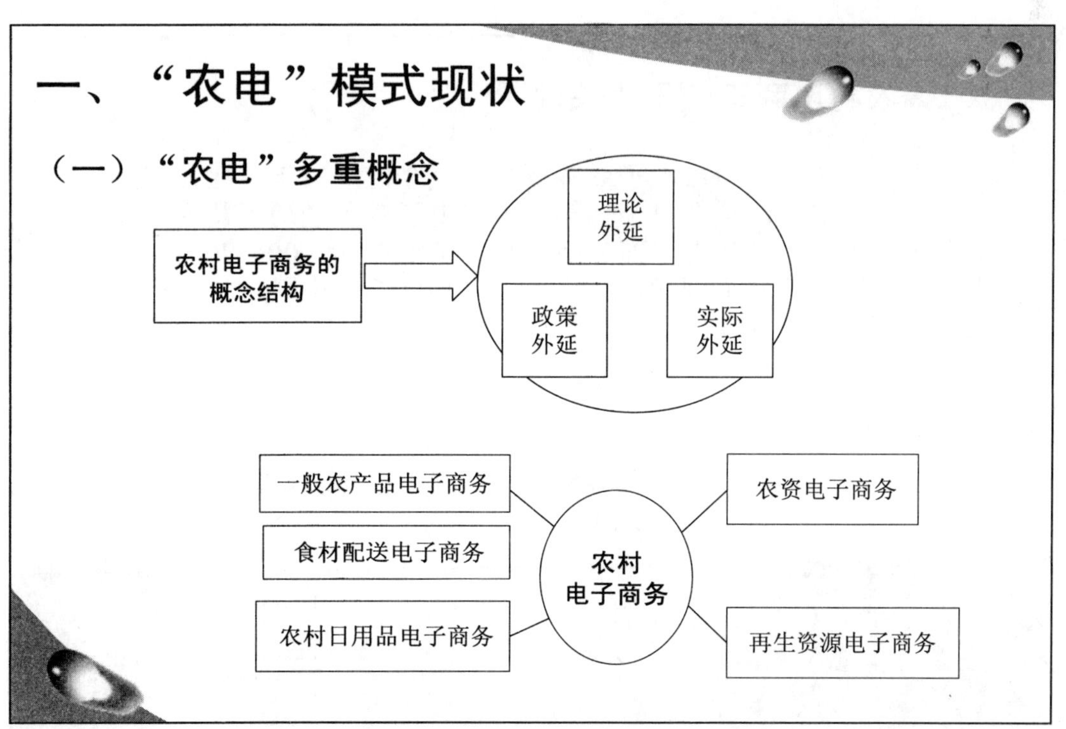

农村电商的政策概念外延及实际概念外延

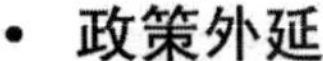

- **政策外延**
- 国务院颁布《关于促进农村电子商务加快发展的指导意见》概念：
- 农村日用品电子商务
- 农产品电子商务
- 农资电子商务
- 农村服务业电子商务
- 农村扶贫电子商务

农村电商的最基本作用：
促进农业转型升级
提供有效消费供给
提高农民生产收入

- **实际外延**
- 以农产品电子商务为核心的农村电子商务：
- 农产品电子商务+旅游
- 农产品电子商务+农资
- 农产品电子商务+日用品
- 农产品电子商务+再生资源
- 农产品电子商务+食品安全
- 农产品电子商务+餐饮
- 农产品电子商务+休闲观光
- 农产品电子商务+娱乐

（二）农村电商正处于“关键期”

自1993年中国引入电子商务概念，至今已经23年，1998年第一笔电子交易，至今已经18年，中国电子商务经历了其生命周期的几个阶段，如电子商务引入期、中断期（2000—2001年，大量电商业企业亏损倒闭，故将返一时期称为“中断期”）成长期，正即将进入发展期，这是一个关键时期。

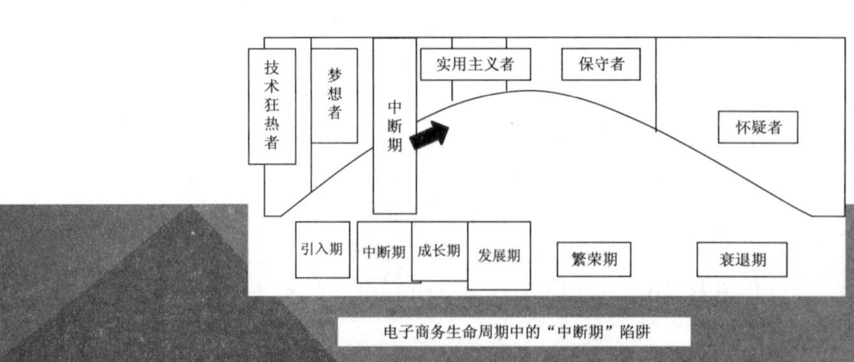

电子商务生命周期中的“中断期”陷阱

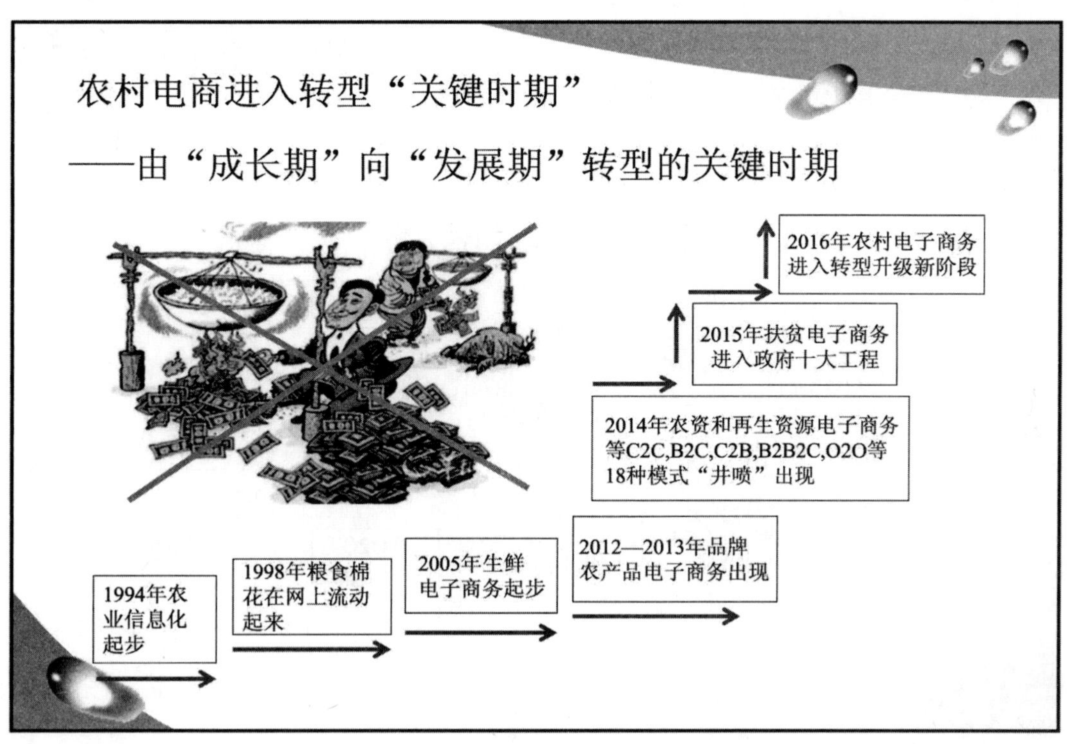

农村电商进入转型“关键时期”
——由“成长期”向“发展期”转型的关键时期
1994年农业信息化起步
1998年粮食棉花在网上流动起来
2005年生鲜电子商务起步
2012—2013年品牌农产品电子商务出现
2014年农资和再生资源电子商务等C2C,B2C,C2B,B2B2C,O2O等18种模式“井喷”出现
2015年扶贫电子商务进入政府十大工程
2016年农村电子商务进入转型升级新阶段

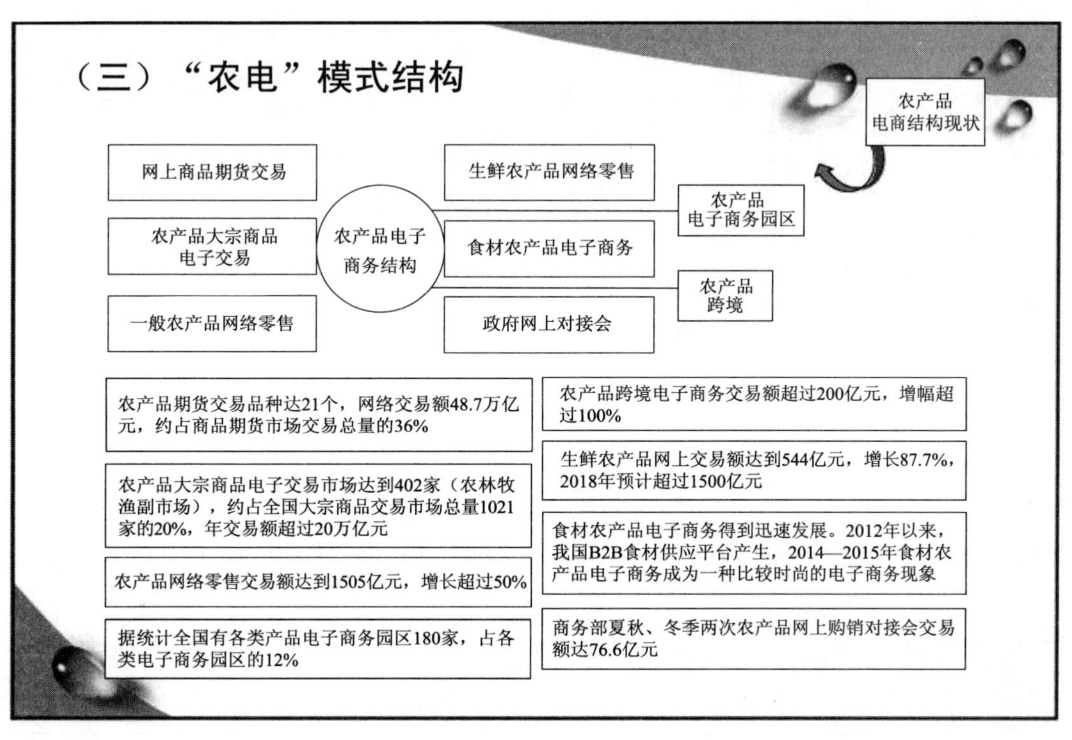

（三）“农电”模式结构
农产品电商结构现状
网上商品期货交易
农产品大宗商品电子交易
一般农产品网络零售
农产品电子商务结构
生鲜农产品网络零售
食材农产品电子商务
政府网上对接会
农产品电子商务园区
农产品跨境
农产品期货交易品种达21个，网络交易额48.7万亿元，约占商品期货市场交易总量的36%
农产品大宗商品电子交易市场达到402家（农林牧渔副市场），约占全国大宗商品交易市场总量1021家的20%，年交易额超过20万亿元
农产品网络零售交易额达到1505亿元，增长超过50%
据统计全国有各类产品电子商务园区180家，占各类电子商务园区的12%
农产品跨境电子商务交易额超过200亿元，增幅超过100%
生鲜农产品网上交易额达到544亿元，增长87.7%，2018年预计超过1500亿元
食材农产品电子商务得到迅速发展。2012年以来，我国B2B食材供应平台产生，2014—2015年食材农产品电子商务成为一种比较时尚的电子商务现象
商务部夏秋、冬季两次农产品网上购销对接会交易额达76.6亿元

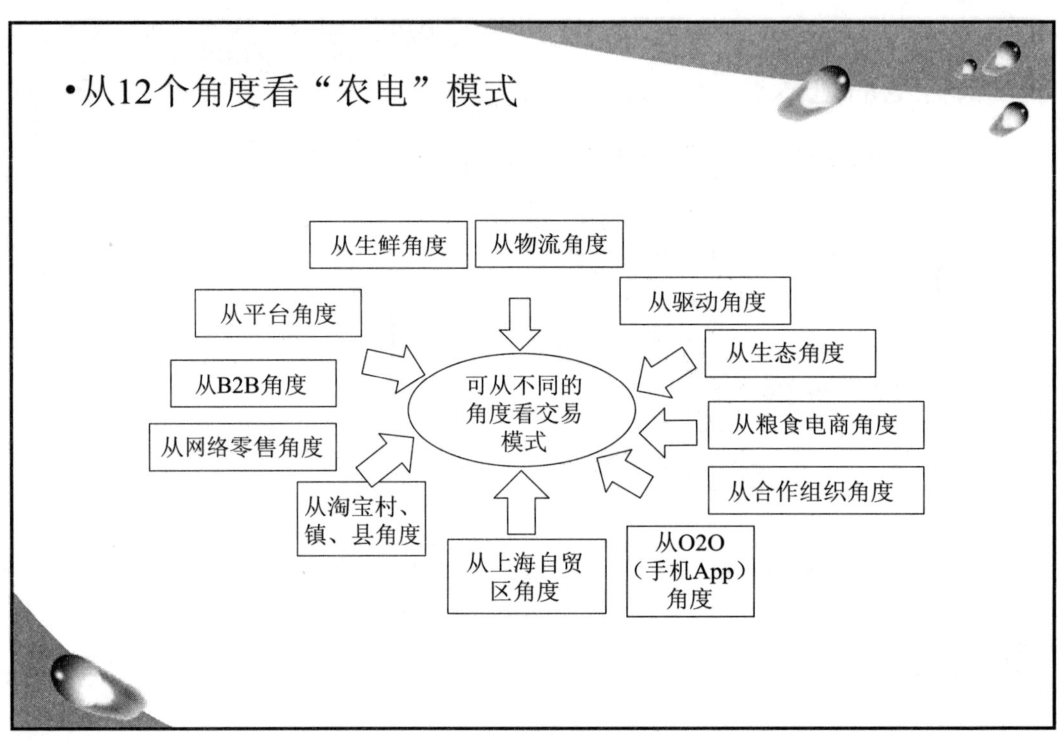
•从12个角度看“农电”模式
从生鲜角度
从物流角度
从平台角度
从驱动角度
从生态角度
从B2B角度
可从不同的角度看交易模式
从粮食电商角度
从网络零售角度
从合作组织角度
从淘宝村、镇、县角度
从上海自贸区角度
从O2O（手机App）角度

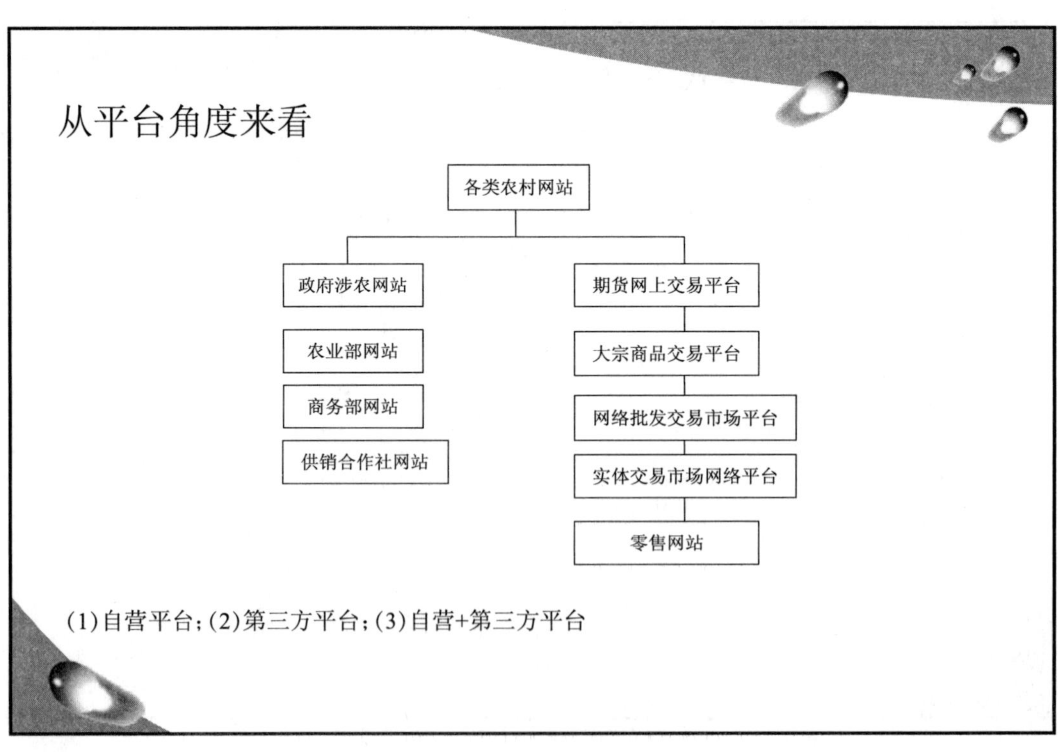
从平台角度来看
各类农村网站
政府涉农网站
农业部网站
商务部网站
供销合作社网站
期货网上交易平台
大宗商品交易平台
网络批发交易市场平台
实体交易市场网络平台
零售网站
(1)自营平台;(2)第三方平台;(3)自营+第三方平台

从B2B角度来看

• 从B2B角度而言，出现了许多新型的农产品电子商务模式，如广西糖网、全国棉花交易市场、中华粮网、沁坤农产品、B2B食材网、美菜、链农、大厨网、小农女、优配良品、菜篮子、饭店联盟、中国惠农网等，2015年B2B农产品大宗商品交易平台达400个，交易额突破20万亿元。

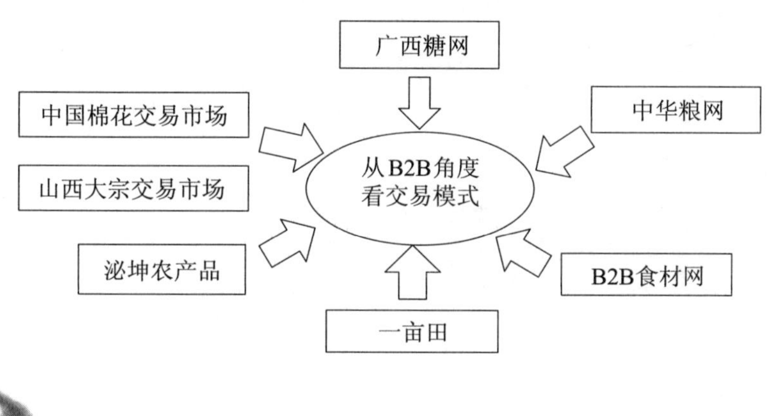

从网络零售角度来看

模式	主要内容	模式	主要内容
B2C	农产品网站对消费者	C2F	订单农业
C2B	集合竞价订购模式（订单）	B2M	农产品企业根据客户需求建立网站
B2B2C	农产品产业链模式	M2C	农产品加工企业对消费者
C2C	农户对消费者	BMC	企业+中介平台（网络）+终端客户的模式
B2F/F2C	生产者（农户）对家庭	SoLoMo	农产品社区化模式
ABC	代理商—商家—消费者	CSA	社区支持农业
娱乐竞拍	农产品秒杀	P2C	生活服务平台
P2P	点对点、渠道对渠道、人对人、贸易伙伴对贸易伙伴	SNS-EC	农产品社交电商
B2S	分享式、体验式电商（俗称众筹）	跨境	跨境电商：海代、海淘、海批（批发）
O2O	线上与线下相融合		

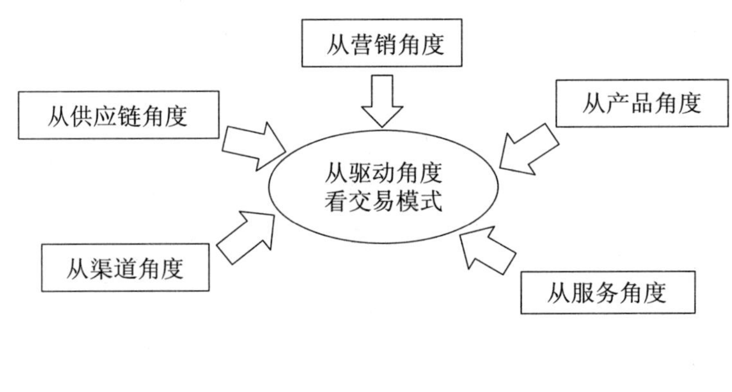
从驱动角度来看
• 从驱动角度看农产品电商模式。主要有供应链驱动型、营销驱动型、产品驱动型、渠道驱动型、服务驱动型五大类型。
从营销角度
从供应链角度
从产品角度
从驱动角度
看交易模式
从渠道角度
从服务角度

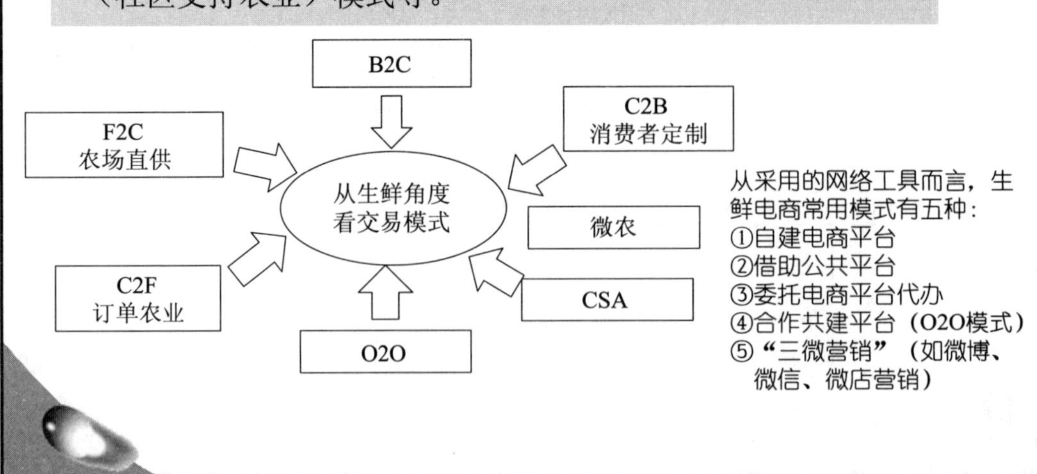
从生鲜角度来看
• 从生鲜农产品角度看网上供应链模式。生鲜电商从最基本的B2C模式，后来发展衍生出F2C（农场直供）模式、C2B（消费者定制）模式、C2F（订单农业）模式、O2O模式和CSA（社区支持农业）模式等。
B2C
F2C
农场直供
C2B
消费者定制
从生鲜角度
看交易模式
微农
C2F
订单农业
CSA
O2O
从采用的网络工具而言，生鲜电商常用模式有五种：
①自建电商平台
②借助公共平台
③委托电商平台代办
④合作共建平台（O2O模式）
⑤“三微营销”（如微博、微信、微店营销）

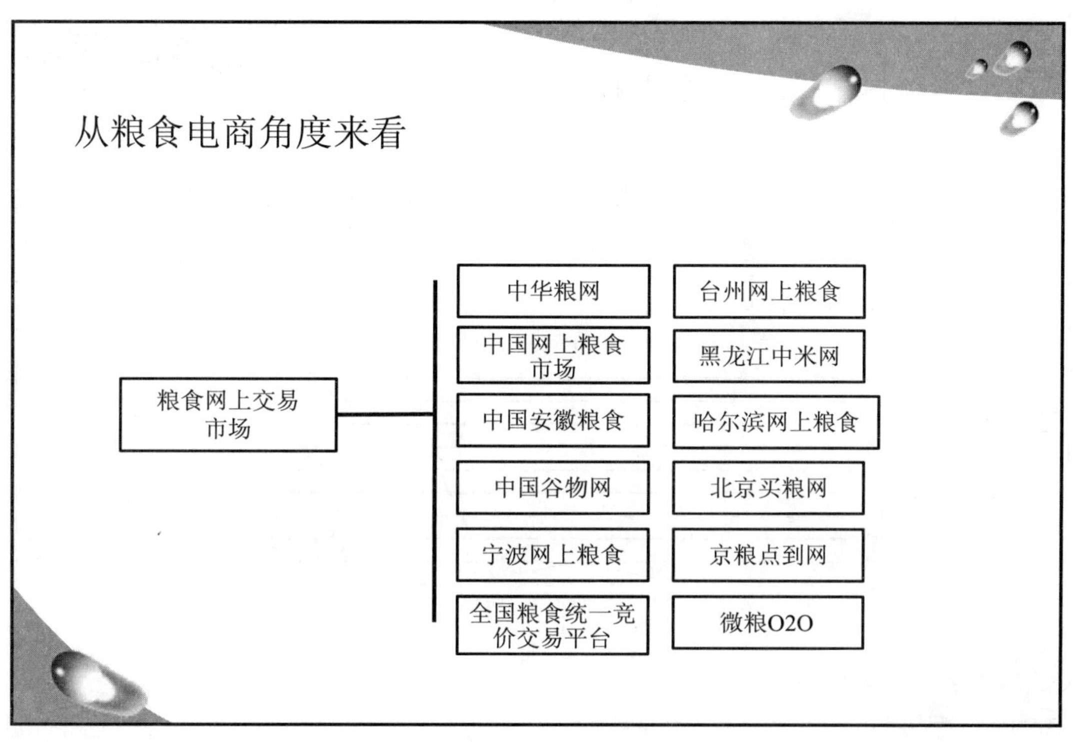
从粮食电商角度来看
粮食网上交易市场
中华粮网
中国网上粮食市场
中国安徽粮食
中国谷物网
宁波网上粮食
全国粮食统一竞价交易平台
台州网上粮食
黑龙江中米网
哈尔滨网上粮食
北京买粮网
京粮点到网
微粮O2O

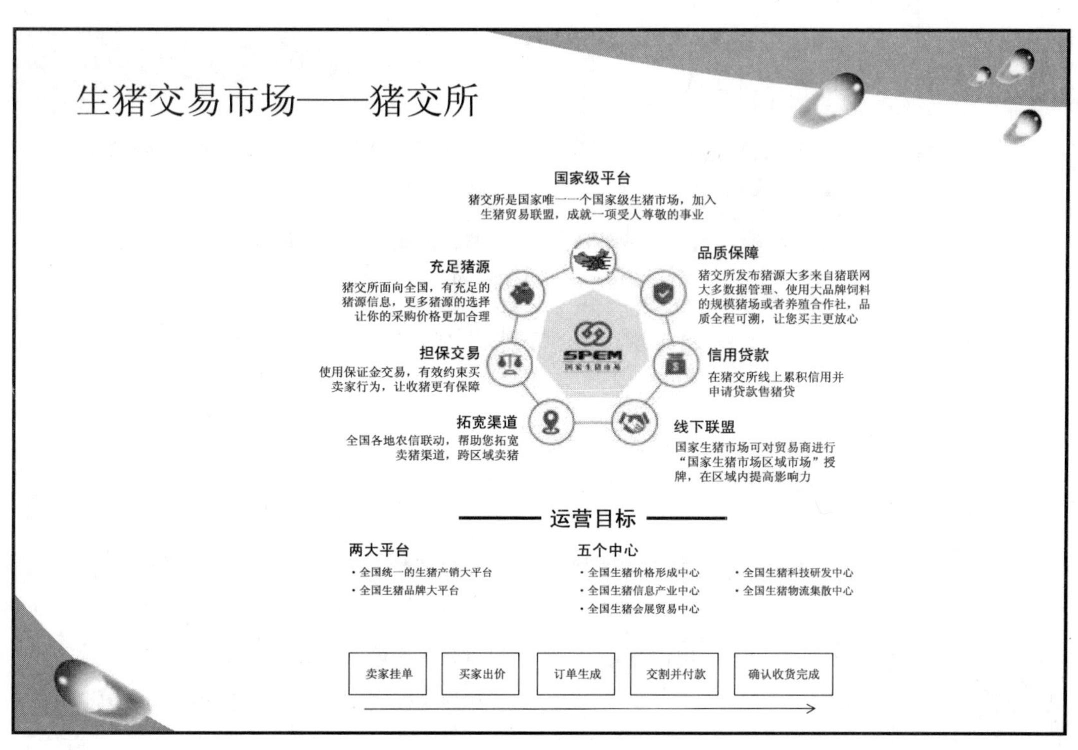
生猪交易市场——猪交所
国家级平台
猪交所是国家唯一一个国家级生猪市场，加入生猪贸易联盟，成就一项受人尊敬的事业
充足猪源
猪交所面向全国，有充足的猪源信息，更多猪源的选择让你的采购价格更加合理
品质保障
猪交所发布猪源大多来自猪联网大多数据管理、使用大品牌饲料的规模猪场或者养殖合作社，品质全程可溯，让您买主更放心
担保交易
使用保证金交易，有效约束买卖家行为，让收猪更有保障
SPEM
信用贷款
在猪交所线上累积信用并申请贷款售猪贷
拓宽渠道
全国各地农信联动，帮助您拓宽卖猪渠道，跨区域卖猪
线下联盟
国家生猪市场可对贸易商进行“国家生猪市场区域市场”授牌，在区域内提高影响力
运营目标
两大平台
・全国统一的生猪产销大平台
・全国生猪品牌大平台
五个中心
・全国生猪价格形成中心
・全国生猪信息产业中心
・全国生猪会展贸易中心
・全国生猪科技研发中心
・全国生猪物流集散中心
卖家挂单
买家出价
订单生成
交割并付款
确认收货完成

从淘宝村、镇、县角度来看

- 从淘宝村的角度看“农电”模式，2014年主要有淘宝村模式、特色馆模式、O2O模式三种形式

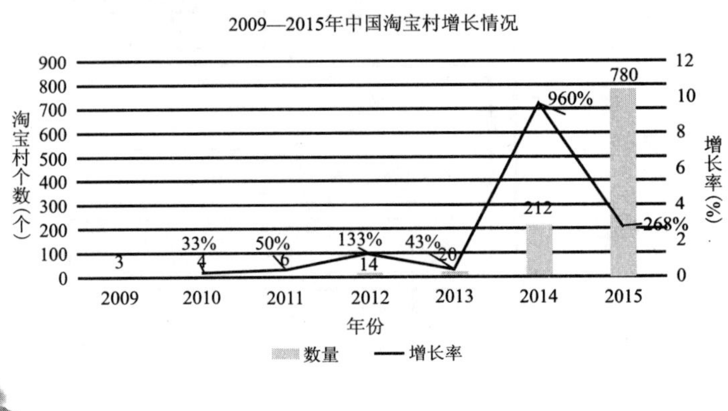

从县域看“农电”模式

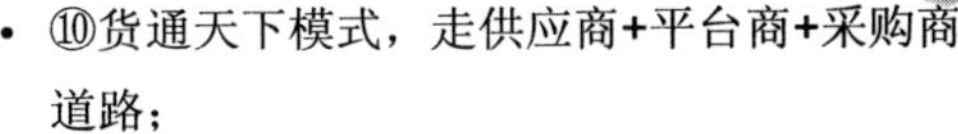

- ①遂昌模式，走区域平台化道路；
- ②成县模式，走资源整合道路；
- ③通榆模式，走品牌化道路；
- ④沙集模式，走农户+网络+公司道路；
- ⑤清河模式，走“专业市场+电子商务”道路；
- ⑥武功模式，走以园区+龙头+人才+政策+配套道路；
- ⑦临安模式，走科技智慧+生态宜居+文化活力+和谐幸福道路；
- ⑧赶街模式，走“看得到、想要买、买得到”道路；
- ⑨仁寿模式，走“借用、引进、培育”道路，与京东合作的模式；
- ⑩货通天下模式，走供应商+平台商+采购商道路；
- ⑪桐庐模式，走以选址为中心变成从选人为中心的“合伙人机制”道路；
- ⑫安溪模式，走网商+制茶大师+魅力茶园+五星茶企+创新创意道路；
- ⑬江苏模式，走线下与线上交易起头并进道路；
- ⑭海宁模式，走跨境外贸电商道路；
- ⑮博兴模式，走引导青年回乡创业道路；
- ⑯义乌青刘岩村，淘宝第一村神话；
- ⑰曹县大集镇，首批淘宝镇；
- ⑱乐村淘模式，走“改农村小卖部为体验店”道路

（1）通榆模式、遂昌模式、成县模式

通榆模式，走品牌化道路。

通榆县为当地的农产品取了一个好名字叫“三千禾”，并进驻天猫旗舰店，成立了县域电子商务协会，并有专业的第三方主体进行运营。“通网”就是一家B2C网站，“三千禾”是一个商品品牌，并在全程产业链上进行标准化运作，统一采购、统一包装、统一运营、统一配送、统一售后等诸多标准化尝试。2014年11月，通榆县作为全国第三个农村淘宝试点县，被阿里巴巴纳入“千县万村”发展战略，在淘宝举办的首个年货节上，通榆县33个村级服务站在全国14个试点县中，以24114单获得了订单总量全国第一，村站平均单数、平均金额全国第一的成绩。

遂昌模式，走平台化道路。

遂昌馆是国内第一个县级农产品馆，其核心在于一个独特的麦特龙分销平台，借助政府的强大支持和自身体系的巨大聚合力，集合了当地千余家小卖家共谋发展。他们为千余家松散且不标准、不专业的小卖家提供专业的培训服务，对上游货源进行统一整合并拟定采购标准，由“遂网”专业团队进行统一运营管理，线下则按照统一包装、统一配送、统一售后等标准化操作执行，遂昌模式更像是一个区域化的Shopping Mall，他们是一个服务商，售卖的是“标准化”。

成县模式，走资源整合道路。

成县地处甘肃陇南市，它同样成立了电子商务协会，主打产品有核桃、土蜂蜜等地方特产，依托淘宝网店进行销售，建设了“一馆两园一中心”：在淘宝网上建特色中国陇南馆、在当地建陇南电子商务产业孵化园、顺通电子商务物流园、农产品（核桃）交易中心。探索微博、微信、微店营销，至今他们80%的销售额来自这些免费的社会化媒体。

（2）仁寿模式、怀远模式、博兴模式

- 仁寿模式
- 由仁寿县政府牵头，京东大力支持，地方企业福仁缘、赶场小站配合，以电商为主线，政府+平台+种植园+农民县域电商。

- 怀远模式
- 淮商集团基于“万村千乡”市场工程基础，开放对接各大第三方电子商务平台，整合农产品溯源，标准化、品牌化建设，物流配送、数据统计等服务资源，为农村电商发展搭建“机场”。

- 博兴模式
- 返乡青年推动本村电商产业兴起。
- 政府从七个方面支持：
- 政策资金
- 信息通信
- 交通运输
- 物流配送
- 技术培训
- 品牌建设
- 电商园区

（3）巴林右旗 “精准扶贫”的四个做法

- (1)帮你买——在每个嘎查村级电商服务站所服务的嘎查村选出建档立卡贫困户5户（第1批），每月给予200元的购物额度，用于贫困户家庭购置生活必需品（米、面、粮油、副食调料等），电商公共服务中心联合服务站站长将批零价差的利润部分给予完全补贴，162个嘎查村每月进行补贴810次，200元购物额度的平均利润为36元，每年为全旗贫困户降低生活成本支出35万元左右（810次×36元×12个月=349920元）。
- (2)帮你卖——针对贫困户生产的初级农产品，优先对其予以品牌授权和销售推广，在上行销售的第三方电商平台上标注“此产品由贫困户提供、请优先购买”字样，实际运行效果很好。
- (3)产业带动——通过电商一村一品、一苏木镇一业活动带动嘎查村基础产业发展，通过整合金融政策直接帮扶建档立卡贫困户，帮助设立家庭农牧场、小作坊、参与合作社。
- (4)电商募捐——开展“购物零钱助学”“贫困家庭网上众筹创业”等活动。

从物流角度来看

- （1）自营物流配送
- （2）第三方物流配送
- （3）联盟物流配送
- （4）“O-S-O”物流模式（“outsourcing－self-constructed－outsourcing”）
- （5）物流一体化模式
- （6）第四方物流模式
- （7）自营物流+第三方物流配送模式
- （8）自营物流+消费者自提/自营配送
- （9）第三方物流+消费者自提/第三方配送
- （10）第五方物流（Fifth Party Logistics, 5PL）

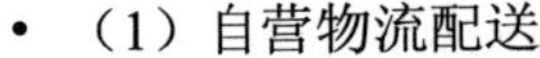

从O2O（手机App）角度来看

年份	生鲜网站	O2O业务	微信	配送
2014	顺丰优选	嘿客店	手机App/ 微信公众	当日达
2015	天天果园	天天到家服务	手机App/ 微信公众	次日达
2015	本来生活	本来便利	手机App/ 微信公众	一小时送到
2015	阿里/	天猫喵先生	手机App/ 微信公众	次日达
2015	京东/	京东到家	手机App/ 微信公众	两小时送达
2015	DMALL	同左	手机App/ 微信公众	次日达
2015	鲜达网	同左	手机App/ 微信公众	次日达
2015	许鲜网	同左	手机App/ 微信公众	次日达
2015	亚马逊生鲜馆	同左	手机App/ 微信公众	次日达
2015	拉卡拉生鲜达	拉卡拉生鲜达小店	拉卡拉支付	次日达

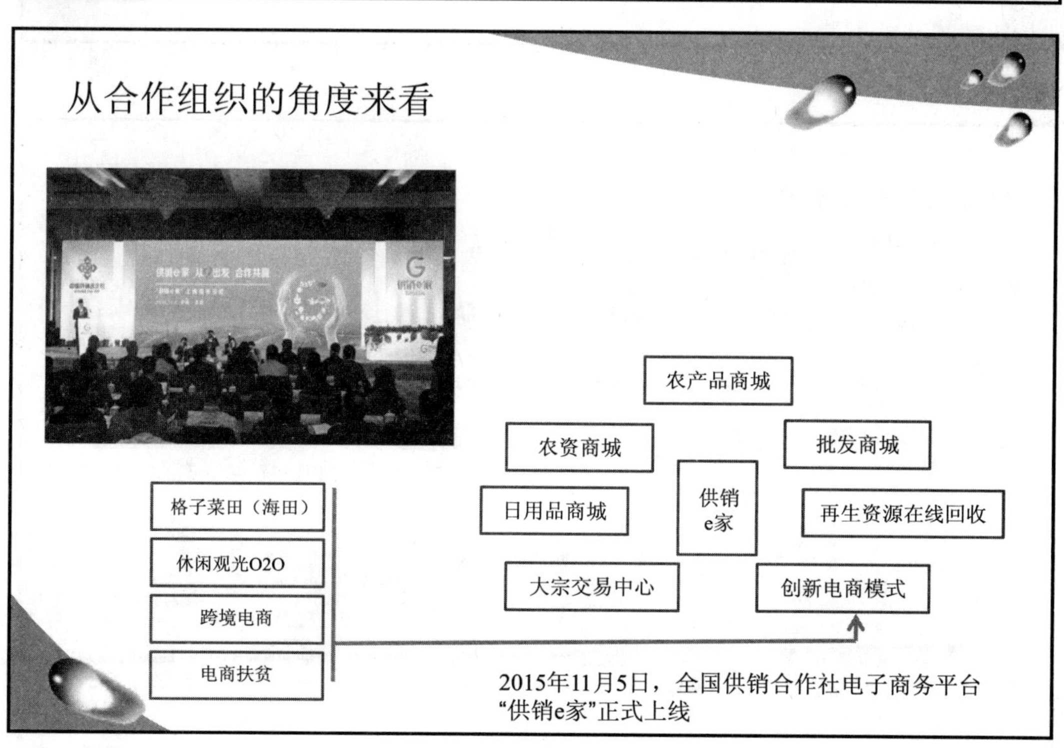

从上海自贸区角度来看

- 2014年上海自由贸易区发布了《中国（上海）自由贸易试验区大宗商品现货市场交易管理规则（试行）（草案）》。
- 2016年江西铜业等十家冶炼企业联合筹建大宗商品交易中心，将其金属现货统筹在交易平台上线交易，真正实现服务于实体和产业链上下游的宗旨，从而壮大中国实体经济。

- （1）江西铜业集团公司
- （2）铜陵有色集团控股有限公司
- （3）金川集团股份有限公司
- （4）大冶有色金属控股集团有限公司
- （5）云南铜业股份有限公司
- （6）中国黄金集团公司
- （7）白银有色集团股份有限公司
- （8）中条山有色金属集团有限公司
- （9）烟台国润铜业有限公司
- （10）紫金矿业股份有限公司

（四）“农电”模式创新评价

- (1) 效益得到了体现（经济、社会、生态）
- (2) 引领产业转型升级（引领传统产业现代化）
- (3) 融合一二三产业发展

二、“农电”模式存在的问题

（一）存在的问题

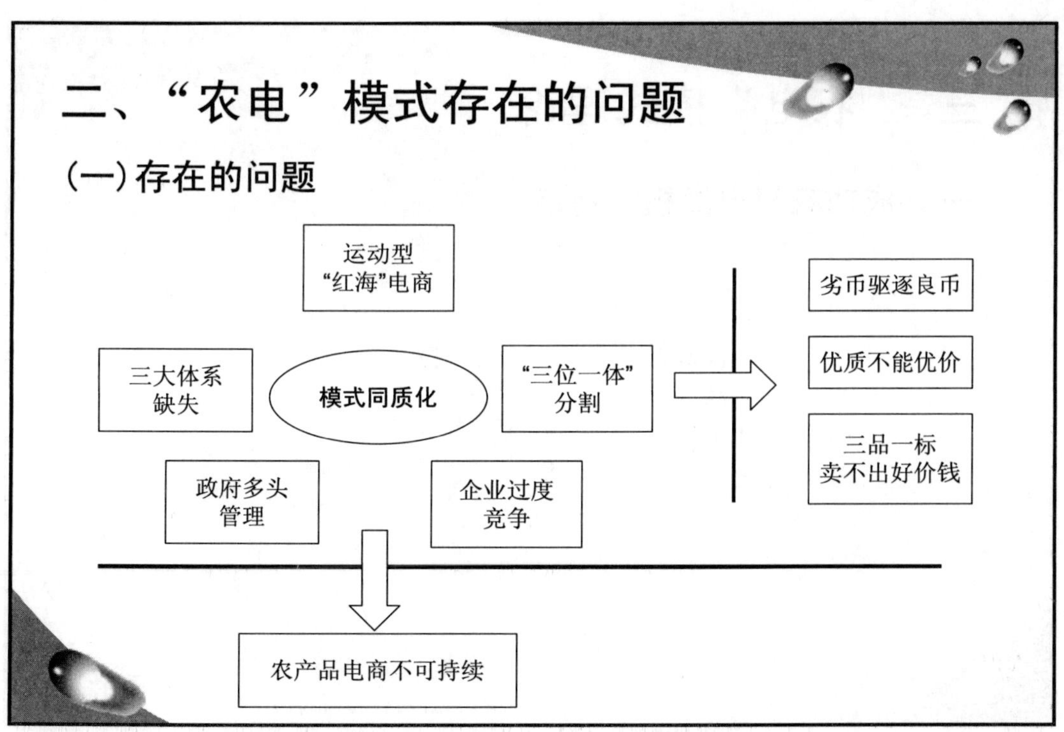

（二）近几年倒闭或经营不善的农产品电商

- 2014年及以前：小农女（关闭线上）、优菜网、谊万家、济南买菜网、上海天鲜配、福州家百福，也有自动下线的永辉“半边天”。
- 2015年：水果营行、特土网、采购兄弟、后厨网、土鸡91、花样生活、正源食派果蔬帮、慢品时光、卡卡鲜、吉哆生活网等。
- 2016年：美味七七、天天果园（线下店关闭）、青年菜君、果实帮等。

三、“农电”模式理论

（一）成功农村电商模式特点

•有效性 •适应性
•整体性 •可持续性
•差异性 •生命周期

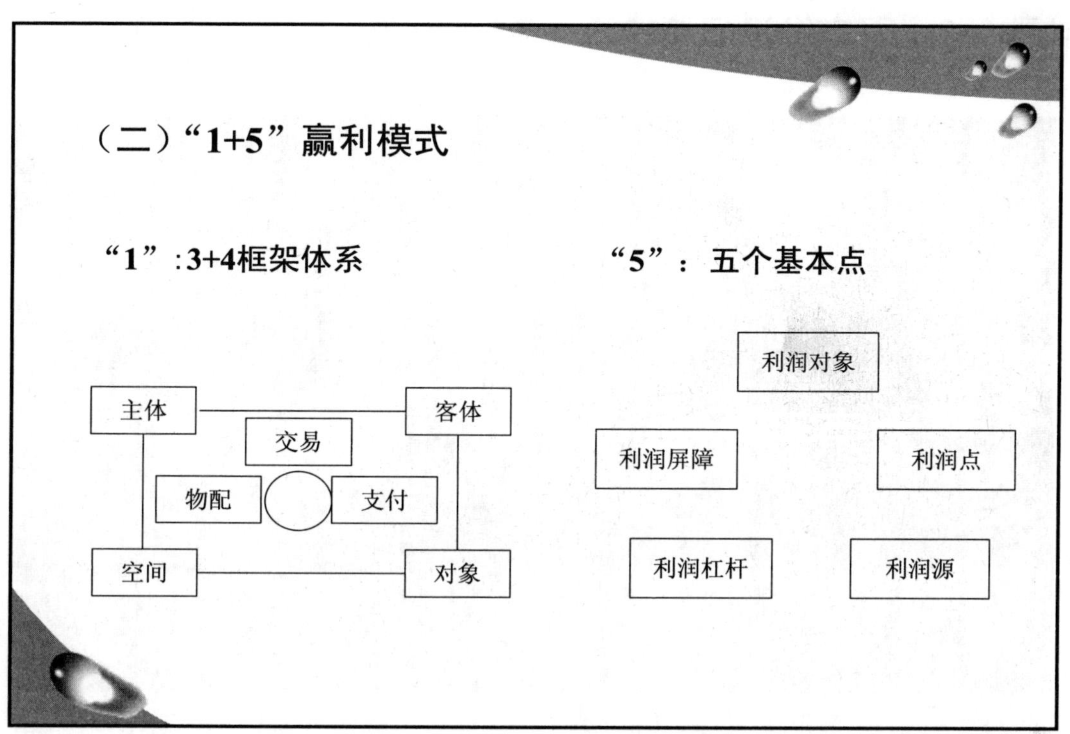

四、“农电”模式趋势

（一）转型什么

- 发展方式

（二）升级什么

- 交易升级
- 管理升级
- 科技升级
- 文化升级

（三）补什么短板

- （1）农产品电商营商环境
- （2）农产品电商诚信体系
- （3）农产品电商品牌建设

（四）发展方向

- （1）规模化趋势
- （2）智能化趋势
- （3）特色化趋势
- （4）全渠道趋势
- （5）绿色化趋势
- （6）国际化趋势
- （7）生态化趋势
- （8）品牌化趋势

附录6.2 周广俊论坛PPT

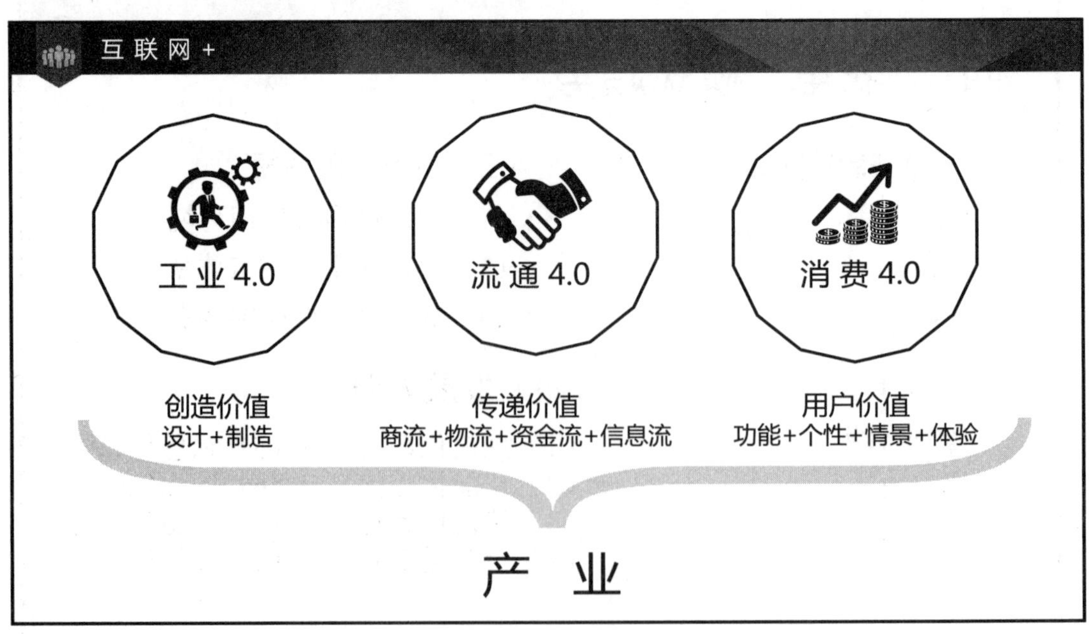

互 联 网 +

一方面生产环节的产成品通过流通环节以市场化方式进行交易，并将产品传递到消费端。另一方面消费者需求信息通过流通环节传递到生产环节指导生产，流通环节连接着生产与消费。

产品总成本包括生产成本与流通成本，降低流通成本至关重要。提高产品周转率既要提高生产效率，更要提高流通效率。大生产，大消费，必然伴随着大流通。没有现代化的大流通，必然使得现代化的大生产、大消费受到严重阻碍。

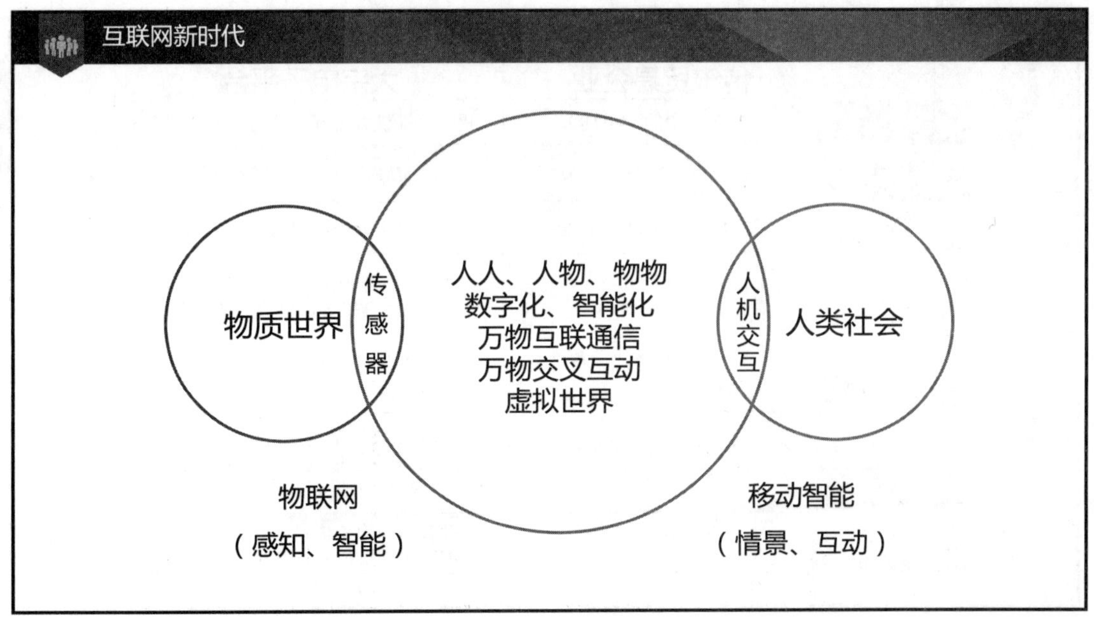

互联网新时代

万物之间的交互关系发生了巨大变化。由传统层级汇集关系转变成多边的平等关系。网络既没有明显的中心，也没有明显的边界。新的交互关系深刻改变着人们的生活、生产方式。商务行为构建于大众生活方式基础上，产业链进一步摆脱层级结构而逐步扁平化，促使产业去中心化，并带来产业链条重构，不同领域模块的跨界融合。

在物质经济里，物质的复制成本高昂，而在互联网经济里，电子的复制成本低廉，边际成本接近于零。免费电子服务聚拢人气，形成单边效应。一切构建于数字的行业都要面临互联网的强大冲击。信息、交易、金融构建于数字与符号，有互联网化的先天优势。

社群需求更加趋于个性化和定制化。市场在分化成各个小众市场，也叫“利基市场”，这正是企业的“长尾”。C2B方式大行其道。

平台经济

	传统贸易企业	大宗电子平台
定位	供应链其中的一个环节	提供产业链各个环节参与的产业平台
客户需求	满足下一环节的需求	促使上下环节有效衔接
利润	下一环节提供，赢家通吃	各个环节优化产生，合作共赢
作用	价值链里的一环，增强自身价值	改变产业链链接结构和衔接方式，多极群体链接者，价值的整合者
运作方式	封闭型运作方式，自身资源	开放生态型，构建有偿循环机制，吸引社会资源参与
生财之道	产品规模效应，产品直接加价赢利	免费或补贴吸引单极，从而吸引对应极，交叉需求促进多极聚合产生网络效应，激发新合作，开发资源间接赢利
增长方式	单一型客户群，线性增长	细分的多个类型客户群交叉互动，激发更多价值，聚合反应

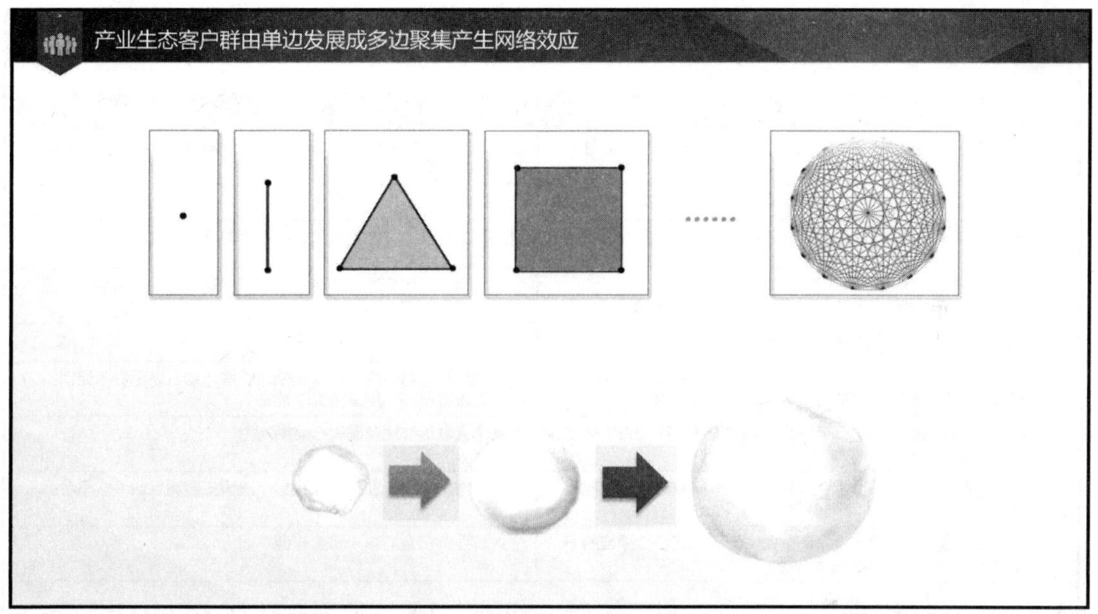

垂直类B2B

B2B是企业与企业之间通过互联网进行产品、服务、信息的交换。

产业垂直类B2B专注于某一个产业，专业水平高，能提供产业个性化服务，更好地整合产业价值链。

B2B与C2C的差异

B2B	C2C
企业数量有限，对产业了解较多，产业知识专业，受上下游影响挤压，经济周期影响大	数量庞大，海量，专业知识缺乏，易受媒体、专家影响，经济周期影响一般
按个性化交易条件定价，交易数量较大，批量订货有优惠	卖方挂价，批量小，价格可以协商
同业竞争明显，交易信息，隐藏交易所有者，有商业保密要求	卖方存在竞争，交易信息公开，保密要求低
企业标签注重领导风格，有规范报表与制度，资产明确，大企业横向纵向一体化有一定基础，各企业优势差异较大	个人风格，无规范的报表与制度，资产复杂，个人信用低，信用缺失较为严重
企业内部层级架构，多人决策，内部角色多样，决策时间长	个人决策快，受冲动营销影响大
注重长期稳定关系，连续性生产与销售行为，有固定供应与采购方，服务好自身客户，扩大市场份额是主要诉求	注重当前利益与时尚，缺乏长期连续性计划，易受价格促销引导，忠诚度不高，用途是为了消费
企业注重自身利益最大化，产业利益经常无序，产业有优化空间，行业协会有一定影响力	注重个人低价，朋友圈有一定影响力
对未来行为计划性强，追求利润回避风险，有业绩考核指标，对税务敏感	较少考虑未来，无业绩考核指标，决策主要满足当下，不考虑税务
存在企业发展扩张需要资金，而企业资产转化成资金困难的矛盾，增信手段缺乏，有增加贸易额，扩大流水的需求	个人消费有资金需求，资金来源有限

农业产品与工业产品差异

农业产品	工业产品
国内小农经济，分散式生产，导致产品规格差异大，质量不稳定，标准化程度低	大规模工业生产，集中度高，质量稳定，标准化程度高
生产缺乏规模效应，单产低，成本高，缺乏竞争力	规模效应，同质竞争，有一定竞争力
分散生产导致产量波动大，预测难度高，信息透明度低，价格波动大	产量大，相对稳定，需要去产能，生产信息基本透明，价格波动大
季产年销，生产季节容易受天气的影响，收获季节对资金、仓库有较高要求	全年生产销售，资金仓库需求均衡，货物金融属性较强
货物质量在存储、运输过程中容易导致明显损耗，保存期短，质量逐渐下降，货物因此贬值	货物质量稳定，损耗小，保存期较长
通常以年为生产周期，新货上市老货快速贬值	通常可以连续生产，按照需求周期调整生产周期
生产，批发，零售差价巨大，消费者价格弹性低	生产，批发，零售差价大，消费者价格弹性一般
产业链条较短，通常包括原材料，粗加工产品等环节	产业链条较长，产品众多，集中度高，通常有产业巨头
客户群体巨大，规模小，分散，成熟度低	客户群体较大，规模差异大，相对集中，成熟度较高
客户个体信用低，融资成本高，困难	客户个体信用较高，融资渠道多，成本差异大
未来农业发展趋势是工业化，集约化，空间巨大	未来工业向高端升级，低端持续去产能

商品特性

集中资源重点在单个产品突破，延伸到上游和下游，交易对象可以是实物商品也可以是价格指数的价差。具备以下特性的商品较容易开展产业电子商务。

第一，质量相对标准，可分类，易测量，便于大量交易。

第二，良好的价格波动性和自然扰动因素。

第三，势力构成相对均衡，竞争与合作遵循市场机制。

第四，所属产业规模较大，供需双方参与者众多，价值链冗长并趋于缝隙化、碎片化。

第五，货物相对便于存储、运输，有较强互换性，交收才会变得简单，也更容易统一配置货物。

垂直类B2B的差异

市场	特点	对象
期货市场	标准化+融证券化（高流动性，发现价格，货物不足，缺乏物流、金融一体化，不影响产业链结构）	标准化合约
大宗商品市场	单证化（规范）+电子化+产业一体化（扎根于产业链，反映供求，实物流通平台，提供物流、金融、数据一体化服务，促使产业链优化、重构	电子仓库
传统现货市场	传统现货分散、庞杂，交易效率低，成本高，缺乏保障，缺乏一站式方案	实物现货

虚化

⇕

实化

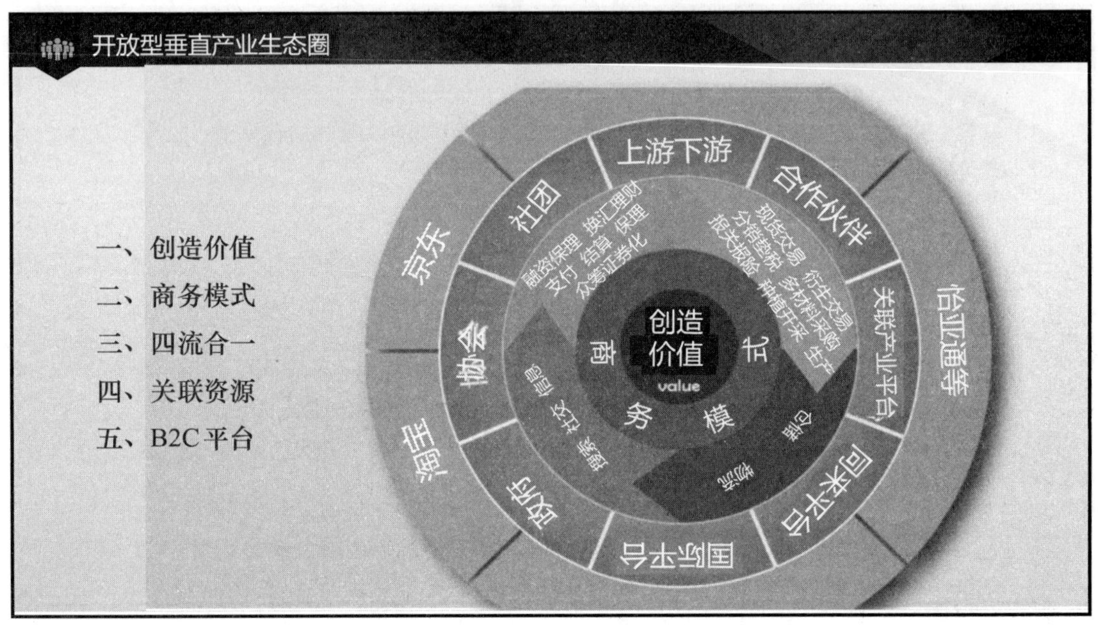
开放型垂直产业生态圈
一、创造价值
二、商务模式
三、四流合一
四、关联资源
五、B2C平台
上游下游
合作伙伴
关联产业平台
同类平台
国际平台
政府
协会
社团
京东
淘宝
恰亚通等
创造价值
value
商
务
模
式

电商平台与关联产业平台合作
出租车专车群体
提供通勤服务
市区燃油消耗大
外地私家车群体
导航服务
滴滴出行
du
大中型货车司机群体
提供货运车辆共享运力池
支线燃油消耗大
私家车群体
营造口碑
货车帮
汽车之家
autohome.com.cn
联合
共赢

四流合一是产业生态圈的核心

提供商流、物流、资金流、数据流四流合一，深度融合的一站式服务，以整个产业价值链成本最低，流程环节最少，时间最优，效率最高为目标，形成低耗、高效全新的产业价值生态链。

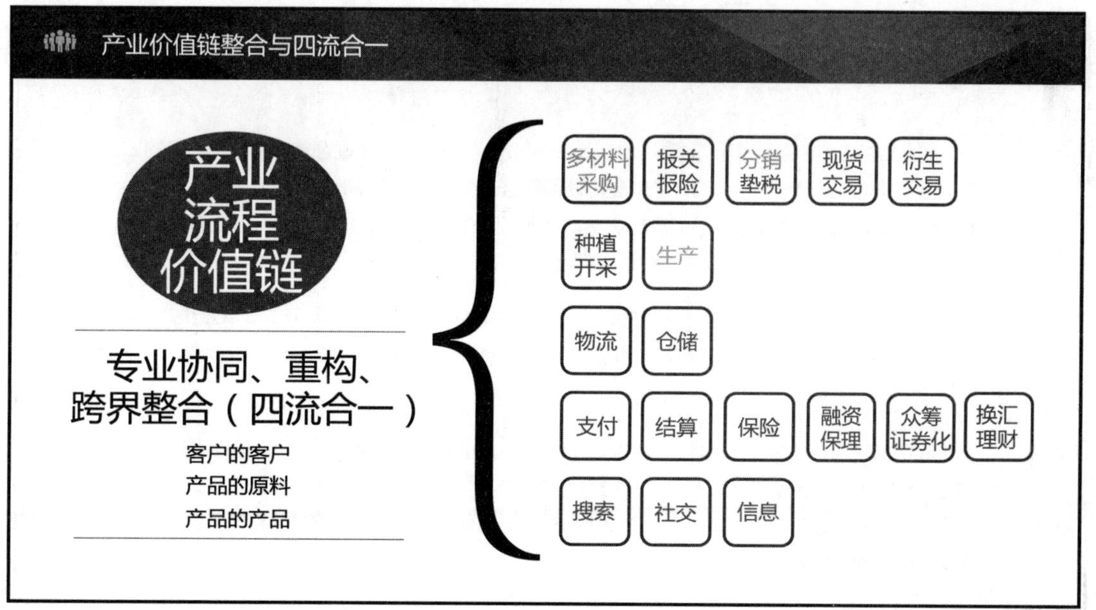

产业价值链整合与四流合一

产业链里存在多个环节，交易是核心，人们除了需要对现货进行定价及满足实物交换的现货交易需求外，还需要对未来货物的生产和消费进行安排，包括对未来价格风险进行管理。物流是基础要先行，融资杠杆是血液，数据贯通于全流程。

物流是基础，必须先行，一方面物流衔接交易，交易能否落地转化成为交收，交易、交收与物流的结合设计至关重要。另一方面，产业链金融以产业供应链管理为基础，产业供应链管理以信息化物流为基础。

产业价值链整合与四流合一

产业链条上下游资源商品及客户通常会向硬通货商品聚集。围绕硬通货商品相关服务的开发通常是焦点。但不能只盯着产业链里的硬通货这一个产品的相关链条，还要关注上游的原材料以及下游的产成品这一系列产品流，以及上下游客户的客户。将上下游产品的客户、交易、融资与下游的硬通货构建相关性，向硬通货的客户、交易、融资聚集。

部分交易中心为了引导不同区域的货物交收，对具体交收货物升贴水开展二次定价交易。把传统挂牌的刚性搜索与撮合按照客户标签化特性，预测客户需求规律，设计成柔性搜索查询与撮合。

利用物联网、区块链、大数据等技术，将我们接触的物体智能化，数字化，将我们的活动数字化，构建涵盖全产业链一体化的可信任数字虚拟网，降低各类商业活动的复杂度、难度及商业成本，提高效率。逐步掌握产业链内任一环节发生的事件对整个产业链的影响因素及传导机制。

核心功能平台

衍生品交易平台

开放多品种产业链平台（众筹、众包、孵化）

互联网+

全产业链（产业链+产品流）

四类衍生品交易类型

远 期	掉 期	期 货	期 权
场外分散交易远期非标合同	场外分散交易远期非标合同	场内集中交易远期标准化合约	场内集中交易标准化远期看涨看跌资产的权利
合同非标，可协商	合同非标，可协商	标准化合约，不可修改	标准化合约，不可修改
供需双方参与，一对一交易	供、需、投行三方参与，投资者与投行间一对一交易	供、需、投机三方参与，多对多交易	供、需、投机三方参与，多对多交易
参与交易的主体	组织交易，同时参与交易	组织交易，不参与交易	组织交易，不参与交易
投资者报价，协商成交	投行报价，协商成交	投资者报价，不可协商	投资者报价，不可协商
双方信用	投资银行信用风险，流动风险	交易所信用	交易所信用
自行组织	多个投行分别组织，无集中场所	交易所统一组织，有集中地交易场地	交易所统一组织，有集中地交易场地
自行结算，部分统一结算	按采样价自结算，部分统一结算	按成交价统一结算	按成交价统一结算

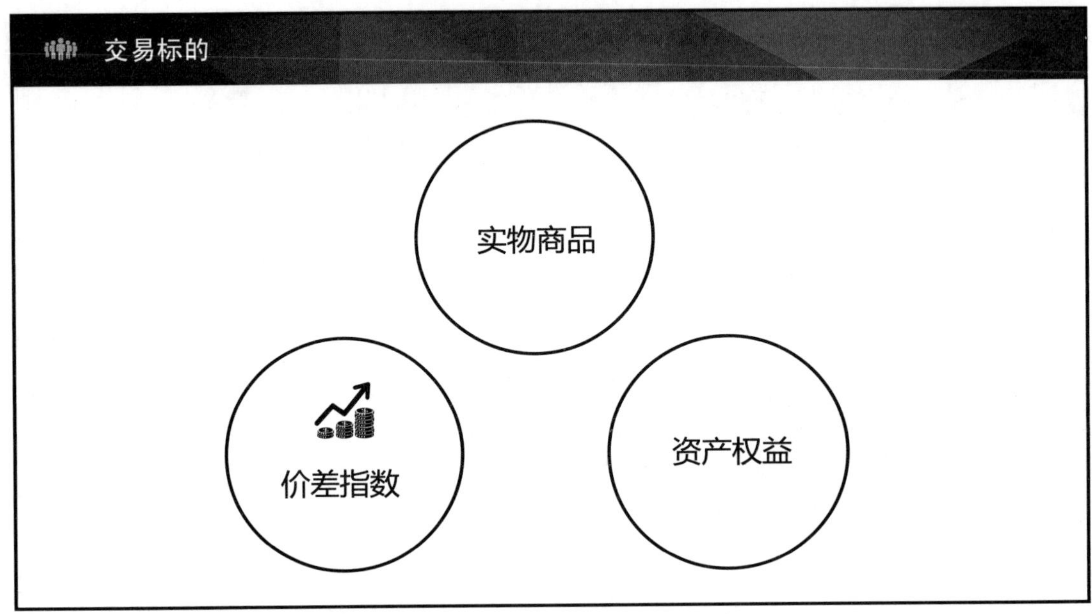
交易标的
实物商品
价差指数
资产权益

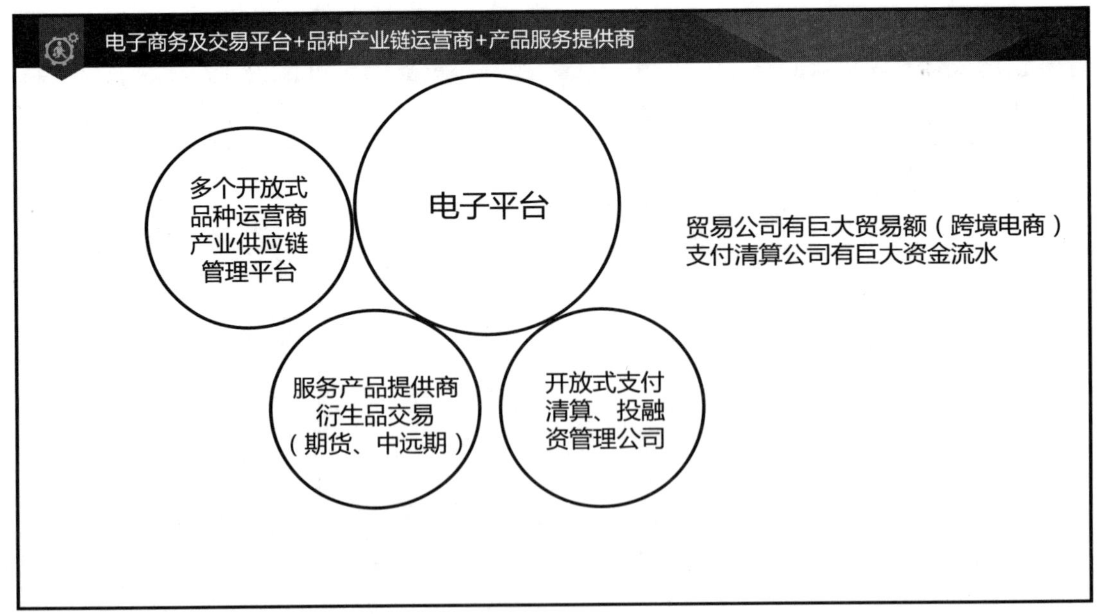
电子商务及交易平台+品种产业链运营商+产品服务提供商
多个开放式
品种运营商
产业供应链
管理平台
电子平台
贸易公司有巨大贸易额（跨境电商）
支付清算公司有巨大资金流水
服务产品提供商
衍生品交易
（期货、中远期）
开放式支付
清算、投融
资管理公司

交易的核心

交易环节里核心需求是货物与货币的交换，组织价值链条里各个环节资源与利益诉求，解决货物与货币交换的价格、时间、空间、品质、资金差异是最核心的问题。

商品交换存在的五大差别

终端 ⇌ 贸易商 ⇌ 生产商

贸易商类型：A.通过货物做媒介；B.通过仓单纸做媒介

生产商类型：A.国内原料生产商；B.国际原材料进口加工商

群体	有（资源）	缺（需求）
终　端	货币	货物
生产商	货物	货币
贸易商	承担风险 调配货物时、空、质、资金差异	价差 (货物起媒介作用)

价格→扁平化、波动性

存货→时间差

运输→空间差

品质→质量差

资金→资金差

货币 ⇌ 价格差 时间差 空间差 质量差 资金差 ⇌ 货物(仓单)

贸易商 ⇌ 平台

资源错位配置打破一致性约束

（1）传统交易中买卖双方的成交约定必然针对同一价格，同一时间，同一空间地点，同一品质的标的货物。

（2）投机行为带来的价格波动，结合货物与资金储备池的缓冲作用，使不同品质（储备池，货物基差，互换），不同时间（波动性+储备池+物流），不同空间（电子+储备池+物流），不同成交价格（波动性），不同资金配置（金融+风控+物联网+区块链+数据）的货物能够得以配对交收。打破了时、空、价、质、资金一致性约束，极大地有利于资源的优化与配置。

（3）网上交易，当天交割，就近提货。演变为通存通兑、个性互换、有偿融贷。

资源池构建（货物银行）

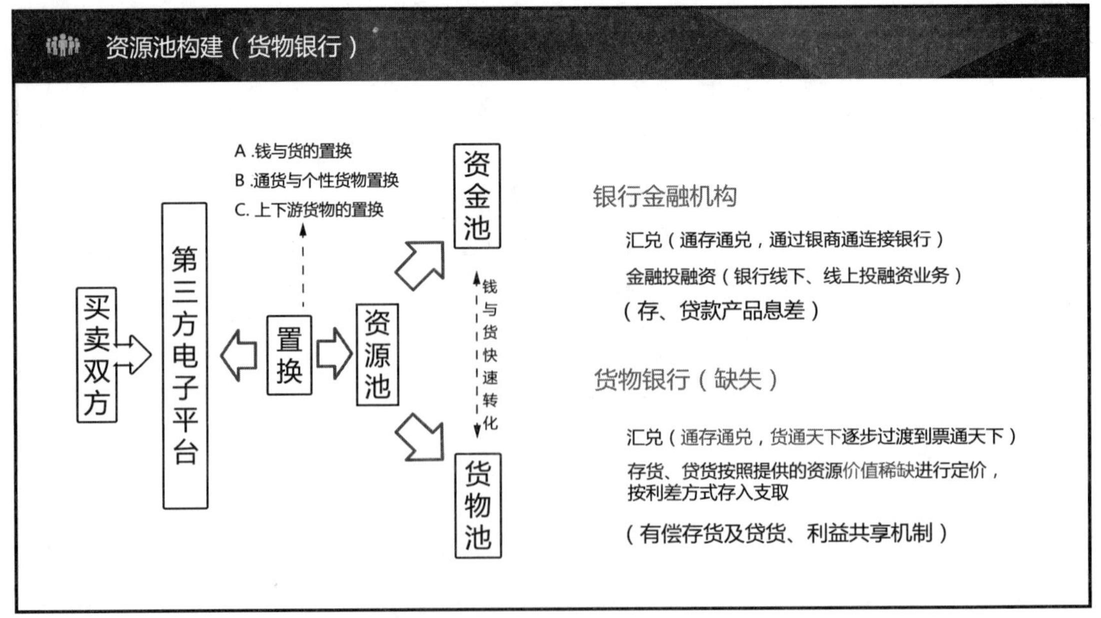

第四方物流

（1）物流有两个维度，一是时间，以传统仓储为主体；二是空间，以运输为主体；推动物联网技术应用，降低货物监控风险；

（2）采购+分销+VMI；货物空间位移关注移动轨迹上的货物分布及与时间成本的关系，强调的是预测准确与计划合理，包括节点、流向、流量；

（3）货物存储随时间而变化，货物的数量、质量、权属、货值风险也会随着时间而变化。

仓储货物管理

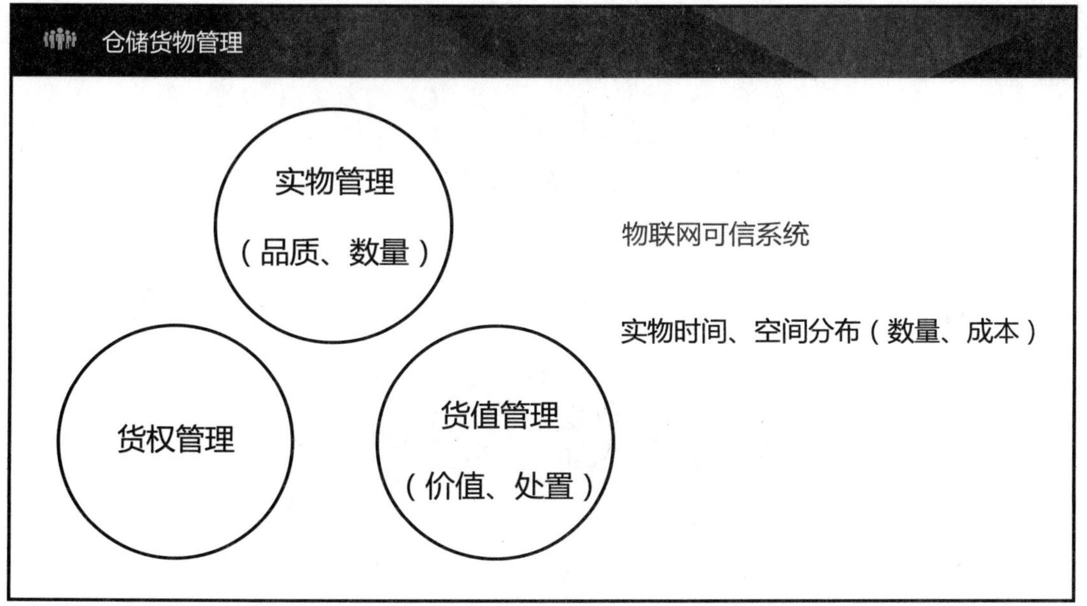

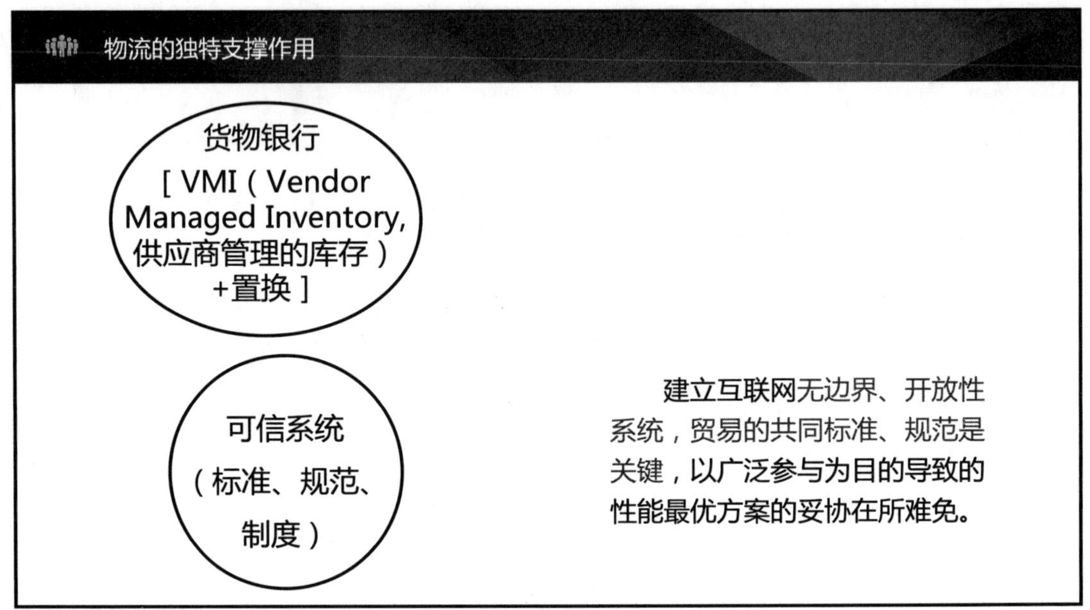
物流的独特支撑作用
货物银行
[VMI（Vendor Managed Inventory, 供应商管理的库存）+置换]
可信系统
（标准、规范、制度）
建立互联网无边界、开放性系统，贸易的共同标准、规范是关键，以广泛参与为目的导致的性能最优方案的妥协在所难免。

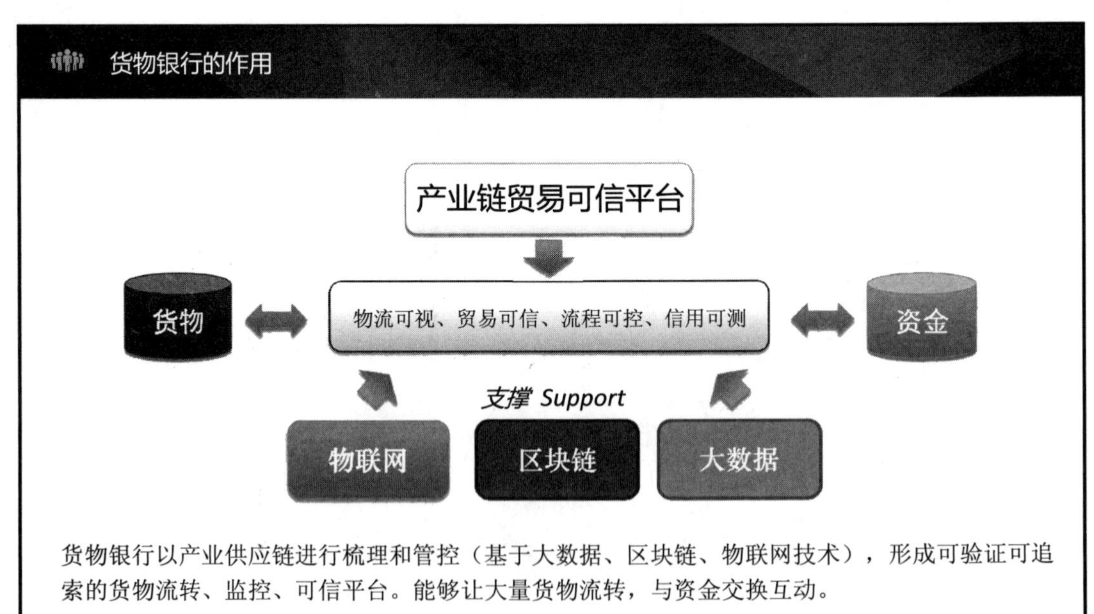
货物银行的作用
产业链贸易可信平台
货物
物流可视、贸易可信、流程可控、信用可测
资金
支撑 Support
物联网
区块链
大数据
货物银行以产业供应链进行梳理和管控（基于大数据、区块链、物联网技术），形成可验证可追索的货物流转、监控、可信平台。能够让大量货物流转，与资金交换互动。

贸易可信系统

第一，物联网、区块链技术、大数据
第二，产业链闭环与交叉验证
第三，监督接口与数据开放
第四，登记、公示平台
第五，在线监控、风险预警与处置
第六，信用评定体系

避免只注重企业财务报表和抵押物的管理，忽略了适时介入贸易流实时监控，了解贸易的真实有效，以及贸易还款来源的自偿性。

产业链金融

资产证券化，交易中心、众筹、风险等级评定

↑

产业链金融平台、全产业链上下游产品、风险评估、物联网、区块链、大数据

↑

供应链运营平台、伙伴式商业关系链、协同、智能分析

↑

物流平台、信息化工作平台

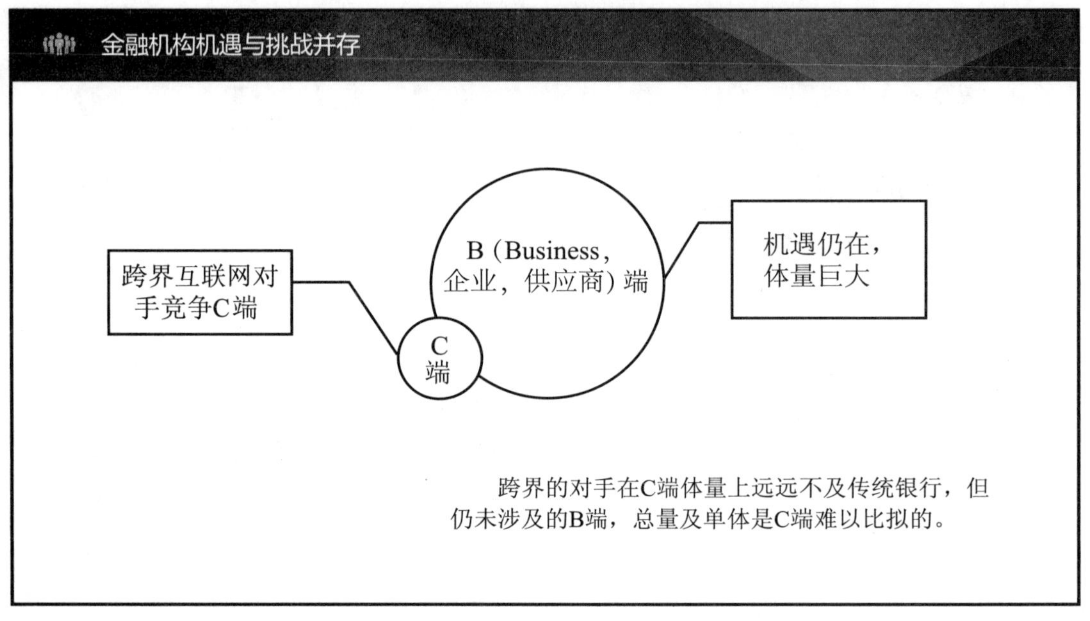
金融机构机遇与挑战并存
跨界互联网对手竞争C端
B（Business，企业，供应商）端
C端
机遇仍在，体量巨大
跨界的对手在C端体量上远远不及传统银行，但仍未涉及的B端，总量及单体是C端难以比拟的。

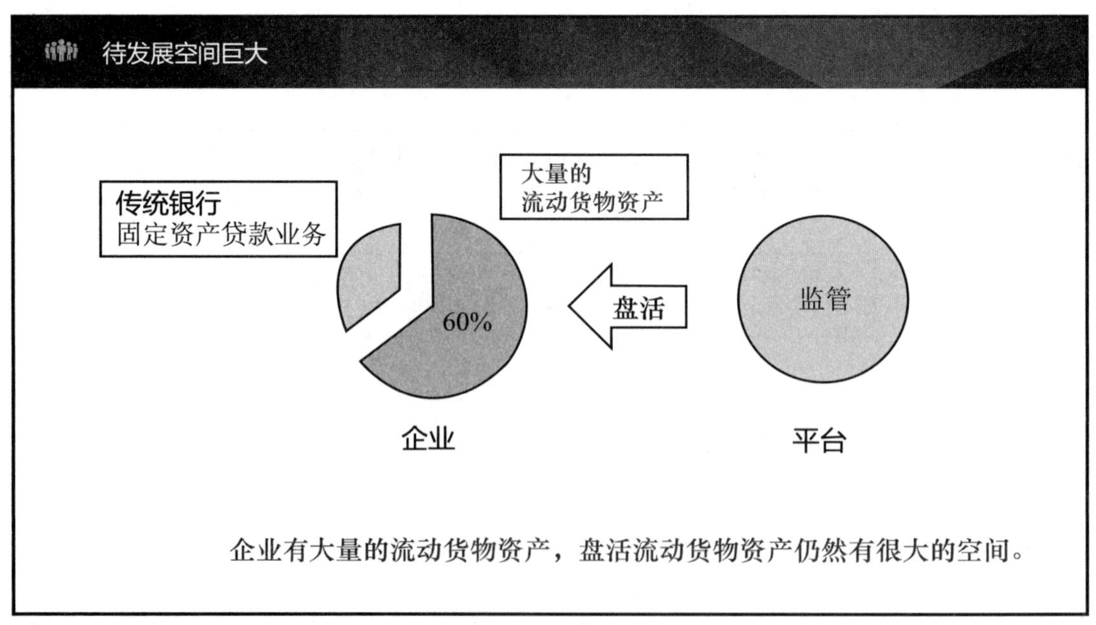
待发展空间巨大
传统银行
固定资产贷款业务
大量的
流动货物资产
60%
盘活
监管
企业
平台
企业有大量的流动货物资产，盘活流动货物资产仍然有很大的空间。

产业链金融

产业链金融是产业链与金融的融合，以贸易真实有效为基础，结合大量产业链数据（资金、货物、成交合同、价格风险、信用等），监控并适时介入贸易流，形成有效管控。并在产业链里寻找数据，通过对产业链的信息流数据进行采集、分析，构建全新的风险评估模型，降低供应链风险，促使与金融对接，联合金融机构为产业链上下游核心企业提供更多的金融支持，并对资本的获取成本进行优化。

资金的有效利用和合理的风险控制是关键，平台可以独立或联合龙头企业充当货物监管和价格风险监控方。

既不是物流金融
也不是贸易融资

物流金融　　仓单质押、动产质押

贸易融资　　保理、信用证

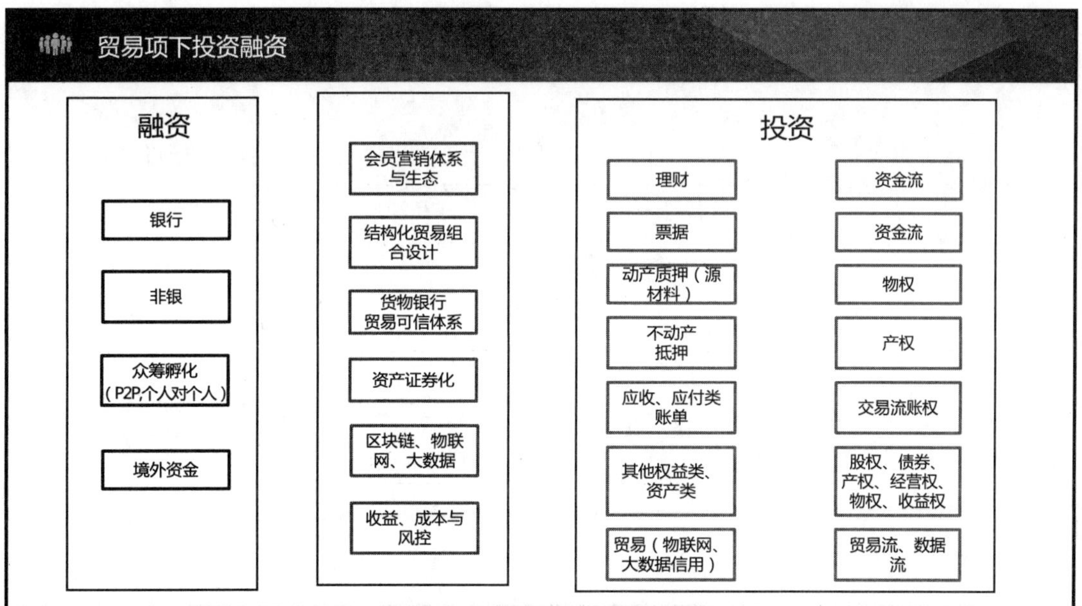

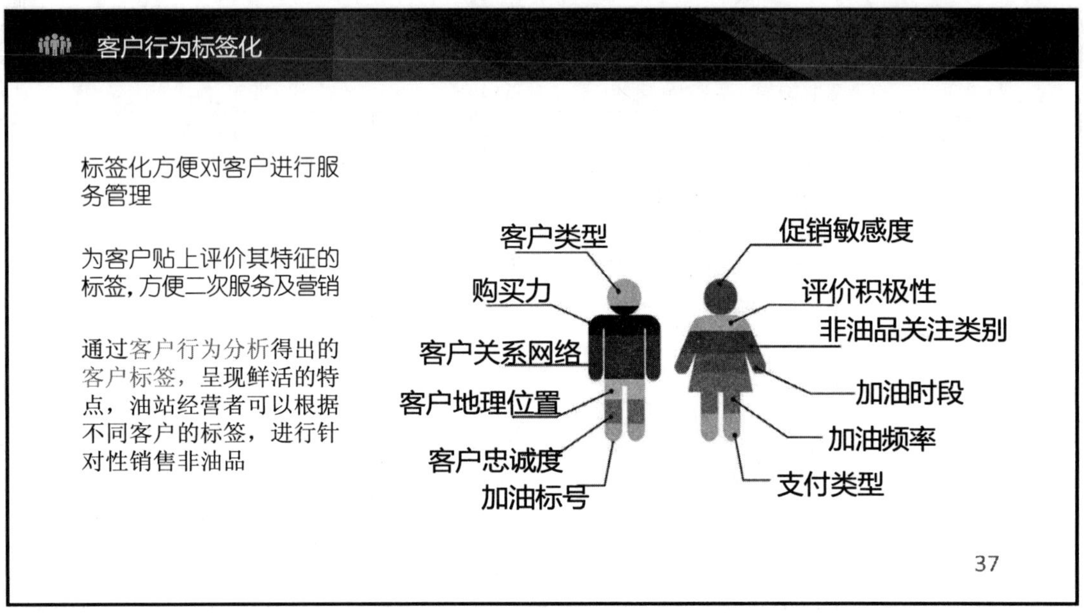
客户行为标签化
标签化方便对客户进行服务管理
为客户贴上评价其特征的标签，方便二次服务及营销
通过客户行为分析得出的客户标签，呈现鲜活的特点，油站经营者可以根据不同客户的标签，进行针对性销售非油品
客户类型
购买力
客户关系网络
客户地理位置
客户忠诚度
加油标号
促销敏感度
评价积极性
非油品关注类别
加油时段
加油频率
支付类型
37

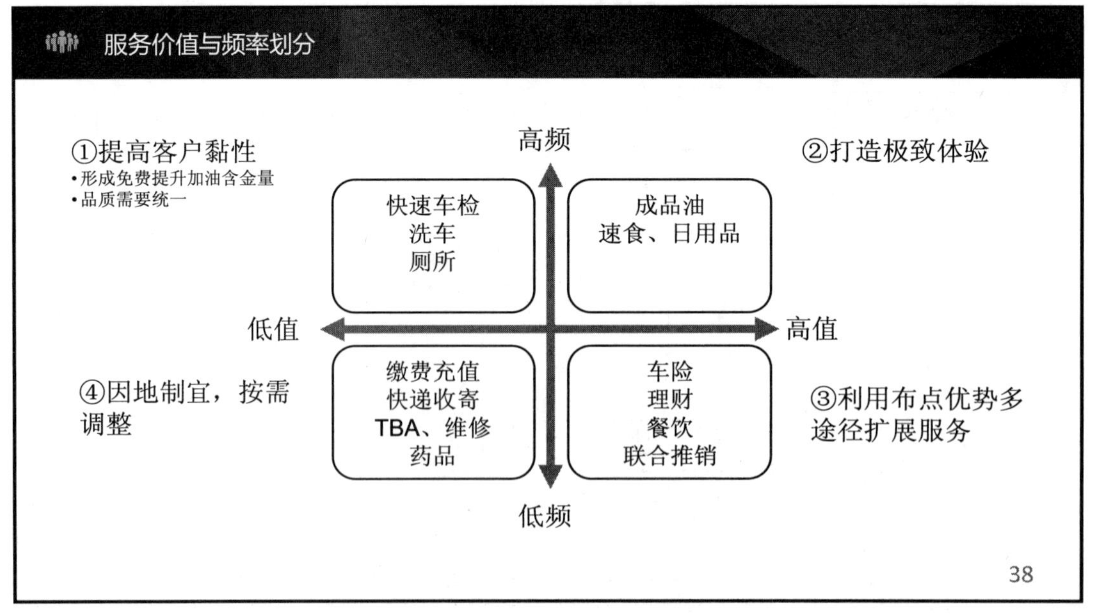
服务价值与频率划分
①提高客户黏性
•形成免费提升加油含金量
•品质需要统一
②打造极致体验
③利用布点优势多途径扩展服务
④因地制宜，按需调整
高频
低频
低值
高值
快速车检
洗车
厕所
成品油
速食、日用品
缴费充值
快递收寄
TBA、维修
药品
车险
理财
餐饮
联合推销
38

结构化贸易（积木式菜单勾选）

交易+风险管理	物　流	融　资
产能预售	订单物流	质押
商城竞价	流动仓库	仓单抵顶
价格保险	监管仓/租赁仓	众筹发售
基差交易	配送仓AB库管理	订单融资
点价交易	通存通取	厂仓融资
价格互换	临时交收仓	延后交收融资
商品置换	预售/提前交收	保理

结构图

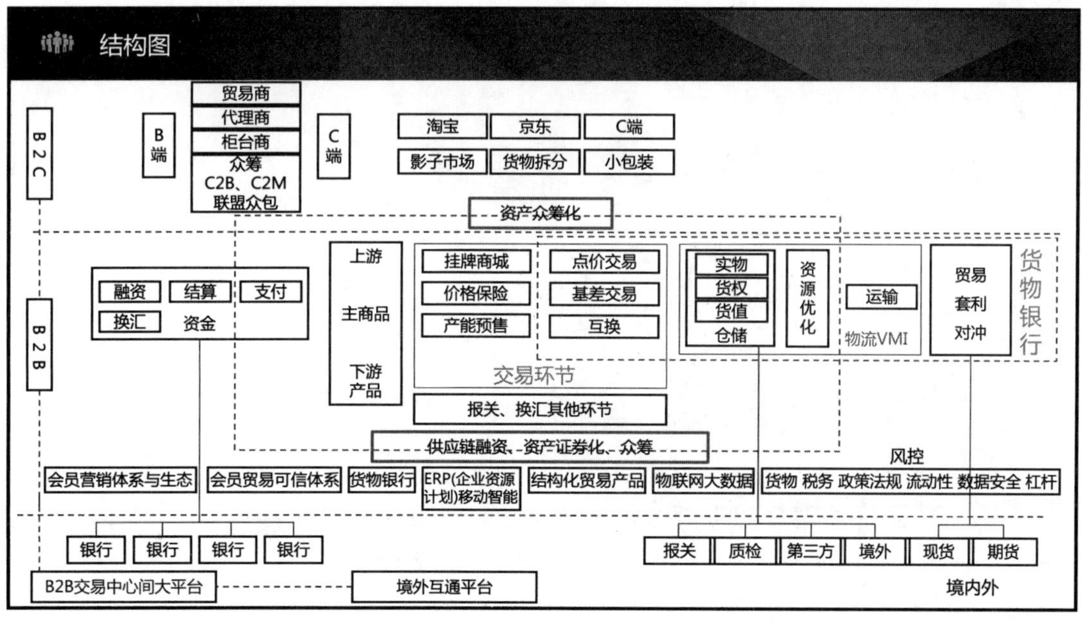

附录 6.3　钟晓瑜论坛 PPT

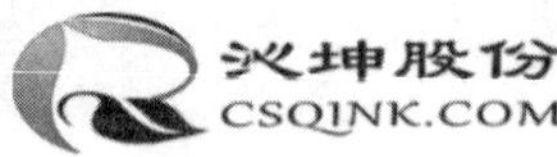

沁坤“5+1+1”商业模式创新：

中国订单农业电商平台+批发市场

——领跑"互联网+订单农业"

沁坤股份官网：http://www.csqink.com
沁坤订单网：http://www.qinkun.com.cn

二〇一六年六月

湖南·长沙

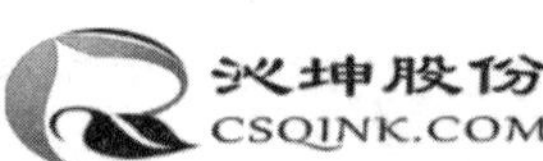

一、国情与行业形势

“互联网+”时代

2015年是"互联网+"飞速发展的一年，也是国民经济各领域“互联互通、融合创新”的一年。李克强总理在政府工作报告中提出"互联网+"概念，对于整个社会及行业来说，都是一种促进及创新。"互联网+"作为第二次工业革命给中国变革带来了翻天覆地的变化，"大众创业、万众创新"像李克强总理所希望的那样，促进社会流动和公平正义，在960万平方千米土地上激发民族的创业精神和创新基因。

二、农产品电子商务细分市场

在快速增长的电子商务市场，面对资金实力雄厚的阿里、京东等互联网巨头全产业链的战略布局，沁坤股份立足差异化，将批发作为发展业务重点，以实现“互联网+订单农业”为终极目标，走出了一条具有沁坤特色的新道路。

B2B批发业务

B2C零售业务

O2O社区分销业务

多元复合集成“5+1+1”订单农业电子商务平台

沁坤股份的业务涵盖零售、社区分销和批发三个领域，以批发作为重点领域。当今的电子商务市场，阿里和京东在做电子商务中的零售业务，腾讯在做电子商务中的分销业务，他们都是资金实力雄厚的互联网巨头，沁坤股份如果和他们进行同质化竞争，显然不占优势，因此，走电子商务业务和商业模式差异化的道路，将农产品批发作为业务发展重点，实现线上电子交易与线下实体批发市场相结合，这一点来说，沁坤股份在全国是第一家。

互联网+订单农业

“互联网+”时代，传统经济实体面临经营模式的升级与转型：京东、阿里颠覆了传统的实体门店，同时也导致一些门店减收或者失收；而沁坤未来要颠覆的是传统的农产品批发市场，让批发市场的收入达到1+1=100的几何式倍增。

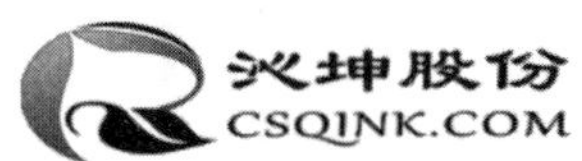

目前，沁坤平台拥有20多万会员，涉及各类农产品11大类别，7万多个品种。截至2015年年末，供需双方在平台上共产生19.09亿元交易额，同比增长166%，其中湖南地区达6亿元。

为充分利用互联网带动农民增收创收，帮助农业产业突破发展瓶颈，2016年沁坤股份将发力突破B2B订单农业市场，实现交易额300亿元。

长期以来，农产品流通领域中的"滞销、卖难"等问题一直困扰着广大农民，而在"大变革、大格局"的"互联网+"浪潮中，在处理政府和市场、中央和地方、整体性和个性化、有形场所和电子化的关系的过渡时期，在"互联、互通、融合"的创新过程中，订单农业存在诸多问题：信息不对称、缺乏成熟的产业链支撑、缺乏第三方载体、缺乏法律保障和资金池调节。

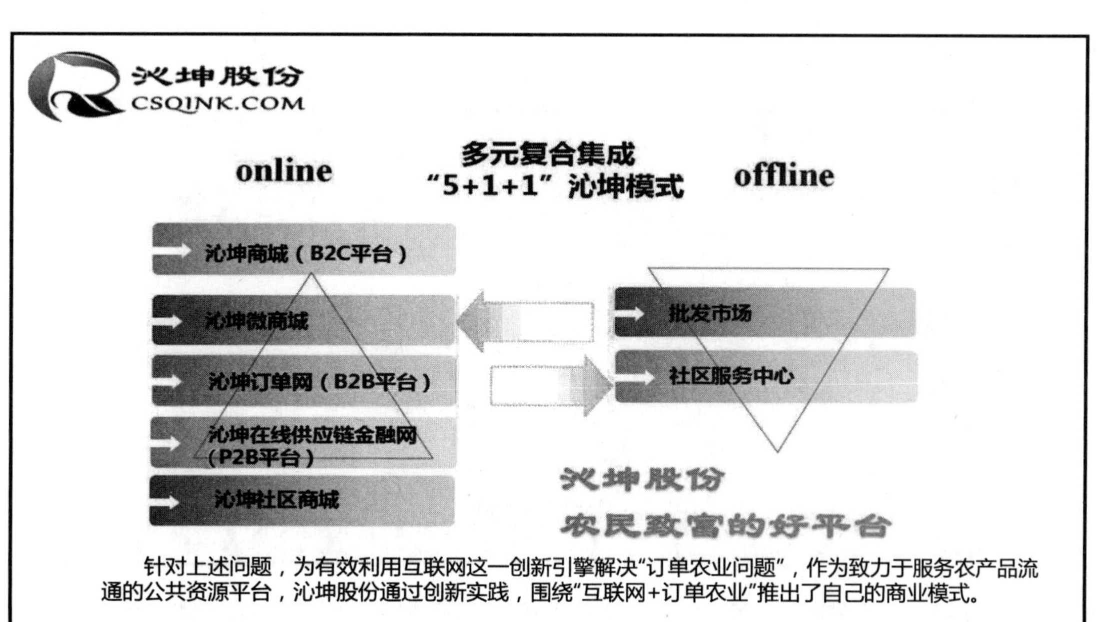

针对上述问题，为有效利用互联网这一创新引擎解决"订单农业问题"，作为致力于服务农产品流通的公共资源平台，沁坤股份通过创新实践，围绕"互联网+订单农业"推出了自己的商业模式。

沁坤股份
CSQINK.COM

四、沁坤"5+1+1"中国订单农业电子商务平台举措

1. 商业模式创新

《国务院关于积极推进"互联网+"行动的指导意见》指出，"以融合促创新，最大程度汇聚各类市场要素的创新力量，引领新一轮科技革命和产业变革，实现跨越式发展。"沁坤股份可以说是走在国家政策前面，通过实践+创新，打破了传统的农产品流通模式，形成了独特的、适合农产品流通的多元复合集成"5+1+1"商业模式。有利于整合农产品流通全链资源，更能够为农产品流通提供一站式服务，信息更全面：面对当前农产品网络零售、大宗农产品电子商务、政府网上产销对接会等存在散片化的现象，一线整合农户、经纪人、农企、分销商、渠道商、零售商等传统农产品产供销生态链各元素，全面整合买家和卖家，落实到农户和社群。

2. 经济实体支撑

沁坤电子商务批发市场为"互联网+订单农业"提供更成熟的产业链核心节点经济实体支撑。多元复合集成"5+1+1"沁坤模式在全国率先打破了传统批发市场的准入机制，实施"永久免费入驻"的农产品电子商务批发市场经营方式。目前，传统的批发市场由于渠道单一、成本居高不下、中间环节过多，正在从人们的生活中逐渐消失，转而逐渐向线上线下小批量、个性化、多元化的电子商务渠道转变。

3. 沁坤模式订单农业电子商务平台

多元复合集成"5+1+1"沁坤模式订单农业电子商务平台真正体现了"互联网+"思维：其一是整体性：O2O线上线下互动，消费与服务兼顾，一线整合供应链全链资源，买家和卖家，特别是庞大的线下经济实体资源；其二是系统性：具有顾问、代理、客服、配送、仓储、供应等功能；其三是生态成长性：多元复合集成"5+1+1"模式，包括五个线上商城平台，沁坤商城、订单网、在线供应链金融网、社区商城、微商城，连同两个线下服务平台，电商批发市场和社区便民服务中心开展经营业务，实现鲜活农产品同城配送，构筑"互联网+"农业电子商务生态圈。

4. 中国订单农业法律保障

沁坤股份"互联网+订单农业"引入保险机制和平台交易规则增强法律履约保障和风险转移措施：农业险、货运险有助于规避"基地+城市社区"直配模式商品送达及时性的风险；履约保证保险有助于政府引导订单农业，为产业链企业履约做好保障；线上订单取消险、仓库企业财产险有助于规避"批发市场+宅配"模式的风险；意外伤害综合保险、公众责任保险有助于健全农产品电商标准体系；食品安全责任险有助于保障食品安全，保护消费者权益。

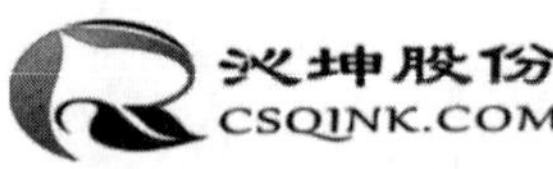

5. 资金池调节

沁坤股份在线供应链金融为"互联网+订单农业"提供资金池。沁坤股份在线供应链金融服务建立以龙头企业为核心，资金高效、风险可控、线上线下一体化、流程优化，实现农产品电商生态圈合作共赢的农产品流通"融资平台"。提供如下服务：帮助商业银行降低贷款风险、活用应收账款；帮助商业银行确定目标企业、调查目标企业的上下游客户，开发目标企业的上下游强势客户；帮助供应链目标企业解决预付款、盘活企业存货。拉动订单需求，订单只要不断，就可以通过沁坤电子商务平台的流程控制，获得一笔商业银行的"长期贷款"，间接拉动目标企业上下游客户，"多方共赢"。

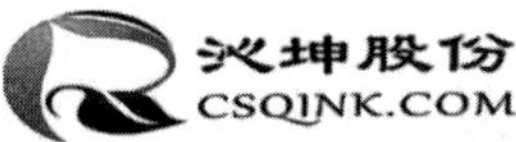

五、沁坤"互联网+订单农业"

沁坤"互联网+订单农业"商业模式为农产品流通市场解决了如下问题：

提供农产品快速销售的载体平台。沁坤电子商务批发市场为"互联网+订单农业"提供更成熟的产业链核心节点经济实体支撑；

风险转移。沁坤股份引入保险机制和平台交易规则增强法律履约保障和风险转移措施，沁坤股份在线供应链金融为"互联网+订单农业"提供资金池，解决因价格波动或各种因素导致不履约而伤农的风险转移问题；

信息不对称。沁坤订单网凸显预售以销定产的功能，为企业提供年度全方位信息咨询与供求服务，采取保证金交易模式，集在线展示、订购、支付、结算等功能于一体，有效解决农产品产销信息不对称的问题。

五、沁坤"互联网+订单农业"

沁坤"互联网+订单农业"商业模式为政府解决了如下问题：

"买难、卖难"

①法务问题。帮助政府有序引导订单农业，通过订单网上给商户提供签约、购买、履约，履行法务手续。

②沁坤股份提供在线供应链金融服务，有效解决中小企业融资难问题。同时带动劳动力就业，增加政府税收。

③解决实体批发市场食品安全管理难度大和招商难的问题。

引入保险机制和平台交易规则增强履约保障和风险转移措施

线上订单取消险、仓库企业财产险有助于规避"批发市场+宅配"模式风险；

履约保证保险有助于政府引导订单农业，为产业链企业履约做好保障；

农业险、货运险有助于规避"基地+城市社区"直配模式商品送达及时性风险；

意外伤害综合保险、公众责任保险有助于健全农产品电子商务标准体系；

食品安全责任险有助于保障食品安全，保护消费者权益。

沁坤股份在线供应链金融提供资金池

沁坤股份在线供应链金融服务创新优势：
资金高效、风险可控、线上线下一体化、流程优化，实现农产品电商生态圈合作共赢。

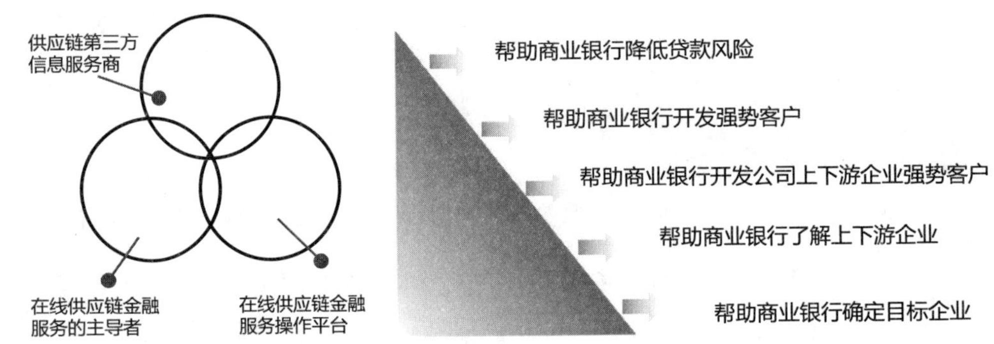

农产品流通融资平台

沁坤股份的商业模式创新与经营业绩得到了业内外的肯定。企业荣获“湖南省AAA信用等级单位”“湖南省现代农业优秀单位”，并被评为“中国大宗商品现代流通服务创新企业”“中国最具发展潜力创新型品牌企业”“2015商业模式创新金奖”等。

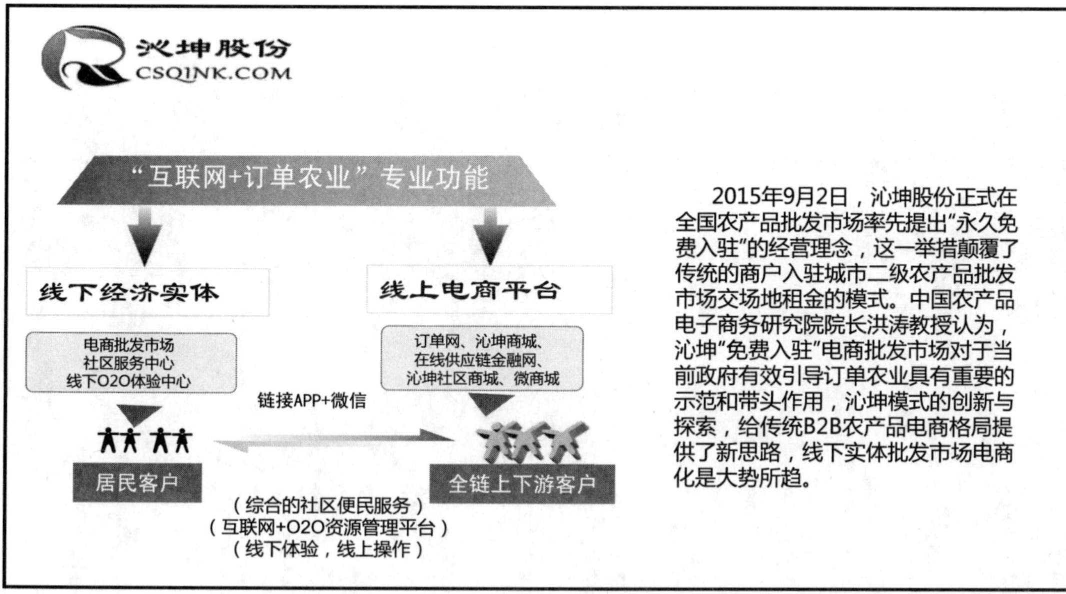

交易平台+批发市场

赢利方式：

①批发市场获得线上交易额1%的赢利；

②获得沁坤订单网年服务费的20%；

③获得在线供应链金融服务费的20%。

线下”实施“免租金永久免费入驻”，以线上平台交易良性拉动、催生订单农业，通过保险监管、在线供应链金融服务实现企业价值链升级赢利，是沁坤股份发展的战略举措。2016年8月，“免费入驻”的沁坤电商批发市场面积达28万平方米，商户长期免费入驻只有两个条件：一是在沁坤的电商平台上进行线上交易和结算;二是每家商户的交易额一年达到300万元。

附录6.4 盛振中演讲PPT

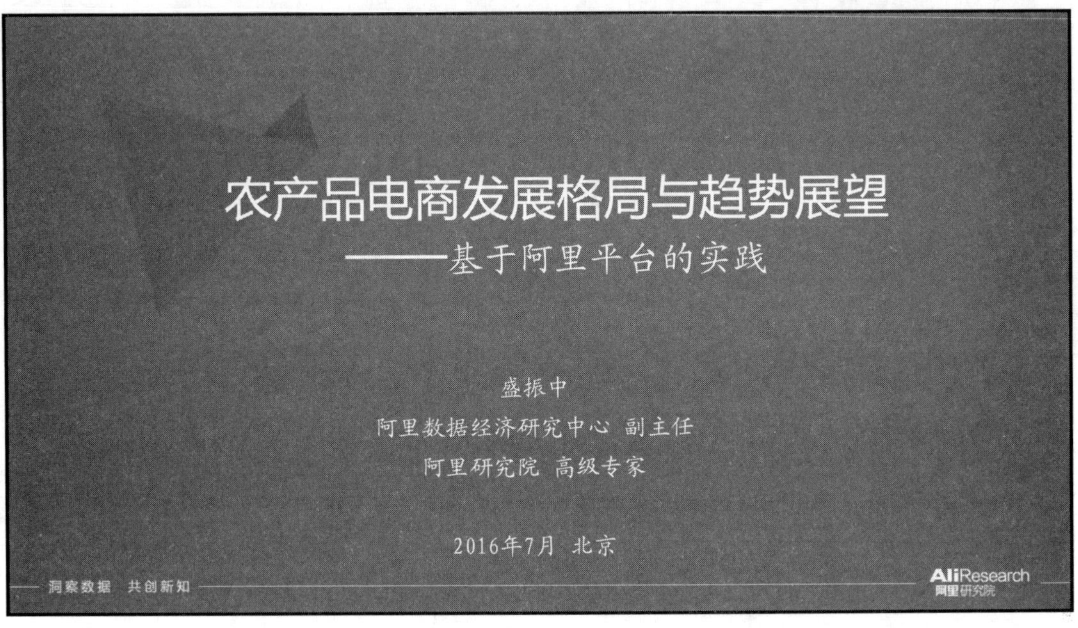

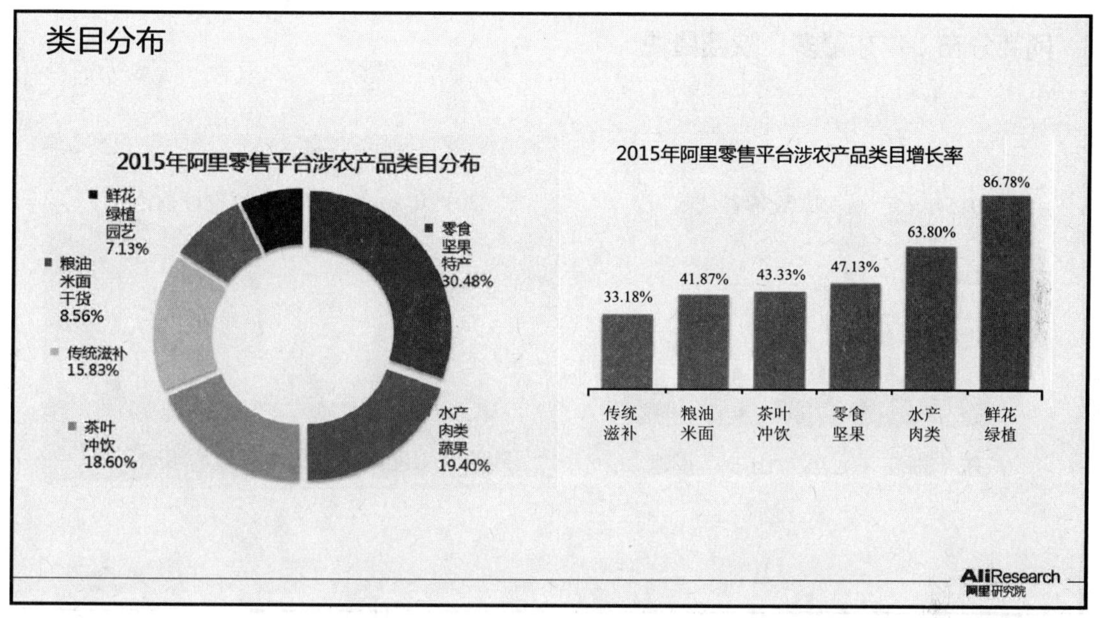
类目分布
2015年阿里零售平台涉农产品类目分布
鲜花绿植园艺 7.13%
零食坚果特产 30.48%
粮油米面干货 8.56%
传统滋补 15.83%
茶叶冲饮 18.60%
水产肉类蔬果 19.40%
2015年阿里零售平台涉农产品类目增长率
传统滋补 33.18%
粮油米面 41.87%
茶叶冲饮 43.33%
零食坚果 47.13%
水产肉类 63.80%
鲜花绿植 86.78%
AliResearch
阿里研究院

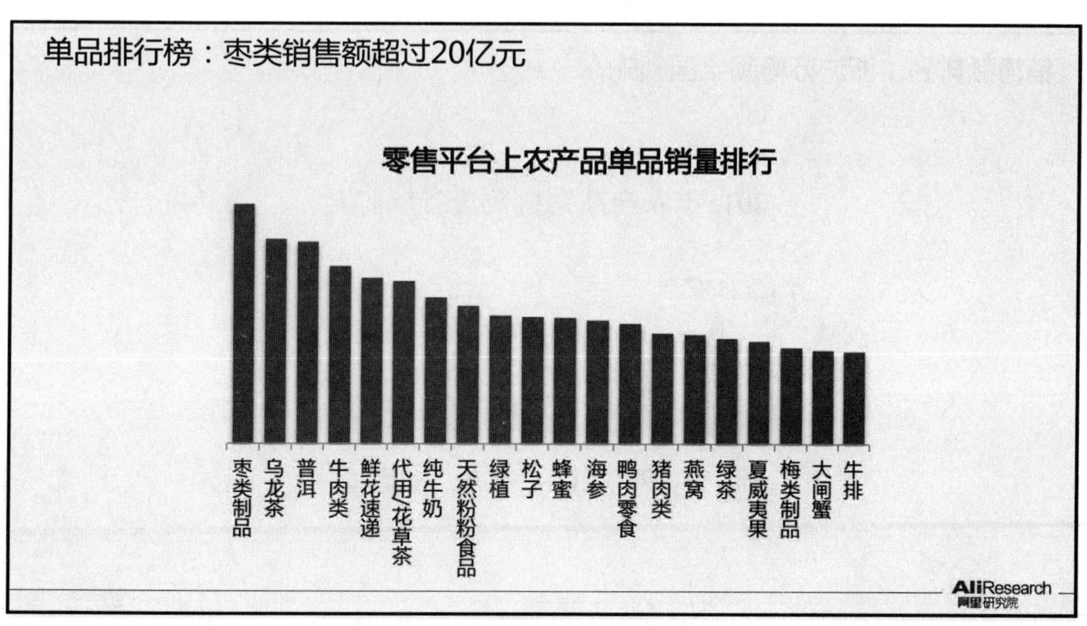
单品排行榜：枣类销售额超过20亿元
零售平台上农产品单品销量排行
枣类制品
乌龙茶
普洱
牛肉类
鲜花速递
代用/花草茶
纯牛奶
天然粉粉食品
绿植
松子
蜂蜜
海参
鸭肉零食
猪肉类
燕窝
绿茶
夏威夷果
梅类制品
大闸蟹
牛排
AliResearch
阿里研究院

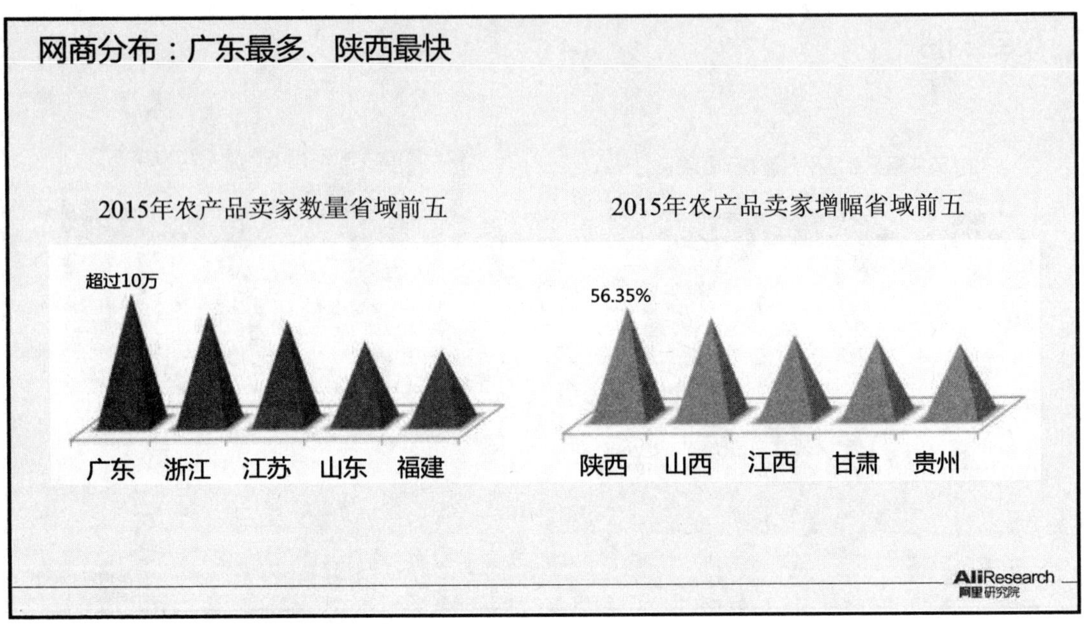
网商分布：广东最多、陕西最快
2015年农产品卖家数量省域前五
超过10万
广东
浙江
江苏
山东
福建
2015年农产品卖家增幅省域前五
56.35%
陕西
山西
江西
甘肃
贵州
AliResearch
阿里研究院

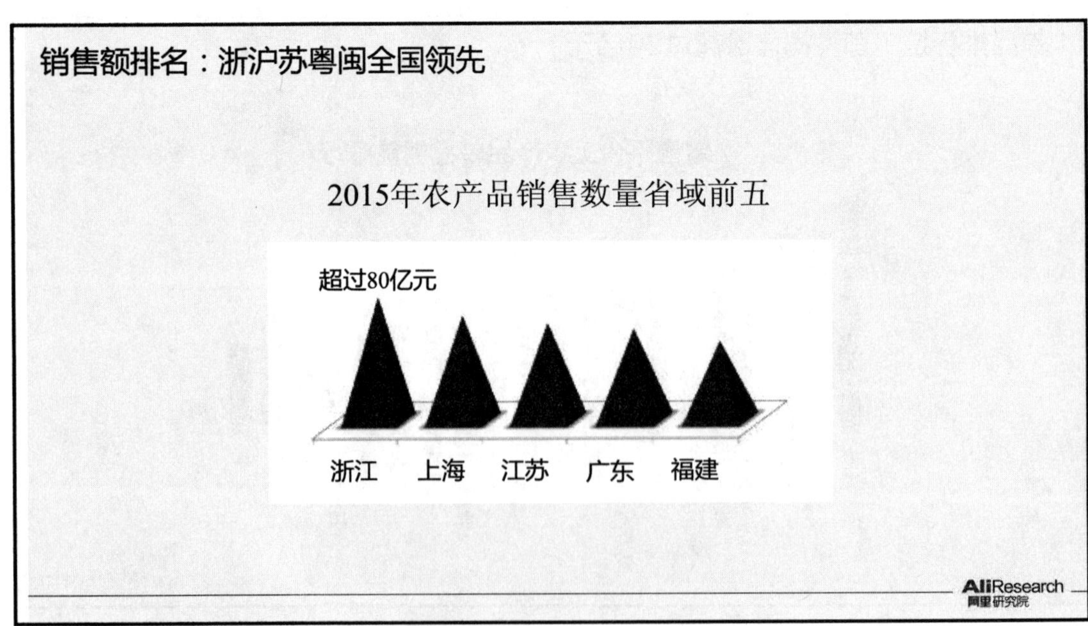
销售额排名：浙沪苏粤闽全国领先
2015年农产品销售数量省域前五
超过80亿元
浙江
上海
江苏
广东
福建
AliResearch
阿里研究院

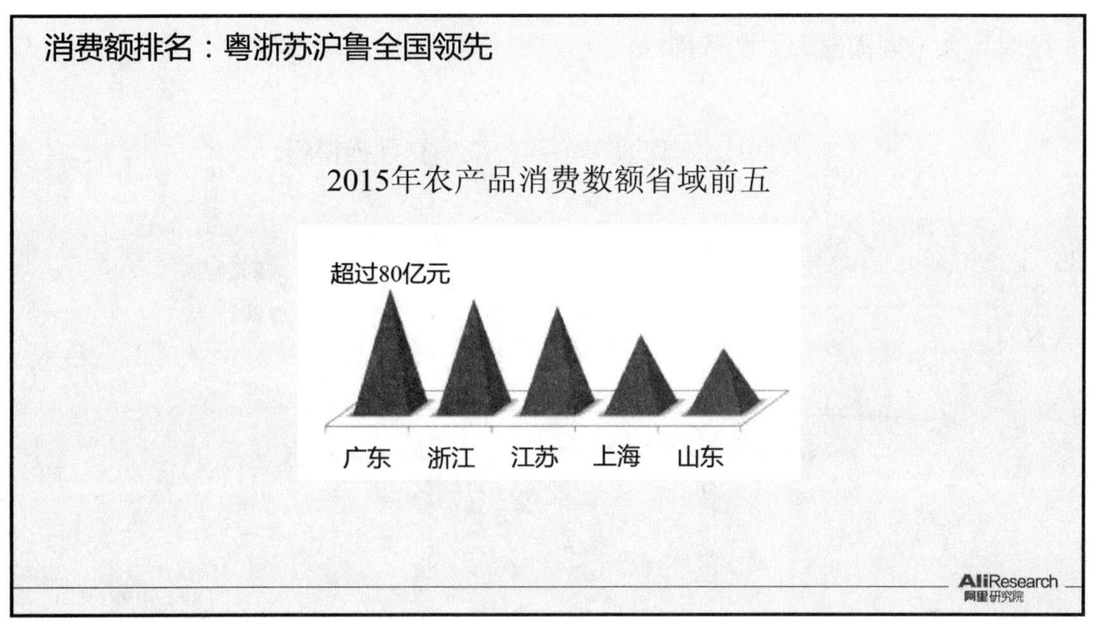
消费额排名：粤浙苏沪鲁全国领先
2015年农产品消费数额省域前五
超过80亿元
广东
浙江
江苏
上海
山东
AliResearch
阿里研究院

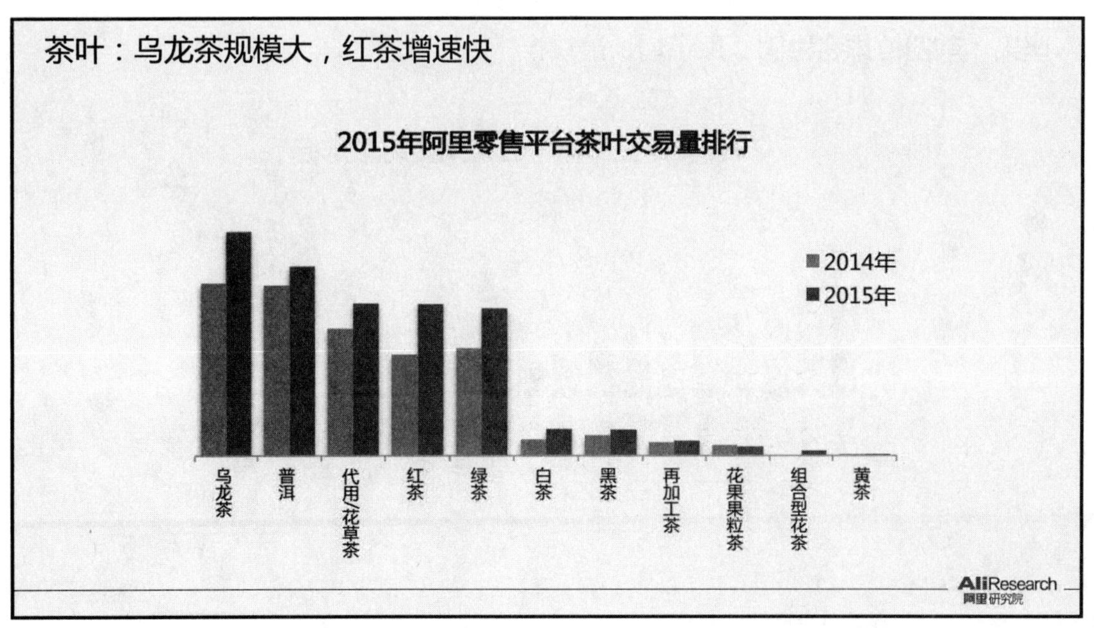
茶叶：乌龙茶规模大，红茶增速快
2015年阿里零售平台茶叶交易量排行
2014年
2015年
乌龙茶
普洱
代用/花草茶
红茶
绿茶
白茶
黑茶
再加工茶
花果果粒茶
组合型花茶
黄茶
AliResearch
阿里研究院

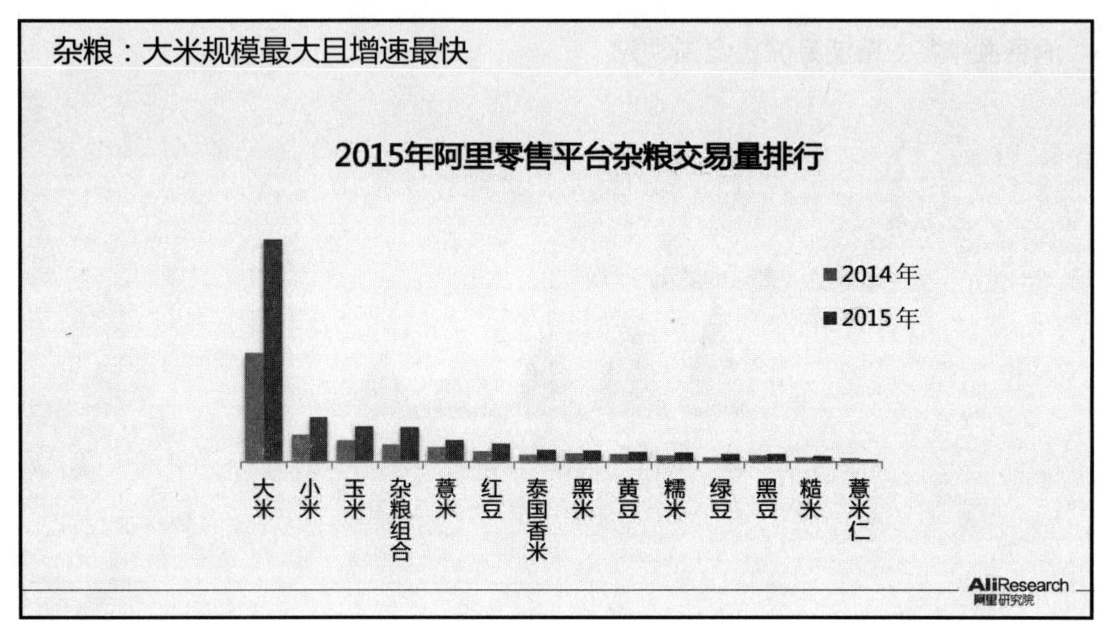
杂粮：大米规模最大且增速最快
2015年阿里零售平台杂粮交易量排行
2014年
2015年
大米
小米
玉米
杂粮组合
薏米
红豆
泰国香米
黑米
黄豆
糯米
绿豆
黑豆
糙米
薏米仁
AliResearch
阿里研究院

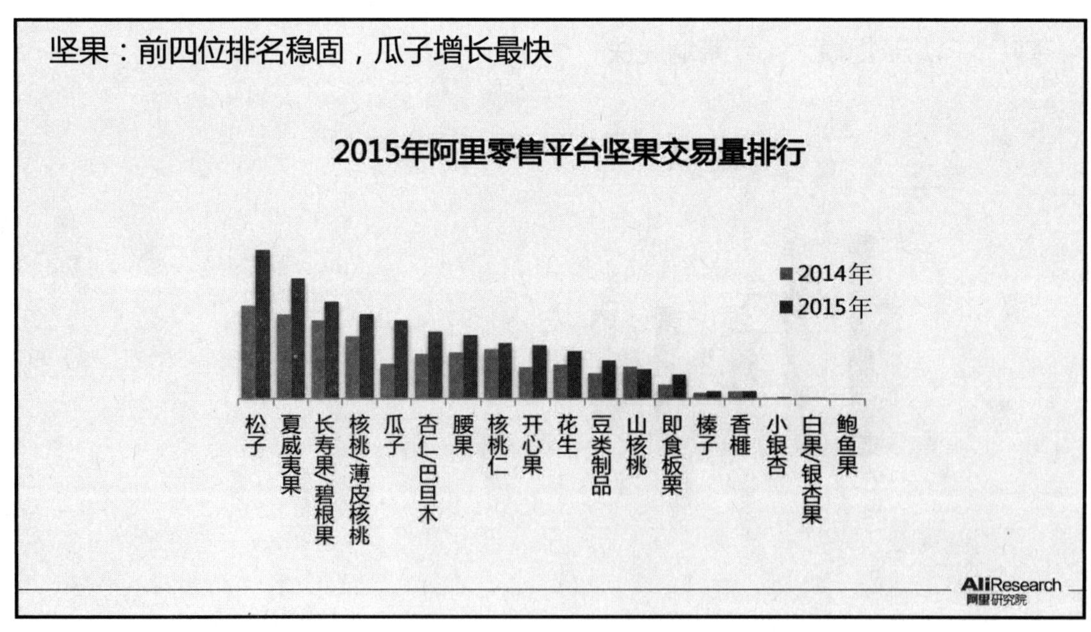
坚果：前四位排名稳固，瓜子增长最快
2015年阿里零售平台坚果交易量排行
2014年
2015年
松子
夏威夷果
长寿果/碧根果
核桃/薄皮核桃
瓜子
杏仁/巴旦木
腰果
核桃仁
开心果
花生
豆类制品
山核桃
即食板栗
榛子
香榧
小银杏
白果/银杏果
鲍鱼果
AliResearch
阿里研究院

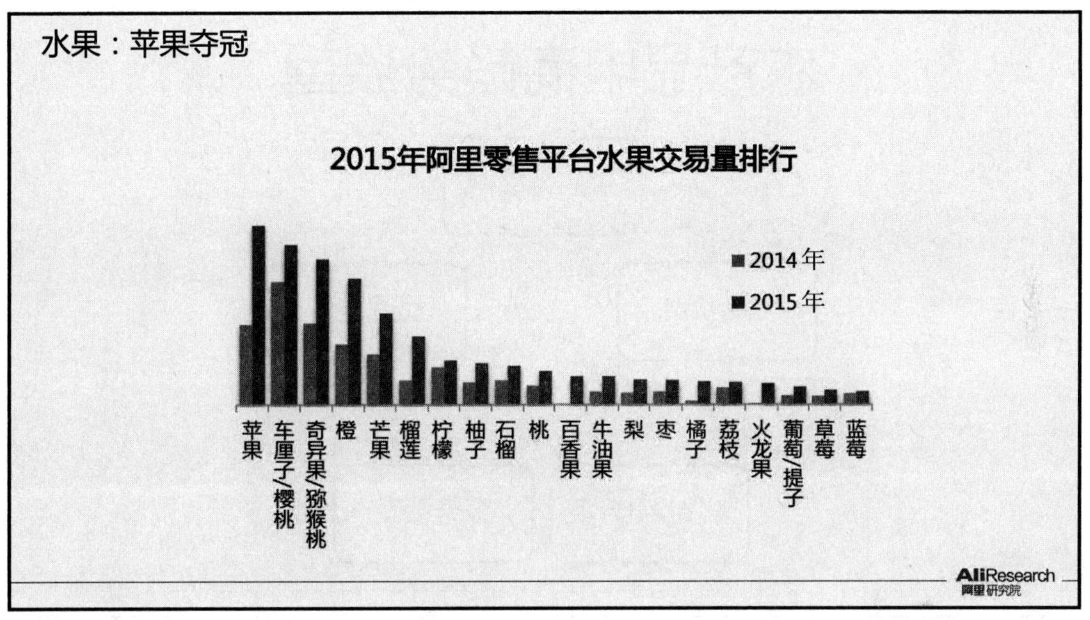

总体印象：

（1）初具规模，增势良好；

（2）产销分离，靠近消费者；中西部潜力大；

（3）品类多样化，兼顾大众小众需求。

AliResearch 阿里研究院

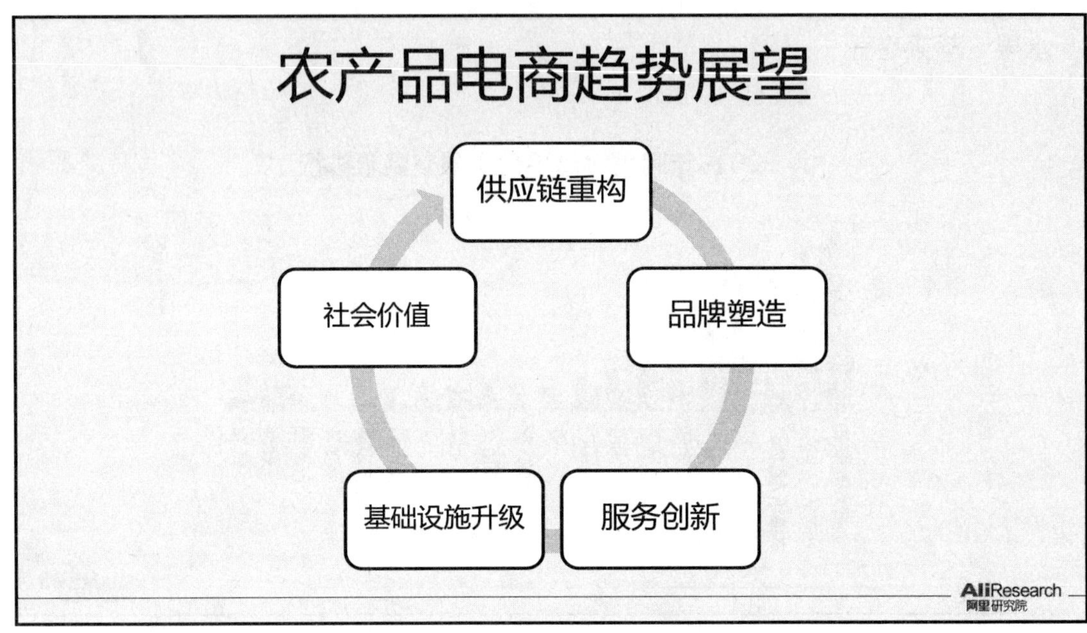
农产品电商趋势展望
供应链重构
品牌塑造
服务创新
基础设施升级
社会价值
AliResearch
阿里研究院

品质需求倒逼供应链重构
RAINBOW APPLE
洛川彩虹苹果
产自七种独一自然条件
• 战绩：2016年1月9日“聚划算”4小时销10万斤，补货又销5万斤，17日“年货节”再销5万斤；
• 品控：联合菜鸟品质配送，抽检合格率从50%到99%；近3万的新客户，极高的复购率；
• 评价：洛川苹果合作社负责人：“从来没有一个人像阿里巴巴这样对一个苹果这么认真过。”
• 意义：帮洛川卖了20万斤苹果，通过品控标准提升了苹果品质，促进了洛川整个产业的升级。
AliResearch
阿里研究院

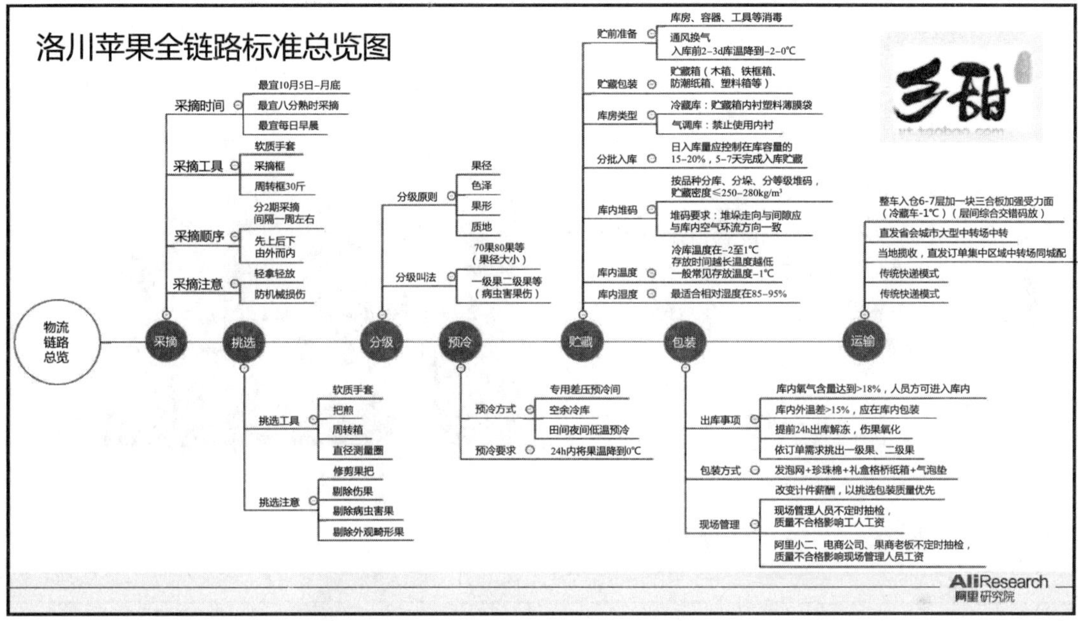
洛川苹果全链路标准总览图
物流链路总览
采摘
采摘时间
最宜10月5日-月底
最宜八分熟时采摘
最宜每日早晨
采摘工具
软质手套
采摘框
周转框30斤
采摘顺序
分2期采摘 间隔一周左右
先上后下 由外而内
采摘注意
轻拿轻放
防机械损伤
挑选
挑选工具
软质手套
把剪
周转箱
直径测量圈
挑选注意
修剪果把
剔除伤果
剔除病虫害果
剔除外观畸形果
分级
分级原则
果径
色泽
果形
质地
分级叫法
70果80果等（果径大小）
一级果二级果等（病虫害果伤）
预冷
预冷方式
专用差压预冷间
空余冷库
田间夜间低温预冷
预冷要求
24h内将果温降到0℃
贮藏
贮前准备
库房、容器、工具等消毒
通风换气
入库前2-3d库温降到-2~0℃
贮藏包装
贮藏箱（木箱、铁框箱、防潮纸箱、塑料箱等）
库房类型
冷藏库：贮藏箱内衬塑料薄膜袋
气调库：禁止使用内衬
分批入库
日入库量应控制在库容量的15-20%，5-7天完成入库贮藏
库内堆码
按品种分库、分垛、分等级堆码，贮藏密度≤250-280kg/m³
堆码要求：堆垛走向与间隙应与库内空气环流方向一致
库内温度
冷库温度在-2至1℃
存放时间越长温度越低
一般常见存放温度-1℃
库内湿度
最适合相对湿度在85-95%
包装
出库事项
库内氧气含量达到>18%，人员方可进入库内
库内外温差>15%，应在库内包装
提前24h出库解冻，伤果氧化
依订单需求挑出一级果、二级果
包装方式
发泡网+珍珠棉+礼盒格析纸箱+气泡垫
现场管理
改变计件薪酬，以挑选包装质量优先
现场管理人员不定时抽检，质量不合格影响工人工资
阿里小二、电商公司、果商老板不定时抽检，质量不合格影响现场管理人员工资
运输
整车入仓6-7层加一块三合板加强受力面（冷藏车-1℃）（层间综合交错码放）
直发省会城市大型中转场中转
当地揽收，直发订单集中区域中转场同城配
传统快递模式
传统快递模式
乡甜
AliResearch 阿里研究院

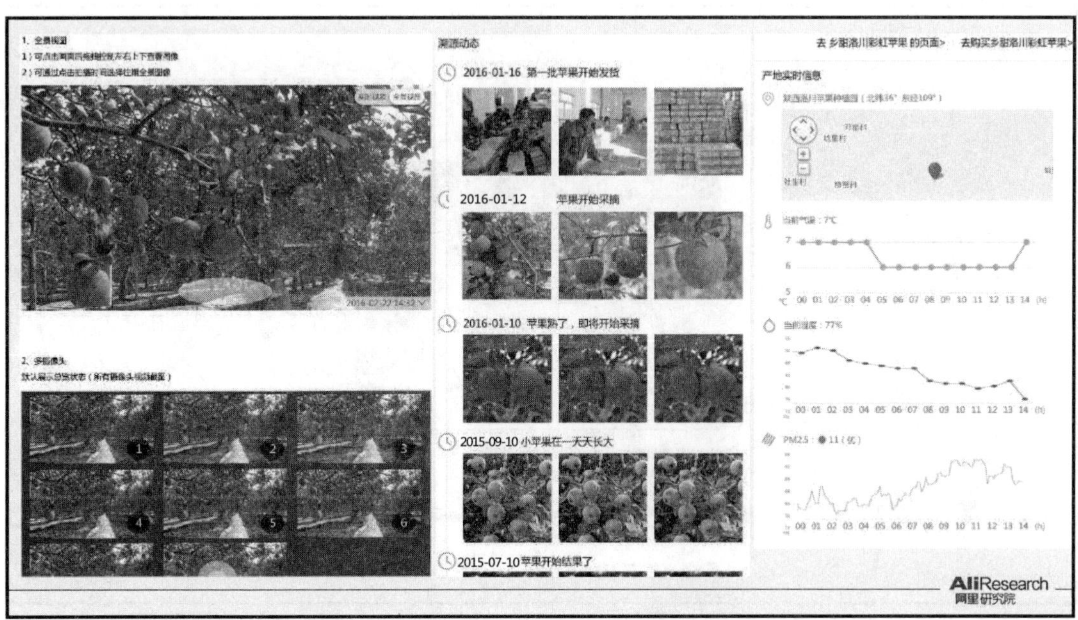
溯源动态
去乡甜洛川彩虹苹果的页面>
去购买乡甜洛川彩虹苹果>
产地实时信息
2016-01-16 第一批苹果开始发货
2016-01-12 苹果开始采摘
2016-01-10 苹果熟了，即将开始采摘
2015-09-10 小苹果在一天天长大
2015-07-10 苹果开始结果了
AliResearch 阿里研究院

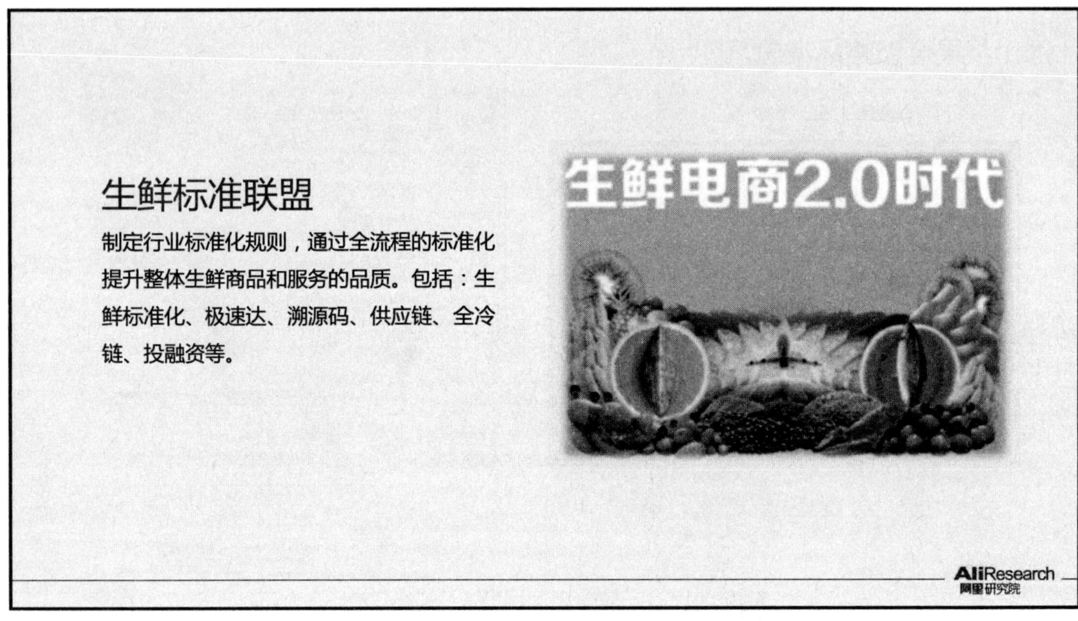
生鲜标准联盟
制定行业标准化规则，通过全流程的标准化提升整体生鲜商品和服务的品质。包括：生鲜标准化、极速达、溯源码、供应链、全冷链、投融资等。
生鲜电商2.0时代
AliResearch
阿里研究院

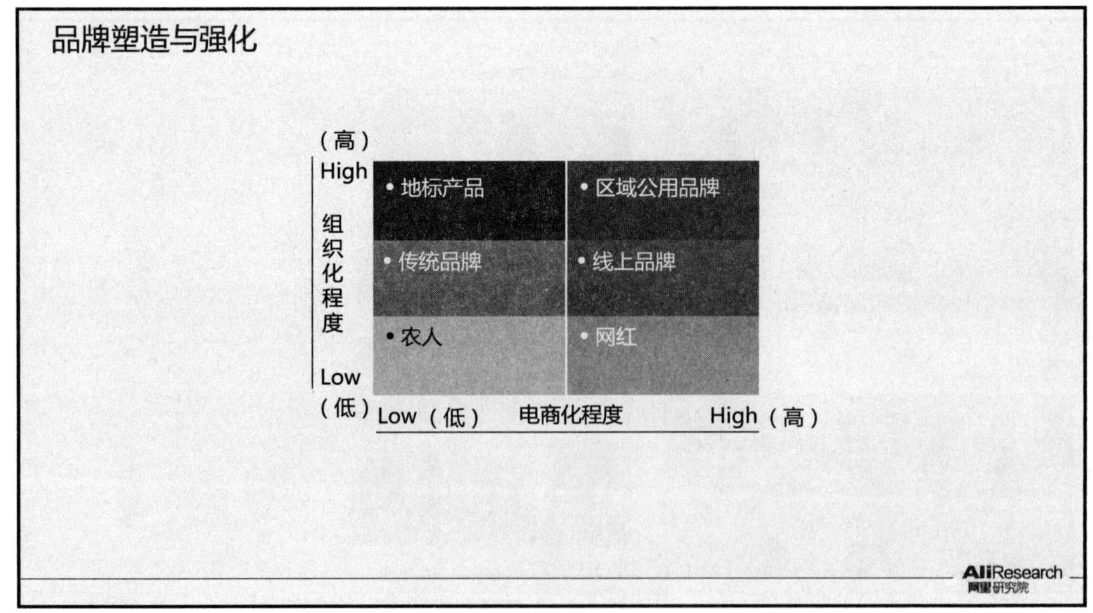
品牌塑造与强化
（高）
High
组织化程度
Low
（低）
• 地标产品
• 区域公用品牌
• 传统品牌
• 线上品牌
• 农人
• 网红
Low（低）
电商化程度
High（高）
AliResearch
阿里研究院

【案例】泗洪螃蟹

- 行动：新闻发布会、品牌代言人、农产品论坛、买家秀、洪泽湖“马拉松”
- 业绩：28分钟销售额过百万元，螃蟹81.7万只

AliResearch
阿里研究院

【案例】秀山土鸡蛋

- 村红+网络直播
- 土鸡蛋：销量13066箱，共计26万多枚

AliResearch
阿里研究院

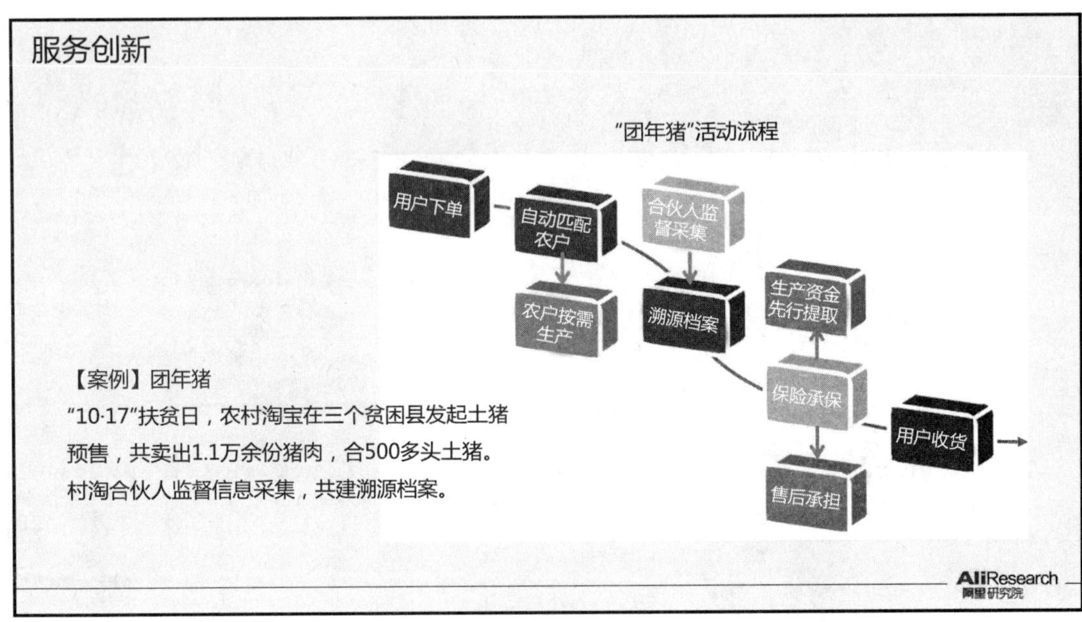
服务创新
"团年猪"活动流程
用户下单
自动匹配农户
合伙人监督采集
农户按需生产
溯源档案
生产资金先行提取
保险承保
用户收货
售后承担
【案例】团年猪
"10·17"扶贫日，农村淘宝在三个贫困县发起土猪预售，共卖出1.1万余份猪肉，合500多头土猪。村淘合伙人监督信息采集，共建溯源档案。
AliResearch
阿里研究院

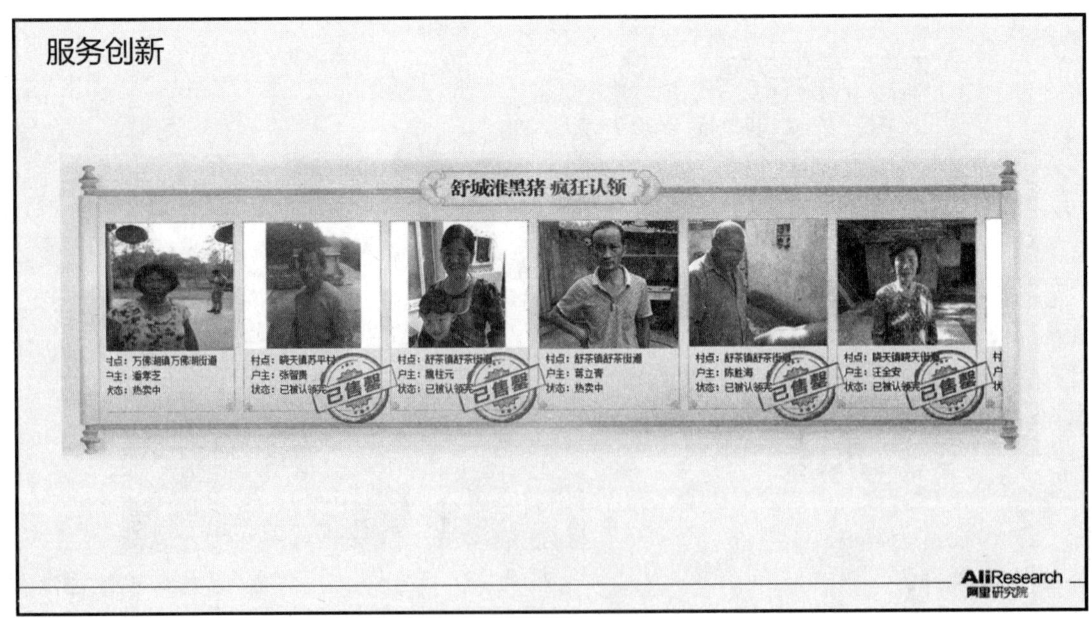
服务创新
舒城淮黑猪 疯狂认领
村点：舒茶镇舒茶街道
户主：陈胜海
状态：热卖中
已售罄
AliResearch
阿里研究院

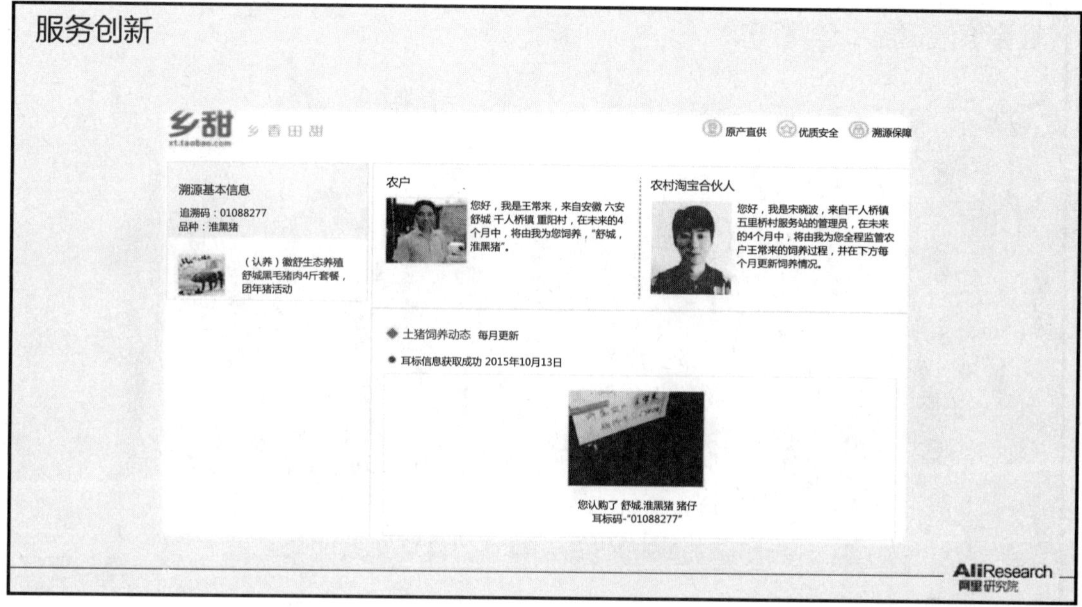
服务创新
乡甜
xt.taobao.com
乡香田甜
原产直供
优质安全
溯源保障
溯源基本信息
追溯码：01088277
品种：淮黑猪
（认养）徽舒生态养殖舒城黑毛猪肉4斤套餐，团年猪活动
农户
您好，我是王常来，来自安徽 六安 舒城 千人桥镇 重阳村，在未来的4个月中，将由我为您饲养，"舒城，淮黑猪"。
农村淘宝合伙人
您好，我是宋晓波，来自千人桥镇五里桥村服务站的管理员，在未来的4个月中，将由我为您全程监管农户王常来的饲养过程，并在下方每个月更新饲养情况。
土猪饲养动态　每月更新
耳标信息获取成功 2015年10月13日
您认购了 舒城.淮黑猪 猪仔
耳标码-"01088277"
AliResearch
阿里研究院

基础设施持续升级：金融
蚂蚁金服旺农贷
纯信用无抵押，支持农村生产经营
覆盖24个省139个县2425个村
户均贷款支用金额将近4.4万元
网商银行累计服务农村地区小微企业68万家
累计提供信贷支持达1400亿元
旺农贷致富
AliResearch
阿里研究院

江苏沭阳颜集镇堰下村王玉明全家福，共38人开设11个网店

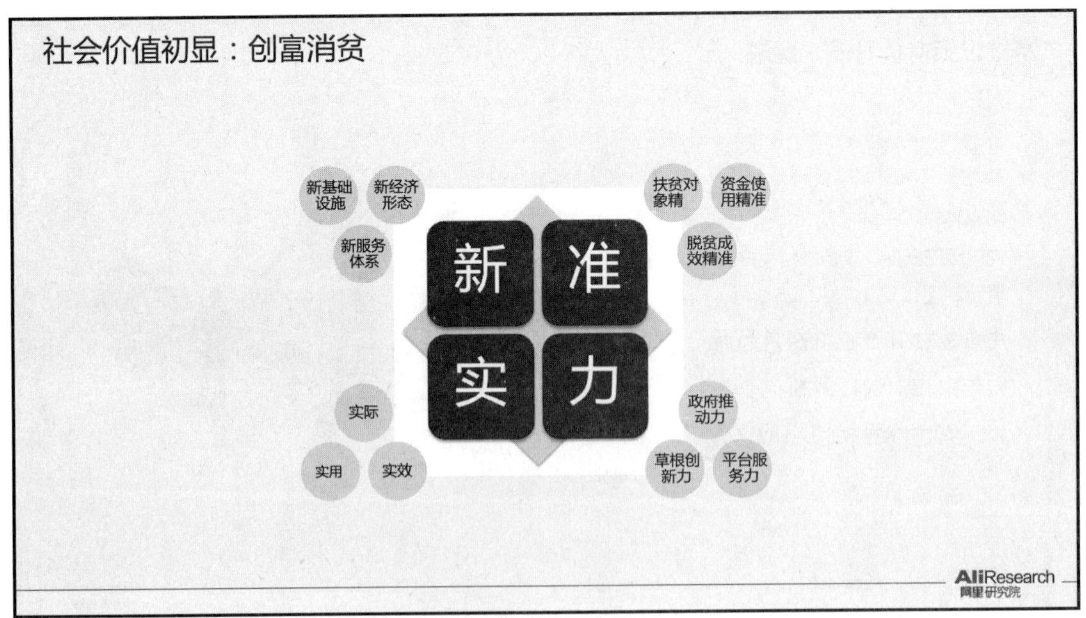

附录6.5　闫德利演讲PPT

农村电商的痛点与破解之道

闫德利

京东战略研究院

——学术观点，欢迎交流——

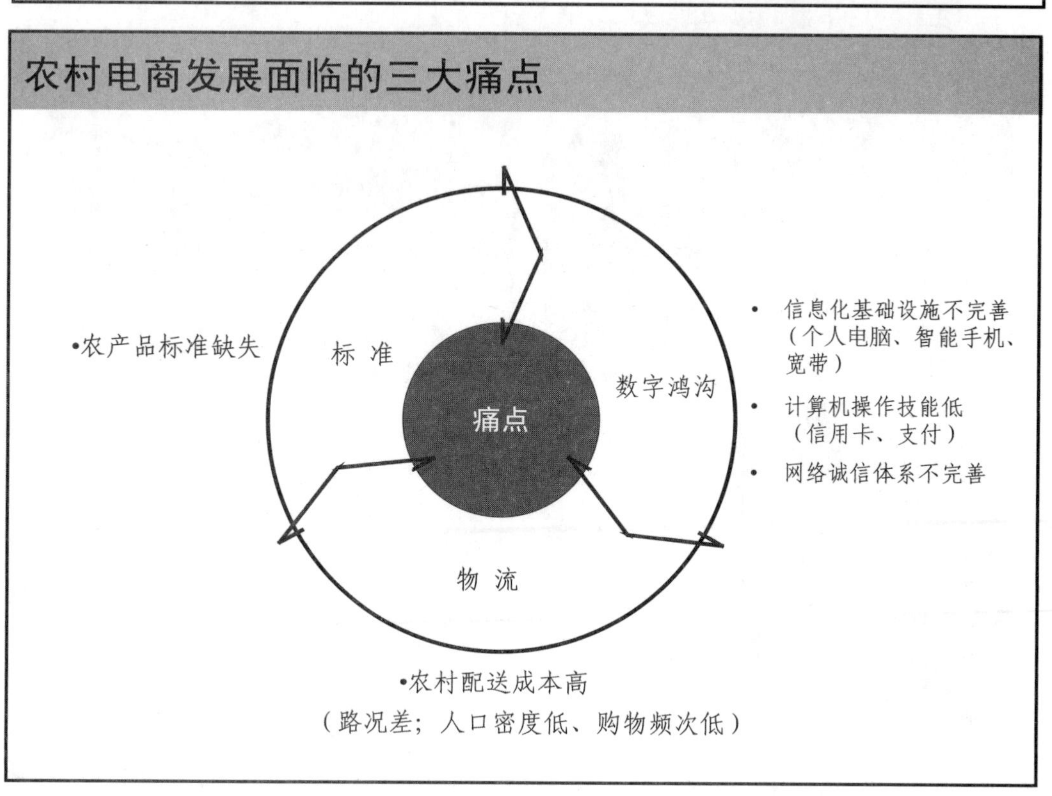

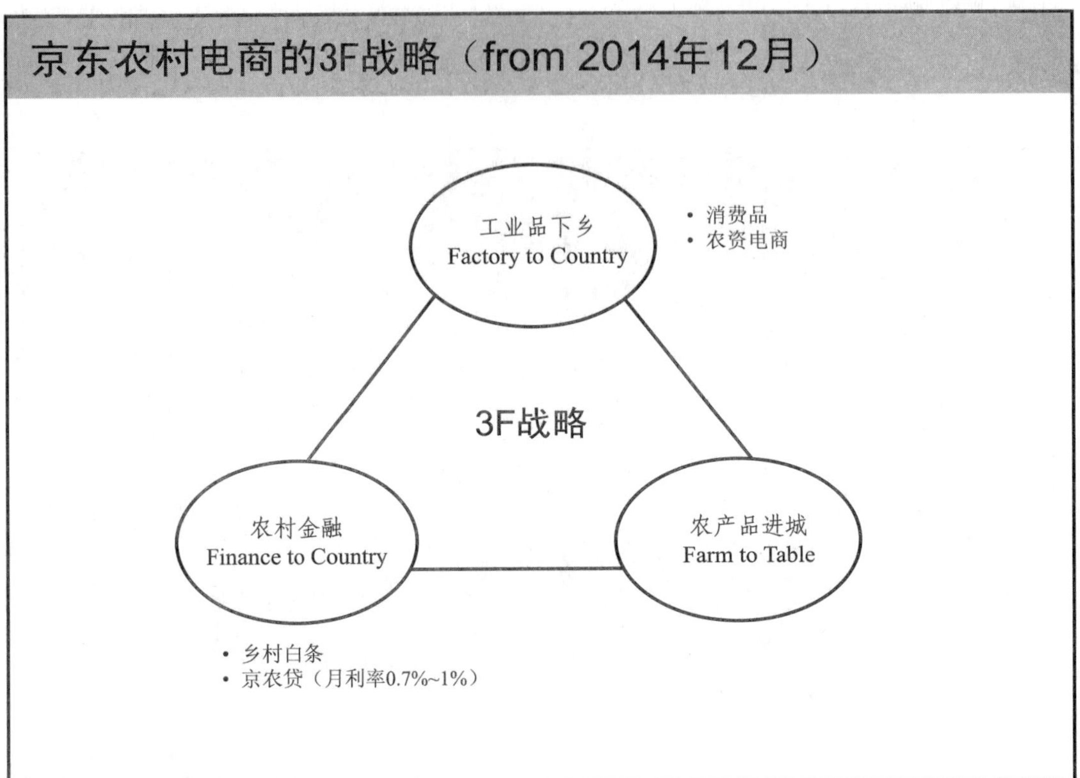

乡村推广员制度解决数字鸿沟问题

- 信息化基础设施不完善
- 计算机操作技能低
- 网络诚信体系不完善

- 县级服务中心：近800家
- 京东帮服务店：超过1200家
- 乡村推广员：15万人
- 已进入超过14万个村庄，计划2015年年底覆盖超过40万个村庄

注：数据截至2015年年底

正在测试无人机送货，解决农村配送难题

- ✓ 以县城为中心，往农村地区配送商品
- ✓ 一次能送货30~50千克
- ✓ 使配送成本由20多元/单降到5元/单
- ✓ 目前在江苏宿迁、湖北武汉、四川遂宁等地进行测试

“优质原产地直采”+“一村一品一店”，破解标准难题

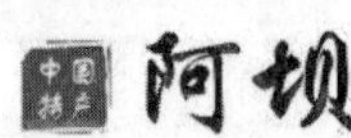

驻村人馆
红土地　新梦想

沂蒙馆

附录 6. 6　赵海涛论坛 PPT

今日苏宁

★ 苏宁控股：互联网零售，模式定型，六大产业，布局完成

大数据看苏宁

形成零售、地产、金融、投资、文创和体育六大产业集团

年销售额超过3500亿元

- 中国最大的零售服务企业
- 2016年预计交易规模9000亿元
- 中国民营企业前三强
- 中国企业500强第49位
- 中国最具价值品牌第13位，品牌价值1167.81亿元
- 在中国和日本拥有两家上市公司
- 服务用户3个亿
- 海内外近1700家门店，员工18万

服务用户 超过3亿

商品SKU数超过 2000万

苏宁易购每日点击量 4.5亿次

每天使用PPTV观看视频资源的用户超过 7000万

服务网络延伸到的乡镇超过 4万多

逐渐完善生态圈，迎来的合作伙伴超过 10万

走进苏宁

业务介绍

苏宁云店

云店是苏宁最重要的互联网产品，以“吃喝玩乐购”多业态组合，融合线上线下，开设电器、母婴、百货、金融和海外购等体验馆，满足用户多场景的消费需求。

- 在2015年，有超过3000万的顾客来到苏宁门店，体验购物的乐趣。云店让购物变得轻松、时尚，甚至很酷，极大地提升了用户体验。

业务介绍

苏宁易购直营店

苏宁易购直营店致力于打造特色的O2O购物体验店，集8大服务中心于一体，让消费者购物更方便、更放心；并与当地市场深度融合，全面带动当地市场经济共同发展。

- 2015年集团推动了1000多家苏宁易购直营店的布局，覆盖了超过5000万的农村人口。

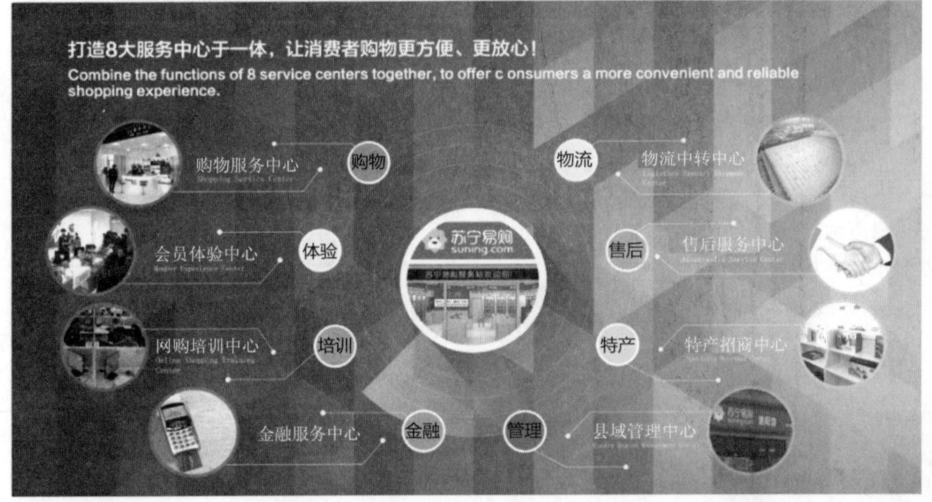

业务介绍

苏宁易购

苏宁易购是新一代B2C网上购物平台，依托强大的物流、售后服务及信息化支持，快速发展，不断提升网络市场份额。

- 2015年苏宁易购以会员和数据指导互联网运营，通过广告投放、精准营销和产品优化等工作，让其在互联网B2C领域始终稳居三甲。

业务介绍

SUNING 苏宁 领航2016

场景式销售模式：帮助地方农特产品打造自有特色

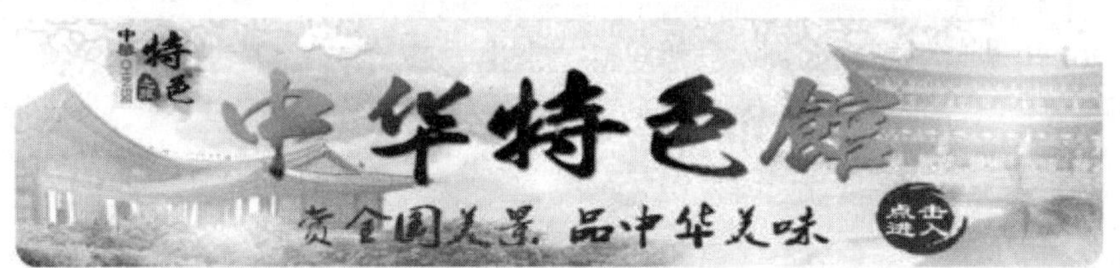

中华特色馆是苏宁易购网购平台的特色频道，联合各地政府帮助区域打造特色商品品牌带动特色商品销售为农民增收；帮助本地企业进行互联网转型，打造地方龙头企业，促进地方产业经济逐步升级，打造地方电子商务生态圈：政策+人才+企业+物流。

电子商务生态圈

业务介绍

SUNING 苏宁 极速2015

八种服务支撑，深度整合当地资源，打造农特产品企业集群

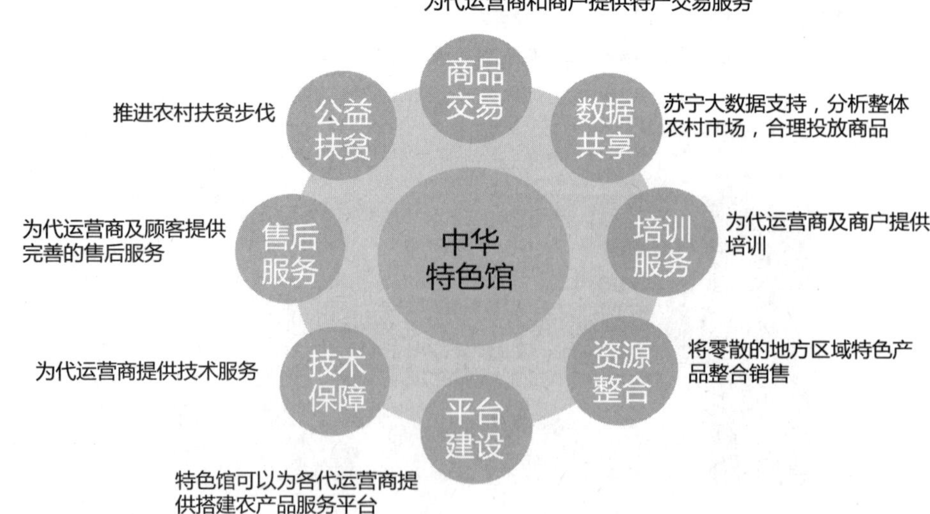

业务介绍

海外国际

乐购仕LAOX是苏宁收购的日本家电连锁企业，其在苏宁的经营之下由亏损转盈利，乐购仕为集团打造海外购平台奠定了基础。

- 2015年日本LAOX全年增长超过250%，已成为日本最大的免税消费渠道。同时集团加大了海外购市场的快速布局，让超过1000万人次的用户享用到全球高品质的商品。

传承百年荣耀 再启世纪征程

2016年6月28日，苏宁在国际米兰足球俱乐部的故乡——意大利米兰，召开新闻发布会。这是继6月6日，苏宁在南京宣布，旗下苏宁体育产业集团以约2.7亿欧元的总对价，通过认购新股及收购老股的方式，获得国际米兰俱乐部约70%股份后，正式面向欧洲媒体、俱乐部成员以及当地球迷再次发布，这也标志着国际米兰正式进入苏宁时代。

苏宁农村战略

张近东董事长指出，农村电商三大棘手问题：农产品经营“小而散”、农村物流网络不健全以及农村电商人才匮乏。

董事长在会上顺势宣布了苏宁围绕农村电商发展的三大策略。一是将通过苏宁易购直营店、中华特色馆等渠道反向推动农业的产业化发展；二是借助苏宁大聚惠、苏宁众筹等互联网特色营销平台助推农产品的品牌化发展；三是将通过成立苏宁农村电商学院推动农村电商人才的专业化发展。

苏宁农村战略

SUNING 苏宁

“五当计划”，全面拉动当地经济，做看得见效果的农村电商

五当计划

- **销售在当地**：苏宁农村电商带动商品下沉，打破城乡价格体系，打造农村市场生态圈
- **纳税在当地**：苏宁直营店在所开设地区经营、销售并交纳税务，为当地经济做出直接贡献
- **就业在当地**：招聘：以当地人为主的人才招募机制，带动人才回流；培训：当地售后、物流等人才进行专业培训；实操指导：以及帮助中华特色馆苏宁商户及拟加入商户提供专业线上运营培训
- **服务在当地**：直营店所开设地区会同步搭建购物服务支撑体系及优质服务质量，包括覆盖线上线下的客服体系、辐射村级单位的物流体系，以及售后维修、代检代修等服务体系
- **造富在当地**：苏宁直营店结合线上中华特色馆让农户商品“走出去”，扶持典型案例，带动农村创业者脱贫致富，造福于民

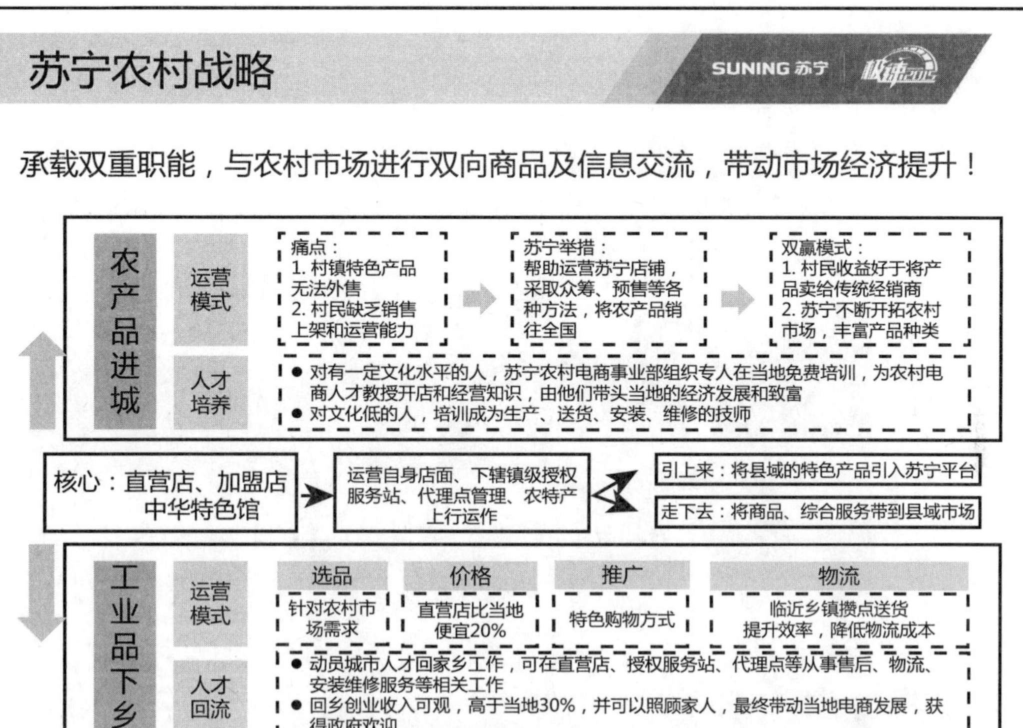

政务版　服务版　繁体版　English　Русский　日本语　한국어　2016年4月19日 星期二

中华人民共和国农业部
Ministry of Agriculture of the People's Republic of China

您现在的位置：首页

电商企业积极开展苹果销售月行动

日期：2016-04-06 15:41 作者：来源：农业部新闻办公室

本网讯　清明节期间，阿里、京东、苏宁、网库、中粮我买网、邮乐网、一亩田等电商企业，积极响应农业部组织开展的苹果电商销售月行动，坚持"保本微利、多方共赢"的原则，充分发挥各自电商平台的渠道优势和营销策略，千方百计降低流通成本、提高流通效率，尽最大努力让广大果农卖上合理价格，让广大消费者网购物美价廉的苹果，共同分享"互联网+农业电子商务"的成果。

各电商企业采取多方面措施，积极开展行动。通过组建专门团队，设立热线电话和专用电子邮箱，为广大果农对接电商平台提供了前所未有的使得和温馨服务。通过调动优势资源，在首页焦点位等黄金位置投放活动广告，并在首页商品排序采取置顶处理，确保活动的网络关注度和点击流量。各电商企业积极开展多种多样的线上专项活动，并充分利用线下资源，采取线上线下结合促进销售。

苹果电商销售月行动启动实施3天以来，苏宁已售307.5万公斤，京东已售11万公斤，网库、一亩田和阿里、邮乐网、中粮我买网的B2B、C2C等营销模式正在有效对接。同时，乐村淘、开犁网、安厨网等其他电商企业也计划参与苹果电商销售月活动。陕西、山东、山西等地的果农和经销商纷纷为该行动点赞。

会讯公告
- 关于召开中国蔬菜协会种苗分会...
- 中华人民共和国农产品地理标志...
- 关于农业投资前景高级研讨所的...
- 中华农业科教基金会组编的《农...
- 中华人民共和国农产品地理标志...
- 关于举办2014年度农业专业技术...
- 商务遗传资源、新品种和配套系...
- 《2014年中国农产品贸易发展报...
- 关于召开第六届（2014）中国合作...

更多›

招标公告
- 中国农业电影电视中心网络核心...
- 全国畜牧总站国家草种质资源库...
- 农业部管理干部学院A座与风雨情...
- 中国农业电影电视中心AVID高清...
- 农业部办公楼安防系统改造项目...
- 农业部农业机械试验鉴定部站奶...
- 中国农业电影电视中心母版电视...

高效模式，双线联动
SUNING 苏宁
互联网+扶贫
陕西·甸邑爱心接力 精准扶贫

波浪般的营销节奏
SUNING 苏宁
五期活动，精彩持续，值得期待……
每一个独特自己，都值得问一句"苹"什么？
年年被逼婚，什么？
梦想被打断，什么？
周末还加班，什么？
時間在變 味道還 小時候的不變
爱心助农"果"断行动
爱心接力 精准扶贫
山东烟台龙口市、山东日照市、陕西旬邑县、甘肃静宁县
每卖出一份苹果，将帮助果农一次爱心接力，一小步的一大步
12.9元 5斤装
苹果英雄
开始摘苹果
助力果农摘苹果
414聚实惠 全城低价 价保五一
中奖啦
奖品以实物为主

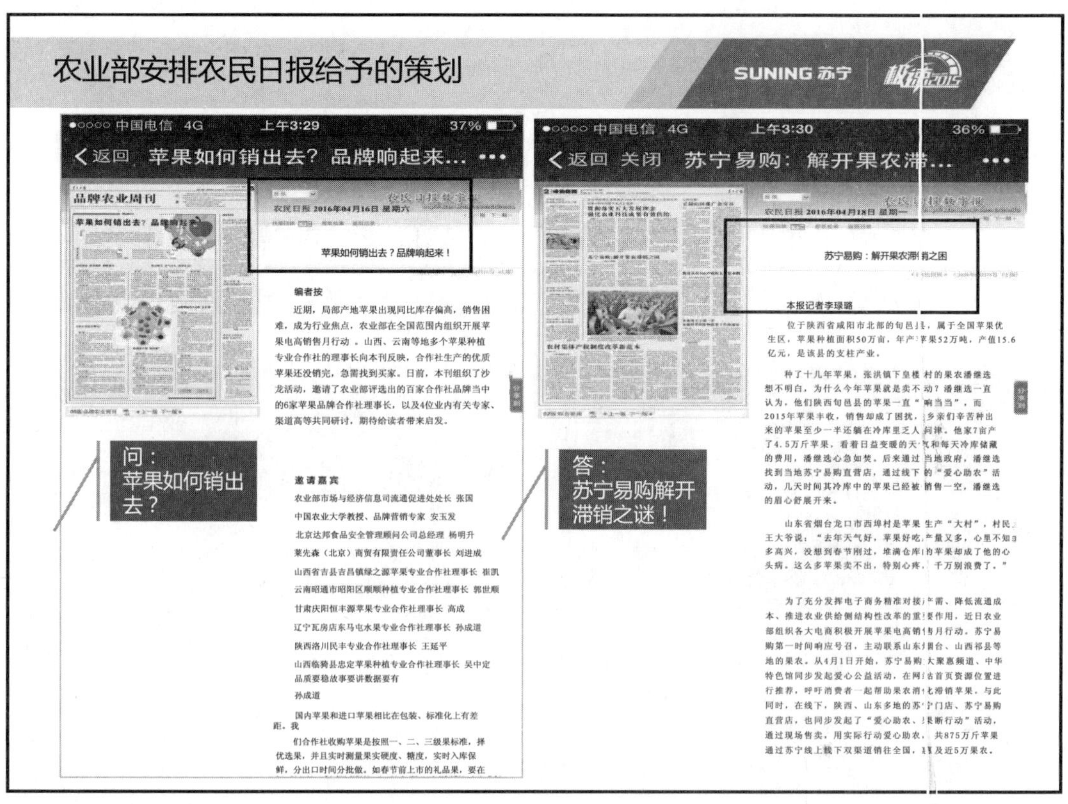

农业部安排农民日报给予的策划
SUNING 苏宁
●○○○○ 中国电信 4G 上午3:29 37%
〈返回 苹果如何销出去？品牌响起来… •••
品牌农业周刊
农民日报 2016年04月16日 星期六
苹果如何销出去？品牌响起来！
编者按
近期，局部产地苹果出现同比库存偏高，销售困难，成为行业焦点，农业部在全国范围内组织开展苹果电商销售月行动 。山西、云南等地多个苹果种植专业合作社的理事长向本刊反映，合作社生产的优质苹果还没销完，急需找到买家。日前，本刊组织了沙龙活动，邀请了农业部评选出的百家合作社品牌当中的6家苹果品牌合作社理事长，以及4位业内有关专家、渠道商等共同研讨，期待给读者带来启发。
邀请嘉宾
农业部市场与经济信息司流通促进处处长 张国
中国农业大学教授、品牌营销专家 安玉发
北京达邦食品安全管理顾问公司总经理 杨明升
莱先森（北京）商贸有限责任公司董事长 刘进成
山西省吉县吉昌镇绿之源苹果专业合作社理事长 崔凯
云南昭通市昭阳区顺顺种植专业合作社理事长 郭世顺
甘肃庆阳恒丰源苹果专业合作社理事长 高成
辽宁瓦房店东马屯水果专业合作社理事长 孙成道
陕西洛川民丰专业合作社理事长 王延平
山西临猗县忠定苹果种植专业合作社理事长 吴中定
品质要稳故事要讲数据要有
孙成道
国内苹果和进口苹果相比在包装、标准化上有差距。我
们合作社收购苹果是按照一、二、三级果标准，择优选果，并且实时测量果实硬度、糖度，实时入库保鲜，分出口时间分批做。如春节前上市的礼品果，要在
问：
苹果如何销出去？
●○○○○ 中国电信 4G 上午3:30 36%
〈返回 关闭 苏宁易购：解开果农滞… •••
农民日报 2016年04月18日 星期一
苏宁易购：解开果农滞销之困
本报记者李琭璐
位于陕西省咸阳市北部的旬邑县，属于全国苹果优生区，苹果种植面积50万亩，年产苹果52万吨，产值15.6亿元，是该县的支柱产业。
种了十几年苹果，张洪镇下皇楼村的果农潘继选想不明白，为什么今年苹果就是卖不动？潘继选一直认为，他们陕西旬邑县的苹果一直“响当当”，而2015年苹果丰收，销售却成了困扰，乡亲们辛苦种出来的苹果至少一半还躺在冷库里乏人问津。他家7亩产了4.5万斤苹果，看着日益变暖的天气和每天冷库储藏的费用，潘继选心急如焚。后来通过当地政府，潘继选找到当地苏宁易购直营店，通过线下的“爱心助农”活动，几天时间其冷库中的苹果已经被销售一空，潘继选的眉心舒展开来。
山东省烟台龙口市西埠村是苹果生产“大村”，村民王大爷说：“去年天气好，苹果好吃，产量又多，心里不知多高兴，没想到春节刚过，堆满仓库的苹果却成了他的心头病。这么多苹果卖不出，特别心疼，千万别浪费了。”
为了充分发挥电子商务精准对接产需、降低流通成本、推进农业供给侧结构性改革的重要作用，近日农业部组织各大电商积极开展苹果电商销售月行动。苏宁易购第一时间响应号召，主动联系山东烟台、山西祁县等地的果农。从4月1日开始，苏宁易购大聚惠频道、中华特色馆同步发起爱心公益活动，在网站首页资源位置进行推荐，呼吁消费者一起帮助果农消化滞销苹果。与此同时，在线下，陕西、山东多地的苏宁门店、苏宁易购直营店，也同步发起了“爱心助农、果断行动”活动，通过现场售卖，用实际行动爱心助农，共875万斤苹果通过苏宁线上线下双渠道销往全国，惠及近5万果农。
答：
苏宁易购解开滞销之谜！

延伸的传播，提升当地经济发展能力
SUNING 苏宁
〈返回 甜美苏家店
穿行千亩苹果花海，一年只有这几天！
2016-04-17 天崮山 甜美苏家店
点击上面“烟台天崮山”订阅我们
春暖花开时大家都想去户外踏踏青，赏赏花，呼吸呼吸新鲜空气、感受春天的气息。
最佳赏花时间
千亩苹果园，花开正烂漫
打造“互联网+农特产+旅行”=休闲农业=定制农业=最美乡村推介！

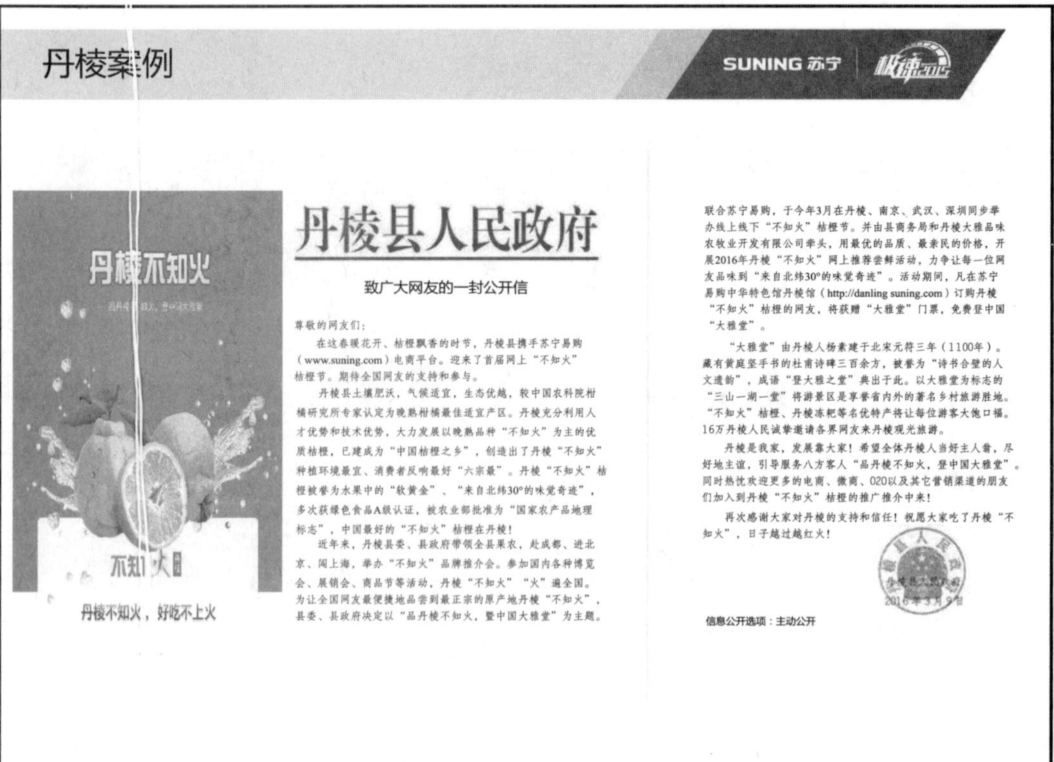

丹棱县人民政府

致广大网友的一封公开信

尊敬的网友们：

在这春暖花开、桔橙飘香的时节，丹棱县携手苏宁易购（www.suning.com）电商平台。迎来了首届网上“不知火”桔橙节。期待全国网友的支持和参与。

丹棱县土壤肥沃，气候适宜，生态优越，较中国农科院柑橘研究所专家认定为晚熟柑橘最佳适宜产区。丹棱充分利用人才优势和技术优势，大力发展以晚熟品种“不知火”为主的优质桔橙，已建成为“中国桔橙之乡”，创造出了丹棱“不知火”种植环境最宜、消费者反响最好“六宗最”。丹棱“不知火”桔橙被誉为水果中的“软黄金”、“来自北纬30°的味觉奇迹”，多次获绿色食品A级认证，被农业部批准为“国家农产品地理标志”，中国最好的“不知火”桔橙在丹棱！

近年来，丹棱县委、县政府带领全县果农，赴成都、进北京、闯上海，举办“不知火”品牌推介会。参加国内各种博览会、展销会、商品节等活动，丹棱“不知火”“火”遍全国。为让全国网友最便捷地品尝到最正宗的原产地丹棱“不知火”，县委、县政府决定以“品丹棱不知火，暨中国大雅堂”为主题。联合苏宁易购，于今年3月在丹棱、南京、武汉、深圳同步举办线上线下“不知火”桔橙节。并由县商务局和丹棱大雅品味农牧业开发有限公司牵头，用最优的品质、最亲民的价格，开展2016年丹棱“不知火”网上推荐尝鲜活动，力争让每一位网友品味到“来自北纬30°的味觉奇迹”。活动期间，凡在苏宁易购中华特色馆丹棱馆（http://danling suning.com）订购丹棱“不知火”桔橙的网友，将获赠“大雅堂”门票，免费登中国“大雅堂”。

“大雅堂”由丹棱人杨素建于北宋元符三年（1100年）。藏有黄庭坚手书的杜甫诗碑三百余方，被誉为“诗书合璧的人文遗韵”，成语“登大雅之堂”典出于此。以大雅堂为标志的“三山一湖一堂”将游景区是享誉省内外的著名乡村旅游胜地。“不知火”桔橙、丹棱冻粑等名优特产将让每位游客大饱口福。16万丹棱人民诚挚邀请各界网友来丹棱观光旅游。

丹棱是我家，发展靠大家！希望全体丹棱人当好主人翁，尽好地主谊，引导服务八方客人“品丹棱不知火，登中国大雅堂”。同时热忱欢迎更多的电商、微商、020以及其它营销渠道的朋友们加入到丹棱“不知火”桔橙的推广推介中来！

再次感谢大家对丹棱的支持和信任！祝愿大家吃了丹棱“不知火”，日子越过越红火！

2016年3月9日

信息公开选项：主动公开

今年投资50亿元，再建1500家苏宁易购直营店和200个线上地方特色馆，打造20个"最美乡村"样本，将苏宁在三四级市场的物流覆盖率提升至87%，进一步加大苏宁物流面向农村企业、农村商户的开放力度，把农产品资源"引流上线"，打通农产品进城的流通渠道。

附录6.7　郭荣敏论坛PPT

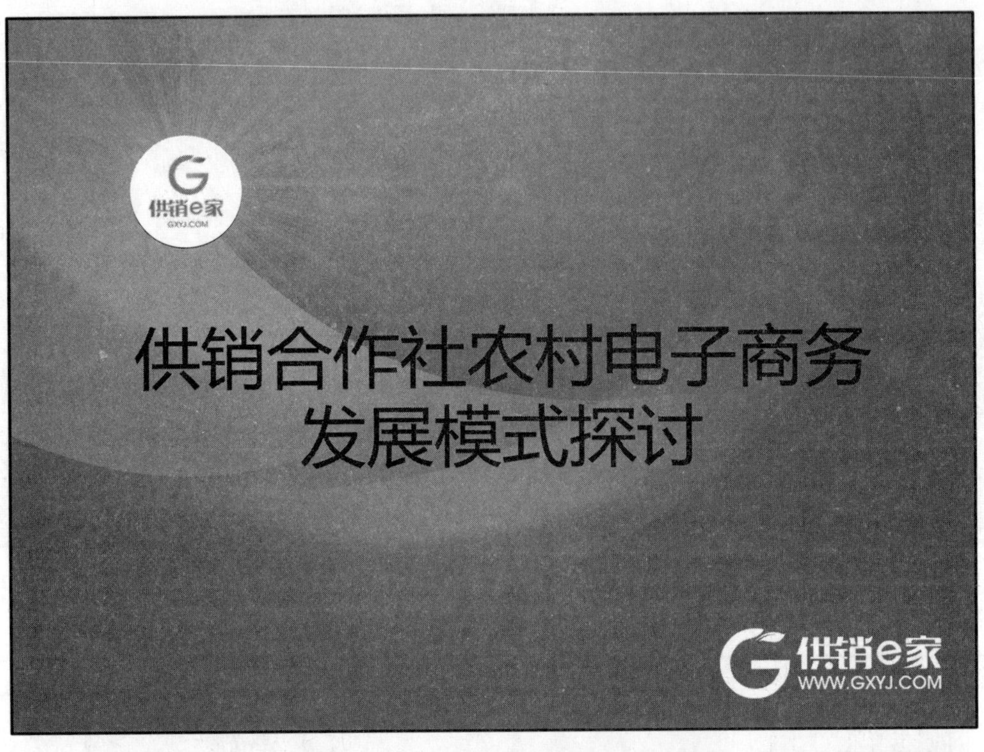

做好农村地区“互联网+”，服务三农

加快完善县乡村物流体系

加强商贸流通、供销、邮政等系统物流服务网络和设施建设与衔接

引领农村产业融合发展

支持供销合作社创办领办农民合作社，引领农民参与农村产业融合发展、分享产业链收益

提升为农服务能力

深入推进供销合作社综合改革

供销e家
WWW.GXYJ.COM

农村电子商务前景广阔，但面临诸多困难

- 存在盲目投资和重复建设现象
- 没有与本地经济生态充分结合
- 农产品质量标准和品牌化亟须完善
- 通村物流体系还不健全
- 对于农村电子商务还存在认识误区

发展农村电子商务的建议

集中精力，整合优势资源

中央层面，建议统筹规划、协调财政资金；地方层面，建议领导高度重视，加大投入，充分整合当地优质资源。

相关政策向为农服务倾斜

以三农为核心，加大政策支持，帮助农民销售农产品、购买农资，提高农民收入，降低生产成本。

因地制宜，不搞一刀切

农村电子商务模式因地制宜，根据各地实际情况走合适的发展道路，如特色农产品、休闲旅游、休闲农业等。

供销社是各地开展电子商务工作的重要抓手

- 党中央国务院关心供销合作事业发展
- 发展电子商务是供销社系统提高服务三农能力的重要手段
- 发展电子商务也是供销社系统深化综合改革的重要内容

供销合作社要做农村电子商务！

具有为农服务的深厚基础和独特优势

扎根农村 贴近农民
60多年积累
最了解农民
品牌信誉

网络健全 遍布基层
自上而下的组织体系
丰富的市场资源和经营主体
32.5万个综合服务网点

供销并举 双线流通
既是供给端也是需求端
积极推动电子商务发展
打造"网上供销社"

坚持开放、合作、共赢
为发展县域农村电子商务提供综合化的服务

中国供销电子商务股份有限公司于2015年5月28日组建成立，由中华全国供销合作总社领导，中国供销集团组建，负责建设供销合作社系统电子商务全国平台"供销e家"。

供销e家
WWW.GXYJ.COM

姓农为农务农的农村电子商务综合服务平台

资源共享

前台多样化

全国平台

地方平台

专业平台

专业化

集中建设

后台一体化

供销e家

规模化

农村电子商务综合服务平台

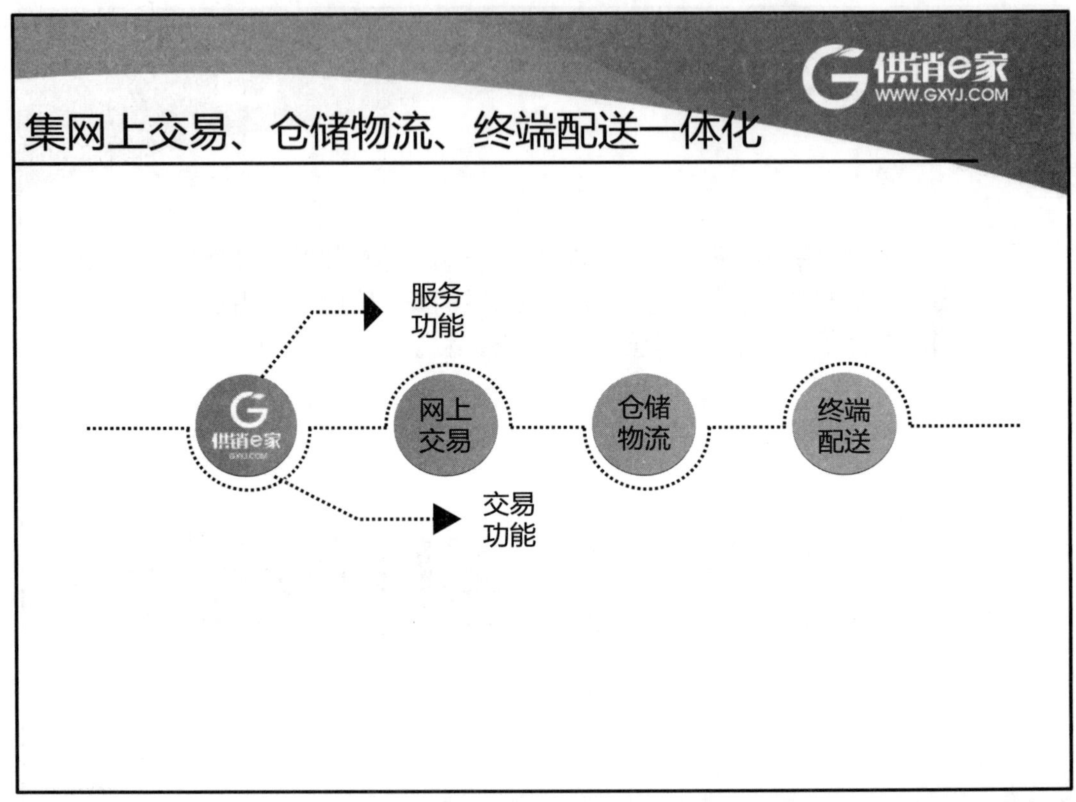

"供销e家"四大特色：

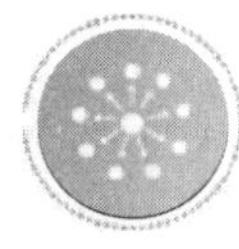

农产品特色　合作社特色　供销合作社传统优势行业　公益服务性

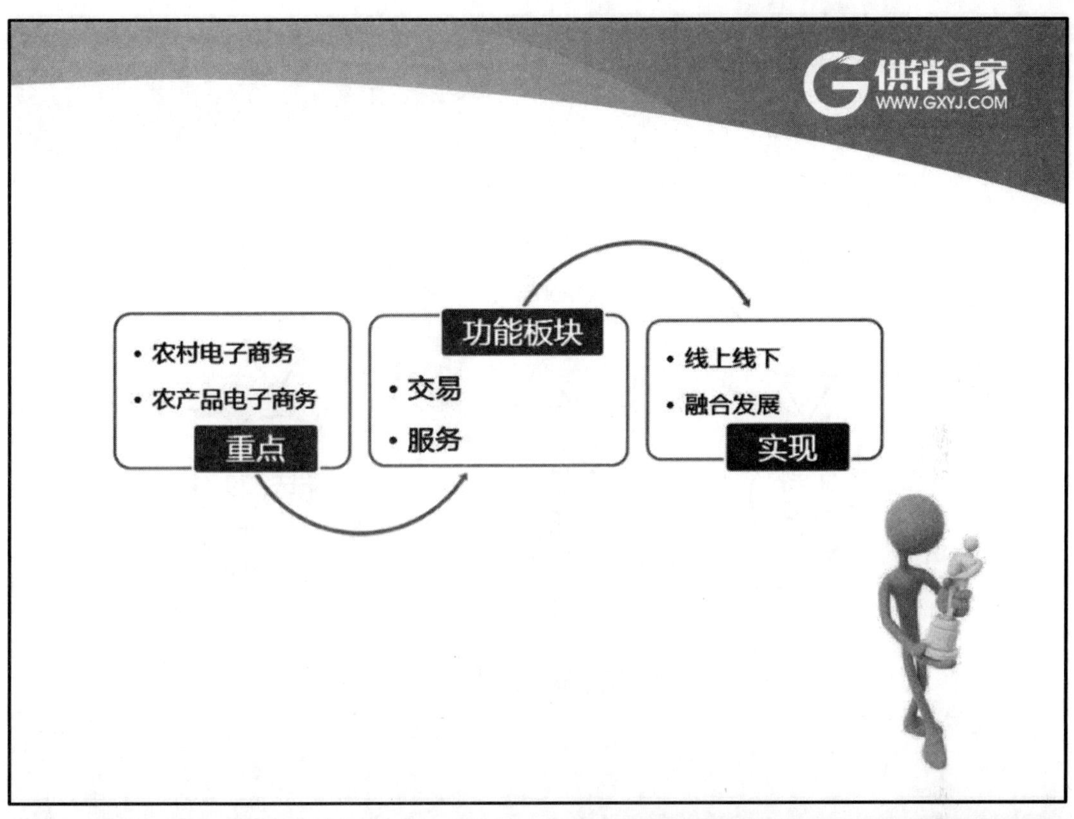

供销e家
WWW.GXYJ.COM
功能板块
• 农村电子商务
• 农产品电子商务
重点
• 交易
• 服务
• 线上线下
• 融合发展
实现

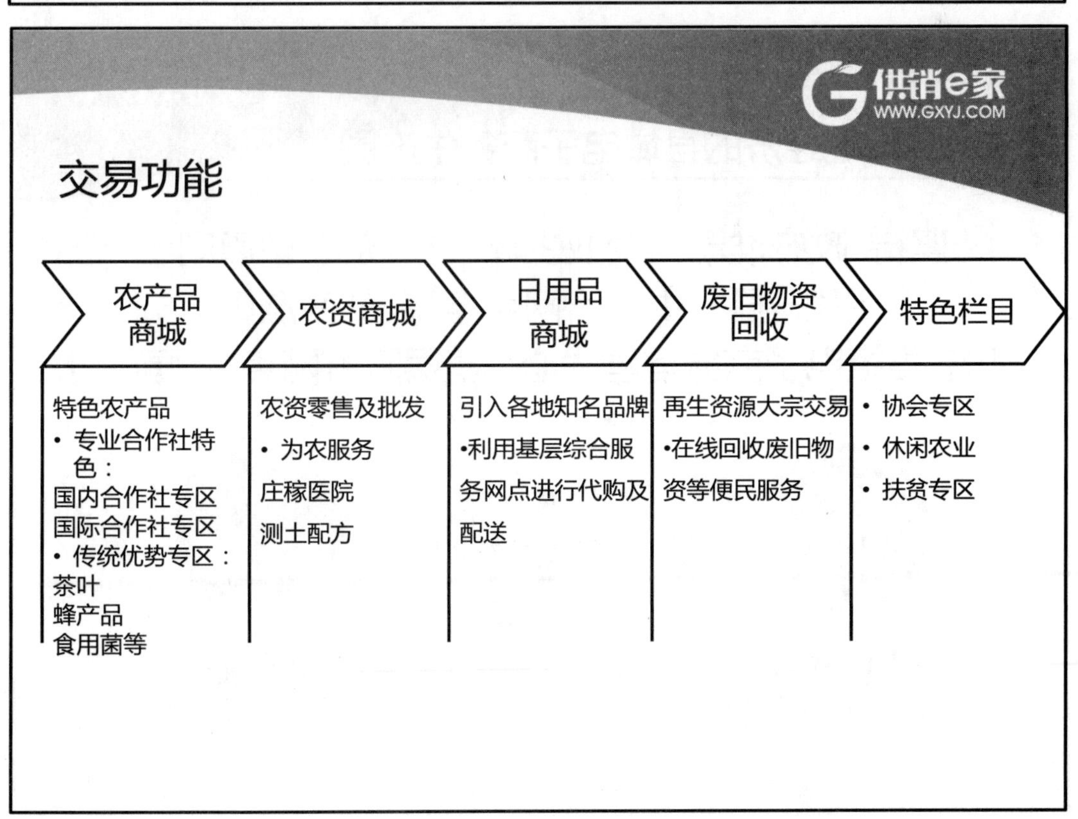

供销e家
WWW.GXYJ.COM
交易功能
农产品商城
农资商城
日用品商城
废旧物资回收
特色栏目
特色农产品
• 专业合作社特色：
国内合作社专区
国际合作社专区
• 传统优势专区：
茶叶
蜂产品
食用菌等
农资零售及批发
• 为农服务
庄稼医院
测土配方
引入各地知名品牌
•利用基层综合服务网点进行代购及配送
再生资源大宗交易
•在线回收废旧物资等便民服务
• 协会专区
• 休闲农业
• 扶贫专区

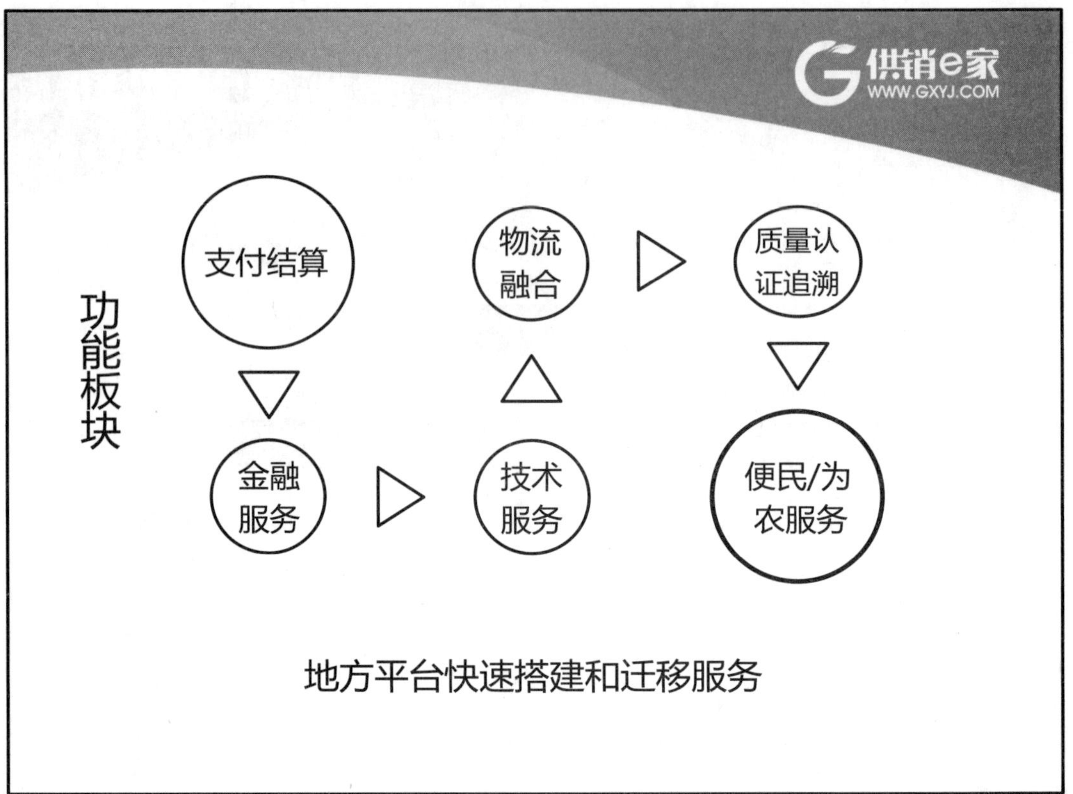

打造服务本地经济的县域电子商务生态圈

坚持"政府推动、企业主体、市场运作"原则，
以"一县一中心、网点全覆盖"为准则
打造"县级电子商务运营中心+基层服务网点"经营模式

一县一中心
县级电子商务运营中心

网点全覆盖
基层综合服务网点

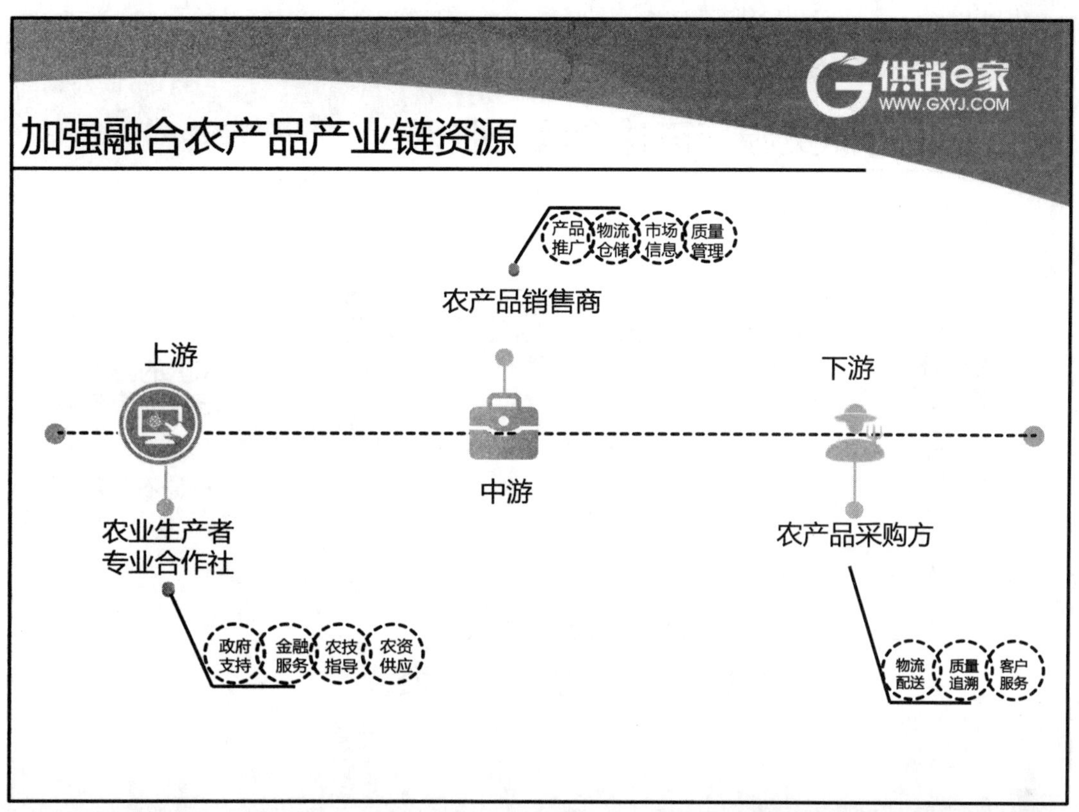

提供多元化的农产品销售渠道

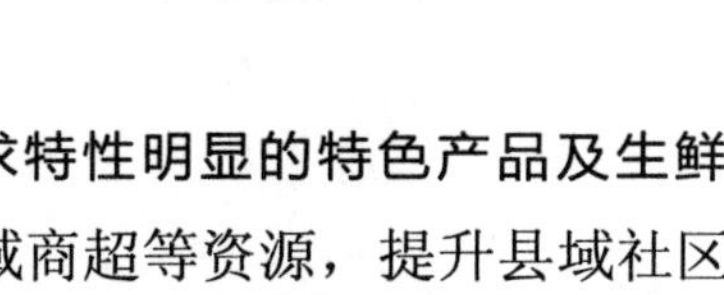

区域需求特性明显的特色产品及生鲜

整合县域商超等资源，提升县域社区配送服务，引导和加大本地消化

产量较大、异地需求较大的农产品

依托“供销e家”全国平台和大宗交易中心，为商家提供B2C、批发、发售和合约交易等多元化的跨区域产品销售渠道

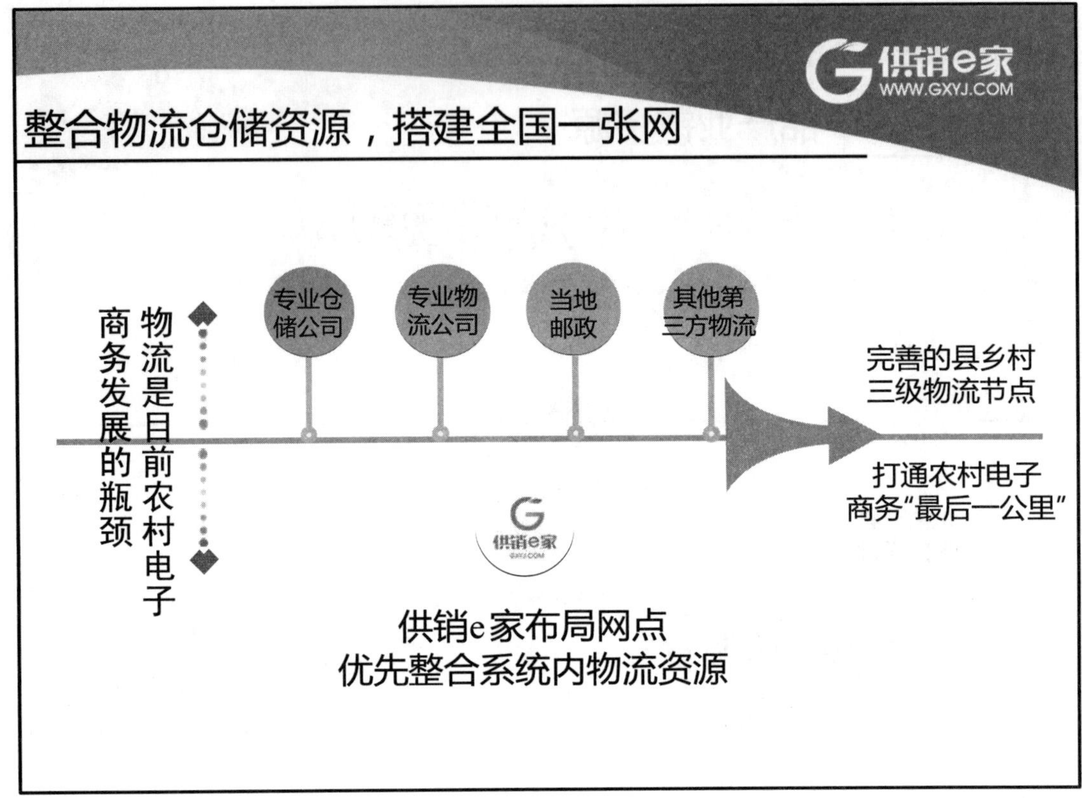

附录 6.8　张建设论坛 PPT

贵农实践与区域电商咨询

张建设

2016年7月

生产合作+供销合作+信用合作

养活2050年预计将近百亿的全球人口，农业需再来一场革命

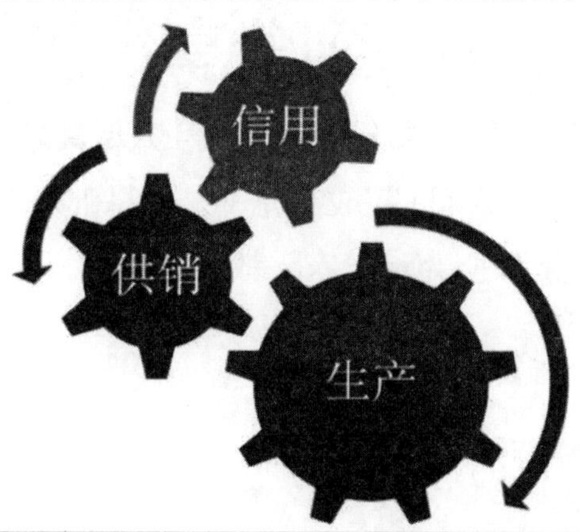

大数据 大扶贫战略下的为农服务

生产合作+供销合作+信用合作"三位一体"的供给侧结构性改革

家门口的银行，有温度的金融，农村普惠金融

自主研发农村电商综合服务平台数据留在当地，税收归属当地

（贵生态）

上行的预售制，下行的智能化铺货系统，大数据供应链服务

后台一体、分级运营的开放生态，促进乡镇创新创业

助力"三农"、服务"三生"，农村服务综合体

从互联网+到分享经济……

闲置资产再利用·不求所有但为所用·人尽其才物尽其用

互联网+完成铺摊子、打基础

共享经济攻坚克难三农、教育、医疗、交通等

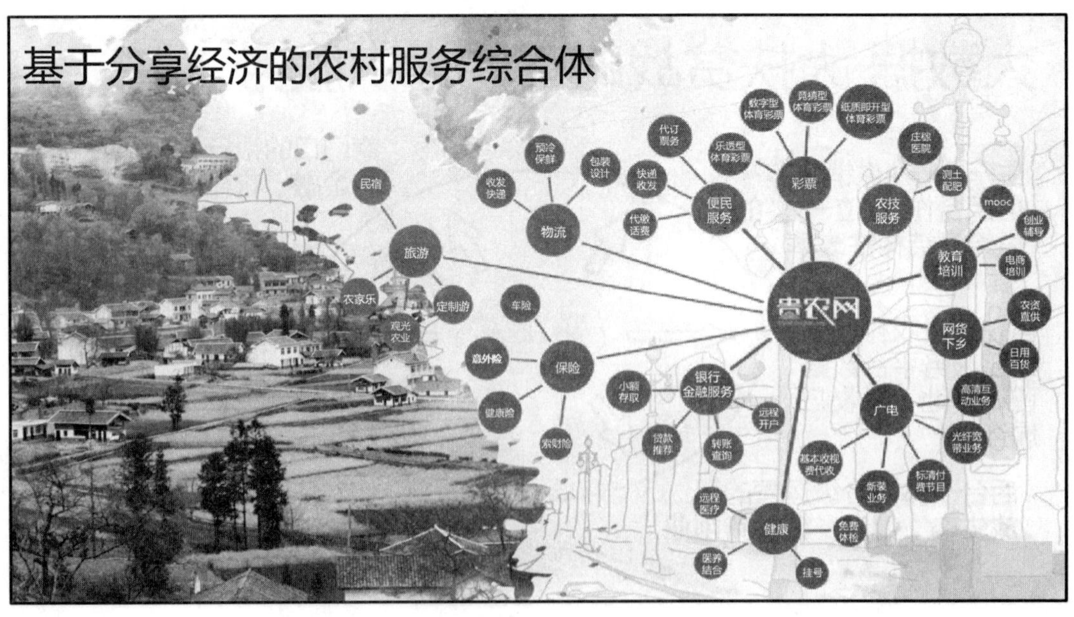

服务网络
SERVICE NETWORK
依托贵州省供销系统1270个基层供销合作社，263个各类协会组织，4884家专业合作社和17988个村级综合服务站点，贵农网线下服务网点建设步入快速发展之路。
2015年，贵农网建成近1000余个线下服务网点。
2016年，贵农网将建设5000个线下服务网点。
2017年，贵农网建设10000个线下服务网点。
2018年，贵农网将建设16000个线下服务网点，实现全省电商服务网点全覆盖。
贵农网
已建成站点展示
关兴镇电商
高坡电商

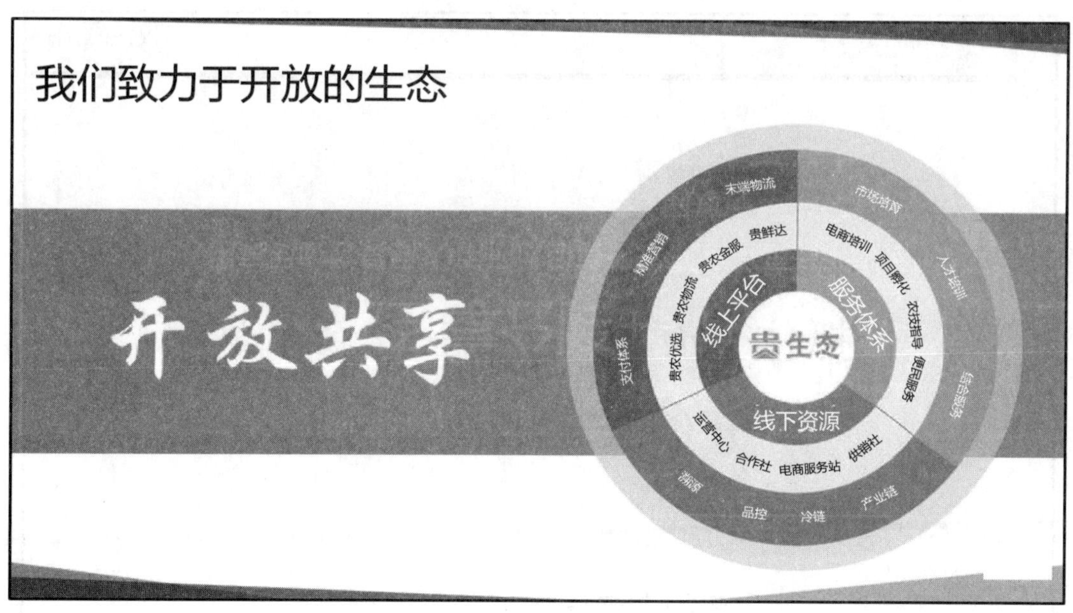

我们致力于开放的生态
开放共享
贵生态
线上平台
服务体系
线下资源
贵鲜达
贵农金服
贵农物流
贵农优选
电商培训
项目孵化
农技指导
便民服务
运营中心
合作社
电商服务站
供销社
末端物流
市场培育
人才培训
综合服务
产业链
冷链
品控
溯源
支付体系
精准营销

附录6.9　毛立斌演讲PPT

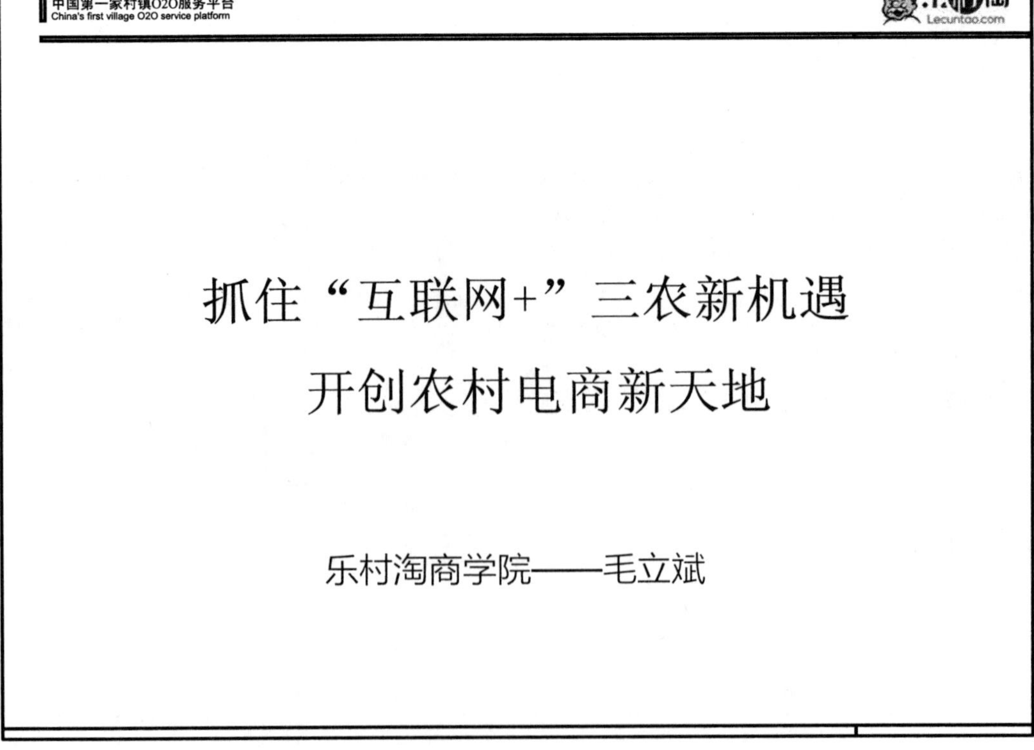

项目背景与概况

市场空间：2014年全国农村网购总额达到1800亿元以上，2016年将突破4600亿元，或许我们可以怀疑数据的准确性，但它们却反映出了同一个趋势，即电子商务在农村存在一个10万亿级潜在市场。

国家政策：国办发文《关于加快发展农村电子商务的指导意见》；中央1号文件连续五年提到农村电商发展；电商"国八条"；李克强总理主持召开会议《部署加快发展农村电商》，投入1400亿元，加快农村电商发展。

项目概况与背景

乐村淘是一家服务于6亿多农民的村镇O2O电商平台。乐村淘是将中国现有的村镇小卖铺，升级成为乐村淘线下体验店，通过体验店帮助农民实现网上购物和网上销售农产品。用户所有的交易在线上下单支付，在线下享受优质的服务，从而形成一个闭合的"**商流、物流、信息流、资金流**"的全生态系统。

商业模式

走进农村模式

乐村淘商城将有上万家供应商，上百万种优质产品、服务和金融直接输送到农村，让农民享受互联网带来的好处。

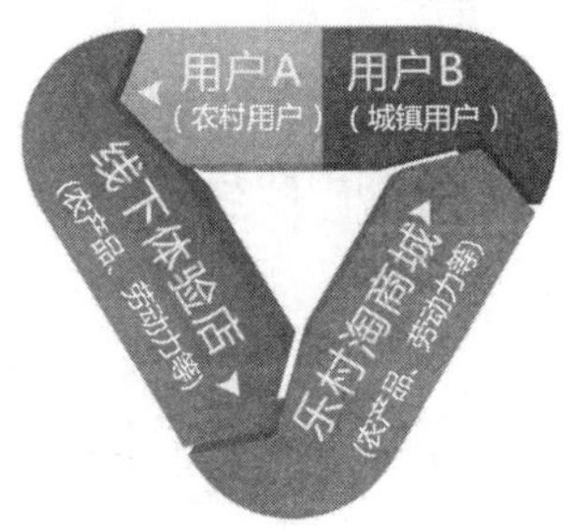

走出农村模式

农村用户可以将农村的农产品、劳动力和商业信息输送到商城上来，在商城上进行商业对接增产创收。

商业模式

"六位一体"战略体系

中国第一家村镇O2O服务平台
China's first village O2O service platform

村级体验店

县级管理中心　　物流配送体系

商业模式

“三大核心”业务板块

乐6集：工业品下乡，农民身边的大集，实现真品，真便宜

乐村淘特色馆：农特产上线，销往城市，让天下没有难卖的农产品

乐县域：县域商品上线，解决本地商品，本地消化，带动县域的本地经济

乐6集

乐6集 是乐村淘打造的电商消费模式，就是以每月的6日、16日、26日为一个销售周期的截止日，有利于货品的集中订单、集中发货、集中收货，符合我们的波峰销售模式。

中国第一家村镇O2O服务平台
China's first village O2O service platform

乐6集

解决农村电商的核心——物流

解决物流的关键——基础运量

中国第一家村镇O2O服务平台
China's first village O2O service platform

乐6集项目简介

乐6集是乐村淘推出的互联网消费品牌，也是乐村淘进军农村市场的重要战略部署。打造出乐村淘不同于其他电商的营销模式。

——中国电商第一集

中国第一家村镇O2O服务平台
China's first village O2O service platform

乐6集重点销售产品类目

一级栏目	二级栏目
粮油	米、面、粮油
电器	大家电、生活电器、厨卫电器
快消	小食品、饮料、酒水、日化、调味品、冲调类
农资	农业化肥、种子种苗农用工具、饲料农机、农药
农特	各区域土特产品

中国第一家村镇O2O服务平台
China's first village O2O service platform

乐6集项目简介

1. 城市优质产品下农村 增加体验店黏性
2. 打通农村和城市的枢纽形成基础运量
3. 提高农村人民的生活水平抓住终端用户
4. 增加乐村淘品牌知名度

中国第一家村镇O2O服务平台
China's first village O2O service platform

乐6集活动介绍

乐6集独特的模式有利于货品的：

- 集中订单
- 集中发货
- 集中收货
- 符合我们的波峰销售模式

中国第一家村镇O2O服务平台
China's first village O2O service platform

乐6集活动介绍

集中全国平台规模优势来整合资源;
对接全国各行业、品类、厂家直供爆量商品。

中国第一家村镇O2O服务平台
China's first village O2O service platform

乐6集运营模式

2015年我们的乐6集活动已经打造出了一套成功的模式

各县管中心的主要工作是在做活动执行和终端物流配送

中国第一家村镇O2O服务平台
China's first village O2O service platform

乐集运营模式

主动营销模式

收集体验店需求商品

- 根据体验店需求报送事业部
- 策划活动/风险控制
- 根据需求和供货商确定优惠政策

对商品进行筛选

- 根据供货商提供政策筛选优秀供货商
- 确定商品价格和分成比例

最终确定商品/打造活动

- 最终确定商品时针对不同的客户端有不同的营销方式

中国第一家村镇O2O服务平台
China's first village O2O service platform

乐6集运营模式

1店1万×100店×1年=1000万

1000万×1000县=100亿！

中国第一家村镇O2O服务平台
China's first village O2O service platform

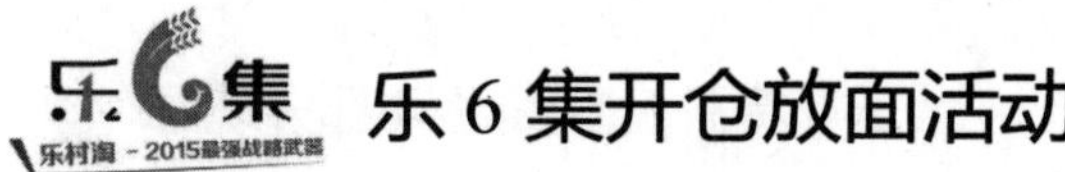

活动销量 数量：5万袋 销售额：500万 商城销售额：1000万

1 时间：2015.4.6—4.15

2 主推产品：金龙鱼香满园 特一粉

3 供货商：金龙鱼

中国第一家村镇O2O服务平台
China's first village O2O service platform

乐 6 集开仓放面活动部分现场

中国第一家村镇O2O服务平台
China's first village O2O service platform

乐 6 集开仓放面活动部分现场

中国第一家村镇O2O服务平台
China's first village O2O service platform

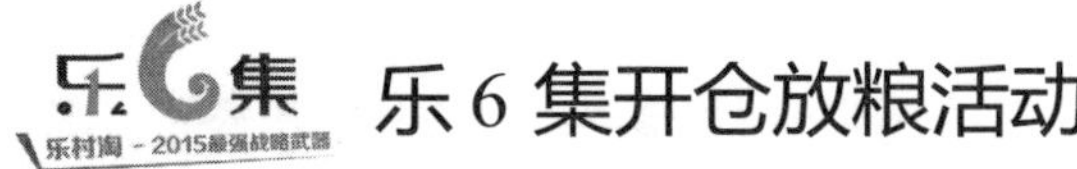

活动销量　数量：6万袋　　销售额：400万　　商城销售额：800万

1 时间：2015.4.16—4.25

2 主推产品：中储粮隆鼎福大米

3 供货商：中储粮集团

中国第一家村镇O2O服务平台
China's first village O2O service platform

乐6集开仓放粮——大米活动部分现场

中国第一家村镇O2O服务平台
China's first village O2O service platform

乐6集开仓放粮——大米活动部分现场

中国第一家村镇O2O服务平台
China's first village O2O service platform

乐6集五月油爆活动

活动销量　数量：10000件　销售额：200万　商城销售额：900万

1 时间：2015.5.16—5.25

2 主推产品：中储粮5L华鼎大豆油

3 供货商：中储粮集团

中国第一家村镇O2O服务平台
China's first village O2O service platform

中储粮油，3天时间，订单突破30万桶，下图为部分活动现场

中国第一家村镇O2O服务平台
China's first village O2O service platform

乐 6 集家电风暴活动

活动销量　数量：3000台　销售额：1317万　商城销售额：1000万

1. 时间：2015.4.26—5.5
2. 主推产品：澳柯玛7.2千克双缸半动
3. 供货商：澳柯玛集团　型号：xpb72-2189s

中国第一家村镇O2O服务平台
China's first village O2O service platform

乐6集周年庆活动

活动销量　现场销售10616台冰箱　　销售额：1060万+

1. 时间：2015.7.22—8.2
2. 主推产品：澳柯玛冰箱BCD-177H
3. 供货商：澳柯玛集团

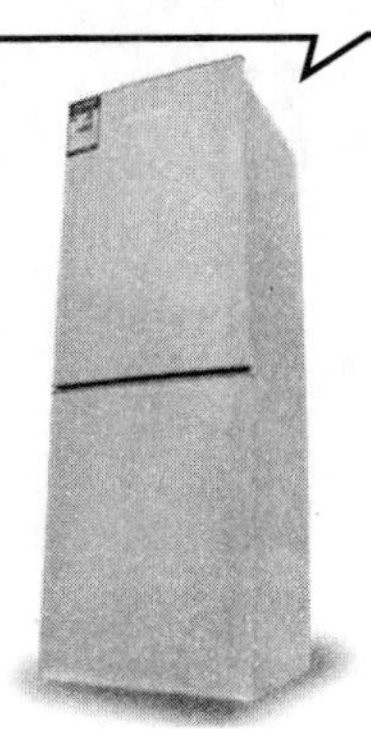

中国第一家村镇O2O服务平台
China's first village O2O service platform

乐6集年货节活动

活动销量　数量：20万桶　销售额：600万+　商城销售额：1000万

1. 时间：2015.12.28—01.20
2. 主推产品：中鼎一级大豆油
3. 供货商：中储粮集团

中国第一家村镇O2O服务平台
China's first village O2O service platform

乐 6 集上等面活动

活动销量　数量：128000袋　销售额：1100万+　商城销售额：1500万

1. 时间：2015.10.15—2016.01.20
2. 主推产品：乐村淘上等面
3. 供货商：乐村淘网络科技有限公司

中国第一家村镇O2O服务平台
China's first village O2O service platform

乐村淘
Lecuntao.com

活动销量　数量：5万袋　销售额：150万+　商城销售额：300万

1. 时间：2015.11.26—12.05
2. 主推产品：乐村淘东北珍珠米
3. 供货商：乐村淘网络科技有限公司

中国第一家村镇O2O服务平台
China's first village O2O service platform

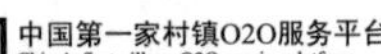

乐6集日化节活动

活动销量　数量：7000件　销售额：80万+　商城销售额：300万

1 时间：2015.06.16—2015.06.25

2 主推产品：日化用品

3 供货商：吉龙远贸易

中国第一家村镇O2O服务平台
China's first village O2O service platform

乐6集　开仓放米

中国第一家村镇O2O服务平台
China's first village O2O service platform
乐村淘
Lecuntao.com
乐集
开仓放面
阳高县乐村淘万吨自注品牌白面惠民活动启动啦!
静乐县乐村淘全心全意为农民服务
乐村淘牌上等面就是香 好水·好麦·好面粉
不含任何添加剂 假一罚百
保德乐村淘上等面 进万家

中国第一家村镇O2O服务平台
China's first village O2O service platform
乐村淘
Lecuntao.com
乐集
开仓放油
中储粮油，3天时间，订单突破30万桶，金额破千万元。

中国第一家村镇O2O服务平台
China's first village O2O service platform

乐集 农村旅游节

2015年7月16日，山东日照灯塔风景区，30多辆旅游大巴，近2000名身着印有“全心全意为农民服务”的游客，成为景区最为壮观的风景。这是乐村淘第一季农村旅游节的开始，首批在山西7000家体验店中，组织近2000家优秀体验店到日照旅游学习。

中国第一家村镇O2O服务平台
China's first village O2O service platform

乐集 乐村淘家电节

澳柯玛为乐村淘专门定制的一款177升冰箱，一次活动，单款冰箱销量达12326台

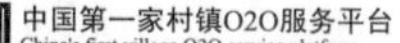

乐村淘特色馆

乐村淘特色馆是乐村淘开设的一个B2B子平台，旨在服务县域人文、旅游、县域特色产品、知名商标品牌四大类目，促进县域经济发展，全国互联互通。县管通过自主招商，独立运营县域特色馆平台，借助乐村淘全国的数据、渠道、人群等资源优势，整合县域名优特产，实现县域名优特产走向全国。

跨界 整合 共赢

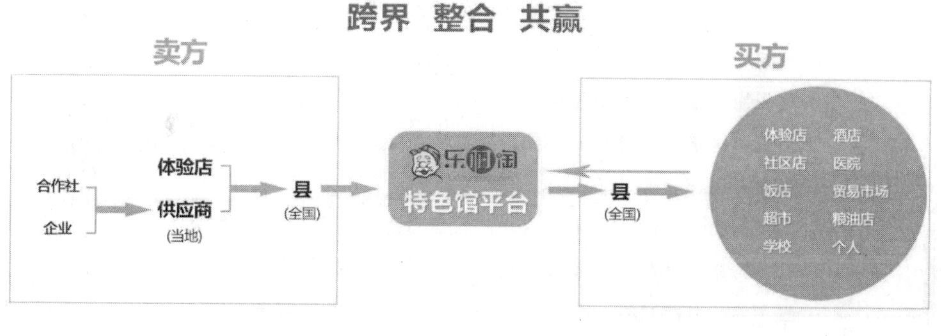

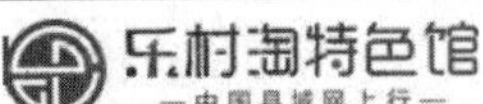

中国第一家村镇O2O服务平台
China's first village O2O service platform

乐县域简介

乐县域是乐村淘专注服务于县域企业，推动县域电子商务发展的平台，旨在通过帮助县域生产企业、代理商实现互联网+，并与乐村淘线下体验店相结合，形成线上线下互动，24小时的全渠道交易的新商业模式，孵化与推动一批新型企业，推动县域电商产业升级与发展。

乐县域结合乐村淘电商平台影响力及渠道优势，采用B2B模式，让乐村淘农村体验店、社区店、城市便利店，都能够实现在线高效、方便交易，成为有着丰富商品的电商交易平台。

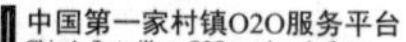

乐县域全国市场启动会

2016年1月23日 乐县域全国市场启动仪式在山西翼城举行

乐村淘副总裁、乐县域总负责人张总接受采访

翼城乐县域会后商家咨询签约

翼城乐县域样板县上线当天交易额达152万

政府支持

2016年4月7日，由国家商务部举办的“全国市场体系建设工作会暨农村电子商务工作推进会”乐村淘作为农村电商企业的唯一代表参加会议，并陪同商务部建设司李景龙司长，参观考察安徽怀远农村电商示范县。

中国第一家村镇O2O服务平台
China's first village O2O service platform

乐村淘2016年目标

覆盖
1000个县

覆盖
10万个村

销售额
100亿元

中国第一家村镇O2O服务平台
China's first village O2O service platform

乐村淘将打造成为一个完整的“乐村淘生态体系”

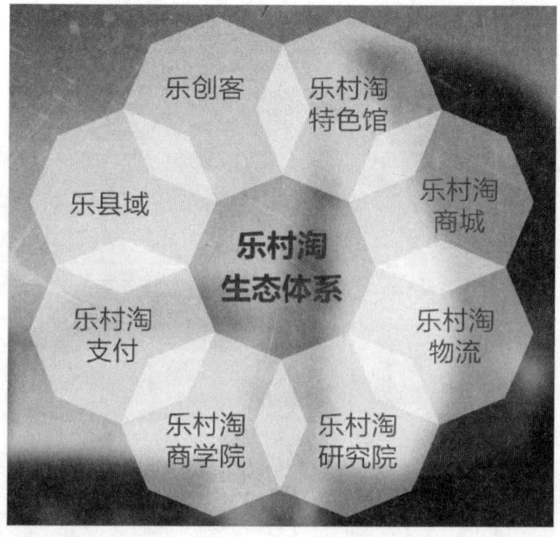

中国第一家村镇O2O服务平台
China's first village O2O service platform

聚焦上行，助力三农
——乐村淘2016年上半年工作成果

一、结合市场，因地制宜

2016年年初推出乐6集——“农资节”专场活动，期间乐村淘与山西兰花集团、惠利富等一系列优质农资厂家联合，以发放惠农卡的形式进行惠农大行动，当期活动农资销售560万元。

中国第一家村镇O2O服务平台
China's first village O2O service platform

乐集　　乐村淘农资节

中国第一家村镇O2O服务平台
China's first village O2O service platform

二、枣聚吕梁，春雷行动

1. 乐村淘特色馆从2015年9月上线截至目前，全国已经有130个县成功开馆，且农特产品上行销量显著。
2. 2015年原平酥梨销售635万元；
   襄汾、运城苹果销售358万元；
   静乐、岚县土豆销售459万元；
   柳林红枣销售213万元；
   阳城陶瓷销售43万元等。
3. 截至2016年5月，全国特色馆累计总销售额达12590万元，其中山西特色馆销售额达6500万元。

中国第一家村镇O2O服务平台
China's first village O2O service platform

中国第一家村镇O2O服务平台
China's first village O2O service platform

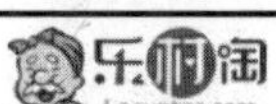

“枣聚吕梁”主题专项行动

2016年3月28日，乐村淘在省农业厅、省商务厅和国务院扶贫办的支持下举行了“枣聚吕梁”主题专项行动，围绕吕梁红枣滞销难题，积极通过线上活动策划，全国各省、县联动，整合线上和传统全渠道，目前累计红枣上行销售额已达913万元。

中国第一家村镇O2O服务平台
China's first village O2O service platform

乐村淘帮助山西临县红枣走出四百万斤

中国第一家村镇O2O服务平台
China's first village O2O service platform

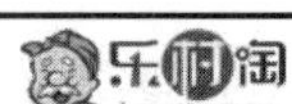

三、大数据服务三农

2016年5月26日，乐村淘独家承办了贵阳数博会期间举行的"农业大数据专题"论坛，农业部农村经济研究中心宋洪远主任为乐村淘董事长赵士权颁发"农业大数据领军人物"奖，并对乐村淘的运营模式、发展规划给予了高度评价，代表山西为互联网＋农业增光添彩。

中国第一家村镇O2O服务平台
China's first village O2O service platform

四、打造6月6“农民节”

2016年6月6日，乐村淘主办的首届“6月6农民节——农民网上大赶集”新闻发布会在京召开。

乐村淘打造“6月6农民节”旨在促进农村商品流通，让农民享受到便捷的购物体验，促进农产品上行销售，保障农民增产创收。

同时呼吁更多企业、媒体、社会群体关注农村，关爱农民，共同助力农村发展，打造美丽乡村。不仅让农民有了自己专属的节日，也突显了乐村淘全心全意为农民服务的使命。

活动期间线上交易额达5.58亿元！

中国第一家村镇O2O服务平台
China's first village O2O service platform

乐村淘6月6农民节

附录6.10 张传林论坛PPT

互联网+安全食品的十大痛点

中国食品业诚信联盟副主席、秘书长

北京安徽企业商会副会长

717安全食品商城董事长

中国食品（农产品）安全电子商务研究院研究员

张传林

一、“互联网+食品”

随着网购食品的趋势化，“互联网+”概念的提出，食品行业借助互联网转型升级来势汹涌，各类型食品电商如雨后春笋般涌现，各大电商平台纷纷布局发力食品电商，截至2016年3月，各类型食品电商企业6万多家，食品类平台电商4000多家，年网购食品销售额过万亿元。

二、“互联网+食品安全”

随着网购食品快速发展，网购食品的安全问题成为食品类电商发展的命脉，如何解决网购食品安全的关键痛点是食品类电商生存发展必须破题的关键点。

归纳起来食品类电商有十个方面的痛点：

(1)产品品牌塑造；(2)生鲜食品保质保鲜；(3)农产品源头追溯；(4)进口食品检验检疫和监管；(5)仓储物流配送；(6)网购食品退换货；(7)消费者维权；(8)标准、流程、规范；(9)监管执法处罚；(10)诚信体系建设。

十大痛点（1）产品品牌塑造

要经销有品牌的产品，那就首先要做好电商的品牌，现在很多电商光顾着赚钱，不管所经销的产品品牌如何，甚至个别电商连所经销的产品有无商标品牌都熟视无睹。长此以往，其结果，损害的将不仅是自己一家网站，还将是整个食品电商行业的信誉。

食品网上零售市场，利用高档产品和特色产品进行深入挖掘和包装，打造食品品牌市场机会很大。特色食品受地域影响较大，渠道不通，消费者通常很难买到，而通过网络则可以突破地域限制。传统食品企业以特色产品为主营的，可以借助网络渠道打造产品品牌。

十大痛点（1）产品品牌塑造

紧贴目标人群——将需求特点做到极致。通过市场研究，发现网络购买食品人群的特性和日常生活习惯。根据目标人群这一特性定义品牌，并且从各个维度将这一概念做到极致。从品牌名称命名、logo设计等元素突出特性概念。其次在产品的选择上只选择目标人群喜欢的产品，以及符合目标人群生活方式的产品。最后包装的表达和口号也体现概念。非常直接的与目标消费群产生了互动与共鸣，并且很容易记忆和认知。

直击消费痛点——将用户体验做到极致。当今消费者不仅仅满足于产品口味、品质、形状等基础需求，而是开始关心消费者食用产品时的便利性、趣味性和互动性，我们在售卖产品的同时还要关注产品的用户体验，更近一步地让消费者感受到产品的人性化，提高用户忠诚度，做好配套服务。

直达消费心理——将网络营销做到极致。为不同消费群体，设计更精准贴心的营销方案和产品配套。为迷茫选择产品的消费者提供清晰准确的购买理由，让消费者在特定的时机、特定的情境下购买与其心理匹配的产品，更能打动其内心，无形中主动为犹豫不决的消费者做出了肯定的选择。

十大痛点（2）生鲜食品保质保鲜

电子商务发展的这几年，网上零售的食品都是有包装的，相对还比较好做。但是做生鲜就非常困难，尽管1号店和京东都在做。

生鲜产品在我国具有一些国情特点，我国居民特别喜欢吃活的东西，可能是因为农产品死了之后存在一个问题，不知道是好的坏的，还是病死的。欧美国家全都是吃冰鲜的，没什么要卖活的，所以人家的冷链业才那么发达。要逐渐改变国人的生活习惯，这个难度肯定是非常大的。

除了冷链建设是生鲜电商的发展瓶颈之外，网购生鲜食品的标准缺失是目前生鲜电商发展的最大瓶颈。同一款产品，今天买到的是甜的，明天就可能是酸的，大小、口感、品质都不稳定，就很难留住消费者。

十大痛点（3）农产品源头追溯

农产品是所有食品的上游产品，如果“最先一公里”的安全都没有保障，何谈食品安全？但是，目前对于农产品源头安全追溯还远远不够，有些事情不是农民自己能够解决的，如生产过程当中的水、土、肥料、空气这几个因素，有的时候农民是控制不了的，它涉及社会方方面面，涉及很多的部门。比如，对水的污染的问题，气候污染的问题，环境污染的问题。

2015年“中国食品安全节启动仪式暨中国食品(农产品)电子商务营商环境高层研讨会”上,有关专家纷纷表示,中国食品(农产品)电商环境存在三大问题亟待改善,需要政府、行业协会、企业和农村经济组织形成“三位一体”的共建机制,加强网络监管等措施,推动农产品电子商务追溯体系建设,给电子商务发展营造一个良好的营商环境。

十大痛点（4）进口食品检验检疫和监管

2016年第一季度，全国出入境检验检疫机构共检出质量安全项目不合格的进口食品904批、化妆品47批；不合格食品涉及22类产品。网售食品也受到严格监管，如深圳红酒世界电商股份有限公司从法国进口的一批杜布瓦酒庄的(夜丘村)红葡萄酒，因铁超标被退货。

进口食品 Imported Products

2015年，我国各地出入境检验检疫机构检出不符合我国食品安全国家标准和法律法规要求的进口食品达2350批次，已被退运或销毁，其中不乏很多品牌食品。这说明，发达国家和地区的产品并非“零风险”，它们虽然在食品安全方面有较为完善的法律体系，但并不意味着进口食品都是安全的。而究其根源，就是近年来，在国内已形成了一条网络进口食品造假产业链，前不久曝光的遍及全国多省份的假冒进口品牌婴幼儿奶粉造假产业链，就是一个典型案例。

十大痛点（4）进口食品检验检疫和监管

跨境电商迅猛发展，进口食品安全风险加大。从2015年统计数据看，几乎所有种类的进口食品均有检出不符合我国食品安全国家标准和法律法规要求的情况，问题进口食品的前10位分别为：糕点饼干类、饮料类、粮谷及制品类、糖类、乳制品类、酒类、调味品类、水产及制品类、干坚果类和特殊食品类，占检出不合格进口食品总批次的85.1%。

跨境电商品控能力弱，新业态对监管提出挑战。业内专家指出，2015年10月1日实施新修订的食品安全法对进口食品的质量、安全提出了更高要求，也挡住了更多不合我国标准的进口食品入境。

跨境电商问题难追溯，试点负面清单监管新举措。随着当前国内跨境电商的迅猛发展，原有的监管模式显然已不适用该新业态。检验检疫部门专家建议，建立事中监管和事后追溯平台，由政府牵头，建立质量安全风险监测信息共享，规范透明的跨境电商商品质量追溯公共平台。尽快制定跨境电商商品的溯源规范和溯源标准，利用二维码、物联网等技术手段进行质量安全监管和质量追溯，实现有效的事后追溯。

十大痛点（5）仓储物流配送

货源品控、仓储管理、物流配送成为食品电商特别是生鲜电商急需破解的三大瓶颈。生鲜产品从田间到餐桌的产业链较长，时间跨度大，很难保证其新鲜度。当商品离开库区后，分拣和包装操作场地需具备温控条件，再装入温控箱运输，最后收派员将商品装入保温袋上门派件。整个环节所使用的温控设备包括冷藏箱、冷冻箱、冰盒、冰袋、保温袋等众多微小细节。而在这些细节中，如果一个环节出现问题，都可以直接影响用户体验。

面临的挑战：一是终端，终端冷藏保温设备配置率比较低；二是转运，转运环节未实现生鲜冷链专用通道，与普通件混装现象十分普遍；三是仓储环节，生鲜食品的冷藏恒温仓储数量较少；四是包装，包装不规范，未使用食品绿色包装材料的现象普遍存在。

未来，应对仓储物流配送各项进行升级，以增强冷链能力，提升生鲜运送的时效。

十大痛点（5）仓储物流配送

十大痛点（6）网购食品退换货

现在网上大部分货品都是“七日无理由退换”，买家想退货自己最多付个运费，损失不算大，但是网购食品就不行了，一般都是不退换的，其理由很堂而皇之：食品非普通商品，包装只要打开了就不能再卖给别人，而散装食品更无法退换，对此新《食品安全法》也无明确说法，所以，消费者也只能吃哑巴亏。

十大痛点（7）消费者维权

同是网购，不少消费者觉得，食品网购维权要累得多。以淘宝网为例，记者从杭州市工商局了解到，目前淘宝网大量经营食品的店铺并没有营业执照，也没有食品许可证或流通证，这也是目前很多消费者担心网店正规与否的主要问题。除了店铺售卖食物资格混乱外，店铺的认证也存在诸多问题。某些电商平台上的一些店铺，既不属于生产厂家的直营店，也不是品牌的旗舰店，但却获得了相关产品的销售权。一旦发生网购纠纷，消费者不但投诉无门，而且得不到任何法律保护。

就网店上的种种不规范，淘宝网官方答复，针对新《食品安全法》，淘宝在基础规则之上，针对食品类目已经单独制定了《淘宝网食品行业标准》《淘宝网保健食品行业标准》等一系列细分标准，在商家准入及商品发布等进行规范化约束。

十大痛点（7）消费者维权

为依法查处网络食品安全违法行为，加强网络食品安全监督管理，保证食品安全，国家食品药品监督管理总局2016年7月14日召开新闻发布会，公布了《网络食品安全违法行为查处办法》。国家食药监总局法制司副司长陈谞表示，《办法》不仅强化了网络食品交易第三方平台和入网食品生产经营者的义务，明晰了网络食品安全违法行为查处的管辖职责和查处的职责，对抽样程序、电商平台的惩处措施也给出了明确规定。

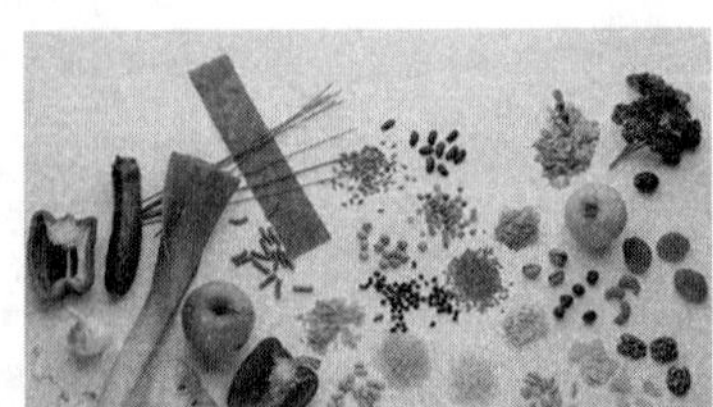

十大痛点（8）标准、流程、规范

近年来电子商务发展迅速，网络食品安全逐渐成为全世界的监管难题。网络食品监管面临着经营主体多、地域范围广、技术水平高、法律复杂、监管能力不足、网络食品安全违法行为查处程序不明确等问题。电商安全食品生产方式、生产过程、全程追溯等方面的标准流程规范并不完善，亟待解决。

2015年10月1日起开始施行的新版《食品安全法》，对中国食品安全提出了“四个最严”要求——“最严谨的标准、最严格的监管、最严厉的处罚、最严肃的问责”。2015年12月9日，按照“四个最严”要求，国家食品药品监督管理总局公布了《中华人民共和国食品安全法实施条例（修订草案征求意见稿）》，新增了针对网络食品生产经营的相关规定，增列了应“从重处罚”的各项情形。

为贯彻落实《食品安全法》，2016年7月13日，国家食品药品监督管理总局签署第27号令《网络食品安全违法行为查处办法》，已于2016年10月1日起施行。

十大痛点（9）监管执法处罚

食品安全问题虽然也是一种诚信道德问题，但若幻想仅通过道德的说教或者市场的自我调节去重构食品安全，是远远不够的。在食品安全问题上，如今社会已失去了自我净化、自我修复的能力。一个企业的错误，没有成为另一个企业的教训；一个监管职能部门的失误，没能成为另一个监管职能部门的警钟；一种针对不道德行为的惩处，没能成为另一种行为的道德约束。我国的食品安全问题之所以如此严重，之所以如此多的商家和监管部门依然前仆后继，其重要原因，就是监管和惩罚的力度还远远不够，使得他们仍然敢于重蹈覆辙、知法犯法。

国家食药监总局发布《网络食品经营监督管理办法（征求意见稿）》，明确了食药监部门为网络食品经营的监管主体，问题食品强制召回，平台连带责任。作为新《食品安全法》的有力补充，具体效果还要看执行力度和处罚情况。监管应形成常态，相关法律应继续完善。

十大痛点（10）诚信体系建设

俗话说：药食同源。作为与药品一样关乎到人民健康和生命安全的良心产品——食品，其诚信如今却成了比药品不诚信更严重的社会问题。食品安全屡屡爆出的丑闻，究其根源，不就是由于诚信的极大缺失所致吗？而且由于食品生产入市门槛极低，支几口大锅就能生产和出售“独家秘方”或“百年老号”的酱肘子或鸭脖，上市审批也没有药品那么严格，所以其违法和不诚信成本较之药品更低廉更方便，不法经营者更加有恃无恐，故而其危害社会的程度也就更加严重。而食品安全诚信体系的建设，多年来仍停留在口头上和舆论上，食品安全黑名单制度和企业信用记录建设很不完善以致基本上形同虚设。

食品安全生产经营者作为责任主体，亟待筑牢诚信道德这第一道防线。只有从社会、行业、经营者、消费者等各方面齐抓共治，诚信体系建设才能迈上新台阶。

三、“互联网+安全食品”

食品类电子商务平台，除了关注外部营商环境，更应该练好内功，作为国内第一家安全食品电商平台——“717安全食品商城”，强化责任主体意识，苦练内功，夯实基础，在保证食品安全方面做了大胆探索和有益的尝试，取得了宝贵的经验。

（1）牢固树立“使命、宗旨”意识，将“为中国人提供安全放心的食品”作为“717”人的历史使命；

（2）建立综合追溯体系，保证食品从源头到餐桌全程可追溯；

（3）建立“四、五、六”保障体系和食品安全信任指数。

“717安全食品商城”如何保证食品安全？

◆ 综合追溯系统

通过综合追溯系统结合富媒体(Rich Midea，一种信息传播方法）展示，对食品从田间到餐桌的全过程进行可视化、图像化记录，保证整个食品生产链全过程的各个环节，均可实行食品安全质量控制

◆ 从而使消费者

在购买前：溯源查询商家资质及商品安全信息

在购买后：溯源追踪商家的发货状态和配送进度

在到货后：溯源核对商品的真实性、准确性

◆ 富媒体展示

包括图像、声音、视频、动态演示、文字描述

“717安全食品商城”如何保证食品安全？

安　全　可　信

四大保障	五大认证	六大体系	信任指数
实时动态检测 先行赔付 食品安全保险 第三方诚信认证	企业经营许可认证 企业诚信认证 产品认证 食品安全可溯源认证 食品质量和安全管理体系认证	厂家审核体系 安全审核体系 溯源查询体系 专家顾问体系 售后保障体系 监督投诉体系	☆☆☆☆☆

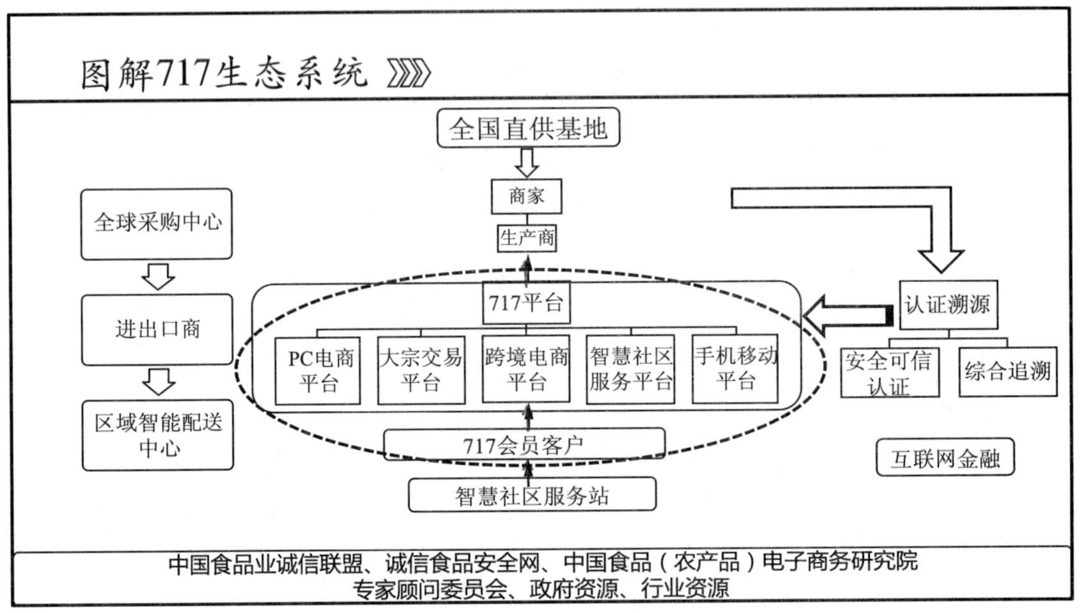

结语

把握痛点、强化内功，让中国人吃上安全放心的食品

食品安全关系到每个人的生命健康、社会的和谐稳定、中华民族的繁衍发展，它是“中国梦”的重要组成部分，中国政府高度关注的社会问题，习总书记提出用“四个最”保证百姓舌尖上的安全。

食品类电子商务发展势头方兴未艾，需要食品生产经营者、食品电商行业、全社会齐抓共治，才能从根本上保证我国的食品安全，网购食品安全探索未有穷期。

2016年8月18日

附录 6.11 李结林演讲 PPT

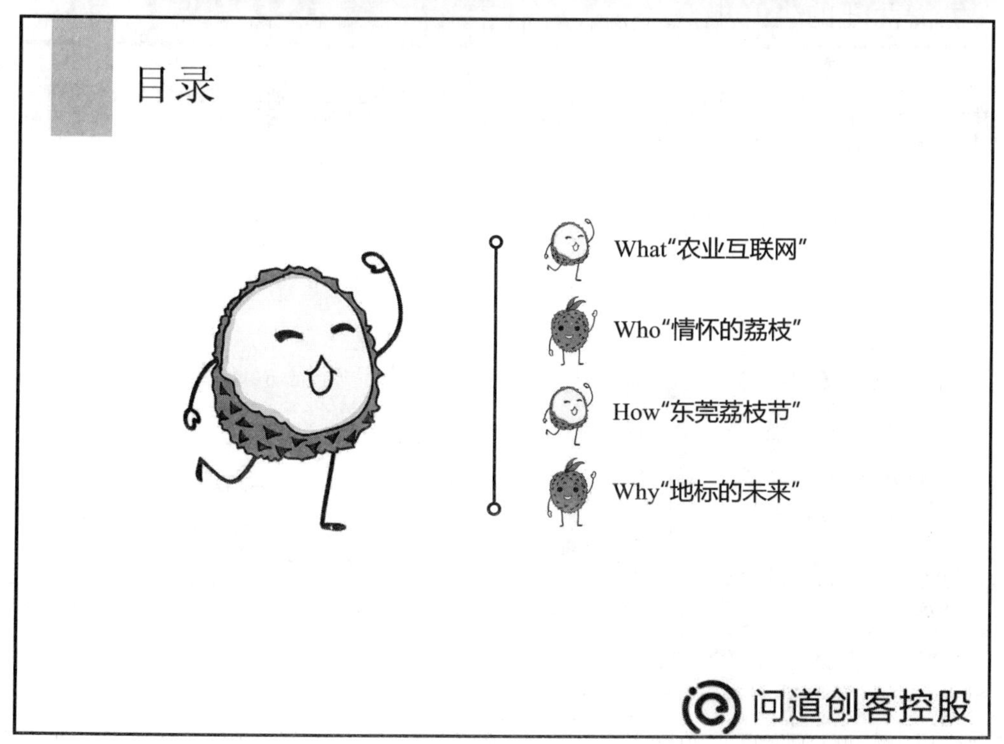

电商细分市场的风口：农村电商

问道创客控股

2015年中国网络购物市场交易规模达3.8万亿元，较去年增长36.2%，仍然保持稳定的增长水平。

网络购物行业发展日益成熟，各家电商企业持续优化物流和加强售后服务，也在积极开发跨境网购业务、下沉渠道发展二三线城市电商和农村电商业务，并纷纷布局垂直细分市场。

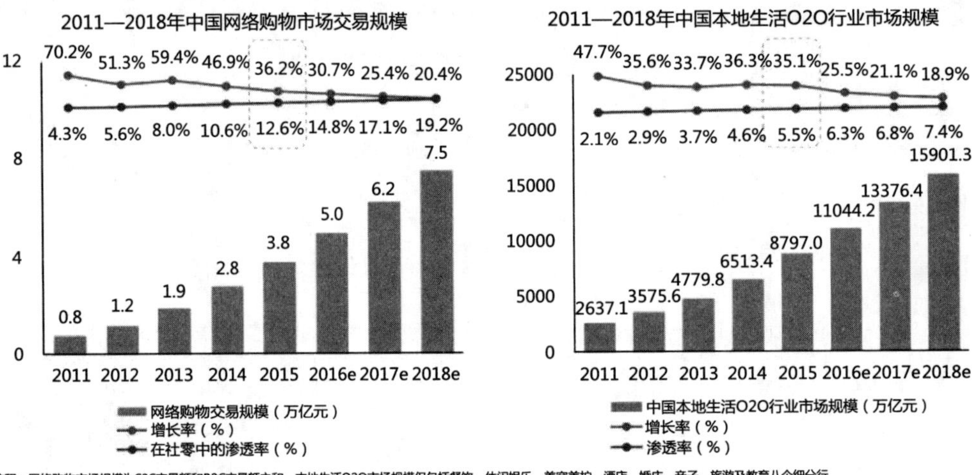

注释：网络购物市场规模为C2C交易额和B2C交易额之和。本地生活O2O市场规模仅包括餐饮、休闲娱乐、美容美护、酒店、婚庆、亲子、旅游及教育八个细分行业，未涉及汽画、房产等行业。

来源：综合企业财报、专家访谈、公开信息，根据艾瑞统计模型核算。

供需两旺的生鲜电商

问道创客控股

中国生鲜产品总体产量连年增收，为生鲜电商的发展奠定了良好的货源基础；另外，随着人均居民消费支出不断提高，居民生活质量不断提升，对食品品质、安全、便捷性方面提出了更高的需求，为生鲜电商的发展孕育了空间，两方面共同增强了生鲜电商行业从业者的热情。

2008—2015年中国生鲜产品产量

	2008	2009	2010	2011	2012	2013	2014	2015e
总量	9.7	10.1	10.6	11.1	11.6	12.0	12.4	12.8
蔬菜	5.9	6.2	6.5	6.8	7.1	7.4	7.6	7.9
水果	1.9	2.0	2.1	2.3	2.4	2.5	2.6	2.7

单位：亿吨

蔬菜　水果　肉类　奶类　禽蛋　水产品

数据来源：国家统计局，其中2015年蔬菜、水果、奶类产量为艾瑞预估。

2008—2015年中国人均居民消费支出

	2008	2009	2010	2011	2012	2013	2014	2015e
城镇	14061.0	15127.0	17104.0	19912.0	21861.0	23609.0	25449.0	27263.9
农村	4065.0	4402.0	4941.0	6187.0	6964.0	7773.0	8744.0	9630.6

单位：（元）

数据来源：国家统计局，其中2015年数据为艾瑞预估。

农产品市场稳定增长

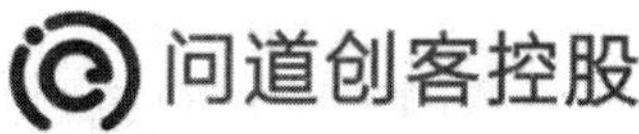

在国家惠农政策的扶持下，我国农产品交易规模逐年增长，2015年农产品市场交易总额达4.8万亿元，同比增长24.8%，艾瑞预计未来仍将保持稳步增长。

2012—2018年中国农产品市场交易规模总额

年份	2012	2013	2014	2015	2016e	2017e	2018e
农产品市场交易规模总额（万亿元）	2.9	3.2	3.9	4.8	6.2	8.3	11.2
农产品市场总额增长率（%）		8.6%	22.2%	24.8%	29.3%	33.7%	34.8%

数据来源：综合企业周报及专家访谈，根据艾瑞统计模型核算。

农村电商机会明显

问道创客控股

2015年中国生鲜电商市场交易规模达497.1亿元，增长80.8%

中国生鲜电商市场发展迅速，平均每年保持80%以上的增长率。占农产品零售总额的比例仅3.4%。未来仍有较大空间。艾瑞预计2017年，中国生鲜电商市场交易规模将突破1000亿元，渗透率达7%。

2012—2018年中国生鲜电商市场交易规模及增长率

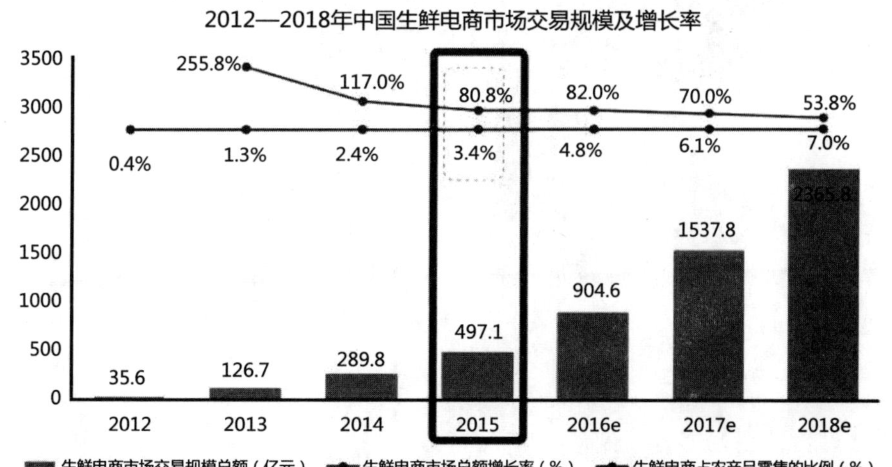

数据来源：综合企业财报及专家访谈，根据艾瑞统计模型核算。

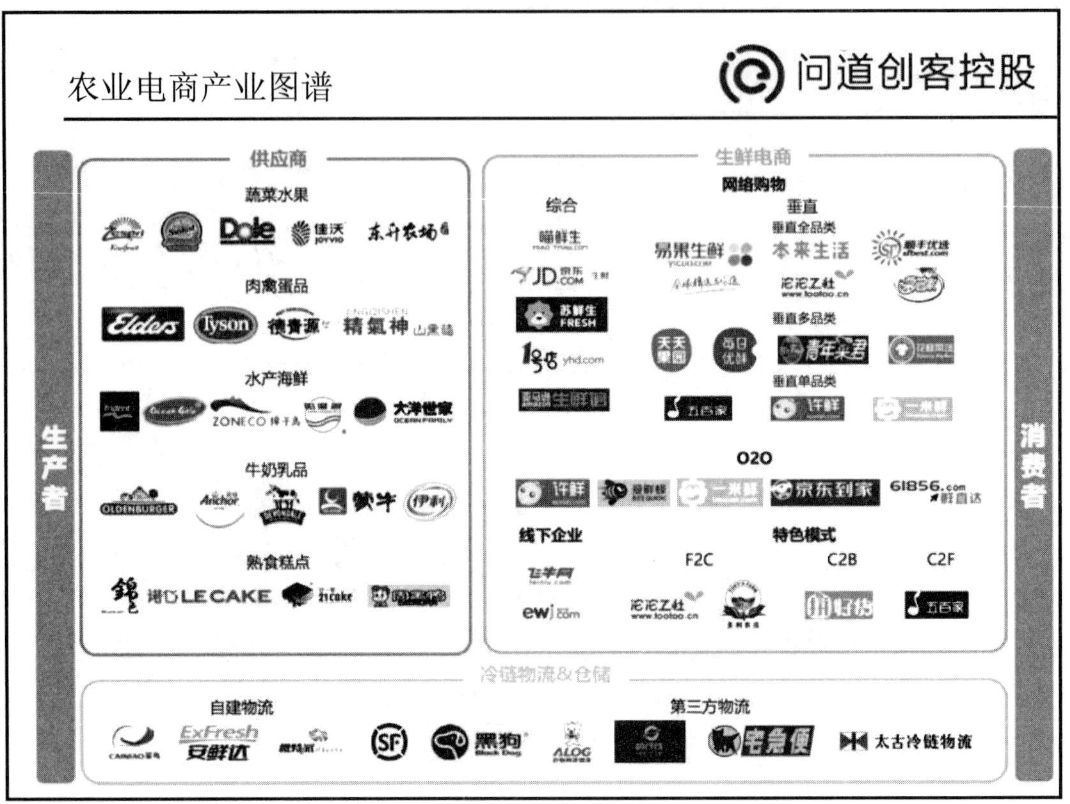
农业电商产业图谱
问道创客控股
生产者
供应商
蔬菜水果
Dole
佳沃
东升农场
肉禽蛋品
Elders
Tyson
精氣神
水产海鲜
ZONECO 獐子岛
大洋世家
牛奶乳品
OLDENBURGER
Anchor
蒙牛
伊利
熟食糕点
LECAKE
21cake
生鲜电商
网络购物
综合
喵鲜生
JD.COM 京东
苏鲜生 FRESH
1号店 yhd.com
垂直
垂直全品类
易果生鲜
本来生活
沱沱工社
垂直多品类
天天果园
每日优鲜
青年菜君
垂直单品类
五百家
许鲜
O2O
许鲜
京东到家
61856.com 鲜直达
线下企业
飞牛网
特色模式
F2C
C2B
C2F
沱沱工社
五百家
消费者
冷链物流&仓储
自建物流
ExFresh 安鲜达
第三方物流
SF
黑狗
ALOG
宅急便
太古冷链物流

历史上，杨贵妃吃荔枝：把千里马累死了
问道创客控股
杜牧 过华清宫
长安回望绣成堆
山顶千门次第开
一骑红尘妃子笑
无人知是荔枝来

那么，敢不敢让世界网民吃上荔枝？　问道创客控股

？？？　怎么才能让世界网民吃上荔枝？友谊的小船还会不会翻？

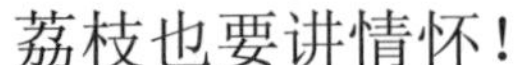

问道创客控股

荔枝也要讲情怀！

问道创客控股

东莞荔枝的“背书”

东莞荔枝：源于荔枝之乡

问道创客控股

中国荔枝在广东，广东荔枝在东莞

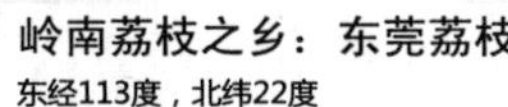

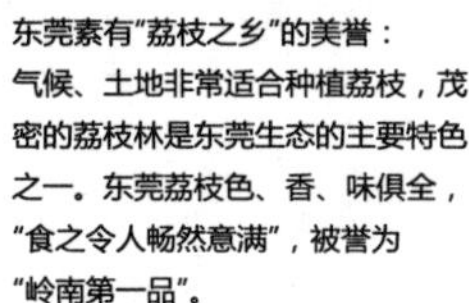

历史悠久 创新栽培

《元一统志》、大德《南海志》均记有东莞荔枝

与时俱进，绿色栽培：东莞地理的优越性，种植的合理性，荔枝的产量和品质已经成为岭南荔枝的领导者，果园远离污染地区，绿色种植，培养出每一个果除了新鲜美味，更是绿色无公害的放心荔枝！

问道创客控股

东莞荔枝的“玩法”

与京东的紧密战略，落地东莞馆

问道创客控股

 农产品进城

地方特色馆

自营采购

基地共建

 工业品下乡

县城：县域服务中心

乡镇村：代理团队

全境覆盖：物流体系

 产业扶持

电商平台双向对接

传统商贸转型升级

全方位培训体系

金融

旅游

生活服务

……

第一阶段 第二阶段

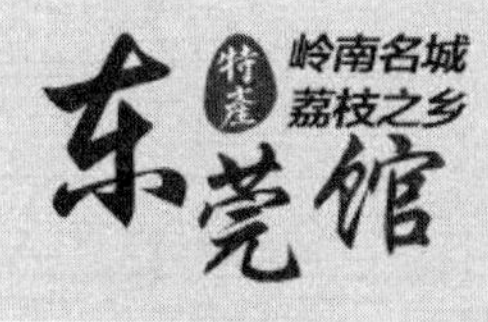

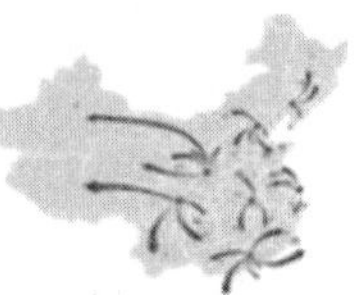

启动：2016东莞（全球）荔枝节

问道创客控股

好玩！ “一十百千万”计划

 首届东莞全球荔枝节

 十种优选时节荔枝

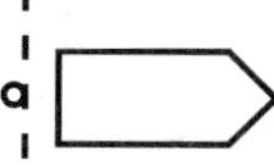 百名代言荔枝小贵妃

 千份来自东莞的小礼

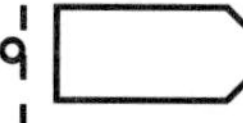 万份高中状元的祝福

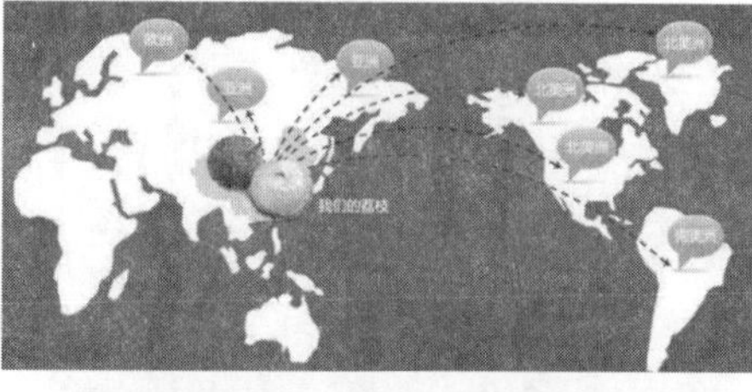

东莞荔枝的“标准”

时间有标准！

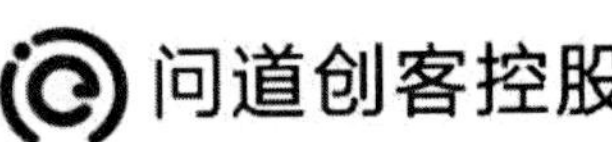

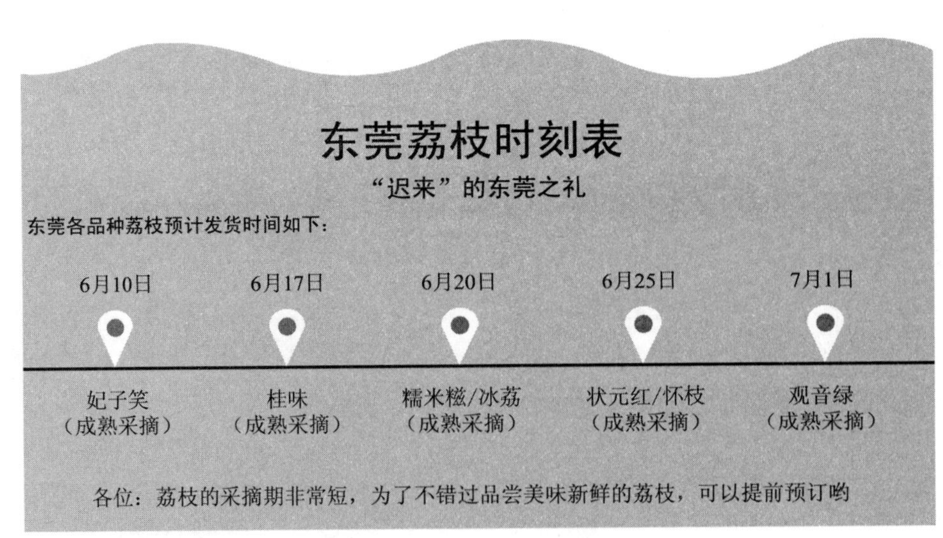

区位有标准！　问道创客控股

来自北纬22° 的神奇美味

FROM 30 DEGREES NORTH LATITUDE MAGIC DELICIOUS

充足的阳光
每年超过3000小时的日照

你知道吗？东莞拥有特别的环境与气候
充足的日照，为荔枝创造了天然的生长条件
产自这里的荔枝：甘甜可口，沁人心脾，水分更足

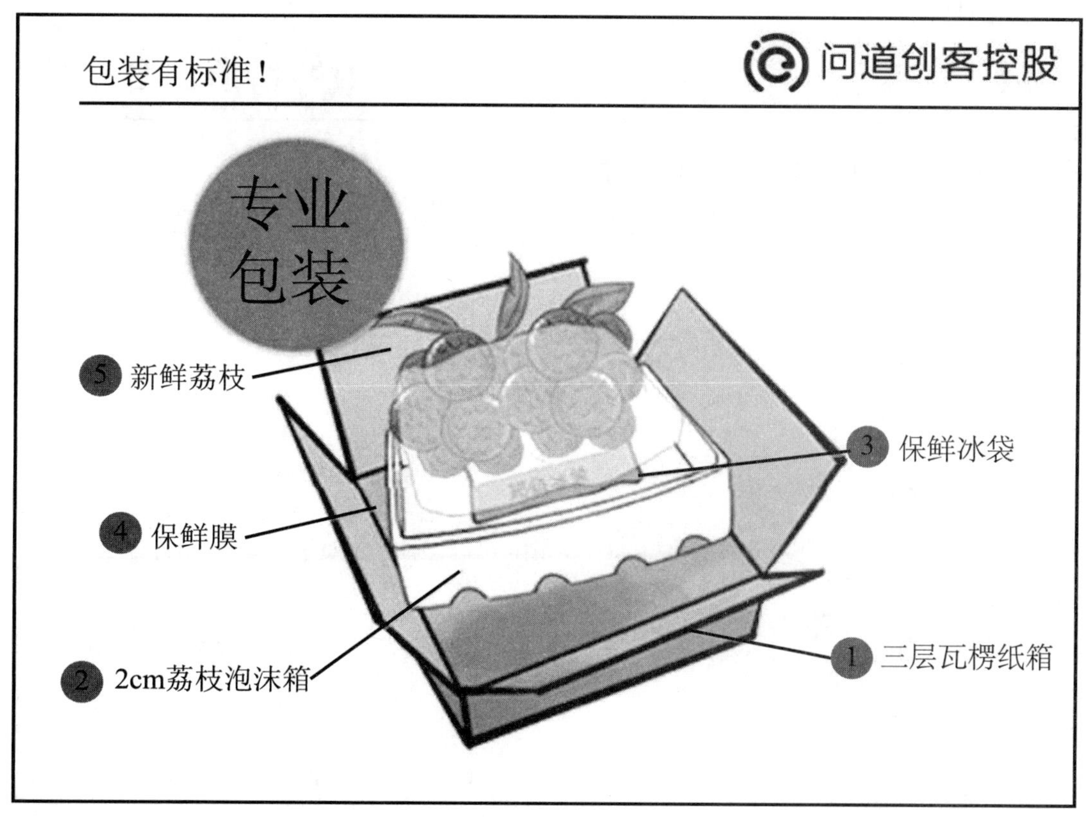

冷运有标准！

问道创客控股

为了保鲜凌晨5点摘果，再全程冷链运送

坚持——标准才是核心竞争力

问道创客控股

标准 到东莞买的是"放心"荔枝

1. 选品标准：24道工序优选的东莞荔枝
2. 产区标准：地处丘陵，气候温和，最适宜荔枝生长
3. 包装标准：冰袋、保鲜袋（盒）、泡沫箱、外包装纸箱
4. 冷链标准：从采摘的那一刻起，便进入全程冷链的精心呵护中，确保新鲜到家
5. 服务标准："小贵妃"Standard（标准），贴心尊贵服务

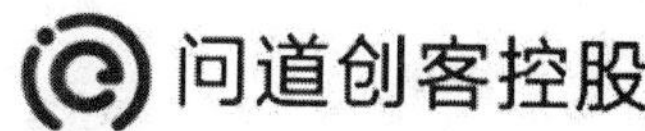
问道创客控股

我们是坚持标准的荔枝买手

我们是
坚持标准的有情怀的老买手
不辞辛劳地满足用户的个性化需求
张罗东莞各地上百家优质企业 精挑细选
剔除一切冗余的中间环节
真正实现厂家直供的无缝储运

东莞荔枝的“价值”

全网最贵的荔枝：

全网最贵的荔枝：

问道创客控股

全网最贵的荔枝：

问道创客控股

糯米王

甜爽味道浓浓亲情

TOP 3

【东莞馆】糯米王送亲人 亲情则更浓

- 嫩滑多汁，富含维生素C
- 一种天然好滋味，可怜生处是天涯

活动价：**218**元

立即抢购

全网最贵的荔枝：

问道创客控股

怀枝

红红火火最喜庆

【东莞馆】怀枝赠同事 胸怀大志事业成

- 果皮暗红、肉厚软滑
- 把乡亲送的荔枝抱入怀中而得名

活动价：**88**元

立即抢购

TOP 4

全网最贵的荔枝：

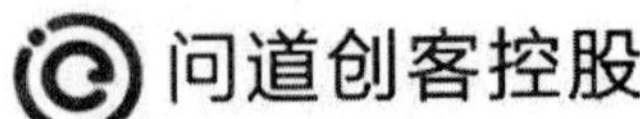

状元红

TOP 5

红红火火“金榜题名”

【东莞馆】状元红送考生 祝愿能高中

- 果肉白蜡，爽脆多汁
- 春风得意马蹄疾,一日望尽长安花

活动价：228元

立即抢购

全网最贵的荔枝：

问道创客控股

冰荔

“求亲神器”打动丈母娘必备

【东莞馆】冰荔送岳母 荔到姻缘成

- 果肉爽脆 晶莹剔透
- 极其珍稀 清润甘甜

活动价：388元

立即抢购

全网最贵的荔枝：

问道创客控股

观音绿

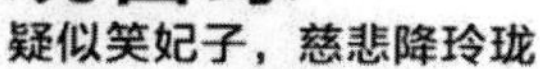

【东莞馆】观音绿送朋友 心想立即有

- 冰肌如白玉 姣滴女儿拥
- 世间无此味 叔度奋无穷

活动价：299元

立即抢购

东莞荔枝的“体验”

我们希望创造“惊喜”！

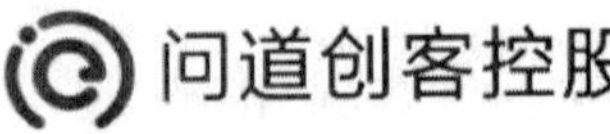

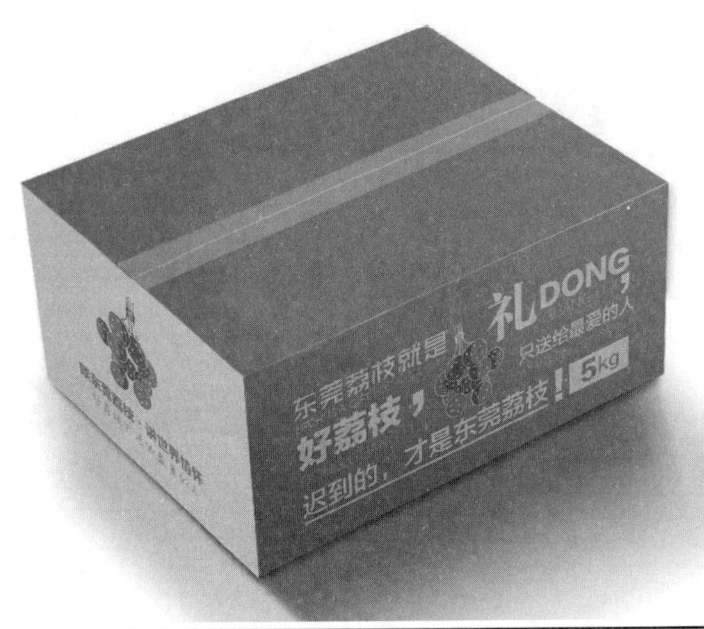

我们希望创造“惊喜”！

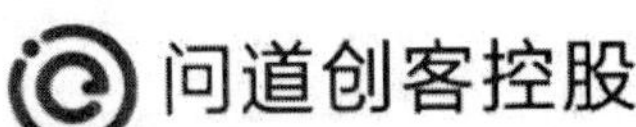

我们希望创造“惊喜”！

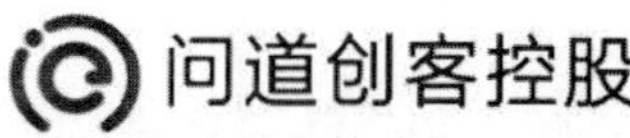

我们希望创造“惊喜”！

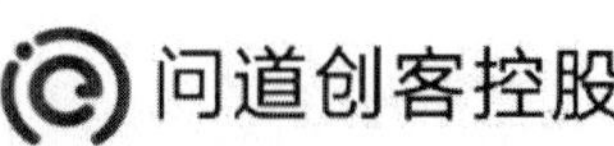

★★★★★
下单1天后评论
2016-07-10 10:44
怀枝(10斤)

一起买了40斤，这是其中的20斤！包装很好的！非常满意！速度惊人！昨天买的，今天到了！

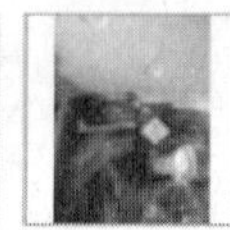

★★★★★
下单5天后评论
2016-06-23 08:08
现货糯米王(10斤)

朋友说不错～又买了两次～就是有点贵

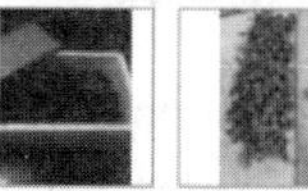

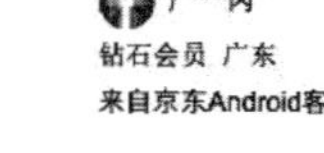

★★★★★
下单3天后评论
2016-06-13 16:00
现货妃子笑(5斤)

不错，到东北呀，也就坏三四个，很新鲜。比古代杨贵妃的待遇高多了。人类进步。

j***e
钻石会员 辽宁
来自京东iPhone客户端

★★★★★
下单3天后评论
2016-06-13 17:51
现货妃子笑(5斤)

非常好吃的荔枝，有一部分个头很大。
刚打开就迫不及待品尝起来，吃了一半才想起来拍照。
整整用了48个小时送到，还担心会不会坏，多虑了。

东莞荔枝的“成绩”

卖得不在于多，在价值

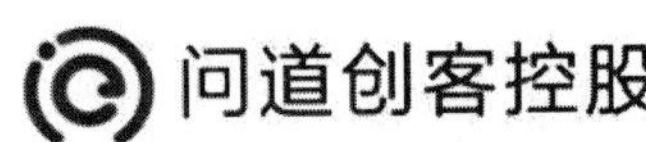

地标产业还是很大的！

中国"大事记"
地标与中国梦
问道创客控股
中国夢我的梦
CHINA DREAM
○解读"中央一号文件"
○发展地理标志产品具有国家战略意义

地标与党的十八大

2013年年初始"中央一号文件"再次提出充分利用地理标志促进特色农业发展的要求。强化农产品地理标志，对于优化农业产业结构、构建新型农业经营体系、促进农民增收、扩大农产品出口都具有极其重要的意义；同时，要大力培育农产品现代化流通方式和业态，要大力发展农产品网上交易。

党的十八大报告中明确指出——解决好农业农村农民问题是全党工作重中之重。

地理标志产品

地理标志产品，是指产自特定地域，所具有的质量、声誉或其他特性本质上取决于该产地的自然因素和人文因素，经审核批准以地理名称进行命名的产品。

地理标志产品包括：
（1）来自该地区的种植、养殖产品。
（2）原材料全部来自该地区或部分来自其他地区，并在该地区按照特定工艺生产和加工的产品。

地标与国家战略

问道创客控股

中国地理标志国家战略实施的意义

1. 有效地解决制度供给问题
2. 有利于我国三农问题的解决
   ①地理标志有助于农民增收
   ②地理标志有助于农业产业化
   ③地理标志有助于农村的和谐发展
3. 有助于我国农产品参与国际竞争
4. 有利于维护正常的市场竞争秩序
5. 有利于完善知识产权战略体系

国家战略

截至2015年年底，全国地理标志数量已达到6000多个，其中地理标志涉农数量比例达90%以上。地理标志涉及"三农"知识产权，其保护与发展是一项系统工程。

地理标志概况

问道创客控股

地理标志专用标志

地理标志产品专用标志

地理标志专用标志

农业部认证

质检总局认证

工商局认证

地理标志：注册人应当是对地理标志标示商品的特定品质具有监督能力的组织，可以是社团协会、行业团体等组织，而不能是某个商品的生产者或者经营者

地理标志产品专用标志应与地理标志一同使用，不能单独使用

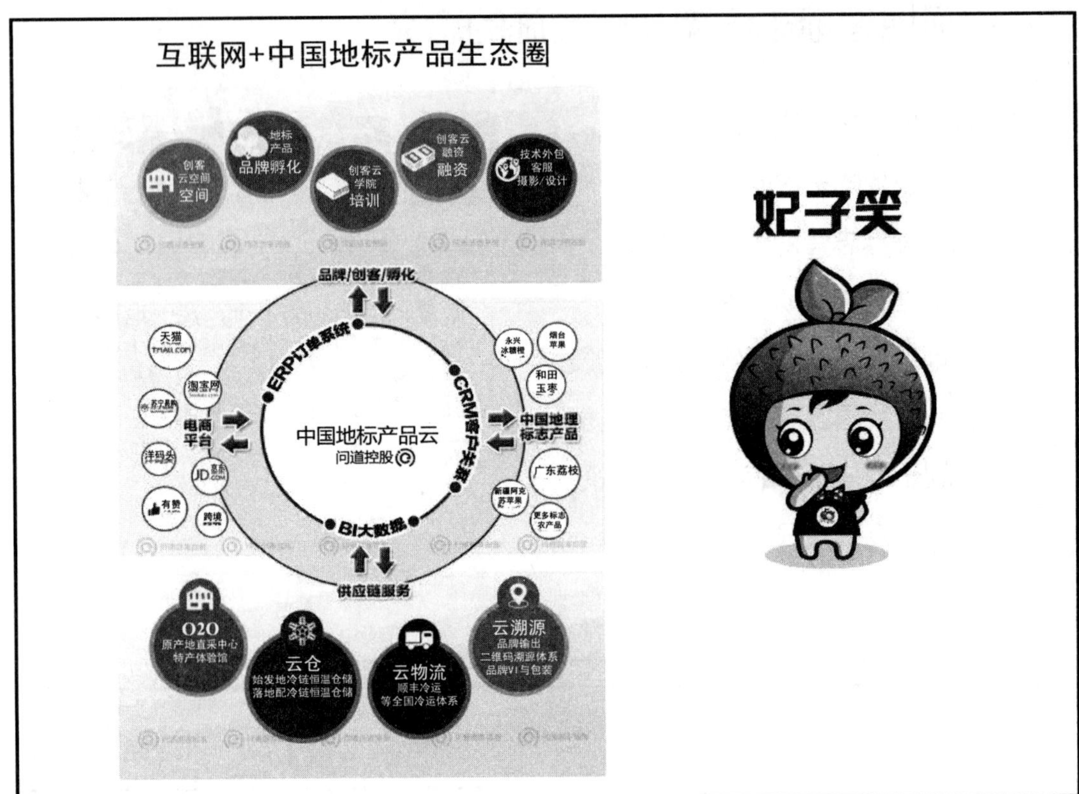
互联网+中国地标产品生态圈
创客云空间
空间
地标产品
品牌孵化
创客云学院
培训
创客云融资
融资
技术外包
客服
摄影/设计
品牌/创客/孵化
ERP订单系统
CRM客户关系
BI大数据
中国地标产品云
问道控股
电商平台
天猫
淘宝网
苏宁易购
洋码头
JD.COM
有赞
跨境
中国地理标志产品
烟台苹果
永兴冰糖橙
和田玉枣
广东荔枝
新疆阿克苏苹果
更多标志农产品
供应链服务
O2O
原产地直采中心
特产体验馆
云仓
始发地冷链恒温仓储
落地配冷链恒温仓储
云物流
顺丰冷运
等全国冷运体系
云溯源
品牌输出
二维码溯源体系
品牌VI与包装
妃子笑

参考文献

［1］中国互联网络信息中心．2015 中国互联网络发展状况统计报告［R］．2016.

［2］洪涛．2014—2015 年中国农产品电子商务发展报告［R］．2016.

［3］汪向东，梁春晓．“新三农”与电子商务［M］．北京：中国农业科学技术出版社，2015.

［4］山东省农业厅．推进农业大数据运用实施方案［R］．2016－03－05.

［5］蔡舒凯．大数据与农产品电子商务［EB/OL］．https：//club. 1688. com/threadview/46251788. htm. 2014－12－17.

［6］洪涛．2015 年中国农产品电商发展报告［R］．2016－03－18.

［7］洪涛．2015 年中国蔬果电商发展报告［R］．2016－03－18.

［8］洪涛．2015 年中国粮食电商发展报告［R］．2016－03－18.

［9］洪涛．2015 年中国畜牧业电商发展报告［R］．2016－03－18.

［10］2020 年大数据产业将达到 8000 亿元规模［EB/OL］．OFweek 物联网．2016－03－11.

［11］姜刚，陈尚营，毛伟豪，等．问题农产品“断头案”频发农民喊冤消费者纠结［N］．经济参考报，2015－11－28.

［12］中共中央关于全面深化农村改革　加快推进农业现代化的若干意见［R］. 2014 年中共中央一号文件．

［13］我买网．食品网购白皮书——暨食品网购习惯及消费者行为研究报告［R］．2013.

［14］中国互联网络发展中心．中国互联网络发展状况统计报告［R］．2004－01.

［15］阿里研究中心．淘宝村研究微报告 2.0［R］．2013－12－27.

［16］阿里研究中心．阿里农产品电子商务白皮书（2013）．

［17］中物联大宗商品交易市场流通分会．中物联大宗商品交易市场发展报告［R］．2013－12.

［18］洪涛．农产品电子商务及其模式创新［J］．北京财贸职业学院学刊，2013（12）．

［19］洪涛．洪涛高级电子商务教程（第二版）［M］．北京：经济管理出版

社，2003.

[20] 洪涛．洪涛电子商务盈利模式案例［M］．北京：经济管理出版社，2011.

[21] 洪涛．网络销售［M］．北京：经济管理出版社，2010.

[22] 洪涛．物联网经济学［M］．北京：中国铁道出版社，2011.

[23] 洪涛．移动商务模式设计［M］．北京：经济管理出版社，2011.

[24] 洪涛．创新北京流通产业结构报告［M］．北京：经济管理出版社，2008.

[25] 洪涛．加快我国智能流通发展的政策建议［J］．北京工商大学学报，2012（3）．

[26] 洪涛．我国食品法律法规标准体系的建设与完善对策［J］．食品科学技术学报，2013（12）．

[27] 洪涛．我国农产品冷链物流模式创新与发展［J］．中国农村科技，2013（8）．

[28] 洪涛．加快我国现代流通业发展方式转变［J］．北京财贸职业学院学报，2011（3）．

[29] 洪涛．电子商务创新“1＋5”盈利模式［J］．中国商界，2013（1）．

[30] 洪涛．完善我国蔬菜流通体系建设的思考［J］．商业时代，2013（2）．

[31] 洪涛．中国特色创新流通体系构建及完善［J］．商业时代，2013（8）．

[32] 洪涛．我国农产品电子商务模式发展研究（上）（下）［J］．商业时代，2014（16）（17）．

[33] 洪涛．规范有序发展我国 B2C 跨境电子商务［J］．全球化，2013-11-25.

[34] 洪涛．农产品电商模式有巨大空间［J］．商场现代化，2013.

[35] 洪涛．农产品电子商务及其模式创新［J］．北京财贸职业学院学报，2013（6）．

[36] 洪涛．促进绿色流通向低碳流通的转型与升级［J］．中国流通经济，2011（7）．

[37] 洪涛．论商品交易市场商圈的勃兴与市场升级改造［J］．商业时代，2012（1）．

[38] 洪涛．降低流通成本，提高流通效率的路径选择［J］．中国流通经济，2012（12）．

后 记

《2016年中国农产品电子商务发展报告》(以下简称《报告》)主要由以下六个部分构成。①2016年我国电子商务最新发展报告。②2015年农产品电子商务发展回顾与展望，内容有：一是我国农产品电子商务总体发展；二是我国粮食电子商务发展；三是我国果蔬电子商务发展；四是我国畜牧业及猪业电子商务发展；五是我国农产品电子商务园区发展；六是大数据在我国农产品电子商务领域的应用。③2013—2014年我国农产品电子商务模式发展报告。④2014—2015年我国农产品电子商务发展报告。⑤我国电子商务可持续发展政策建议。⑥2014—2016年我国农产品电子商务相关政策。

另外，《报告》以附录形式提供了以下内容。①农产品电子商务模式，如国外生鲜农产品供应链创新模式、长沙沁坤“公共资源互联网＋中国订单农业公共交易平台方案”、乐村淘“抓住‘互联网＋’三农新机遇　开创农村电子商务新天地”、电信进农村案例；②2016年中国农产品电子商务高层研讨会纪要；③互联网＋农业＋金融论坛演讲嘉宾的11个PPT。

《报告》主要由洪涛、洪勇主撰，马会杰参与撰写了农产品电子商务园区发展部分，张传林、周广俊、钟晓瑜、盛振中、闫德利、赵海涛、郭荣敏、毛立斌、张建设、李结林、延彦斌、王静涛等同志提供了PPT及其材料的支持，在此一并表示感谢。

《报告》得到首都流通业研究基地的出版资助，得到中国财富出版社寇俊玲主编、赵翠编辑、于淼、何崇杭、杨小静等出版社人员的认真加工和审核，最终使我将《报告》印刷出版的想法得以实现。衷心地感谢各位领导和朋友们对《报告》的关心、支持和厚爱。

由于时间较紧，加之农产品电子商务是一项具有开创性的工作，《报告》难免存在问题，敬请各位读者批评指正。

洪 涛

2016. 08